U0836072

# 新世纪科技期刊管理

肖先福 编著

国家图书馆出版社

**图书在版编目（CIP）数据**

新世纪科技期刊管理 / 肖先福编著.—北京：国家图书馆出版社，2010.5

ISBN 978-7-5013-4345-4

Ⅰ.①新… Ⅱ①.肖… Ⅲ.①科技期刊—期刊管理—图书馆工作—研究 Ⅳ.①G255.2

中国版本图书馆CIP数据核字（2010）第049664号

**书名** 新世纪科技期刊管理

**著者** 肖先福

**出版** 国家图书馆出版社（原北京图书馆出版社）

（100034 北京市西城区文津街7号）

**发行** 010-66139745 66151313 66175620 66126153

66174391（传真） 66126156（门市部）

E-mail btsfxb@nlc.gov.cn（邮购）

Website www.nlcpress.com→投稿中心

**经销** 新华书店

**印刷** 河北三河弘瀚印务有限公司

**开本** 787×1092（毫米）1/16

**印张** 18.5

**版次** 2010年4月第1版 2010年4月第1次印刷

**字数** 400千字

**书号** ISBN 978-7-5013-4345-4

**定价** 59.00元

# 编委名单

**顾问：**

邓海华　杨　镜　蒋勇青　高景恒　苗志敏　初兆荣

**策划：**

蔡忠军　武明堂　张秀梅　肖先福　杨文琳　戚　畅　马　智

**编写：**

肖先福　张秀梅　李　婧　程煜华　顾晓光　周伟巍　马　智
刘学宗　刘援增　韩　静　郭海鹏　张现娜　赵建逸　孙史元
张　萍　彭一帆　曹丽萍　李孟倩　白伶琨

# 目录

# 编者的话

人的生命健康高于一切，人类生存环境保护高于一切，国家的利益高于一切，涉及这三个高于一切的行业人——科技期刊的办刊人如何才能真正实现三个高于一切，涉及每发一篇论文与信息的把关能力。

办刊人阅读本书后，一定会认为对办刊人的要求太高，不可能做到。那就请阅读陈仁凤著的《现代杂志编辑学》，他在书中提出的要求似乎更高。也可翻阅编辑前辈——叶圣陶、夏衍、巴金、萧乾、柳青、赵家璧、张中行等的编辑经历。当然，我本人在参与办及管《中华医院管理杂志》时也是如书中所述的要求实践的。

我能参与策划和编写本书中的部分章节，首先应感谢中国医师协会常务副会长兼秘书长杨镜教授，是他邀请我到中国医师协会管理多本期刊的。这一重任促使我梳理过去参与办和管一本期刊的实践经验，并重新审视、思考既往实践，从理论、技术、方法、办刊法规上进行综合分析，探索科技期刊管理的目的、理论、方法、技术、内容，特别是如何初筛论文，如何审评论文，把好科技期刊发表论文的出口关。其次应感谢中华医学会杂志社前社长王云亭等，是她们支持把《中华医院管理杂志》留在中华系列杂志方阵中，我才有机会负责和参与办及管理该杂志。第三应感谢前中华医学会医院管理学会的领导，因《中华医院管理杂志》是其会刊，而当其独立为一级学会后，《中华医院管理杂志》的主要领导也都走了。我们为了不给已离去的领导找出任何理由将杂志从中华系列杂志方阵中要走，故严格地初筛每一篇论文，送同行专家审评，既要防止期刊偏离办刊宗旨，杜绝违法违规和涉政方面的问题，又要加强约稿、专题研究等策划，以提升期刊质量。为此，我个人先后详读相关书籍600余本、相关期刊800余本、相关报纸二三种，提升了我在论文初筛时对每一篇论文价值与科学性等的识别能力。在本书中倡导的办刊人应达到的标准，不是凭空想出来的，而是我在《中华医院管理杂志》承担各种角色时实践出来的。

2002年底，我正式退休，2003年到中国医师协会编辑部工作。但已养成的读书习惯难改，除阅读大量哲学、美学、书法绘画等人文社会科学书籍外，还认真学习全球每年的科学与技术发展报告。当然，原来常看的几本期刊及报纸仍然坚持阅读，但我发现近年来，这些报刊的用词不当和语病等增多，而且概念及涉政方面也出现不应有的缺陷。这些问题的出现与目前学科融合和分化加速，跨学科研究增加，而编辑的知识结构调整与其教育又远远滞后于时代分不开。

编辑队伍远比记者和电视主持人队伍庞大——出版社、期刊社、报社、电视台、广播电台、电影、电视剧、网络等都有编辑人员，这支队伍不像记者那样风风火火，出没在各要员的面前和显要场所，更不像电视主持人在大众面前展示形象与才华。但从古到今，编辑习惯于默默无闻，独坐寒窗，审视和鉴别每一作家的作品，精雕细镂。可以说每一出版物都凝聚着他们的智慧和心血，他们亲手创造的文化精神产品给幼儿以启蒙，让少儿开启智慧之窗，助少年步入高等学府的殿堂，帮青年实现自我超越的梦想，为中年创业宏图实现提供了保障，向社会中的每一员提供其所需要的精神食粮。但随时代的变迁，科学的发展，以及传统一次教育管终身的终结，加之新兴学科、边缘学科、交叉学科加速诞生，只有编辑真正成为“杂家”方是顺理成章。可这支队伍分散在各个行业，谁去关注他们的知识更新、能力提升？前国家主席刘少奇曾在1953年时提出：编辑工作是一种高级创作。因为他要看作家的作品，鉴别作品，因此，这个工作本身就是创作。并且还指出，应该重视编辑同志。

这支分散在各媒体的编辑队伍始终默默无闻，听不到他们的声音，更见不到他们的身影。这支队伍的精神恰如中央电视台十二频道的开篇词所赞——“兰生空谷，清艳含娇，寂寞吐芬芳，不以色香自炫，不因无人不芳，岁岁生空谷，留得世人香。君当如兰，默默奉献显精神”。

策划编写本书的目的一是提升办刊人把关能力，二是让编辑认识到自己所从事的编辑事业是一个专业性很强的工作，不是随便一个人就可以胜任的。自古名家都十分尊重编辑的人格、学识，称其为“杂家”。当然，编辑也要从中找到自己的差距，奋发向上，争取早日成为一名优秀的编辑，为社会创造更多高尚、完美无缺的精神产品。

同时呼唤各界关注重视编辑们的苦与乐及学识的增长，但愿有关部门能关注这支队伍，毕竟他们是实现文稿到精神文化产品飞跃的创造者。

# 第一章 引论

## 本章要点

1、世界和我国的第一本期刊出版年代
2、科技期刊的功能与维护
3、哪些名人曾从事过编辑工作
4、科技编辑专业的正确价值观
5、编辑的作用及其卸责语的解析
6、科技期刊管理的使命
7、把住论文出口关的具体方法与障碍
8、一篇优秀论文评价要素

世界上第一本期刊，国外的研究者一般认为，雏形出现于15世纪中叶的欧洲。真正意义上的第一本期刊是法国的《学者杂志》，又称之为法国人D·萨洛在巴黎创办的《学者学报》，其于1664年12月获准注册出版，1665年1月4日出版了第1期。而《新英格兰医学杂志》于1812年、《柳叶刀》医学杂志于1823年先后创办。

我国的第一本中文期刊，据文献是英国传教士罗伯特·马礼逊于1815年8月在马来半岛西部创办的《察世俗每月统计传》，其后1872年北京施医院编辑了介绍西医的刊物《中西见闻录》，随后1880年嘉约翰在广州出版《西医新报》、1888年上海出版《博医汇报》，此刊影响甚大。但中国由专业人员组成的第一个学会并出版会刊的是张相文等人于1909年创立的“中国地学会”，1910年创办了《地学杂志》，其刊物持续近30年。1914年夏，留学美国的学生任鸿隽等成立了“中国科学社”，并于1915年1月创办《科学》杂志正式出版，该刊至1950年12月停刊，共出版了32卷，在传播科学知识、鼓励科学精神、提倡科学方法等方面发挥了重要作用。从网上查的结果，我国最早的期刊，同时是科技期刊，也是医学期刊，是于1792年8月在苏州的唐大烈创办的一本具有现代期刊特性的不定期刊物《吴医会讲》。期刊的发展离不开纸张、印刷。东汉蔡伦造纸技术发明，宋代毕昇活字印刷术发明。其后我国在1872年，上海申报馆引进手摇轮转机，1906年电动的华府台单筒机传入我国，新式的米利式机（双回轮转机）1919年开始使用。印刷技术改进，西方科学思想与技术的传入，为我国科学期刊与书籍出版创造了条件，推动了其发展。

由上述可知，期刊出版无论按1665年，还是1792年，或是1815年及1872年计，至今已有100至300多年的历史了。但我国的历史由1723～1840年的闭关自守发展到今天，特别是自1978年实行改革开放后，科技期刊有了大发展，20世纪30年代即1936年，中国的期刊约为1796种，1996年已达8135种之多，现约9000余种，而科技期刊为5138种，医学期刊近1300种。而国家统计源期刊依质量达标才能进入的，到2007年公布的仅1723种，说明我国期刊数量多，但真正精品期刊少，其原因与一些政策相关外，重要是每本期刊的正副总（主）编、编辑部主任、期刊社长、审稿专家、执行编委、责任编辑尽责评价，以及与从何角度把好刊登文章出口关的管理工作不到位相关。

## 第一节　科技期刊的功能与维护

期刊种类很多，而科技期刊功能与其他期刊的功能是不可混淆的，具体而言，科技期刊的功能可分10个方面。

**一、公布科技人员开展科学研究的最新科技成果**

目前，凡开展了专业的前瞻性、前沿性的科技研究者，都希望通过权威科技期刊公布成果，让同行获取最新的科技信息，改进科技工作。而作为科学研究工作者而言，凡未发表的研究属于研究过程未完善，也是无价值的劳动。

**二、纠正本专业工作中的不良运作方式与方法**

人们对事务的认识需要一定的过程，一些新理论、新技术、新方法等应用就是检验其科学性、有效性等的实践过程，在实践过程中难免出现偏差、或发现其缺陷需停止使用或纠正其方法。如“反应停”、“DDT”等，冠心病治疗中的静脉溶栓→单纯球囊扩张→裸金属支架→药物洗脱支架等的改进。

**三、加速相关的最新信息传播**

随着知识经济时代来临，知识的半衰期进一步缩短，而交叉学科、边缘学科不断诞生，新的突破性研究成果不断出现，加上人们生活方式、工作方式、学习方式、获取知识的方式、思维方式等一系列变化，如果许多相关学科的新知识不及时让专业人员掌握，对其工作质量、科学研究、服务能力与水平的损失都是无法估量的。比如当前许多医疗服务需将线性思维转为非线性思维才行，而科技期刊若不传播这类知识，科技人员只埋头于专业，就无法了解和学习相关知识。

**四、促进专业人才成才和学科成熟**

一本科技期刊的重要功能是通过传播最新的、最科学的、最前沿的理论、技术、方法、观点、规范、流程等，从而开拓专业人员眼界，更新专业人员的知识、技能、方法等，淘汰过时的、低效的、高成本的、陈旧的思想、方法、理论、运作方式与方法等，促进专业技术人员自身知识、技术、服务能力等升值，使之成为引领学科发展的人才，从而使社会大众与广大享受服务者受益。

学科的成熟与发展离不开本专业领头的学术人才，而领头学术人才的成熟、发展又取决于其获取新理论、新思想、新知识、新技术、新方法，以及将所获知识转化为自身的一种能力，实现本学科向国际更高层次的跨跃式发展，促使本专业成为全球引领潮流的专业。

**五、激励读者求知和高新目标的确立**

从众效应在任何时候都存在。特别是社会发展到地球村落化时代，价值观与文化多元，年轻的专业人员更易受到本专业精英，特别是科技精英的科研成就、人格、服务风范、高超的理论水平及勇攀科学高峰的献身精神感染，可以让更多读者阅读他们的论文，从中得到的不仅是知识、享受，还可使读者树立更高更新的追求目标，促进其学习、求知和实现更高价值的社会大目标。

**六、文化积累**

科技期刊记载着一个国家、地区、单位的科技发展进程，承担着民族文化的积累、传承功能，记载民族科技工作者前进的足迹。

一是文化保存积累：所发论文可供日后查找、比较等。二是文化交流：除国内读者阅读交流外，还可供国外同行交流。三是文化传承与发展等。如何保证积累文化的科学、准确、优秀，对正副总（主）编、编辑部主任 及编辑的能力、责任心、学识、眼光提出了更高要求。

**七、教育指导**

科技期刊承担着对科技工作者的教育和指导功能。当今每一个科技工作者都因“一次教育定终身”时代的结束而需要不断接受“四新”的教育，更确切和时代性的说法是需要经常充电，而权威性的高水平的科技期刊是最优质的电源，更是每一个科技工作者、教育者、科研工作者不可缺少的资源，尽管网络对获取知识很方便，但“书还是要捧着读”可以获益更大。

**八、启迪科学思维**

凡科技论文发表在科技期刊后，不仅是公布一项科研成果，而且还是价值观、思维方式、学习方式、吸纳知识方式、激活背景知识方式、资源整合优化方式的传递，读者可以从中吸取新的营养，解除迷惑，并且还可以从中寻找到新的科学研究切入点，或者为自己一个长期未解决的难题启迪了一个新思维方式，比如逆向思维往往可使读者走出死胡同。

**九、为具有不同学术观点的专家提供一个公平合理的争鸣园地**

凡学术期刊，都应贯彻百花齐放、百家争鸣的方针，为具有不同学术观点的人提供发表不同见解的阵地，通过争鸣，可吸纳更多读者、作者参与，从而推动学科发展。

**十、发现和培育新秀**

科技期刊除了发大师级名家的文章外，依其功能，总（主）编应从普通作者中，或是普通科技人员中发现潜人才，通过总（主）编、编辑部主任及编辑的指导，将其培养成科技新秀。这方面文学期刊始终走在前面，应成为我们科技期刊仿效的榜样。如《小说月报》代理主编叶圣陶发现巴金的第一部长篇小说《灭亡》决定连载，还发了丁玲的第一篇文稿；巴金把曹禺写好三年未发表的《雷雨》刊登在《文学季刊》上。1905年德国《物理学年鉴》发表了当时不出名的只12名物理学家懂其含义的爱因斯坦的“论动体的电动力学”论文。黄裳编缉感到梅兰芳忙于舞台演出，无时间总结他的宝贵经验，约他抽空写长篇连载《舞台生活四十年》，后人对其评价是：“如果没有约稿者的眼光，中国戏曲史上将失去这部宝贵的遗产”。相反，科技期刊刊文中往往出现总（主）编不认可就无法刊登的现象。

科技期刊功能异化，对办好科技期刊无疑是灾难。据Science网站统计，我国1994年科技论文发表量是10 000篇，占全球论文1%多一点，2006年发了70 000篇，隔12年时间，所发论文量增加了6倍，占全球的6%。有趣的是1994年时，晋升高级职称的论文，每人在国家核心期刊上发1～2篇即可，而到2006年时，晋升高级职称的人需论文数，有的省提升到6篇，其中2篇是国家级核心期刊，余下4篇在省级刊物发表即可，再加上每年扩招的硕士与博士毕业生必发的学位论文量，这种增加是很自然的事了。这就催使科技期刊功能异化，且势不可挡也给我国科技期刊以质量在全球中争一席之地的努力雪上加霜。国家相关政策，特别是职称晋升与学位毕业生必须有发表在正式出版物上的论文的政策不调整，科技期刊的功能就难于归位，也就失掉了订阅科技期刊的意义了。

## 第二节　科技编辑专业应有正确的价值观

每一个专业的价值观对从事该专业的人员的服务行为具有很强的指导与约束作用。如从事医学工作的每一成员都认可“救死扶伤”是自己的天职，因而在为病人服务中能自觉尽心尽力尽责。

**一、科技期刊编辑专业的价值观**

杨振宁教授在“世纪大讲堂”讲课时明确讲，每一个学科都有自己的价值观，物理学科有物理学科的价值观。有管理者提出了新兴的管理学科价值观——“奉献、廉洁、公平、公正，使单位高效增值，让每位员工实现自我价值、生活有乐”。编辑专业、科技期刊的编辑历史不长，而我国书籍编辑历史悠久，可以追溯到甲骨文的殷商时期，距今约有四千多年。孔子、司马迁可称为最早的编著合一的编辑；梁太子萧统编辑《文选》共30卷，亦其为编辑工作者。严格讲我国编辑校雠学鼻祖是西汉时的刘向、刘歆父子二人。历史悠久，有没有确立价值观？从文献看，“著名编辑多是文化巨人”，“组织、收集、选择、编订”，“以能为文为本”，“事出于沉思，意归乎翰藻”，“辑录、校雠、注释”，“囊括大典、网络众说、删裁繁芜、刊改漏失、择善而从”及从“举一纲而万目张，解一卷而众篇明”的记载看，编辑学科的价值观蕴涵其中——勤奋、好学、奉献，用科学独特眼光选用文稿和发现培养新秀。

**二、编辑队伍卸责语解析与探源**

在与编辑人员交往中常常会听到他们说：“为他人作嫁衣裳”、“文责自负”、“一字之师”等，但很少听到“编辑是杂家”之说。前两句对加强编辑队伍建设很不利，故作一解析与探源。

（一）“为他人作嫁衣裳”。这句一是从积极方面理解，二是从消极方面理解。从编辑之口说出多从消极方面理解其意，认为编辑自身是无为，无须学习、进取、向上。作为编辑对此语应从积极方面理解，因做嫁衣裳，并非冬衣或夏衣，而婚嫁是人生大事，故作嫁衣裳者非平庸之辈，必是高级匠人，不仅懂美学、人体美学、鉴赏学、设计、造型、雕塑艺术，还应懂色调选配，以及精妙的裁剪、精巧的制作、精细的针线，加工成精美的工艺品似的嫁衣。从正面理解，不是编辑无为、无能、降责，而是要求编辑是一位学识渊博、人文与科学知识底蕴丰厚的能工巧匠。南朝齐和帝年间刘勰可能是《文心雕龙》的编著合一之人，他提出“改章难于造篇，易字艰于代句”，是一种十分严谨的编写文风，可谓编辑人员仿效之楷模。

值得指出的是，“为他人作嫁衣裳”是出唐代秦韬玉的《贫女》诗中的最后一句，并非写给编辑或出自编辑之手。“蓬门未识绮罗香，拟托良媒益自伤。谁爱风流高格调，共怜时世俭梳妆。敢将十指夸针巧，不把双眉斗画长。苦恨年年压金线，为他人作嫁衣裳”。

（二）“文责自负”。每当与编辑人员谈到编辑文章时，听到编辑说得最多的一句话是“文责自负”。许多作者听了这句话也十分不悦。这涉及如何理解“文责自负”以及编辑职业道德、社会责任、使命等。编辑专业从业者划入知识分子范畴，知识分子的显著特征是社会的眼睛与良心。

若编辑把“文责自负”理解为自己只按编辑规范对文章进行错字、标点、图表、数字、计量单位、专业术语与名词、外文、文献、统计符号等编辑加工的话，编辑从业人员就不应划入知识分子范畴。值得指出的是，一位优秀编辑的付出是常人难以理解的。不付出辛勤劳动就不可能成为“杂家”，非“杂家”要成为优秀编辑是不可能的。

对“文责自负”的理解达成共识有难度，涉及从编者的价值观、学习与获取知识的能力、文史哲的知识底蕴、专业能力、对社会感知能力、激活背景知识的能力、对科学趋势感知力、记忆力、想象力、联想力、优化知识与知识重组和再创造的能力、人生哲学等。如张中行，1935年毕业于北京大学中国语言文学系，先后在中学、大学任教，建国后就职人民教育出版社，他涉猎广泛，博闻强记，遍及文史、古典、佛学、哲学多领域，人称“杂家”。他自20世纪80年代相继有《负暄琐话》、《禅外说禅》、《诗词读写丛话》等14本著作行世，受到海内外广泛关注。再如郭沫若著《中国古代社会研究》，20世纪30年代在上海出版，解放后，1954年起改由人民出版社重新出版，在出版前郭老重新审修一遍后不放心，特别嘱咐出版社编辑要认真阅读，尽量提出问题，不要有顾虑。编辑认真阅读后，提出大小100多处意见，郭老除了坚持几条外，都同意了编辑的意见。又如王小波所写的《黄金时代》，初始为其出版的编辑眼光也是与众不同的。

从上述可知其对“文责自负”的理解绝对不同于一些常把“文责自负”挂在嘴边的编辑的理解。

“文责自负”是尊重作者观点、认知度、理解度。但作为优秀编辑，绝对不会放弃社会责任和良心，在尊重作者的同时，会与作者沟通，指出作品中的缺陷、缺点，乃至失误、失事，或者其错误之所在，危害之大等，从而帮助和培养作者，使发表的文章达到完美的地步。编辑企望以“文责自负”卸责是卸不了责的，一些刊物停刊或被诉上法庭就足以证明。

值得指出的是，“文责自负”是古代成语，何时代形成需进一步考证。从推理上看，不是出自编辑，而最大可能是由作者提出的，据丰瑞编著的《八用中文成语辞典》上解义：文章发表，发生法律问题时，责任由写文章的人自己负。其例句：这篇文章，作者“文责自负”，你放心发表好了。中南海来访漫忆谈“文责自负”与送审，在谈到当时胡耀邦同志几次对送稿给他审的记者说：“我就不看了吧，文责自负嘛。”

**提示性范例1-1**

20世纪80年代末，某市一小职工医院，依一本低劣杂志上刊登的“化疗中止妊娠方法”为一年轻妇女中止了妊娠。可“化疗引起的恶果”让该院无能力应对，最后将病人转入某县人民医院抢救，但未能挽救该年轻妇女的生命。患者家属将县医院告上法庭。

那些坚持“文责自负”的编辑及目前没有审稿把关，给钱就刊登文章的办刊人及其期刊管理部门应深思。

（三）“一字之师”或“为求一字稳”。“一字之师”和“为求一字稳，耐得半宵寒”常被一些学者在给编辑讲课时引用。均是出自对编辑加工作者文章时应有的学风、态度而言。这种严谨学风应当提倡，可惜真正如此做的人有限。

值得指出的是，此两句分别出自唐代和清代的诗人所写诗中，并非写给编辑或出自编辑之手。

唐代齐己和尚写了一首《早梅》的诗：“万木冻欲折，孤根暖独回。前村深雪里，昨夜一枝开。风递幽香出，禽窥素艳来。明年如应律，先发望春台。”诗中的“昨夜数枝开”被郑谷将“数”改为“一”而获“一字之师”美称。

清代诗人顾文炜写了一首《苦吟》：不知功到处，但觉诵来安。为求一字稳，耐得半宵寒。

（四）“编辑是杂家”：“编辑是杂家”之说很少出自编辑之口，多为社会上的专家学者对有才华的编辑的恭维之说，或是对编辑的企望。但从陈仁风、杜家贵、郭有声、王克瑞、闵惠泉主编的几本编辑方面的著作中对编辑的知识结构要求看，编辑应属于杂家，否则，不可能成为一位称职的编辑人员。

“编辑是杂家”是对编辑的知识结构、能力、眼光诸方面的综合素质的高要求。“杂家”比“家”的要求更高，付出更多，因而编辑人员，特别是只求一份安稳、没有更高追求者不可能自觉向“杂家”的目标奔跑，故编辑之口很少说。

值得注意的是，经网上查，“编辑是杂家”一语未能找到，只找出了罗竹风笔名“骆漠”于1962年5月6日在《文汇报》笔会副刊上发了“杂家——一个编辑同志的想法”。作者后来还因此文吃了不少苦。现在听到的“编辑是杂家”也许源于此。

**三、正确认识编辑工作的作用**

编辑工作主要是通过期刊等媒体，将一些最新的、最科学的、最有传递价值的知识、技术、方法等向科技工作者与大众进行传递。由此不难知道从事编辑工作的每一位编辑的作用了。一篇很有价值的文章可能因编辑不识其价值当做垃圾废物抛弃，相反，一篇毫无发表价值的文章可能被编辑当做宝贝而推荐给科技人员与大众。因此，编辑的道德水准、知识面宽窄、灵感、学识、眼光对办好一本高水平科技期刊的作用是相当大的。应当说，一本收稿量很大的期刊的稿件初筛几乎难于让总（主）编完成，主要由编辑人员，最好的是由编辑部主任完成，由此更知加强编辑业务素质培养的重要性。

随着知识经济来临，社会已进入后科学社会、信息社会、知识社会、智慧社会、能力社会、创新社会、机遇社会、网络社会、自我超越社会、学习社会、竞争社会、精英倍出的社会、不讲资历的社会。在这种新型社会环境中，由于竞争白热化，一些落后于时代的编辑不愿意付出代价学习新知识，提升能力，又不愿丢面子，以卸责语自救。当然，卸责语使用者是对编辑史、编辑价值取向、编辑的作用与地位缺乏了解与足够的认识。应当说，编辑已是当今社会办好传媒的龙头老大，对编辑队伍失在教育与培训。

早在1956年3月，刘少奇在中国作家协会第二次理事扩大会议上指出：“应该重视编辑同志，对于编辑的待遇，各方面都要提高。”

刘少奇还指出：“编辑工作是一种高级创作。因为他要看作家的作品，鉴别作品，因此这个工作本身就是创作。”

陈毅指出：“我过去当过编辑，编辑是个苦差使。尊重作者权利，也要尊重编者权利，又要尊重读者的权利。”

我国语言学界的一代宗师吕叔湘等都对编辑工作有独到之见。

当然，热爱编辑专业，辛勤耕耘者也大有人在，除叶圣陶、巴金、鲁迅等外，秋瑾可为典范。她在创办《中国女报》时写过《独坐》一诗："独坐凭窗自校雠，鲁鱼纵误倩谁谋？不知炎暑何处去，凉到罗衣觉早秋。"

## 第三节　科技期刊管理的使命

姜富明等的《科技期刊管理》于1995年由上海同济出版社出版。其他一些有关编辑方面的书也有用一章或一定篇幅论及科技期刊管理内容的。我们认为，科技期刊管理的使命是把住文章出口关，也即严格做好论文发表前评审把关工作，所有成功的期刊都是如此。如《新英格兰医学杂志》的影响因子由2003年的34.833上升到2006年的51.296就足以说明把住论文出口关之重要。再如某些国内期刊发生泄密和危害国家利益等事件也是没有把住论文出口关所致。期刊出版后的再评审虽然也十分有价值，但一切都已发生了——不该发表的发表了。挽回已发生的损失不如事前做好评审，杜绝不该发生的事情的发生。

**一、把住论文出口关是提升科技期刊竞争力的关键之举**

所谓权威或核心期刊，也即该刊能被广大作者引用，影响因子高，特别是被国内外重要检索系统收录。国内：中国科技论文统计源期刊即中国科技核心期、中国生物医学核心期刊等；国外：医学文献检索分析系统（MEDLINE）、美国《科学引文索引》（SCI）、荷兰《医学文摘》（EA）、美国《生物学文摘》（BA）、美国《化学文摘》（CA）、俄罗斯《文摘杂志》（AJ）、日本科技文献速报等。如美国《新英格兰医学杂志》2006年的影响因子达51.296，这与他们每年发表对医学发展与进步产生了重要影响的数百篇论文，被世界各地的专家、学者、新闻媒体广泛引用密切相关。国内影响因子最高的医学刊物是《中华护理杂志》，其值为1.861。如此之大的差异值，说明什么呢？是临床服务中的诊断、治疗、护理水平与国外的差距？这个巨大差值在一定程度上说明我国科技期刊办刊人的理念、思维、眼光和运作方式方法与国外办刊人的差异，未能把论文发表的评审选择关口前移，影响关口前移的核心因素是办刊群体的知识结构和对论文的评审与策划能力。

每当谈及选择优秀稿件时，无论科技人员或是办刊人，都觉委屈和无奈，请看一下《新英格兰医学杂志》2006～2007年最具影响力的25篇报道和其总编辑Drazen教授谈的选题及策划的思路，即可知差距之根了，比如"补充钙加维生素D与骨折危险"、"肥胖与死亡危险增加相关"、"最佳药物治疗加或不加PCI治疗稳定性冠心病"……只能说明我国科技人员和办刊人与国外差异是观察力、好奇心、思考能力、感悟能力的差异。把论文评审关口前移才能把最优秀的论文优先发表在本刊，增强竞争力。

## 二、提升编辑部实力是论文把关关口前移的保证

论文把关关口前移不只是一句话，涉及正副总（主）编、编辑部主任、社长、编辑、执行编委、审稿专家和作者的观念、学识、眼光、思维、价值观、生活哲学、感知力、学习能力、知识转化能力、激活背景知识能力、创新能力、整合与重组知识的能力等等。

（一）关口前移需要有感知社会需求的能力。不知社会需求的组约稿策划与评审稿件则是盲目的行为。

（二）关口前移需要有把握学科发展趋势的能力。若不知学科发展趋势，其组约稿的策划因脱离实际而无任何指导和引领价值，也不可能取得成功。

（三）关口前移需要有超脱世俗的眼光。超脱世俗的眼光也即有超越自我、战胜自我乃至否定自我的眼光。为了科学、为了人类、为了未来，即便否定自我也在所不惜，包括编者与作者都要具有这种精神。

（四）关口前移需要有复合型人才的团队。关口前移光靠正副总（主）编，或光靠编辑部主任及社长，或光靠正副总（主）编与编辑部主任和社长都是不可能的。依我国国情，应以编辑部或以正副总（主）编为核心的复合型人才团队，包括每位编辑也不能例外。华罗庚当年还在县镇油盐店当伙计时，业余攻读数学，发现一位著名教授的观点值得商榷，写了篇文章寄给某杂志。编辑觉得文中见解有道理，便大胆编发。稿件发表后，清华大学数学系主任熊庆来打听华罗庚何许人，并邀他到清华工作。

## 三、转变观念是提升编辑部实力的基础

编辑部实力包括多个方面，详见附录一，此不赘述。仅论转变观念在提升编辑部实力中的作用，或称之为基础工作。

在现代社会中，有的人一辈子成不了现代人，说明观念对于人的行为等有很大影响。如果观念永远停留在20世纪，停留在计划经济体制时代，对于编辑部在办好期刊中的作用、地位、思路就不可能改变。什么人可当编辑？编辑应有什么样能力、知识结构……其回答很可能走向一个极端。这就不可能提升编辑部整体实力，编辑部的编辑没有策划能力、没有像《新英格兰医学杂志》编辑的组稿与选稿能力，其期刊就是靠什么“品牌系列”、“国家级系列”等来影响作者赐稿，其结果不可能办成“权威期刊”——凭质量发稿，顶多成为“工具期刊”——凭关系+金钱发稿，多数沦落为“垃圾期刊”——多给钱优先发稿，毫无审稿把关与定稿之程序。因此，提升编辑部实力的基础是转变观念，尤其转变传统的办刊、评刊及选人、用人的标准。用能人、用有能力的人、用会学习的人、用会吸纳知识的人、用会激活背景知识的人，用有创新能力的人……这才能实现将论文把关关口前移。

## 四、盲目自信是论文把关关口前移的最大障碍

什么样的论文是引领时代潮流的优质稿件？什么样的论文是属于淘汰的劣质稿件？如何保证优质稿件及早发出，而让那些低劣，乃至无科学性、无价值，或者属于伪科

学、造假、违背人类伦理、人类文明、科学发展及国家与民族利益的劣质文稿及时淘汰出局，最大的障碍是一些盲目自信的办刊人。一篇优秀论文往往要进行综合评价——专业上的前瞻性、前沿性、可操性，伦理学上合伦理性，科学发展观上的人本性，文化上的先进性，法律法规上的合法性、政治上的无违背性，安全上的无泄密及伤害性，经济上的低成本性，患者角度的安全性，整体上的三个面向性……可见，一篇优秀论文的选定，最怕一些知识面窄的专业人士，他们忽略从人文社会学角度评价论文，有甚者对一些复合型人才的意见根本听不进去，认为专业期刊的文稿专业人员说了算，因为专业性太强……他们脱离时代就在于不了解当今评价优质论文因素更要突出天人合一、生态文明，融人文社会学科知识于一体。

**提示性范例1-2**

某作者将其所在单位的计算机系统建设20年的进程及其现状与问题进行了详细论述，并对未来将采取的具体措施作了介绍。

审稿专家、执行编委、总编一致认为文章很有发表价值，并对我国其他行业的计算机系统建设有借鉴、启迪价值。应当全文发表。

编辑部主任想到我国大庆未公布具体地址和产量时，某国相关部门依当时《人民画报》刊登的王铁人的衣着、形象、喷油管径准确判定大庆油田的具体位置及年产量的情况，坚持将此稿送作者所在上级部门审阅。审阅结果是不同意发表。

# 思考讨论题

1、提示性范例给我们办刊人有何启示？

2、科技期刊的功能怎样才能充分发挥与维护？

3、编辑作用发挥与编辑专业价值观的关系如何？

4、科技期刊管理的使命及其具体把关方法有哪些？

5、论文把关关口前移的最大障碍是什么？

6、优秀论文评价要素至少包括哪些？

# 第二章 新世纪科技期刊管理的目的

## 本章要点

1、防止科技期刊偏离宗旨管理的核心内容
2、防止科技期刊违法违规管理的具体内容
3、加强科技论文多角度评审的必要性
4、防止科技期刊违法违规的具体措施
5、办精品科技期刊论文评审的核心内容
6、促进科技发展与文明传承的体现和方法
7、四个提示性范例的启示

我国十分重视新闻出版工作，出台了许多的法律、法规，目的是防止在舆论导向上出偏差，尤其防止出政治方面的问题。尽管科技期刊属于新闻传媒媒体，但管理者普遍认为，科技期刊发表的是自然科学论文，涉政的机会少，故缺乏如何从多角度对刊登的论文进行把关的规范，仅关注论文的科学性、独创性等，办刊人也缺此意识。美国前总统老布什曾对美国商人说，只要中国人买美国的商品，就必然会接纳美国的价值观。这是因为商品和科技论文传递的是一种文化，不单是纯商品与科学，画如其人、“文如其人”，商品的设计者和生产者，论文的作者必然通过“作品”传递设计者、生产者、作者的价值观、世界观等。特别是当今社会发展，一篇论文是单从科学角度考虑，还是应从人类考虑……由于缺这方面要求，每当科技期刊出了严重问题时，则令其停刊整顿，或停止其出版。实际上，这种管理是无效管理，因不该发表的论文已经发表了。处罚不是目的，关键是不出问题。所以，我们的办刊人——正副总（主）编、编辑部主任、社长、审稿专家、执行编委、责任编辑、编辑应该懂得如何去审定每一篇论文，什么样的论文才是优秀的论文，什么样的论文是危害人类及社会的论文，优秀的论文该发表，危害人类与社会的文稿该把住出口关。因此，科技期刊管理的目的：一是防止期刊偏离办刊宗旨，出方向上的问题；二是防止出涉政及违反法规等问题；三是把期刊办成优秀的精品期刊；四是促进科学技术的发展和文明传承。为达此目的，办刊人应有时代的责任感与使命感，严把质量关。

## 第一节　防止偏离办刊方向的管理

办刊宗旨是指导办刊人不偏离办刊方向的指南，因而每一办刊人时刻都应牢记办刊宗旨确定的内容。

**一、始终坚持贯彻办刊宗旨**

每一本科技期刊创办时都明确了该期刊的办刊宗旨。有些科技期刊历史悠久，或因其他原因，导致创办期刊原始资料丢失等，加上编辑部又无相关的档案史料，因而接替者有可能不知其办刊宗旨。

每一本科技期刊的办刊宗旨涵盖内容：一是服务于国家、民族的优秀文化积累、创新及相关方针的贯彻执行，二是服务于本专业科技人员专业发展的信息、观点、理论、知识、技术、方法等的传递、沟通、交流等。与此无关的内容无义务传递和刊载，有些科技期刊往往因把握不住而出问题，甚至是严重的政治问题。

**二、始终坚持贯彻国家的各项法律法规和方针政策**

任何一个国家的出版物都要遵守其所在国的法律法规，以及相关的政策与规定。作为我国的科技期刊的办刊宗旨而言，这是一条铁的纪律。违反法律法规、与国家的方针政策唱对台戏或曲解，这本科技期刊肯定没有办的价值。国家的法律法规、国家制订的方针政策，均是体现全国人民，有的甚至体现时代人类的利益，谁违反了，就等于违背了人民或人类的意志，损害的是人民或人类的切身利益。如科技期刊选用的论文不能违背科学发展观、不能违背生态文明建设、不能违背人类伦理等。

当然，各国政治制度不同、历史不同、文化不同、人民价值取向不同，对科技期刊管理规定会有差异。

**三、始终贯彻百家争鸣的方针**

百家争鸣是办好科技期刊的基础性工作。一本科技期刊离开了百家争鸣，就只有一种声音，也就少了许多另一声音的读者来阅读。其结果是降低了期刊的影响力，也就降低了该种声音在科技人群中的影响力。真理是不怕争论的，然而，科技期刊的办刊人，特别是正副总（主）编，有时被认为是该专业的权威，由于可能因其哲学、辩证法、历史唯物主义等知识缺失，往往很难让不同学术观点的论文发表在自己主编的刊物上，对其人品、人格带来的负效应是不言而喻的。

贯彻百家争鸣的方针，有利于贯彻国家倡导的“原始创新”科技方针。一个发现或发明，有时只限于某一个人或某一群体，就此新发现或发明而言，也许就是一个新学科的肇端。因此，所谓的同行，对这一“新开始的学科而言”，的确是外行，如果评审者能无私还好，否则，再优秀的原始创新也可能被打入冷宫。

**提示性范例2-1**

20世纪90年代初，某科技期刊的增刊号，转给另一以营利为目的人运作，由于办刊人思维单纯，放弃了编辑出版权，其结果是运作者用此增刊号编辑了一本色情内容浓厚的出版物，最后被查处，停刊整顿，且因此殃及各刊。

## 第二节　防止期刊违法违规的管理

任何一本期刊的出版，特别是我国法治制度建设日趋完善的今天，每本期刊从封面、内页插页到封四的任何标识、文字、图案等都要经得起《中华人民共和国宪法》及其他一切法律法规的检验，详见第四章，不能有与之相违的情况。

**一、切实认真学习和执行出版的法律法规**

这里特别强调学习和执行出版的法律法规是因为2001年12月25日发布的中华人民共和国国务院令第343号《出版管理条例》、2005年9月30日新闻出版总署颁布《期刊出版管理规定》、2007年4月2日新闻出版总署颁布《期刊出版形式规范》是具体针对出版的，是办刊人时时处处的行动指南，应当牢记和遵守，不可偏离。

其他法律法规都是办刊人在论文审定选择、编辑加工时必须牢记、应用的，必须执行和遵守，不可偏离，详见第四章所描述。

**二、防止期刊违法违规的管理内容**

无政府主义者可能对一切管理都反对，事实上人类第一本期刊《学者杂志》在法国于1664年12月申请创办，获准注册出版，1665年1月4日才出版第1期。足以说明各国依照国情制订出版相关法律法规等是应当的、合理的。从我国目前期刊内容审定看，虽无系统概括，依照现有的各法律法规，参照一些停刊整顿或停刊或引出政治麻烦的出版物看，科技期刊在选择文稿时，应把关的内容相当多且杂。若把不好关，有的问题性质严重，有的问题性质则轻些，详见表2-1。

人们可能认为，科技论文不可能会出表2-1所述的问题。实际上是线性思维和缺乏相关学科知识所致。一台手术的报道，或几十例手术后写的文章，其内容本身就涉及伦理、法律、人权、“三个代表”、“科学发展观”等多项内容。如果单纯从科学技术的视野审稿，也许暗含其中的违法、违背伦理、违反人权、违背先进文化，违背人民的根本利益、违背以人为本等问题就发现不了。相反，不友好群体则可以发现，并利用其加以渲染，进行攻击，损害国家形象与利益。再如科技期刊登述评、特别策划的选题，某

表2-1 防止期刊违法违规的论文审评时的关注内容

| 关注论题中的违规内容 | 关注论题中的违规内容 |
| --- | --- |
| 有无违背办刊宗旨 | 有无违背伦理道德 |
| 有无违背“三个面向” | 有无违背宗教政策 |
| 有无违背“三个代表” | 有无违背人权 |
| 有无违背科学发展观 | 有无违背国际关系准则 |
| 有无危害社会安定团结 | 有无违背知识产权保护法 |
| 有无违背政治方向 | 有无违背出版管理规定 |
| 有无违背国家政策 | 有无违背版权使用规定 |
| 有无泄露国防与重大战役的内容 | 有无违背保密条例 |
| 有无违背台港澳的表述原则 | 有无侮辱或诽谤他人 |
| 有无违背国家统一和主权及领土完整的表述 | 有无违背国界的表述与地图 |
| 有无危害国家安全、荣誉、利益 | 有无涉及未公开的苏联及东欧方面的内容 |
| 有无煽动民族分裂及伤害少数民族情感 | 有无涉及未公布的党的重大事件与人物 |
| 有无宣传淫秽暴力危害社会公德等 | 有无涉及文化大革命无定论的内容 |
| 有无违背国家宪法确定的原则 | 有无涉及未公开的政府机关设置与人物情况 |
| 有无违背法律法规禁刊的内容 | 有无涉及未公开的重要文件与文献 |
| 有无违背广告法 | 有无涉及未公开的国家前与现领导的相关资料 |
| 有无违背国家与民族利益 | 有无涉及未公开的国民党上层人物等资料 |

些特殊科学研究、专业泰斗的专访或介绍、专业发展进程、专业文化研究等，就有极大可能涉及表2-1中的许多认为在科技期刊不涉及的内容。特别是当前的克隆技术、生殖技术、再生医学研究、再生器官研究、生命科学、生物技术、干细胞应用技术、脑与认知科学、横向创新领域、基因组研究等的成果公布都会更多涉及表2-1中的内容。因此，科技期刊的办刊人如果仍只用学术视野评审论文，极易出现违法违规、违背伦理及科学发展观等的问题。

**三、科技期刊防止违法违规的措施**

办刊人谁也不希望自己办的刊物出问题，作者也不希望自己发表的论文给出版物惹出任何麻烦，真正有意者极其少见。但的确有少数作者的论文在发表后。因涉政或违法问题而给刊物惹出麻烦，或发表前审稿时发现其因涉政或违法问题未给发表。

作为科技期刊，防止发生违法违规的问题，重点是抓好三个队伍建设与培训。

1、抓好编委团队建设。正副总（主）编从自身做起，一是调整知识结构，拓宽知识面；二是借脑，请知识面宽的人协助把关，或通过网络查询相关知识等。主要是主动接纳新知识。

2、加强编辑队伍建设。编辑部主任事先使自己成为“杂家”，承担起对论文的综合筛选，并带领编辑学习相关知识，使每一个编辑尽早成为杂家。

3、审稿专家队伍建设。选择知识面宽、能与时代同步的专家审稿。要抓好三个队伍建设，核心是相关部门应抓好办刊人的培训，未经培训，或经培训后，凡达不到基本要求的人不能担任正副总（主）编、编辑部主任或社长。

正副总（主）编及编辑部主任培训内容：①主要法律法规；②各期刊主管部门近10~15年的主要政策及国家出台的相关方针政策；③国家有关宗教、民族、国际关系、国家安全等各相关政策与规定等；④人文社会科学知识；⑤思维方式、拓展眼光方面知识的培训等。

提示性范例2-2

某院校的一项研究，结题后写出的论文公布其结论，结论涉及政府给的补助费用一事。

该项研究的人力、物力投入、科研选题、研究方法、研究的技术路线、研究资料的完整性、统计处理方法等都无问题，论文表述逻辑层次、论文文体结构都无可指责。故无一人反对，同意发表。

当时，唯有一个办刊人指出，论文结果公布可能危害社会安定，不宜发表。建议该课题组将研究结果向政府相关部门报告后，引起政府相关部门重视。

这一提示范例给更多办刊人以思考和启迪。应指出的是，按相关规定，这类课题应事先向国家有关部门申报，经批准后才可启动研究。

## 第三节　办成精品科技期刊的管理

什么样的期刊是精品，从不同角度可以作不同的界定。从不同的读者层面也可以作不同的界定。就科技期刊而言，必须是以首发较多的使人类受益的独特发现、发明或创新，并被全球的同行认可、推行，且被广泛引用的科技期刊。

**一、依存性人格办不出精品期刊**

每当谈及我国科技期刊与国外科技期刊的差距时，办刊人与科技人员都能说出上百条理由，几乎没有一人从自身找原因。实际上办刊人有严重的依赖思想——靠某一品牌系列或某几个名人、或国家级系列，只要挂上了，似乎就万事大吉了。把主观能动性、开拓性、创新性完全放在一边了。国外品牌期刊上的科技论文更多的是善于观察、好奇、思考，而我们的科技工作者忙于学习新技术、新理论、新方法，并加以应用于实际，不注重观察、思考。国外专家经过一段实践后则会反思，他们通过反思、观察、思考、总结，又从中发现了新的现象和问题及新的难点，并找出解决办法，促进了西方科技理论、技术、方法不断改进和理论上的提升。我们的专家忙于跟踪、学习、接纳、应用，办刊人也停留在按既往办刊思路运行自己的刊物。下面摘录《新英格兰医学杂志》2006年、2007年最具影响力的报道问题供思考。

补充钙加维生素D与骨折危险（2006）

使用避孕套可减少妇女生殖器的人乳头状瘤病毒（HPV）感染（2006）

肥胖与死亡危险增加相关（2006）

急性心梗时使用西罗莫司洗脱支架与无包被支架的比较（2006）

对比较西罗莫司洗脱支架和裸金属支架资料的汇总分析（2007）

最佳药物治疗加或不加PCI治疗稳定性冠心病（2007）

手术与保守疗法治疗坐骨神经痛的比较（2007）

上摘的7篇最具影响力论文，我们的科技工作者真的不能开展相关研究，也写不出这类论文吗？我们相关的期刊的办刊人向相关的专家约过此类文稿没有？西方发达国家的品牌期刊的办刊人直接深入到科技人员中进行具体的约稿和指导，我们的科技期刊中能如此深入进行具体约稿和指导的人占的比例有多大？为什么？这些是值得我们办刊人认真思考的。

**二、创办精品科技期刊的管理**

前面已对科技期刊的精品内涵进行了描述。应当说，能否把科技期刊办成精品期刊主要靠办刊人的理念、价值取向、人生哲学、追求和与之相关的思维、睿智、眼光、创新能力、用人观念等。在此基础上，要对期刊选用的论文进行评审把关，详见表2-2。

对论文依表2-2中的提示进行评审，许多人也许不同意，或同意，则把责任完全推给专家或者总（主）编了，似乎编辑部主任、社长、编辑都无任何责任。相当多的科技期刊每天都要收到几十篇稿，这些文稿初筛多由栏目编辑或编辑部主任完成，根本送不到正副总（主）编的手中就已打入冷宫。当然，正副总（主）编也会有推托之词。

正如一读学位的研究生融植物与语言为一体的论文先后投给植物学、语言学方面的刊物，得到的答复是只有压缩与本刊无关内容后才能刊登。作者依两刊意见进行修改，给植物学刊物的文稿语言学只保留纲目，而给语言学刊物的文稿植物学方面只保留纲目。此文刊出后，被日本学者看到后立即请作者到日本讲学。这说明什么呢？说明目前科技期刊办刊人的观念、学识、眼光、知识结构远远滞后于学科融合与分化双加快的时代和社会现实需要。

第29届奥运会游泳的8枚金牌得主菲尔普斯11岁学游泳时的教练非常自信地指着他说：“我敢肯定，2004年，他将参加奥运会，2008年，他将在奥运会上打破世界纪录……”这位教练的自信来自能力、眼光。而要办精品科技期刊需要每一本科技期刊的

表2-2 精品科技期刊论文审评关注的内容

| 关注论题的内容 | 关注论题的内容 |
|---|---|
| 论题的科学性 | 论题中统计处理方法的正确性 |
| 论题对解决人类难题的贡献性 | 论题文体结构的完整性 |
| 论题对解决人类难题现象的贡献性 | 论题中使用的标准合要求性 |
| 论题对解决人类生存的贡献性 | 论题中国家标准应用的规范性 |
| 论题对恢复生态环境的贡献性 | 论题中论点论证的逻辑性与强度 |
| 论题对旧理论的突破 | 论题中概念、定义、原理准确性 |
| 论题对旧规范的突破 | 论题中推理的逻辑性 |
| 论题对推动科学发展的贡献性 | 论题中经典与文献引用的正确性 |
| 论题对推动专业技术发展的贡献性 | 论题中引用古典确切与完整性 |
| 论题的前瞻性 | 论题中涉及历史人物或事件的准确性 |
| 论题的前沿性 | 论题中表述的前后一致性 |
| 论题对人类的紧迫性 | 论题的社会责任性 |
| 论题的独创性 | 论题中文字、用词的规范性 |
| 论题的原始创新性 | 论题中论述的理论性 |
| 论题研究方法的科学性 | 论题的科学研究的真实性 |
| 论题中技术的规范性 | |

正副总（主）编、编辑部主任、社长和编辑都有这种眼光和自信。

**三、办精品科技期刊需要创新办刊模式**

办刊的模式已有几百年，经过自然经济、农业经济、工业经济时代的实践检验和考验，发挥了其科技期刊的功能，在促进科学发展方面发挥了积极作用，功不可没。而当前进入知识经济时代，特别是网络时代第五媒体的出现，数字化出版的兴起，对办精品科技期刊无疑有众多挑战。要办精品科技期刊的核心是办刊人的优胜劣汰，这个问题解决不了，我国科技期刊中的真正精品是很难办成的。

虽然未作调查，当前办刊人的心态不外乎：①只需自己的头衔是××期刊的总（主）编；②自己有份工作挣钱生活；③办刊当做暂时过渡的生存方式；④是一份安逸、没有风险、无须学习和竞争而可以生存的良好职业。这些心态是办不出真正精品科技期刊的根源。

办刊模式涉及期刊的出版、停刊的机制，也涉及办刊人的法律责任、经济利益等诸多方面，新闻出版总署正加速推行期刊的改革，相信将会为创办精品科技期刊创造条件。

**提示性范例2-3**

甲乙两本科技期刊创刊在同一年，甲刊的办刊人一开始就从质量入手——一是注意刊发论文的前沿性、科学性，论文文体的完整性，为此，加强组稿工作；二是聘请正规学术期刊的编辑帮助编辑加工论文，强调编辑的规范和质量；三是控制版面，每期限3个印张即48页，以保证刊发的每篇论文的质量。乙刊的办刊人受社会办刊影响，认为办刊就是把来稿刊登——一是忽视刊用文稿质量，几乎无组稿约稿，来稿几乎全登；二是完全请非正规学术期刊的编辑人员加工论文，许多基本编辑规范被忽略；三是盲目增加页码，以保证来文被刊用。其结果，创办2年后，甲刊被国家核心期刊收录，而乙刊未被收录。

甲乙两刊的结果对科技期刊办刊人应有很好的启示作用。

## 第四节　促进科学技术的发展与文明传承

科技期刊功能的核心是促进科学技术的发展与文明传承。科技期刊创办初始时代就是如此，今天也不例外。

**一、促进科学技术的发展**

每一本正规的科技期刊所开设的栏目，每一栏目中所发的论文，目的明确，其作用都是为了促进科学技术的发展，使人类受益。

（一）公布科学研究的成果

每一本科技期刊公布的科技研究成果或成就都有类别和对人类贡献度的差异：①新发现、新发明，有的是一个新的突破性成就，如爱因斯坦的《相对论》等；②新理论、新思想、新知识、新技术、新方法等的成果。

（二）发布一些实践经验升华的成果

每一位科技工作者，特别是一些有悟性的科技工作者，通过科学实践，能及时将一些形成独特风格的技术方法升华到理论上认识，并被同行公认且推广到各服务工作岗位，使人类受益。医疗服务中的不少技术都是，如介入技术等。

（三）发表议论文所议论的议题

科技期刊所发表的议论文，特别是一些优秀的议论文，其中所议论的议题对广大科技人员是很有启迪作用的。如述评、商榷等，对纠正或改进科技人员的服务行为、方式或思维方式等的作用不可估量。

（四）学术讲座

开设学术讲座，其中所发文章都是为传递当今全球最新科技论理、思想、知识、技术、方法等，供读者学习，以便促进科技人员改进自己的科研、教学、服务等之用。

**二、促进全球文明的传承**

人类文明内容十分广泛，有科技文明，还有艺术、音乐、习俗、语言、文字、书画、建筑、雕塑等。这些文明的传承，可增加人类共享文明给人类带来的丰硕成果，也可增加全球人类的相互理解，促进和谐世界的建设。

（一）有利于中华文明向全球的传播

中国是世界历史悠久的文明古国，中国的科技、人文、音乐、艺术等，由于长期封闭，西方不了解、不理解甚至误解中华文明。通过改革开放，特别是奥运会等，让世界人民开始重新认识和理解中华文明，有利于中华文明为全球人类作出应有贡献。

中华文明博大精深，别的且不论，仅就中国的语言、文字就让每一个人一辈子也研究不透。如“舍得”这一词，就有辩证法。人们常对一个人讲，你要“舍得”。听者往往理解为只有付出。当然，让对方要“舍得”的人也希望对方愿意给出或同意给出。双方均认识不到“舍”之后还会有“得”。现实的交往中、领导决策中，凡不愿“舍”，也就不会有“得”。再如“吃亏是福”，理解这一词的人不会太多，愿“吃亏”者也不会太多。从西方文明重视人性而言，更难理解这一词。要理解这一词，必须换一种思维，或称整体考虑，也许是现在流行的非线性思维的一种思维方式。这里要了解春山茂雄的健康理论——合理饮食＋运动＋冥想（愉快的心情）。人的心情好则大脑分泌一种有益于健康的“脑内吗啡”；相反，当人发怒、生气等时大脑分泌不利于人体健康的“去甲肾上腺素”类物质。以乘坐公共汽车为例，作为一个上班者，乘公交车不坐，可随车的运动而活动关节及身体，可以利于健康；但习惯于抢座位者，上车后因未抢到座位会心理不平衡，不愉快，自然脑内会分泌更多的“去甲肾上腺素”类物质损害健康。换了角度思考，“吃亏是福”也就可以理解了。当然，只要思考，还可从别的角度理解“吃亏是福”。由上述极简单的两个词就可看出中华文明传播到全球的价值了。

（二）有利于吸纳全球的文明成果为中华民族的复兴作贡献

我们应当认识到，西方文明中，特别是科学技术、人文社会科学、法制建设等许多文明成果对我们很有借鉴价值。

我国自清朝末代始，已开始接纳西方的科技文明。当进入现代以后，特别是邓小平设计了我国改革开放的战略规划后，我国大量吸纳和借鉴西方文明成果成为可能，加速了我国的复兴进程，这已是国人乃至全球的共识。其中，科技期刊在这方面功不可没。

要加速我国复兴进程，科技期刊需进一步加速中国文明与西方文明的双向传递，促进其融合、创新，让世界了解、理解中国，也让我国充分认识、鉴别、吸纳、借鉴一切有利于中华民族复兴的西方的文明成果，从而让世界更加繁荣、和谐。

**提示性范例2-4**

有一个美国华裔物理学家对汉字很有兴趣，写了一篇分析汉字结构特点的文章，文章发表后轰动了文字学界……他用几个常见的物理学名词就把汉字结构画龙点睛地点出来了。他说拼音文字是线性的，方块文字是矩阵的；拼音文字是一维的，方块文字是二维的；拼音文字是扫描的，方块文字是聚焦的……可见，学科交叉，马上会使得学术研究活跃起来，而且提高到新水平。

摘自《科学与人文对话》

这一范例告诉我们，开展跨学科研究必然会加速学科的发展和新成果、新思想、新理论的诞生。

## 思考讨论题

1、科技期刊管理的核心是什么？
2、如何防止科技期刊偏离方向？
3、防止科技期刊违法违规应从哪些方面评审论文？
4、创办精品科技期刊应从哪些方面评审论文？
5、加速中西文明双向传递的时代价值？
6、百家争鸣对办刊有何价值？
7、四个提示性范例有何启示？

# 第三章　新世纪科技期刊管理的必要性

**本章要点**

1、科技期刊在学术腐败中有无责任
2、科技期刊对人类健康的责任
3、科技期刊对生态文明维护的责任
4、科技期刊对国家科技兴国的战略责任
5、科技期刊发表论文失职的原因
6、办刊人能力滞后的危害
7、当今的时代与其特征
8、科学发展趋势及其效应

当前学术腐败、学术浮躁之风最令人反感，作为腐败者、浮躁者个人的道德品质由个人负责外，谁是其助手或助推器？应当说媒体，特别是科技期刊有相当的责任。这些学术腐败给科技期刊本身、国家形象、科技工作者形象的危害是无法估量的。科技期刊为什么会被学术腐败分子利用，使科技人员更加浮躁？有主观因素，也有客观因素。对学术腐败分子被捧上天的失职没有追查或追究发文期刊责任的机制，使办刊人将“科技论文”的质量失真、失误完全推给作者。

前述内容说明科技期刊失在管理。谁是科技期刊的管理主体，怎样才能把科技期刊管好而不是管死？对此会因不同的职业、不同的文化、不同的专业而有不同的答案。对科技期刊实施管理是因科技期刊的功能决定的，科技期刊的质量关系到国家、民族的兴旺发达，全球人类的生存与繁衍和未来。

# 第一节　维护人类健康的需要

世界卫生组织（WHO）对影响人类健康因素的研究结果：遗传因素占15%，膳食营养占13%，社会因素占10%，气候环境占7%，其他后天因素占47%，医疗因素仅为8%。全球1/3患者死于化学合成药物滥用。到2000年底，全球有11亿人缺乏安全饮用水……高新科技发展的效应必然是二重化。因此，重视科技研究动向，评审其研究结果对人类的利弊成为政府、伦理及科技期刊办刊人的时代新使命——维护人类健康所需的环境。

**一、维护生态文明是维护人类生存环境**

所谓生态文明是人类应维护人—自然—社会和谐发展的状态或称人与自然的互惠共生、协调发展形态。人类经过原始文明→农业文明→工业文明→生态文明，即当今的第四文明阶段。由于工业文明的哲学取向，尽管历来存在人文主义与科学主义之争，但整个社会多数人认为人是自然的主人，是自然的统治者。其后果是生态环境被破坏，人类遭到自然的报复，自然灾害频发，物种消失。我国无锡的生态灾难就足以佐证。特别是20世纪末以来，全人类都因受自然的惩罚认识到了必须改变原哲学取向，人应与自然和谐相处——不仅人有价值，自然具有同样的价值，人与自然都是互相依存的主体，要互相尊重和爱护，特别是一切有生命的生物都离不开自然界。如果准许一些违背人类伦理、违背生态维护的科研论文发表，将会给人类带来更大灾难，如前述的11亿人口的饮用水不安全，其危害是无法估量的。

可喜的是当今一些维护生态文明的绿色新学科知识体系正日渐成熟，并已先后出版了环境科学、生态科学、环境地质学、生态经济学、生态伦理学等书籍。作为管理干部而言，认为社会整体文明应包括物质文明、精神文明、政治文明、生态文明的占72.6%，而认为全面发展包括经济建设、政治建设、文化建设、社会建设、生态建设五项的达77.0%。作为自然科学的专家、科技期刊的办刊人对上述认识的程度不敢断言有那么高比重。这就给科技期刊办刊人提出了更高更新要求，以人为本，科学选择符合人类利益的文章发表。

**二、全球竞争加剧的二重化**

所谓的“二重化”也即“传统”+“现代”是其一，“利”+“弊”为其二，“压力”+“动力”为其三。

目前，地球村落化和经济一体化及知识经济时代的到来，创造财富的资源、方式、手段、商品形式等都发生了根本性变化，从而使人类步入后科学社会——创造财富和生产力提高所依赖的创新将不再基于自然科学和工程学基础研究等方面的领先能力，而是基于个人、社会、文化创新的领先能力。后科学社会更多地依赖于创意、更多依赖社会提供的基础成果，更多地依赖多种要素的融合——这就告诉我们，当今需要新型人才——懂专业、懂文化、懂心理学、懂外语、懂艺术、懂经济，具有非线性思维、悟性、善学、善察、善思、善感、善吸纳知识、善沟通等的复合型人才。这就对办刊人提出了挑战，是只发专业人员科研成果的论文，还是要依时代变化调整办刊发文思路，依其功能，给专业人才开拓知识面，开阔眼界，调整科学研究思路、方法。

另外，全球竞争加剧，产业大转移，产品升级换代加快，一些高污染、高能耗等产业在给低能力者以就业机会、获取低报酬外，同时给就业者本人、环境、子孙后代带来无法估量的危害。科技期刊如何选择与其相关的研究及论文，若忽视“二重化”就会给人类带来灾难。

**三、高新科技快速发展的二重化**

高新科技快速发展的二重化在医疗服务中最为明显。高新科技在减轻病人诊治疾病的痛苦、提高抢救成功率、提高病人生命质量、延长病人生命等方面发挥了无可挑剔的作用。但病人则要承担高额的医疗费以及给家庭带来的经济负担、心理不平衡等的忧愁与烦恼的负效应。DDT的发现人——瑞士化学家Pani Muller于1939年获诺贝尔奖，DDT的危害到20世纪60年代才发现，并停止使用。因此，办刊人对高新科技的研究成果的论文刊发仅从科学能不能做的视野是不够的，还应从以人为本的人文的该不该、可以不可以角度再审视。否则，就背离了生态文明、科学发展观及“三个代表”和“三个面向”的思想，也违背科技工作者的伦理道德。

## 第二节　维护国家利益的需要

国家的利益高于一切，这点即便在美国也不例外。美国已故总统肯尼迪曾对美国人说：不要问你的国家能为你做什么，而要问你能为你的国家做什么。

**一、争做头脑国家的需要**

头脑国家与躯体国家的名词是由西方国家于20世纪末提出的。争做头脑国家是最大的国家利益。

（一）头脑国家的内涵与意义

所谓头脑国家是向全球国家提供新知识、新理论、新技术及智力和思想的国家，而无法挤入这一方阵的国家只能沦为躯体国家，也即躯体国家花钱向头脑国家购买新知识、新理论、新技术等的使用权。知识产权保护更多地维护了头脑国家的利益。由此可知，头脑国家的获利是诸多方面的，这也就是要争做头脑国家的原因。目前全世界86%的研发投入、90%以上的发明专利都掌握在发达国家手里。

科技期刊为国家争做头脑国家是大有可为的。当然，办刊人的观念要更新，真正发挥科技期刊的功能，切实按百家争鸣的方针选用优秀的、新的发现、发明、新的见解的科技论文，尤其应为一些有争议而又不违背国家出版法规的论文开绿灯。如当年上海一位年轻学者主张研制男性避孕药——棉酚，并运用足够数据阐述其研制可行性，但不被一些年长专家认可而未过关。事隔5年，巴西研制成功副作用最少的男性避孕药——棉酚。类似这样的事并非仅此一例。这是我国振兴中华、挤入世界强国方阵——头脑国家要大量开展原始创新最大的障碍。相当的科技期刊发文往往总（主）编不认可就发表不了，而总（主）编的知识面宽窄，心胸、眼光如何，直接制约科技期刊发文的质量。

争做头脑国家需要有良好的科技研发环境，而科技期刊是该环境中的核心要素，作为科技工作者最新科技研发成果，或最新发现、发明与见解必须通过科技期刊发布而获得知识产权保护，并让世界同行了解、承认，同时为国家地位提升贡献力量。

（二）当前国际竞争决胜于学习与吸纳和重组优势资源领先的能力

上世纪末《知识经济》一书的热销，使读者大受其益，精英意识进入到知识经济时代将带来创造财富的资源、手段、方法的改变，其冲击的是人们工作、生活、学习、思维、娱乐及获取知识的方式。随着高新科技的发展，人类已经或将步入后科学社会。这是美国乔治•梅森大学教授希尔发表《后科学社会——呼唤国家创新体系变革》中提出的，该社会改变了创造财富和生产力提升的支撑能力的领域，冲击科技精英们的思维方式、科研切入方式、成果研发方式、知识应用方式、能力评价方式等。任何国家、团体、企业、媒体要想在当今社会中取得竞争的胜利，决胜的核心要素已经彻底改变。因此，科技期刊如何充分发挥其功能，使本刊的读者、科技人员能够提前觉醒，能够比别人更有能力，更快获取新理论知识服务，对于提升中华民族的科技精英在全球竞争领域中的能力具有无可比拟的作用，也是科技期刊办刊人的神圣使命。

（三）原始创新科研论文或见解的认知

原始创新科学研究对于一个国家或民族的兴旺发达，挤入头脑国家——全球一流强国的作用是不言而喻的。每当选用作者投寄的稿件，或是到各科学研究单位约稿时，办刊人似乎对什么是原始创新的论文就难以识别了，也提不出约稿的文题与写作切入点。

1、对原始创新难以识别之因：（1）办刊人知识面狭窄；（2）办刊人未掌握所在专业的国际科研动向——科研前瞻、科研前沿；国际科学工作现状——如医学的诊断、治疗的理论、技术和方法现状与趋势，对国内的现状与趋势也未把握；（3）办刊人的人格因素；（4）办刊人激活背景知识的能力；（5）对全球科学技术动向未能掌握或基本掌握；（6）办刊人缺乏想象力与联想的能力；（7）办刊人的惰性；（8）外脑与专家作用未能充分发挥；（9）一言堂的掌门人搞武大郎开店等。

对原始创新的论文无能力鉴别，作为科技期刊发表的论文就很难符合科学发展观、“三个代表”、“三个面向”、“生态文明”的要求。因此，办好科技期刊的关键是有一个高素质的办刊人团队。

2、提升对原始创新科学研究论文认知的办法：（1）加强对办刊人的管理和培训：一是改变20世纪办刊人管理模式，实行持证上岗，凡出任科技期刊正副总（主）编、编辑部主任、期刊社长、责任编辑者经6个月培训，经严格考试合格者发给上岗证；二是科技期刊所发论文出现了违背法律法规及科学发展观、“三个代表”、“三个面向”、“生态文明”等时，尤其是刊登违背科学精神的属学术腐败文章，应追究主要办刊人的相关责任，或吊销其上岗证。（2）加强科技期刊编辑部建设的达标管理，无合格办刊人的责令其达标后才能办刊。（3）加强科技期刊办刊人的知识更新教育，凡知识结构达不到编辑专业要求的免除担任责任编辑的职能，降为助理编辑。

由于编辑，特别是科技期刊编辑的从业者中，相当数量未经编辑学科正规培训，只是某一专业的从业者，因办刊改做编辑，特别是主观不努力者，很难胜任责任编辑重任。

**二、办刊群体能力滞后的危害**

办刊群体能力滞后伤害国家利益似乎难于让人理解与接受。目前，文化多元的二重性、人们价值取向多元的二重性、地球村落化的二重性、经济一体化的二重性似乎无太多人去思考。正因为这样，现实生活中相当多的人看中的不是知识、不是能力、不是有发展前途的事业，唯一选中的是金钱。这就是学术腐败、垃圾刊形成的基础。反过来又促使编辑能力的下降，毕竟编辑能力提升是要付出巨大努力的。大概这就是我国科技期刊质量上不去的根本原因之所在。编辑能力低下对国家危害从多方面表现出来。

（一）办不出国际一流科技期刊

国际一流科技期刊是一个大国不可忽视的项目。尽管我国与发达的所谓头脑国家在科技上有许多差距，但我国科技人员在航天、基因、电子、生物工程、信息技术诸多方面取得了许多自主的知识产权。然而我们的科技期刊就没有一本形成美国的《科学》、英国的《自然》那样的品牌。谈及此事，所有办刊人及科技工作者都是从外因上去找，几乎无人从办刊人及科技工作者自身寻原因。从某种意义上讲，我们的思维方式与国外的人包括一些华裔都不同，也许就是我们科技期刊难于形成国际品牌的原因。而当前，科技期刊是传媒——朝阳产业的支柱，可以为国家创造大量的收益，同时也为提升本国科技人员更新知识、提升能力、开拓眼界、创造未来作贡献。

（二）危害社会和谐发展

（1）许多科技工作者因要承担高额版面费产生的负面心理是指向国家管理失误；（2）给钱即发论文使质量面前平等的机遇丧失；（3）没有严格评审的论文发表将危害社会大众利益。

（三）损害国家形象

办刊人对优质与劣质论文没有评审能力，发表一些无科学性的、重复的、过时的论文必然损害国家在国际上的形象与应有的地位。

（四）危害国家安全

由于办刊人无法评审一些涉及国家安全等方面的论文，该类论文发表必然是对国家安全等带来无法弥补的损失。

（五）损害国家的全球竞争力

由于编辑人员能力低下，对一些涉及国家科学技术竞争战略战术的不宜公布的内容泄露，必然对国家的科学技术竞争造成重大损伤。

## 第三节　适应时代变化的需要

如果对当今人类处于什么样的时代不清楚，那只能糊糊涂涂生活、工作。因此，每一个人，特别是科技期刊的编辑不知自己所处的时代及其特征，就无法胜任责任编辑的重任。所有办刊人只有清楚所处时代，并有承担时代使命的责任心才可将科技期刊办好。

### 一、当今所处时代及其特征

（一）当今所处时代

目前，人类处于什么样的时代，不同专业、不同层次、不同学识、不同国家或地区、不同种族、不同性别的人有不同说法——知识经济时代、后科学社会时代、地球村落化时代、全球经济一体化时代、劳动智能化时代、信息化时代、纳米科技时代……可以说出许多的时代，但对人类冲击较大的时代是知识经济和后科学社会及纳米科技时代等。

（二）人类所处时代的特征

社会发展、国家科技水平、工业化进程、人受教育程度、现代化水平等因素影响，导致当今社会时代的“二重化”，这是当今时代最大的特征。作为科技期刊办刊人如何认清时代特征，对于选什么样的文稿、约什么样的文稿在期刊上刊登具有不可估量的作用。如不知道“生命科学”、“认知科学”、“脑科学”、“基因技术”、“纳米技术”、“微型病毒电池”等的准确内涵，不知道“技术的双刃剑效应”、不知道学科融合的趋势与价值、不知道非线性思维的准确含义与应用价值等，很难去选用和约写这方面的文稿。其损失一是科技期刊本身；二是专业人员的知识难以更新，观念和思维难以转变，服务能力、科研能力难以提高。若这是科技期刊的普遍现状，危害的是整个国家科学技术水平。

### 二、所处时代科学知识的特征

（一）知识与技术半衰期进一步缩短

当今的高新科技使过去不敢想的事变成现实，使过去不敢做的事成为可能。人类的许多梦在高新科技手段下都可实现。如2008年残奥会开幕式中的不少场景，医学领域许多诊断与治疗技术的应用，自然科学中的研究成果和目前应用高新科技制造出的产品等。目前的一项新技术只需一年左右就可在全球广泛应用。

上述情况说明，原来认为不可能做的理论、技术知识就被可以做的理论与技术知识所替代。特别是人类神经组计划和人类脑计划、心理过程的人工采集和分析与调整技术开发研究等。因此，许多新理论、新知识、新方法改变原来的许多理论、结论等。所以，作为科技工作者、科技期刊办刊人如不及时学习新理论、技术、知识、方法，就会用过时的眼光、理念、思维选用稿件而脱离时代。因而科技期刊办刊人时时记住“达维多定律”的应用是十分必要的。

所谓“达维多定律”，即指一个企业要想在市场占主导地位，就必须时刻否定和超越自我。而国人最怕否定，尤其害怕自己被否定。客观上是否定越快，发展越快。今天被否定，其在过去所发挥的推动作用并未被否定。这一认识问题不解决，许多人会因怕自己被否定而阻拦更优秀的事物的诞生。科技期刊在审评论文中，尤其要注意一些新成果诞生后，可能会因替代既往技术、方法等引出人为否定其作用。

（二）学科融合进一步加快

学科融合是高新科技发展加速的必然。这是因为许多现象、许多问题的解决已不是单一学科所能解决的。如资源短缺、人口膨胀、环境污染、臭氧空洞、物种灭绝、灾难频发、生态危机等。许多问题解决需从不同层面、不同的视角、不同的路径、不同的学科、不同的思维、不同的方法等去认识、思考、探索，因而促使学科交叉、融合加快。

如果办刊人思维传统，专家只从单一学科的科学性、可行性审评科研成果与论文价值，必然将新兴的、具有引领时代科技动向的成果及其论文淘汰掉。因而，新世纪的时代学科融合加快的特征向办刊人、专家提出了新的挑战——“宝石”般成果的论文，在知识单一的专家与办刊人视野中必然当成“垃圾”舍弃；相反，毫无价值的、陈旧的、过时的所谓成果及“论文”则被当成“宝石”加以推荐刊登。这种悲剧既不利于国家科技强国方针实施，也不利于原始创新成果的公布，根本原因在于办刊人学识、眼光、知识面不适合新时代。

（三）新兴学科诞生加快

学科融合与交叉促使新兴学科诞生加快成为必然。前述的环境科学、生态科学外，脑科学、认知科学、医学影像学、生命伦理学、工程哲学、技术哲学、深层生态学等均已诞生。

作为科技期刊办刊人如果对新兴学科的知识一无所知，要办好科技期刊是十分困难的。

## 三、人类所处时代的劳动与致富特征

（一）人类所处时代的劳动特征

传统的劳动——原始文明、农业文明、工业文明时代的劳动经历了从体力→体力+智力→体力+智力+脑力的发展过程。而自20世纪末开始，人类社会逐步向知识经济时代过渡，其社会劳动的要素发生了重大变化，主要靠人把知识转化为一种能力、一种睿智，不断实施自我超越。创造财富由单纯物质资源消耗转变为以知识和智慧为创造财富的主要资源，随之是创造财富的手段以知识和劳动者的智能为主。单凭消耗体力难以创造更多的剩余价值。

（二）当今致富特征

随着工业化向半自动化和全自动化转变的过程中，对劳动的智力、知识、吸纳、反应、获取与转化的综合能力要求越来越高——创造财富的资源、方式、手段随知识经济时代的来临而转变了。传统的劳动方式创造剩余价值越来越少，而新的资源——知识，用其创造财富的成本相对传统劳动要低许多倍，而产出的“商品”的价值比传统商品高出无数倍，这就提示每一个劳动者要思考如何运用知识、智慧创造财富，要转变传统的思维方式等。

科技人员如何认知社会变化、科技期刊如何帮助科技人员认清社会的新形势等，是科技期刊办刊人无法推卸的历史使命。因此，按照科技期刊的功能，帮助科技人员更新知识和观念、思维，需要科技期刊办刊人用全新视角去选用和约组稿件。

（三）当今竞争取胜与知识获取特征

1 、当今竞争取胜的特征

当今社会被称为信息化社会，说明当今信息的多与信息对于竞争取胜的作用。竞争主体可分为多种主体——个人、单位（企业、公司、集团等）、省（区）市、国家等。而科技期刊正是为上述主体服务的。因此，各专业、群体的科技期刊办刊人，如何运用所获取的相关信息，及时向读者传递，成为办刊人及读者都在思考的问题。当今办刊人中的强者，是主动分析全球各种趋势，及时主动向读者提供一些趋势性信息，帮助自己的读者走在时代前列，从而比竞争对手有更快更好的发展，取得市场主导权，最后是以最先获取相关信息，并加以应用而取胜的。这样的科技期刊肯定是受读者欢迎的，并将越做越强。

2、 当今知识获取特征

当今因互联网发达而让每一科技工作者容易获取相关信息。但随之给科技人员带来的最大烦恼是信息量太大，内容太广，而每一科技工作者时间又非常有限。因此，当今获取信息有两大特征：一是方便通过网络获取；二是因信息量大需费时间进行鉴别，从而增加科技工作者的烦恼，盲目使用则又可能出现不应有的偏差。作为科技期刊办刊人应充分研究，采用更好的办法为科技工作者服务。当然，这又涉及办刊人能力及相关投入等。

**提示性范例3-1**

有一本科技期刊，其刊名很现代。但整本刊的办刊人近30余人，只有2个人有该专业的学历，尽管几十人拼命奋斗，始终打不开市场。关键是办科技期刊，没有懂该专业的人员运作，且三天换一个想法，五天换一个思路，总想依靠一个什么组织去开拓市场，全部办刊人都处在圆梦之中——追求金钱利益的最大化，而没有遵循科技期刊的运作规律去做认真、扎实的工作。

# 思考讨论题

1、科技期刊是否应考虑人类健康、生存环境保护？
2、科技期刊在维护人类生态文明中的责任。
3、科技期刊在科技兴国中的作用。
4、科技期刊违法违规与发失真科技论文的原因。
5、科技期刊办刊人能力滞后的危害。
6、时代特征与科技期刊的使命。

# 第四章　新世纪科技期刊管理依据

**本章要点**

1、与科技期刊管理有关的法律、法规
2、新著作权法实施条例的特点
3、广告法中有关期刊广告的规定
4、出版单位的审批制度及其设立条件
5、期刊出版管理规定修订的内容
6、期刊出版形式规范的主要内容及要求
7、与科技期刊有关的国家标准
8、中国标准连续出版物号及条形码的相关规范要求（合法期刊与非法期刊的鉴别）
9、科技期刊编排规范
10、期刊社（编辑部）规章制度

对科技期刊的管理依据——国家的法律、国务院的条例、政府部门的规章和技术标准与规范、期刊主管与主办部门制订的制度等，本章选择常用部分加以介绍。

## 第一节　科技期刊管理中常用的法律

**一、中华人民共和国宪法**

宪法是我国的根本大法，是治国安邦的总章程，是保持国家统一、民族团结、经济发展、社会进步和长治久安的法律基础，是中国共产党执政兴国、团结带领全国各族人民建设中国特色社会主义的法律保证。宪法具有最高法律效力，是制定其他法律的依据，一切法律、法规都不得同宪法相抵触。现行宪法根据1988年4月12日第七届全国人民代表大会第一次会议通过的《中华人民共和国宪法修正案》、1993年3月29日第八届全国人民代表大会第一次会议通过的《中华人民共和国宪法修正案》、1999年3月15日第九届全国人民代表大会第二次会议通过的《中华人民共和国宪法修正案》和2004年3月 14日第十届全国人民代表大会第二次会议通过的《中华人民共和国宪法修正案》修正。与科技期刊管理有关的宪法条目如下：（1）国家发展自然科学和社会科学事业，普及科学和技术知识，奖励科学研究成果和技术发明创造。（2）国家发展为人民服务、为社会主义服务的文学艺术事业、新闻广播电视事业、出版发行事业、图书馆博物馆文化馆和其他文化事业，开展群众性的文化活动。（3）中华人民共和国公民有言论、出版、集会、结社、游行、示威的自由。（4）中华人民共和国公民有进行科学研究、文学艺术创作和其他文化活动的自由。国家对于从事教育、科学、技术、文学、艺术和其他文化事业的公民的有益于人民的创造性工作，给以鼓励和帮助。（5）中华人民共和国公民有维护国家统一和全国各民族团结的义务。

**二、中华人民共和国民法通则**

《中华人民共和国民法通则》于1986年4月12日由第六届全国人民代表大会第四次会议通过并公布，1987年1月1日起施行。本法计9章156条，包括基本原则、公民（自然人）、法人、民事权利、民事责任、诉讼时效、涉外民事关系的法律适用、附则。民法通则规定“公民享有姓名权，有权决定、使用和依照规定改变自己的姓名，禁止他人干涉、盗用、假冒”，“公民享有肖像权，未经本人同意，不得以营利为目的使用公民的肖像”，“公民、法人享有名誉权，公民的人格尊严受法律保护，禁止用侮辱、诽谤等方式损害公民、法人的名誉”。科技期刊的管理者和编辑人员应注意作者署名权，使用公民的肖像应经本人同意，医学期刊刊载患者面部时应遮挡眼部。

**三、中华人民共和国保守国家秘密法及其相关法规**

（一）中华人民共和国保守国家秘密法

中华人民共和国保守国家秘密法于1988年9月5日第七届全国人民代表大会常务委员会第三次会议通过，1989年5月1日起施行。本法计5章35条，包括总则、国家秘密的范围和密级、保密制度、法律责任、附则。国家秘密是关系国家的安全和利益，依照法定程序确定，在一定时间内只限一定范围的人员知悉的事项。国家机关、武装力量、政党、社会团体、企业事业单位和公民都有保守国家秘密的义务。科技期刊在发表论文时往往涉及科技机密，期刊的管理者和编辑人员要有保密意识，严守保守国家秘密法，保证国家科技安全。

（二）保守国家秘密法实施办法

根据《中华人民共和国保守国家秘密法》的规定，由国家保密局1990年5月25日发布并执行。本办法计5章41条，包括总则、确定密级、变更密级和解密、保密制度、奖惩、附则。科技期刊应根据保守国家秘密法实施办法，制定保密制度。

**四、中华人民共和国未成年人保护法**

《中华人民共和国未成年人保护法》由中华人民共和国第十届全国人民代表大会常务委员会第二十五次会议于2006年12月29日修订通过并公布，自2007年6月1日起施行。本办法计7章72条，包括总则、家庭保护、学校保护、司法保护、法律责任、附则。国家鼓励新闻、出版、信息产业、广播、电影、电视、文艺等单位和作家、艺术家、科学家以及其他公民，创作或者提供有利于未成年人健康成长的作品。出版、制作和传播专门以未成年人为对象的内容健康的图书、报刊、音像制品、电子出版物以及网络信息等，国家给予扶持。对未成年人犯罪案件，新闻报道、影视节目、公开出版物、网络等不得披露该未成年人的姓名、住所、照片、图像以及可能推断出该未成年人的资料。

**五、中华人民共和国妇女权益保障法**

1992年4月3日第七届全国人民代表大会第五次会议通过，根据2005年8月28日第十届全国人民代表大会常务委员会第十七次会议《关于修改〈中华人民共和国妇女权益保障法〉的决定》修正。本办法计9章72条，包括总则、政治权利、文化教育权益、劳动和社会保障权益、财产权益、人身权利、婚姻家庭权益、法律责任、附则。妇女的名誉权、荣誉权、隐私权、肖像权等人格权受法律保护。禁止用侮辱、诽谤等方式损害妇女的人格尊严。禁止通过大众传播媒介或者其他方式贬低损害妇女人格。未经本人同意，不得以营利为目的，通过广告、商标、展览橱窗、报纸、期刊、图书、音像制品、电子出版物、网络等形式使用妇女肖像。

**六、中华人民共和国著作权法及其相关法规**

（一）中华人民共和国著作权法

著作权法是保护著作权人对其文学、艺术、科学等作品享有的专有权利的法律规范的总和。其任务是保护著作权人的合法权益，鼓励有益于社会主义精神文明和物质文明的作品的创作和传播，促进社会主义文学、艺术和科学技术的繁荣和发展。

著作权的法律保护，是在活字印刷术发明以后，出现了印刷行业，大量地复制，出售作品成为可能的情况下才产生的。作为现代民法上的著作权法制度，是18世纪欧洲资产阶级革命时期出现的。一般认为，英国1709年颁布，1710年实施的《安娜女王法令》是世界上第一部现代主义上的著作权法。现在世界上绝大多数国家都颁布《著作权法》以保护著作权人的财产权和人身权。此外，著作权法律保护开始趋于国际化，各国间签订了许多国际条约，如《保护文化艺术作品的伯尔尼公约》、《世界版权公约》等。

我国《著作权法》也已经开始实施，狭义的著作权法仅指该法。广义的著作权法是除了包括《著作权法》及其实施条例以外，还包括宪法、民法通则和民事诉讼法等法律法规中有关著作权的条文、立法解释，最高人民法院关于贯彻实行著作权法的意见批复，国务院制定的行政法规中有关著作权的条文、指示、命令决议等。现在我国已参加了《世界版权公约》、《伯尔尼公约》，公约内容也属于广义的著作权法制范围。

著作权法涉及对智力成果这一无形财产的占有和支配，因此法律必须明确保护的范围。著作权法的基本内容有：著作权主体，即著作权所有者，著作权的客体即作品，著作权内容即人身权和财产权；著作权的限制、著作权的期限，著作权的继承、转让和许可使用，侵权行为和罚则等。

著作权法是民法的特殊法，在适用时，按特别法优于普通法的原则办理。著作权法中，不仅有民法规范，而且还有行政规范、诉讼规范，因此，著作权法基本上属于民法范畴，是一部以民法规范为主的，同时在一定意义上又是综合性法律文件。

现行著作权法是根据1990年9月7日全国人民代表大会常务委员会第十五次会议通过，2001年10月27日第九届全国人民代表大会常务委员会第二十四次会议《关于修改〈中华人民共和国著作权法〉的决定》修正。

（二）中华人民共和国著作权法实施条例

2002年8月14日，国务院第359号令公布新的著作权法实施条例，2002年9月15日起施行。新的著作权法实施条例是根据2001年10月27日九届全国人大常委会第二十四次会议通过的新著作权法制定的，修订后的实施条例从原来的56条改为38条。这次实施条例的修改，一是为了增强贯彻执行修订后的著作权法的可操作性；二是履行中国政府在加入世界贸易组织谈判中的有关承诺。

如同著作权法的修改一样，修改后的实施条例也关系到社会每个成员的利益，同时与我国对外开放政策的执行密切相关。这次修改主要涉及涉外行政案件受理、著作权权利归属和使用、对侵权行为的处罚，以及对著作权法和条例涉及的专业名词和有关用语进行具体释义等。

新的著作权法实施条例有以下特点：

1、 支付稿酬不能超过2个月。新颁布的著作权法实施条例强调，著作权自作品创作完成之日产生，使用他人作品，应当自使用该作品之日起2个月内向著作权人支付报酬。条例还规定，使用他人作品的，应当指明作者姓名、作品名称；但是，当事人另有约定或者由于作品使用方式的特性无法指明的除外。

2、 侵害著作权处罚有标准。对于侵害著作权同时损害社会公共利益的，行政处罚有了明确标准：发生著作权法规定的侵权行为，同时损害社会公共利益的，著作权行政管理部门可以处非法经营额3倍以下的罚款；非法经营额难以计算的，可以处10万元以下的罚款。这条规定，在于加强行政执法的可操作性。

3、关于职务作品界定有新说法。按照著作权法及新颁布的实施条例，公民为完成法人或者其他组织工作任务所创作的作品是职务作品，而“工作任务”是指公民在该法人或者该组织中应当履行的职责。其中单位“工作任务”一词是实践中区分职务与非职务作品的关键，其准确的界定将避免动辄就把作品说成职务作品。

4、著作权保护“中外平等”。按照国务院359号令新颁布的著作权法实施条例，对于任何一个属于世贸组织成员的著作权人，无论是国内还是国外，在著作权保护方面将受到同等待遇。这是我国根据加入世贸组织所作的承诺而作出的修改。新条例加大了对于境外表演者、录音制作者和广播电视组织等涉外著作权的保护力度。

5、使用不经许可作品需坚持“两不”标准。按照新颁布的著作权法实施条例，使用可不经著作权人许可的已经发表的作品需坚持“两不”标准：不得影响该作品的正常使用，也不得不合理地损害著作权人的合法权益。

6、杂技、建筑、模型也有著作权。刚刚颁布的著作权法实施条例，对修订的《著作权法》中新增的保护项目杂技、建筑、模型作品的具体含义作了进一步解释，根据条例，对这些作品的保护主要是指其中艺术创作的部分。

（三）著作权行政处罚实施办法

国家版权局于2003年7月24日以国家版权局令第3号公布了新修订的《著作权行政处罚实施办法》（以下简称实施办法），自2003年9月1日起施行。这个实施办法从形式到内容对版权行政执法作了进一步完善，对保障著作权行政执法秩序、规范版权行政管理部门行政执法行为、推进版权行政执法工作具有重要意义。修订后的实施办法分为5章共44条，实施办法的修订主要包括4个方面的内容：

一是与新颁布的著作权法、著作权法实施条例以及计算机软件保护条例规定不符的，根据上述法律法规作相应调整。如根据著作权法的规定明确界定了版权行政执法的执法主体，规范了侵害著作权违法行为的定义，严格了实施行政处罚的种类，同时根据新著作权法的规定增加了涉嫌侵权人的举证义务等。

二是按照依法行政、提高行政效率的要求，进一步明确了著作权行政处罚的程序性，强化行政处罚的透明度。新的实施办法将处罚程序明确划分为投诉、立案、调查、提交调查报告、事先告知、提交复核报告以及作出决定等几个阶段；同时，实施办法对抽样取证、证据先行登记保存的实施程序以及对没收的侵权复制品、用于制作侵权复制品的材料、工具、设备的处理程序也进行了明确规定。

三是根据实际执法工作的需要，在有关法律框架内强化了行政执法的执法手段。新的实施办法增加了执法人员在执法过程中发现违法行为正在实施、情况紧急来不及立案时，可以采取“紧急措施”及时制止侵权、防止侵权物品流失等规定。

四是对著作权法及行政处罚法有关规定作了进一步细化，以便于著作权行政执法部门在执法实践中具体掌握和操作。如有关“情节严重行为”在执法中的把握、对行政处罚的“听证数额”、对著作权侵权案件的管辖等都作出了详细规定。

**七、中华人民共和国广告法**

《中华人民共和国广告法》由中华人民共和国第八届全国人民代表大会常务委员会第十次会议于1994年10月27日通过，自1995年2月1日起施行。计5章49条，包括总则、广告准则、广告活动、广告的审查、法律责任、附则。

科技期刊作为广告发布者必须执行广告法，刊登的广告内容应当有利于人民的身心健康，促进商品和服务质量的提高，保护消费者的合法权益，遵守社会公德和职业道德，维护国家的尊严和利益。不得刊登违背广告法的情形，特别是药品、医疗器械、食品广告要求更加严格。

广告中对商品的性能、产地、用途、质量、价格、生产者、有效期限、允诺有表示的，应当清楚、明白。广告使用数据、统计资料、调查结果、文摘、引用语，应当真实、准确，并表明出处。广告中涉及专利产品或者专利方法的，应当标明专利号和专利种类。禁止使用未授予专利权的专利申请和已经终止、撤销、无效的专利做广告。广告应当具有可识别性，能够使消费者辨明其为广告。

大众传播媒介不得以新闻报道形式发布广告。通过大众传播媒介发布的广告应当有广告标记，与其他非广告信息相区别，不得使消费者产生误解。

**八、中华人民共和国通用语言文字法**

这是中华人民共和国第一部关于语言文字的专门法律。2000年10月31日第九届全国人民代表大会常务委员会第十八次会议通过，2001年1月1日起施行。此法确立了普通话和规范汉字的“国家通用语言文字”的法定地位。本法计5章35条，包括总则、国家通用语言文字的使用、管理和监督、附则。

本法所称的国家通用语言文字是普通话和规范汉字，国家推广普通话，推行规范汉字。国家颁布国家通用语言文字的规范和标准，管理国家通用语言文字的社会应用，支持国家通用语言文字的教学和科学研究，促进国家通用语言文字的规范、丰富和发展。汉语文出版物应当符合国家通用语言文字的规范和标准，汉语文出版物中需要使用外国语言文字的，应当用国家通用语言文字做必要的注释。

**九、中华人民共和国科学技术普及法**

《中华人民共和国科学技术普及法》由中华人民共和国第九届全国人民代表大会常务委员会第二十八次会议于2002年6月29日通过并公布，自公布之日起施行。本法计6章34条，包括总则、组织管理、社会责任、保障措施、法律责任、附则等内容。本法旨在实施科教兴国战略和可持续发展战略，加强科学技术普及工作，提高公民的科学文化素质，推动经济发展和社会进步。本法适用于国家和社会普及科学技术知识、倡导科学方法、传播科学思想、弘扬科学精神的活动。开展科学技术普及是科技期刊的一项重要内容，特别是科普类期刊。科普是公益事业，是社会主义物质文明和精神文明建设的重要内容。发展科普事业是国家的长期任务。科普工作应当坚持科学精神，反对和抵制伪科学。任何单位和个人不得以科普为名从事有损社会公共利益的活动。

**十、中华人民共和国环境保护法**

《中华人民共和国环境保护法》由中华人民共和国第七届全国人民代表大会常务委员会第十一次会议于1989年12月26日通过，自公布之日施行。本法计6章47条，包括总则、环境监督管理、保护和改善环境、防治环境污染和其他公害、法律责任和附则。本法所称环境，是指影响人类生存和发展的各种天然的和经过人工改造的自然因素的总体，包括大气、水、海洋、土地、矿藏、森林、草原、野生生物、自然遗迹、人文遗迹、自然保护区、风景名胜区、城市和乡村等。国家制定的环境保护规划必须纳入国民经济和社会发展计划，国家采取有利于环境保护的经济、技术政策和措施，使环境保护工作同经济建设和社会发展相协调。国家鼓励环境保护科学教育事业的发展，加强环境保护科学技术的研究和开发，提高环境保护科学技术水平，普及环境保护的科学知识。作为科学技术期刊有保护环境的义务，有权拒绝刊登污染和破坏环境内容的文稿，并有权向有关部门进行检举和控告。

**十一、中华人民共和国国防法**

《中华人民共和国国防法》由中华人民共和国第八届全国人民代表大会第五次会议于1997年3月14日通过，自公布之日起施行。本法计12章70条，包括总则，国家机构的国防职权，武装力量，边防、海防和空防，国防科研生产和军事订货，国防经费和国防资产，国防教育，国防动员和战争状态，公民、组织的国防义务和权利，军人的义务和权益，对外军事关系和附则。国家为防备和抵抗侵略，制止武装颠覆，保卫国家的主权、统一、领土完整和安全所进行的军事活动，以及与军事有关的政治、经济、外交、科技、教育等方面的活动，适用本法。科学技术期刊中涉及与军事有关的科技论文应执行本法。

**十二、中华人民共和国食品安全法（草案）**

《中华人民共和国食品安全法》正在审议中。本法将取代第八届全国人民代表大会常务委员会第十六次会议于1995年10月30日通过施行的《中华人民共和国食品卫生法》。食品安全关系公众身体健康和生命安全。《中华人民共和国食品安全法（草案）》已经第十届全国人大常委会第三十一次会议初次审议。根据全国人大常委会委员长会议的决定全文公布，广泛征求意见，作进一步修改后，2008年 8 月，十一届全国人大常委会第四次会议对草案进行了第二次审议，并于会后再次向有关部门征求意见。三鹿牌婴幼儿奶粉事件发生后，全国人大法律委员会、常委会法制工作委员会着重就法律制度上如何预防和处置这类重大食品安全事故问题进行了认真研究，对草案作出了有针对性的修改，修改内容包括加强地方政府及其有关部门的监管职责、加强食品安全风险监测和评估、明确制定食品安全标准的基本原则、加强对食品加工小作坊和食品摊贩的管理、加强对食品添加剂的监管、完善食品召回制度、加强食品检验、完善食品安全事故处置机制等 8 个方面。本法对于食品、农业、医药卫生等科技期刊有关。

**十三、中华人民共和国药品管理法（修订）**

《中华人民共和国药品管理法》由1984年9月20日第五届全国人民代表大会常务委员会第七次会议通过，2001年2月28日第九届全国人民代表大会常务委员会第二十次会议修订，2001年2月28日中华人民共和国主席令第四十五号公布，自2001年12月1日起施行。本法计10章106条，包括总则、药品生产企业管理、药品经营企业管理、医疗机构的药剂管理、药品管理、药品包装的管理、药品价格和广告的管理、药品监督、法律责任、附则。本法旨在加强药品监督管理，保证药品质量，保障人体用药安全，维护人民身体健康和用药的合法权益，中华人民共和国境内从事药品的研制、生产、经营、使用和监督管理的单位或者个人，必须遵守本法。国家发展现代药和传统药，充分发挥其在预防、医疗和保健中的作用。国家保护野生药材资源，鼓励培育中药材。国家鼓励研究和创制新药，保护公民、法人和其他组织研究、开发新药的合法权益。

**十四、中华人民共和国传染病法**

《中华人民共和国传染病法》由第七届全国人民代表大会常务委员会第六次会议通过，1989年2月21日中华人民共和国主席令第十五号公布，1989年9月1日起施行。本法计6章41条，包括总则、预防、疫情的报告和公布、控制、监督、法律责任、附则。为了预防、控制和消除传染病的发生与流行，保障人体健康，国家对传染病实行预防为主的方针，防治结合，分类管理。科学技术期刊中的医药卫生期刊在报道传染病时应贯彻执行本法。

**十五、中华人民共和国消费者权益保护法**

《中华人民共和国消费者权益保护法》由第八届全国人民代表大会常务委员会第四次会议于1993年10月31日通过并公布，1994年1月1日起施行。本法计8章55条，包括总则、消费者的权利、经营者的义务、国家对消费者合法权益的保护、消费者组织、争议的解决、法律责任、附则。刊物属于商品，具有价值和价格。因此，期刊管理者必须依法维护广大读者的权益。

**十六、中华人民共和国劳动合同法及其相关法规**

（一）中华人民共和国劳动合同法

《中华人民共和国劳动合同法》 已由中华人民共和国第十届全国人民代表大会常务委员会第二十八次会议于2007年6月29日通过并公布，自2008年1月1日起施行。本法计8章98条，包括总则、劳动合同的订立、劳动合同的履行和变更、劳动合同的解除和终止、特别规定（集体合同、劳务派遣、非全日制用工）、监督检查、法律责任、附则。期刊社（编辑部）多是事业单位、社会团体，与其建立劳动关系的劳动者，订立、履行、变更、解除或者终止劳动合同，依照本法执行。

（二）中华人民共和国劳动合同法实施条例

《中华人民共和国劳动合同法实施条例》经2008年9月3日国务院第25次常务会议通过并公布，自公布之日起施行。本条例计6章38条，包括总则、劳动合同的订立、劳动合同的解除和终止、劳务派遣特别规定、法律责任、附则。期刊社（编辑部）人力资源管理方面应依本条例。

## 第二节 科技期刊管理中常用条例与规定

**一、出版管理条例**

出版管理条例于2001年12月12日国务院第50次常务会议通过，2001年12月25日国务院令第343号公布，自2002年2月施行。计7章68条，包括总则、出版单位的设立与管理、出版物的出版、出版物的印刷或者复制和发行、出版物的进口、保障与奖励、法律责任、附则。

（一）设立出版单位的审批制度

1、我国实行出版单位审批制的主要原因

（1）图书报刊历来是我们党和国家至关重要的喉舌和舆论宣传工具，设立出版单位这样一个重要关口，必须实行比较严格的准入控制。（2）建国以后长期实行计划经济体制，这对出版管理制度产生了深刻直接的影响。（3）当前实行出版单位审批制还有其现实基础和根据，还是一种能够实现管理目标的有效办法。

2、设立出版单位审批制度的基本内容

（1）出版单位的主办、主管制度。即任何出版单位必须有主办单位和主管机关，出版单位的主办单位和主管机关对其出版单位负有相应的职责或者权利义务。什么是出版单位的主办单位和主管机关，分别有什么职责，对此作出了具体规定。具有符合条件的主办单位和主管机关，是设立出版单位的一个严格条件。

（2）出版单位总量、结构、布局的规划。这是设立出版单位应当符合的最后条件；这是对出版行政机关的规定，要求不符合国家关于出版单位总量、结构、布局规划的出版单位不能批准。

（3）申请、批准及登记程序。条例第12条、13条规定了申请程序，第14条规定了批准程序，第16条规定了登记程序。在这些规定中，关于出版单位批准机关和权限的规定十分关键。设立出版单位由国务院出版发行行政部门批准，这体现了出版单位批准权集中和行政管理权统一的原则。

3、登记事项变更程序条例第17条规定了登记事项变更程序，把变更事项分为主要登记事项的变更和其他登记事项的变更，分别适用不同的程序。

（二）出版管理制度

现代出版管理制度大体分为追惩制和预防制。追惩制是一种事后管理制度，是指出版物在出版之前，政府管理部门不进行审查、批准，在出版后如有违法事项，依法追究、查处。预防制是一种事先管理制度，是指出版物出版之前，要经过政府有关管理部门的审查、批准或履行其他手续，否则以违法论处，同时不排除事后追惩。我国出版管理制度是一种追惩制和预防制相结合的制度。包括出版单位年检登记制度、出版物禁载制度。

年检是行政机关常用的管理办法，新闻出版总署多年来作出了许多规定，明确了出版单位年检制度。

出版物刊载什么内容要遵守法律的规定，不得刊载禁止的内容，否则就要承担法律责任。关于出版物的禁载事项，许多法律、法规有规定。第26条规定的禁载内容共有10

项，如“反对宪法确定的基本原则的”，“宣扬淫秽、暴力、迷信的”，“扰乱社会秩序，破坏社会稳定的”，“危害社会公德或者民族优秀文化传统的”等。第27条是为了保护未成年人，根据《未成年人保护法》和《预防未成年人犯罪法》作出的特别规定。

**二、期刊出版管理规定**

《期刊出版管理规定》（以下简称《规定》）于2005年9月30日新闻出版总署第1次署务会议通过，自2005年12月1日起实施。

《规定》从原《暂行》的6章40条变为修订后的6章67条。除了内容方面的扩充，管理思想和行文结构也作了较大调整，不仅对大量内容进行增删，保留的内容也大多重新表述。修订内容主要涉及如下一些方面：

1、明确了期刊出版的合法性问题。期刊必须由依法设立的期刊出版单位出版；期刊出版单位出版期刊，必须经新闻出版总署批准。这就从根本上划清了合法期刊与非法期刊的界限，为认定非法期刊、打击期刊非法出版活动提供了法律依据。

2、明确了期刊出版单位设立的许可制度。《出版管理条例》虽有设立期刊出版单位实行许可制度的条款，但多年来审批的是期刊创办而不是期刊出版单位设立。这次修订明确了期刊出版单位须依照国家有关规定设立，经新闻出版总署批准并履行登记注册手续。

3、明确了申请创办期刊、设立期刊出版单位的条件、程序以及提交的材料。

4、明确了期刊出版单位的市场主体地位、须承担的责任和所拥有的权利。

5、明确了中央在京单位创办期刊、设立期刊出版单位“经主管单位审核同意后，由主办单位报新闻出版总署审批”。

6、明确了科技类期刊统一归口管理。根据《出版管理条例》及相关规定，《规定》删除了《暂行》中关于创办科技类期刊由科技部审批的条款，即创办任何期刊均由总署审批。

7、明确了须报总署审批的期刊部分项目变更内容。根据《国务院对确需保留的行政审批项目设定行政许可的决定》等规定，明确了“期刊出版单位变更名称、合并或分立、改变资本结构、出版新的期刊”，“期刊变更名称、主办单位或主管单位、登记地、业务范围”均须报总署审批。

8、明确了组建期刊出版集团的申报和审批的具体规定。

9、明确了申报、审批和办理各种手续的时限要求，以及超过时限的处理办法。

10、对期刊及期刊出版单位终止出版活动等方面的问题作出了具体的规定。

11、明确了对涉及国家安全、社会安定等方面的重大选题实行备案制度。

12、对期刊刊载内容不真实、不公正，侵害公民、法人或公共利益的，针对不同情况作出了具体规定。

13、对期刊转载、摘编互联网上的内容作出明确规定。期刊转载、摘编互联网上的内容，必须按照有关规定对其内容进行核实，并在明显位置标明下载文件网址、下载日期等。

14、明确了期刊出版单位与境外出版机构开展合作出版项目，必须经新闻出版总署批准。

15、明确了期刊出版的编辑责任制度。作者有自由，出版有纪律。期刊编辑人员要本着对社会负责任的原则，承担起相应责任。

16、对禁止一号多刊、买卖刊号的问题作了重新表述，并对期刊名称写法、封面标识等问题作了重新规定。

17、明确了期刊增刊审批内容。提出了对增刊的规范性要求，明确了每种期刊每年只允许出版两期增刊，由省级新闻出版行政部门审批。

18、对期刊合订本的制作作了具体的规范：合订本须按原期刊出版顺序装订，不得对期刊内容另行编排；对于因内容违法被新闻出版行政部门处以行政处罚的，该期期刊的相关篇目不得收入合订本；被注销登记的期刊，不得制作合订本。

19、增加了有关期刊开展广告业务内容的规定。强调期刊出版单位开展广告业务，必须遵守广告法规定，发布广告须依法查验有关证明文件，核实广告内容，不得刊登有害的、虚假的等违法广告。

20、对期刊出版单位与广告经营者的合作关系作了明确限定：期刊的广告经营者限于在合法授权范围内开展广告经营、代理业务，不得参与期刊的采访、编辑等出版活动。

21、明确了期刊采编业务与经营业务必须严格分开，期刊不得刊登任何形式的有偿新闻。禁止以采编报道相威胁，以要求被报道对象做广告、提供赞助、加入理事会等损害被报道对象利益的行为牟取不正当利益。

22、对期刊设立记者站问题，明确参照《报社记者站管理办法》管理；期刊出版单位是否具有新闻采编业务由新闻出版总署认定。

23、对期刊记者证的管理问题，因已出台《新闻记者证管理办法》，《规定》中未作重复规定。

24、对摊派发行问题作了规定。期刊出版单位不得以不正当竞争行为开展经营活动，不得利用权力摊派发行期刊。

25、明确了期刊出版事后审读制度。审读工作在期刊管理工作中占有十分重要的位置，多年来在管理工作实践中已经形成成熟的经验和做法。这次修订将审读工作作为一种制度确定下来。

26、提出了期刊出版的质量评估制度。有关期刊质量评估问题过去有规范性文件，但存在一定局限性。下一步总署将根据新形势的要求，制定出期刊出版质量综合评估体系，对期刊出版质量和期刊出版单位进行全面的综合评估。对评估不合格的，将通过建立退出机制予以注销。

27、确定了期刊年度核验制度。年度核验制度是按照中央要求实施的、多年来被出版管理实践证明是行之有效的一项管理方式。这次修订较为系统地设计了年度核验的条件、程序以及缓验、不予通过及催告制度。对于存在严重问题的期刊将通过年度核验予以注销。

28、重申了从业人员资格管理制度。规定期刊出版从业人员应具备国家规定的新闻出版职业资格条件；期刊出版单位的社长、总编辑须符合国家规定的任职资格和条件；期刊出版单位的社长、总编辑须参加新闻出版行政部门组织的岗位培训；期刊出版单位的新任社长、总编辑须经过岗位培训合格后才能上岗。

29、完善了期刊的休刊制度。对期刊休刊的时限和必须履行的批准手续作了明确规定。期刊休刊超过一年的，由总署撤销《期刊出版许可证》，所在地省级新闻出版行政部门注销登记。

30、强化了属地管理原则。在期刊的创办、变更、审读以及监管等每一个必要环节，都突出了地方新闻出版行政机关的管理责任和职能。

**三、电子出版物出版管理规定**

《电子出版物出版管理规定》已经2007年12月26日新闻出版总署第2次署务会议通过，自2008年4月15日起施行。

《电子出版物出版管理规定》共9章63条，相比1997年颁布的《电子出版物管理规定》，更加科学和符合实际，也加强了服务性。例如，对设立电子出版物出版单位应当具备的条件规定更加详细，特别是注册资本金、工作场所面积都有明确要求："有200万元以上的注册资本；有适应业务范围需要的设备和工作场所，其固定工作场所面积不得少于200平方米。"此外，关于电子出版物出版单位变更的事项，比旧规定更加宏观，事项也少了很多。旧的规定对于"改变名称、业务范围、经济性质、主办单位、主管部门，合并或者分立，新增或者改变连续型电子出版物的名称、刊期、媒体形态的"都应重新办理审批手续。而新规定只要求对"变更名称、主办单位或者主管单位、业务范围、资本结构，合并或者分立"重新办理审批手续。

**四、期刊出版形式规范**

依据《出版管理条例》、《期刊出版管理规定》等相关法规，新闻出版总署于2007年4月12日制定了《期刊出版形式规范》，并从2007年7月起依照该规范对全国期刊的出版形式进行全面检查。本规范根据《期刊出版管理规定》规范如下项目：国内统一连续出版物号（CN）、国际标准连续出版物号（ISSN）、广告经营许可证号、期刊条码、期刊名称、期刊主要责任单位（主管单位、主办单位、出版单位）、印刷发行单位、总编辑、期刊出版标识（期刊编号、刊期）、版权页和期刊标识性文字。

据《中国新闻出版报》2007年10月11日报道，全国期刊出版形式规范检查第一阶段工作已于9月完成，3305种期刊成为首批合格期刊。新闻出版总署自7月1日启动全国期刊出版形式规范检查。检查组将能够找到样刊的7300多种期刊全部初检、复检完毕，并经各省新闻出版局报刊处认真核实，确定首批3305种为合格期刊。检查中，刊物被分成

A、B、C三类，A类为合格期刊，B类为待合格期刊（有几项指标空缺或者不规范），C类为严重不合格期刊。A类期刊名单已公布于《中国新闻出版报））2007年12月11～12日第3版。待合格B类期刊名单发给各地，由各省（区、市）新闻出版局通知并督促有关出版单位逐项改正，经再次检查合格后分批公布名单；对严重不合格的C类期刊，将分别通知各地新闻出版局，要求给予违规期刊相应的行政处罚。

**五、新闻出版统计管理办法**

《新闻出版统计管理办法》经2004年5月8日新闻出版总署第1次署务会议及2004年12月30日国家统计局第8次局务会议通过并公布，自2005年4月20日起施行。本办法计6章34条，包括总则、统计机构和统计人员、统计调查管理、统计资料管理、奖励与罚则和附则。本办法适用于从事新闻出版管理的行政部门和从事新闻出版活动的单位和个体工商户。 从事新闻出版管理的行政部门、从事新闻出版活动的单位和个体工商户必须依照有关统计法律、法规和本办法的规定报送统计资料，不得拒报、迟报、虚报、瞒报、伪造和篡改统计资料。新闻出版统计的基本任务是对新闻出版业的生产、经营、管理等情况进行统计调查、统计分析，提供统计信息和咨询，实行统计监督。

**六、图书、期刊音像制品、电子出版物重大选题备案办法**

新闻出版署于1997年10月10日以新出图〔1997〕860号颁布实施。凡列入备案范围内的重大选题，图书、音像制品、电子出版物出版单位在出版之前，必须依照本办法报新闻出版署备案。未经备案的，不得出版发行。本办法所称重大选题，是指涉及国家安全、社会安定等方面的内容，对国家的政治、经济、文化、军事等会产生较大影响的选题。

**七、新闻出版行业标准化管理办法**

新闻出版署令以第14号令于2001年1月6日发布。本办法计7章37条，包括总则、组织机构与职责分工、标准的制定与修订、标准的出版发行与咨询服务、标准的实施与监督、处罚和附录。新闻出版行业标准化工作的主要任务是制定、修订与新闻出版相关的国家标准和行业标准，组织和监督标准的实施，指导和推动企业开展标准化工作。

**八、关于在出版物上全面推广使用条码的通知**

1993年8月9日，新闻出版署发出《关于在出版物上全面推广使用条码的通知》（新出技〔 1993 〕1070 号），要求从 1994年1月1日以后出版的所有使用ISSN号的期刊，都必须印有977前缀的条码。

**九、关于报刊社长总编辑（主编）任职条件的暂行规定**

新闻出版署于1995年10月19日以新出报〔1995〕新出报1294号文规定，报刊社社长、总编辑（主编）应有较高的马克思主义理论修养和政策水平，有强烈的事业心和高度的责任感，有积极的开拓精神和良好的职业道德。应熟悉报刊编辑出版及经营管理业务，熟悉与报刊有关的专业知识，具有较丰富的采编工作经验和较高的写作能力，胜任终审定稿工作，有较强的组织协调和经营管理能力。具有副高级以上（含副高级）的新闻专业技术职称，或相应专业技术职称。报刊社社长、总编辑（主编）须参加新闻出版署（或本省、自治区、直辖市新闻出版局）按相应岗位规范和培训要求举办的培训班进行培训，并取得社长、总编辑（主编）《岗位培训合格证书》。新闻出版管理部门在对报刊实施年检及在对新申办报刊进行审核时，对社长、总编辑（主编）的任职条件应进行认真审查，不符合条件的不予登记和审批。

**十、出版物汉字使用管理规定.**

新闻出版署、国家语言文字工作委员会1992年7月7日发布，1992年8月1日实施。本规定共15条，适用于经国家新闻出版行政管理机关批准出版发行的报纸、期刊、图书、音像制品等出版物。本规定所称的规范汉字，主要是指1986年10月根据国务院批示由国家语言文字工作委员会重新发表的《简化字总表》所收录的简化字，1988年3月由国家语言文字工作委员会和新闻出版署发布的《现代汉语通用字表》中收录的汉字。报纸、期刊、图书、音像制品等出版物的报头（名）、刊名、封皮（包括封面、封底、书脊等）、包装装饰物、广告宣传品等用字，必须使用规范汉字，禁止使用不规范汉字。出版物的内文（包括正文、内容提要、目录以及版权记录项目等辅文），必须使用规范汉字，禁止使用不规范汉字。违反本规定，由省级以上（包括省级）新闻出版行政管理机关根据情节轻重分别处以责令改正、警告、500元以上5000元以下罚款、停业整顿的行政处罚。

## 第三节　科技期刊管理中常用的国家标准

**一、语言文字**

（一）GB/T 15835-1995 出版物上数字用法的规定

本标准系推荐性国家标准。国家技术监督局于1995年12月13日发布，1996年6月1日起实施。本标准规定了出版物在涉及数字（表示时间、长度、质量、面积、容积等量值和数字代码）时使用汉字和阿拉伯数字的体例。本标准适用于各级新闻报刊、普及性读物和专业性社会人文科学出版物。自然科学和工程技术出版物亦应使用本标准，并可制定专业性细则。不适用于文学书刊和重排古籍。使用阿拉伯数字或是汉字数字，有的情形，如年月日、物理量、非物理量、代号中的数字，目前体例尚不统一。对这种情形，要求凡是可以使用阿拉伯数字而且又很得体的地方，特别是当所表示的数目比较准确时，均应使用阿拉伯数字。遇特殊情形，或者为避免歧解，可以灵活变通，但全篇体例应相对统一。 因此，使用阿拉伯数字或是汉字数字，一定要做到得体和统一。

（二）GB 3259-1992 中文书刊名称汉语拼音拼写法

本标准系强制性国家标准。国家技术监督局于1992年2月1日批准、发布，1992年11

月1日实施。本标准规定了用汉语拼音拼写我国出版的中文书刊名称的方法，适用于我国正式出版的中文书刊名称的汉语拼音的拼写，也适用于文献资料的信息处理。国内出版的中文书刊应依照本标准的规定，在封面，或扉页，或封底，或版权页上加注汉语拼音书名、刊名。以词为拼写单位，并适当考虑语音、词义等因素，同时考虑词形长短适度。

（三）GB/T 16159-1996 汉语拼音正词法基本规则

本标准系推荐性国家标准。国家技术监督局于1996年1月22日发布，1996年7月1日实施。本标准规定了用《汉语拼音方案》拼写现代汉语的规则。内容包括分词连写法、成语拼写法、外来词拼写法、人名地名拼写法、标调法、移行规则等。为了适应特殊的需要，同时提出一些可供技术处理的变通方式。本标准适用于文教、出版、信息处理及其他部门，作为《汉语拼音方案》拼写现代汉语的统一规范。

（四）GB/T 15834-1995 标点符号用法

本标准系推荐性国家标准。国家技术监督局于1995年12月13日发布，1996年6月1日起实施。1951年9月，中央人民政府原出版总署公布了《标点符号用法》，同年10月原政务院下达指示，要求全国遵照使用。1990年3月，国家语言文字工作委员会和中华人民共和国新闻出版署重新发布了修订后的《标点符号用法》。本标准就是在新颁《标点符号用法》的基础上制定的。本标准对汉语书面语中的常见的标点符号用法进行了规定和说明，目的在于使人们正确掌握标点符号用法，以准确表达文义，推动汉语书面语言的规范化。适用于汉语书面语，外语界和科技界也参考使用。

（五）GB/T 7408-1994 数据元和交换格式—信息交换—日期和时间表示法

本标准系推荐性国家标准。国家技术监督局于1994年12月6日发布，1995年8月1日实施。本标准等效采用国际标准ISO 8601-1988《数据元和交换格式—信息交换—日期和时间表示法》。本标准规定了公历日期和时间的表示法。它包括：①用年、月和月中的日表示的日历日期；②用年和年中的日表示的顺序日期；③用年、星期数和天数表示日期；④基于24小时计时制的一天的时间；⑤当地时间与国际协调时间（UTC）之间的时差；⑥日期和时间的组合；⑦含有起始和终止点或仅有其中一点或无起始和终止点的时间段。本标准适用于在信息交换中所涉及的日期和时间的表示。本标准不包括日期和时间表示法中用文字描述的日期和时间。

**二、计量单位**

（一）国务院关于在我国统一实行法定计量单位的命令

经1984年2月20日国务院第21次常务会议讨论，通过了国家计量局《关于在我国统一实行法定计量单位的请示报告》、《全面推行我国法定计量单位的意见》和《中华人民共和国法定计量单位》。1984年2月27日以国务院命令发布，自公布之日起生效。

（二）中华人民共和国法定计量单位使用方法

国务院1984年2月27日发布，自发布之日起生效。该方法定义了法定单位的名称、法定单位和词头的符号，并规定了法定单位和词头的使用规则。我国的法定计量单位是以国际单位制为基础，根据我国的情况，加选了16个非国际单位制的单位构成的。它包括以下5个部分：（1）SI基本单位（7个）；（2）具有专门名称的SI导出单位和SI辅助单位（21个）；（3）我国选定的非SI单位（16个）；（4）由以上单位（44个）构成的组合单位；（5）由SI词头（20个）与以上单位构成的倍数单位。

主要注意事项：（1）组合单位的中文名称与其符号表示的顺序一致。符号中的乘号没有对应的名称，除号的对应名称为“每”字，无论分母中有几个单位，“每”字只出现一次。例如：比热容单位的符号是$J.Kg^{-1}\cdot k^{-1}$，其单位名称是“焦耳每千克开尔文”而不是“每千克开尔文焦耳”或“焦耳每千克每开尔文”。（2）单位符号的字母一般用小写体，若单位名称来源于人名，则其符号的第一个字母用大写体。例如：时间单位“秒”的符号是s。压力、压强的单位“帕斯卡”的符号是Pa。（3）词头符号的字母当其所表示的因数小于$10^6$时，一律用小写体，大于或等于$10^6$时用大写。（4）由两个以上单位相乘构成的组合单位，其符号有下列两种形式：N·m、 Nm，若组合单位符号中某单位的符号同时又是某词头的符号，并有可能发生混淆时，则应尽量将它置于右侧。例如：力矩单位“牛顿米”的符号应写成Nm，而不宜写成mN，以免误解为“毫牛顿”。（5）质量的词头要加在g（克）的前面。例如：mg、Mg；但g（克）的前面不许加h（百）、da（拾）、d（分）、c（厘）这四个词头。如：10g不能写成1dag；120g不能写成1.2hg；质量单位加词头时不许在kg（千克）的前面加词头，例如：mkg、kkg是不允许的。（6）单位与词头的名称，一般只宜用于叙述性文字中，单位和词头的符号可用于公式、数据表、曲线表、刻度盘和产品名牌等需要表示的地方，也可用于叙述性文字中；应优先采用符号。（7）选用SI单位的倍数单位或分数单位，一般应使量的数值处于0.1～1000范围内。例如：$1.2\times10^4$g可以写成12kg；0.00394m可以写成3.94mm；11401Pa可以写成11.401kPa；$3.1\times10^{-8}$mol可以写成31nmol。某些场合习惯使用的单位可以不受上述限制。

（三） GB 3100～3102-1993计量和单位

本标准系强制性国家标准。国家标准局1993年12月27日发布，1994年7月1日起实施。本标准列出了国际单位（SI）的构成体系，规定了可以与国际单位制并用的单位以及计量单位的使用规则。本标准适用于国民经济、科学技术、文化教育等一切领域中使用计量单位的场合。

（四）关于血压计量单位使用规定的补充通知

1998年7月27日，国家质量技术监督局和卫生部联合发出“关于血压计量单位使用规定的补充通知”（质技监局量函[1998]126号），明确在医学的临床和交流中可任意选用mmHg和kPa，但首次使用时应注明mmHg与kPa的换算系数，如1mmHg=0.133kPa。

**三、编辑标准**

（一）GB 7713-1987 科学技术报告、学位论文和学术论文的编写格式本标准系强制性国家标准。由全国文献工作标准化技术委员会提出，由全国文献工作标准化技术委员会第七分委员会负责起草，主要起草人谭丙煜，国家标准局于1987年发布。本标准的目的是为了统一科学技术报告、学位论文和学术论文的撰写和编辑的格式，便利信息系统的收集、存储、处理、加工、检索、利用、编辑、印刷、传播。本标准适用于报告、论文的编写格式，包括形式构成和题录著录，及其撰写、编辑、印刷、出版等。报告、论文的构成：前置部分，包括题名和副题名、责任者（姓名、责任者的职务、职称、学位、所在单位名称及地址）、摘要、关键词；正文部分，报告、论文的正文是核心部分，占主要篇幅，可以包括调查对象、实验和观测方法、仪器设备、材料原料、实验和观测结果、计算方法和编程原理、数据资料、经过加工整理的图表、形成的论点和导出的结论等。

科学技术报告、学位论文和学术论文的编写格式是作者、编者必须执行的一项重要的标准，对规范报告、论文有着重要的作用。

（二）B/T 3179-1992 科学技术期刊编排格式

本标准系推荐性国家标准。于1982年首次发布。国家技术监督局于1992年4月13日批准再次发布，1992年12月1日实施。本标准规定了科学技术期刊的编排格式。适用于以刊登学术论文为主的学术性期刊和以刊登科学技术报告及其他科技内容为主的技术性期刊，指导性期刊、科普性期刊和检索性期刊可以参照采用。

本标准对刊名、封面（包括封二和书脊）、卷和期、版面编排、目次页、正文部分、参考文献表、版权标识和封底、总目次和索引等作了规定，特别是版权标识规定极为详尽，其标识内容包括：a.刊名和可能有的副刊名、并列刊名；b.出刊周期；c.创刊年份；d.卷号（或年份）和期号；e.出版年、月（半月刊、旬刊、周刊还应标示“日”）；f.编辑者和主办者及其地址；g.出版者及其地址（必要时）；h.印刷者及其地址（必要时）；i.发行者及其地址（必要时）；j.主编；k.中国标准刊号；l.增刊批准号（必要时）；m.广告经营许可证号和商标注册号（必要时）；n.定价。

（三）CY/T 35-2001　科技文献章节编号方法

本标准为新闻出版行业标准。本标准归口中华人民共和国新闻出版总署，于2001年8月30 日发布， 2002年1月1日实施。本标准规定了科技文献中章节编号方法的体系，包括章节的编号，列项说明的编号，图、表、公式的编号，附录的编号和卷册的编号等。本标准适用于科技文献、图书、连续出版物、手稿、非正式出版物和使用说明书等。科技文献的章节编号方法是一套科学的、系统的编号方法，各个章节的顺序、地位及其相互关系一目了然，便于检索和相互引用，也便于参考文献著录时书写所参考文献的章节编号。

（四）GB 6447-1986 文摘编写规则

本标准系强制性国家标准。国家标准局于1986年6月14日发布，1987年6月1日实施。本标准的目的是促进文摘编写的规范化，适用于编写作者文摘，也适用于文摘员编写文摘。 内容包括引言、名词术语、著录、文摘的详简度、文摘的要素、编写文摘的注意事项。科技期刊一般用报道性文摘（指明一次文献的主题范围及内容梗概的简明文摘），应具备目的、方法、结果、结论四大要素。采用第三人称的写法。

（五）GB/T 3860-1995 文献叙词标引规则

本标准系推荐性国家标准。国家技术监督局于1995年8月22日发布，1996年4月1日实施。本标准规定了文献主题的分析以及依据各种汉语叙词表进行文献叙词（关键词）标引的方法，是科技期刊标引叙词（关键词）的依据。本标准适用于建立文献的手工式检索工具和机读式检索工具所进行的人工标引。

（六）GB/T 7714-2005 文后参考文献著录规则

本标准系推荐性国家标准。2005年3月23日，国家质量监督检验检疫总局和中国标准化管委会发布了GB/T 7714 -2005《文后参考文献著录规则》，代替GB/T 7714-1987。该标准非等效采用国际标准ISO 690 和ISO 690-2，规定了各个学科、各种类型出版物的文后参考文献的著录项目、著录顺序、著录用的符号、各个著录项目的著录方法以及参考文献在正文中的标注法。它是专供著者和编辑使用的文献著录规则。

文后参考文献是论著的必要组成部分，其意义在于：（1） 体现科学的继承性，尊重知识产权；（2） 精练文字， 缩短篇幅；（3） 便于编辑和审稿人评价论著水平；（4） 与读者达到信息资源共享；（5） 利于通过引文分析对期刊水平作出客观评价；（6） 促进科学情报和文献计量学研究，推动学科发展。

国标给出了顺序编码制和著者—出版年制2种著录体系，我国的出版物绝大多数采用顺序编码制。

（七）GB/T 13417-1992 科学技术期刊目次表

本标准系推荐性国家标准。国家技术监督局于1992年4月13日发布，1992年12月1日实施。本标准规定了科学技术期刊目次表的构成、内容要求和编排格式。本标准适用于科学技术期刊目次表的编排。国内印刷发行的外文科学技术期刊的目次表可参照本标准实施编排。

（八）GB 3469-1983 文献类型与文献载体代码

本标准系强制性国家标准。国家标准局1983年1月29日发布，1983年11月1日起实施。规定了文献类型与文献载体代码的定义、编制原则和结构。共包括26个文献类型代码和6个文献载体代码。

（九）GB 3468-1983 检索期刊编辑总则

本标准系强制性国家标准。国家标准局1983年1月29日发布，1983年11月1日起实施。对刊名、封面、书脊、分册、开本、版权项、文献条目著录项目、文献标引、索引及期著录项目等进行了规定。

（十）GB 3793-1983 检索期刊条目著录规则

本标准系强制性国家标准。国家标准局1983年7月2日发布，1984年4月1日起实施。

本标准是为了加强全国检索期刊的管理和标准化工作，建立健全全国统一的文献报道和检索体系，充分开发和利用文献资源制订的。无论是手工检索还是机械检索，都需要统一著录项目、统一著录顺序、统一著录符号、统一著录格式。在条件允许的情况下，著录项目应尽量齐全。

（十一） GB/T 3358.1-1993、GB/T 3358.2-1993 、GB/T 3358.3-1993统计学术语

本标准系推荐性国家标准。国家标准局1993年8月28日发布，1994年5月1日起实施。代替了GB 3358-1982统计学名词及符号。共包括三部分：一般统计术语、统计质量控制术语和试验设计术语。

（十二）GB 8170-1987 数值修约规则

本标准系强制性国家标准。国家标准局1987年8月19日发布，1988年3月1日起实施。本标准适用于科学技术与生产活动中试验测定和计算得出的各种数值．需要修约时，除另有规定者外，应按本标准给出的规则进行。

**四、出版标准**

（一）GB 9999-2001 中国标准连续出版物号

本标准系强制性国家标准。 国家质量监督检验检疫总局2001年11月14日发布，2002年6月1日起实施，代替了GB/T 9999-1988。本标准规定了中国标准连续出版物号的结构、内容、印刷格式与位置及其分配原则，适用于经国家出版管理部门正式许可出版的任何载体的连续出版物。连续出版物包括期刊、报纸、年度出版物等。

（二）GB/T 16828-1997 中国标准刊号（ISSN部分）条码

本标准系推荐性国家标准。国家质量技术监督局1997年5月26日发布，1998年3月1日起实施。中国标准刊号是由国际标准刊号（International Standard Serials Number，简称ISSN）和国内统一刊号两部分组成，本标准规定了中国标准刊号（ISSN部分）条码的代码结构、条码符号技术要求和印刷位置。在中国登记的每一种连续出版物的每一个版本都有一个唯一的标准编码。本标准适用于经国家新闻出版主管部门正式批准的并有中国标准刊号（ISSN部分）的连续出版物。

（三）GB 788-1987 图书杂志开本及其幅面尺寸

本标准系强制性国家标准。国家质量技术监督局1999年11月11日发布，2000年5月1日实施，代替了GB/T788－1987，本标准规定了图书和杂志的开本及其幅面尺寸。适用于一般图书（含教科书）和杂志，不适用于需要采用特殊开本的图书和杂志。

（四）GB 11668-1989 图书和其他出版物的书脊规则

本标准系强制性国家标准。国家质量技术监督局1989年10月12日发布，1990年6月1日起实施。本标准规定了书脊的定义、内容和设计规则。适用于一般图书、系列出版物、多卷出版物、期刊报告、文件（如盒装文件和盒式磁带）以及拟上架的拟出版物。不适用于外文版图书及线装书。

**五、编排规范**

（一）《中国高等学校自然科学学报编排规范》（修订版）

为了加强高等学校自然科学学报（下称学报）的管理，进一步推动学报编排规范化，提高学报质量，促进学术交流，在1993年、1998年制定并实施的《中国高等学校自然科学学报编排规范》的基础上，根据新颁布的有关国家标准和法规，结合学报编辑实践，国家教育部科研处2006年10月26日修订并发布。本规范规定了学报的基本项目、结构和编排格式，适用于高等学校自然科学学报，也可供其他科技期刊参考。

（二）《中国医药卫生期刊编排规范》

《中国医药卫生期刊编排规范》系“中国医药卫生期刊监管评估体系（试行）”的重要组成部分。根据国务院《出版管理规定》及新闻出版总署《期刊出版管理规定》和《期刊出版形式规范》要求，结合我国医药卫生期刊编辑出版工作发展现状，2005年10月，新闻出版总署委托卫生部新闻办公室组织有关专家成立了“中国医药卫生期刊监管评估体系”课题组，参照卫生部2004年颁发的《中国医药卫生期刊质量管理规范》及相关文件，经广泛征求业内专家意见，反复论证，多次修改，于2007年11月完成“中国医药卫生期刊监管评估体系（试行）”文件起草，并于2008年1月1日在卫生部主管的医药卫生期刊中试行。

## 第四节　科技期刊主办单位和期刊社（编辑部）规章制度

为了使编辑出版的工作制度化，主办单位和期刊社（编辑部）应根据具体情况制订相应的规章制度，以便进行规范化管理。

1、稿约或作者须知：稿约或作者须知是期刊社（编辑部）与作者之间的约法，它规定了双方的责、权、利以及各自的要求。稿约应符合《中华人民共和国著作权法》等有关规定。

2、编委会章程和工作条例：编委会章程和工作条例明确编委会与期刊社（编辑部）之间的相互关系，约定两者之间应有的责、权、利。

3、编辑人员守则：编辑人员守则是编辑人员必须恪守的职业道德与规范。

4、编辑部日常工作程序：依期刊社（编辑部）各自的具体情况制定日常工作程序，以保证工作的正常运行和质量控制。

5、编排规范：根据国家有关标准，结合期刊的特色，制定编排规范，以保证期刊编排的标准化与规范化。

6、发表费收取、稿酬及审稿报酬标准：应按照国家的相关规定，制定发表费收取、稿酬及审稿报酬标准的相应标准和办法。

7、人事管理制度：包括各类工作人员职责、业务学习、考核、晋升以及奖惩办法。

8、目标管理或绩效制度：包括长期规划和年度计划。

9、期刊质量标准和全面质量管理办法：为保证期刊质量，应制定严格控制期刊编辑出版质量标准和全面质量管理办法，包括出版后审读。

10、其他规章制度：视期刊管理需要而定。

**提示性范例4-1**

**某刊不严格遵守出版法规运作，将机密件刊在期刊上，结果是停刊整顿。**

**提示性范例4-2**

**某刊不严格遵守出版法规运作，将编辑出版权转让给承包人谋利，承包人又违规操作，致双违规，结果是停刊整顿。**

上述两范例提示办刊人——必须按法规办刊。

## 思考讨论题

1、与科技期刊管理有关的法律、法规主要有哪些？

2、 新的著作权法实施条例有哪些特点？

3、《出版管理条例》对出版单位的设立进行了哪些规定？

4、《期刊出版管理规定》作了哪些修改？

5、《期刊出版形式规范》对哪些项目进行了规定？

6、科技期刊有哪些国家标准？

7、简述科技期刊编排国家标准主要内容。

8、你若作为科技期刊社管理者，拟制定哪些内部管理制度？

# 第五章　新世纪科技期刊管理理论

**本章要点**

1、管理理论与管理进展
2、科技期刊的零缺陷管理内涵与方法
3、系统科学理论在科技期刊管理中的应用
4、系统科学的特点与应用价值
5、系统科学理论在科技期刊办刊中的具体应用
6、局部服从全局理论内涵与期刊中应用价值
7、局部服从全局理论在科技期刊中的应用方法

没有科学的理论，就不会有科学的实践。如何管好新世纪的科技期刊，其管理理论的应用是值得认真探讨的。本章就管理理论对管理发展的促进和管理理论在新世纪科技期刊管理中的应用进行阐述。

## 第一节　管理理论和管理进展及科技期刊零缺陷管理

管理，可以说有人类就存在管理。当然，另一些人则认为，管理者是万金油，是人就胜任管理，几乎不承认管理是科学，不承认管理需要有管理理论、管理技术……故在本章就新世纪科技期刊管理理论进行阐述前对管理理论和管理进展作简单提示。

**一、管理理论和管理进展**

管理理论推动了管理和社会进步，管理和社会进步又推动了管理的相关研究的开展，管理研究成果又促使管理变革和进步，为管理学形成创造条件，也为全球的管理现代化作出了重大贡献，同时为全球人类创造的财富几次翻番发挥了难以估量的作用。

在美国工程师费雷德里克·泰罗（Frederick Taylor）实施定量、标准化的科学管理后，延续数千年的经验管理或传统管理开始动摇其主导地位，科学管理日趋向全球扩展，陆续被广泛使用，泰罗也被誉为“科学管理之父”。由此带动了大批学者对“人性”的研究，先后经研究提出了涉及“人性”的管理理论：X理论，即经济人假设产生的理论；Y理论，即自我实现人假设产生的理论。均为美国心理学家、行为科学家麦格雷戈（Mcgregor，D.M）给予的称谓。超Y理论，西方权变理论学派约翰·莫尔斯（Morse，J）及杰伊·洛希（Lorsch，J.W）于1974年提出的；Z理论，日裔美国管理学者威廉·大内（Ouchi，W.G.）提出；公平理论，美国心理学家亚当斯（Adams，J.S.）1976年提出；期望理论，美国心理学家、行为学家弗洛姆（Vroom，V.H.）1964年提出的；强化理论，是行为科学家斯金纳（Skinner，W.G.）提出的；双因素理论，美国心理学家、行为科学家赫茨伯格（Herzberg，F.）1959年提出的；以及管理方格理论、目标管理理论等等。加上1934～1948年间贝塔朗菲的一般系统论、1948年申农的信息论、1948年维纳的控制论先后被公认，并广泛被科学精英应用于科学研究、组织管理之中，而成效十分显著，因而，在20世纪下半叶，许多敏感的管理者自觉在管理中将系统科学的核心理论——系统论，以及信息论、控制论等灵活用于管理中，这种管理公认的称之为现代管理。应当客观讲，现代管理是在科学管理基础上向前推进了一大步。由于现代管理中更注意整体性、更关注全员等——公平理论、期望理论、强化理论、需求层次理论、双因素理论等广泛应用，似乎管理更趋人性化——故有学者提出了“近代管理”的概念，也就是说，管理进入20世纪末和21世纪初时，相当多的明智企业和公司的老总不仅完全否定了传统管理、“泰罗制”式的科学管理，自觉地实施了“现代管理”并推行“近代管理”的模式，方方面面注重以人为本——商品设计注意以人为本、商品生产注意以人为本、商品销售和推销注意以人为本、商品售后服务注意以人为本、员工管理注意以人为本，因而各企业十分注意企业文化建设。不可否定，“黑白K理论”、“七S理论”都是作出了贡献的。作为管理者，不能轻视管理理论对提升管理者素质、开拓管理者眼界、改进管理者的管理技巧、增加管理效益、调动全员积极性的贡献。

作为科技期刊办刊人，尤其居管理身份为主的办刊人，能认真学习、掌握相关的理论，对办好科技期刊的作用难以估量。当然，一些大的传媒集团的管理者，可能已将各项理论用于管理工作之中了。

**二、科技期刊的零缺陷管理**

科技期刊办刊有一定的特殊性。一是专业性强；二是随学科分化与融合加快导致的一篇论文具有多学科属性；三是编辑加工无论实行责任编辑制或是栏目编辑制，要胜任编辑角色若无强的学习能力、强的吸纳知识能力，很难对编发的文章进行零缺陷编辑加工。但编辑又确实是将作者的文稿升华为正式出版物的责任者，由文稿到正式出版物是一次飞跃，如何真正保证飞跃成功，编辑没有社会责任感、没有时代使命感、没有奉献的精神，则会因自身能力的缺陷，往往使飞跃没能飞上去，只是停留在原地，顶多成了正式出版物，其品位却在原地。因而只有实施零缺陷管理，在科技期刊编辑部形成一种零缺陷的编辑文化，才能让每一个人自觉提升能力，使期刊出版达到零缺陷。

（一）零缺陷管理的内涵：零缺陷可称无缺点管理、无缺点计划、无缺点运动。即全员能够注意并设法防止或消除自己工作中的每一细小缺陷，要千方百计堵塞明显的或潜在的漏洞，从而提高产品或服务的质量的管理办法。

（二）科技期刊实施零缺陷管理的办法

前面已述，科技期刊有一定的特殊性，但防止缺陷难度加大，为了真正提升每一本科技期刊的质量，在科技期刊编辑部内开展零缺陷管理十分必要。其具体办法有6条。

1、提升办刊人的综合素质：千方百计让每一个办刊人，尤其是编辑部主任、社长、编辑成为真正的杂家。

2、实行零缺陷标准公开：无论刊用论文选用标准、编辑规范、国家标准、校对及印刷和装订，以及广告等各项标准均应让每一办刊人随时可查到。

3、实行优胜劣汰的轮岗制：对每一期的缺陷进行登记——选稿、约稿、编辑文稿、成品刊等的缺陷，在年末让缺陷最多者离开编辑岗位，到校对或其他岗位工作，当有明显成效时再回归编辑岗位。

4、抓编辑部零缺陷文化建设：通过抓零缺陷文化，让每一编辑养成具有高度责任感、时代使命感的人——树立零缺陷工作愿望，自觉防止或消除工作中的缺陷。

5、加强办刊人的业务能力培训：培训可以有多种形式——讲座、读书会、互教互学小组、研讨会等，从而提升办刊人群体的能力。

6、建立“零缺陷”管理小组：担任组长的应是办刊人中知识面宽，能力强，善学习、观察、思考的在职编辑或主任或总（主）编。认真履行管理职责，实行奖优罚劣，以稳步推行零缺陷管理计划的落实——缺陷实行自查和他查结合，全员中2/3的人认可制。

要达到“零缺陷”管理，全体办刊人在科技期刊管理中，必须遵循系统科学理论审评每一篇文章及整本科技期刊。

**提示性范例5-1**

在信息化、经济全球化环境下，领导者必须会系统思考。因为信息化和经济全球化使整个世界连接成了一个复杂的大系统，我们每一个单位、每一个人就工作和生活在这样一个多层次的系统之中，这是当今时代的特点之一；这个复杂的大系统是不断变化的，而且变化具有快速、跳跃、复杂和不确定性等特点，与过去的变化有显著的区别，这是当今时代的特点之二。这两个特点要求这个时代的人必须学会系统思考，特别是管理一个地区、一个单位的领导，可以说不会系统思考就不可能做好工作。华罗庚在《统筹方法》中提出“洗好水壶，灌上凉水，放在火上；在等待水开的时间里，洗茶壶，洗茶杯，拿茶叶；等水开了，泡茶喝，这样的工序将是最节省时间的”。他用非常简单的

**生活例子讲了一个重要的科学道理，这就是排序，是我们系统思考的基本方法。随着工作节奏的加快，我们每天面临的是十个、几十个任务，在千头万绪中，运用系统思考处理问题至关重要。**

## 第二节　系统科学理论在科技期刊管理中的应用

将系统科学理论用于新世纪科技期刊管理是适应时代变化的必然，也是办好科技期刊的必然。日常办刊的过程中，常常发生有些期刊违法违规，甚至出现不应出现的一些严重失误，都是因为办刊人缺乏应用系统科学理论所致。

**一、系统科学的形成与研究对象及意义**

（一）系统科学的形成

现称之为“一般系统论”的是于1937年由美籍奥地利理论生物学家、哲学家L.V.贝塔朗菲（Bertalanffy）提出，并在1945年的《德国哲学周刊》上发表了《关于一般系统论》，直到1948年出版《生命问题》中系统地阐述了系统论思想，从而引起社会各界的高度重视。

近些年，理论物理学、理论生物学都取得新的突破和进展，加上信息论、控制论、运筹学与一般系统相结合，使系统理论有了新的发展，为系统科学形成奠定了基础。

通过长期积累和研究的深入，特别是著名物理学家钱学森指出，讲系统，里面当然有信息，也有控制的问题，不宜把系统论、信息论、控制论并称“三论”，因核心的是系统论，故不可并列。加上1969年由比利时物理化学家普里高津提出了耗散结构论、1971年由原西德物理学家哈肯提出协同论（学）、1972年由法国数学家托姆提出了突变论，与哈肯提出协同学的同时，生物学家艾肯（M.Eigen）提出了“超循环”理论。随着研究的深入，系统科学的发展，钱学森提出了他的系统科学的观点：系统科学包括了“工程技术层次”的各相关系统工程等，技术科学层次的运筹学、控制论、巨系统理论、信息论，基础科学层次的一般系统论、理论生物学、耗散结构理论、协同学、超循环理论等。当然，目前对系统科学的体系结构有不同的意见，但系统科学形成已基本认同。

（二）系统科学与研究对象：首先，什么是系统科学？苗东升教授的界定很精练，即以系统现象、系统问题为研究对象的学科。其次，系统科学研究什么？“自然科学研究的是整个客观世界中物质在时空中运动的一个侧面，社会科学是研究整个客观世界中人类社会的运动和发展”，“系统科学就是从系统的结构与功能的观点出发去研究整个客观世界”。实际上社会在发展，随着时代不同，一个学科研究对象能永恒不变吗？如医学的研究，在生物医学模式时代，基础研究、临床研究基本上以生物为主要实验/试验对象。但因社会发展、环境改变等多种因素，医学的研究，特别是“发病”因素的研究，如果不随时代变化而变化，可能难于突破。20世纪中叶起，科学家进行科学研究已有九大转变。当前，人的生病除致病菌、病毒等外，涉及社会压力、社会环境污染、食品、水、空气污染等，因而其研究者眼光、思维等就必须调整。我们认为，系统科学是以系统结构、功能与构成要素为主要研究对象，应重视对系统构成要素的研究。如科技期刊产品形成系统——“人、财、物、信息”。结构、功能相同的科技期刊，但产品质量有天壤之别，原因在于构成该系统要素的差异，尤其是核心要素——办刊人的差异。

（三）系统科学的特点：（1）系统科学是横断科学；（2）系统科学是综合性科学；（3）系统科学以数学为基础；（4）系统科学具有强的抽象性；（5）系统科学有强的应用指导价值。

（四）学习系统科学理论的意义

1、转变思维方式。促进人们将传统思维方式转变为现代思维方式，其对各行各业、各类人群都具有极重要的价值。尤其科技期刊审稿者，没有现代思维常可将有价值的文稿舍弃。

2、有利于科学发展观的落实。系统科学中有许多理论，应用于每项工作计划制订、对一切现象或问题的观察与思考，则可减少决策的盲目性、主观性，方能保证“发展”和“以人为本”两不误。科技期刊办刊人的一切决策若离开“以人为本”，在审或用文稿时不可避免会出现违背伦理、违法违规。

3、保证决策的科学化。许多决策的失误，多因决策者缺乏系统或整体观。科技期刊管理、选稿、审稿中常因缺乏系统观而就事论事，因而失误。

4、变革工作方式。凡熟悉系统科学理论的人员，特别是悟性强者，一定在工作中灵活运用系统科学中的各理论，从而改变工作方式，提高工作效率。尤其是科技期刊办刊人，当前是一个变数大且快的社会，要想在当今社会中让媒体引领时代潮流而立于不败之地，运用系统科学的理论去改变工作方式极为重要。

除此之外，系统科学的理论对于改善科技期刊管理、繁荣祖国科技文化、提升科技人员睿智等都有极其重要的意义。

**二、系统科学理论概述与应用价值**

（一）系统科学理论概述

系统科学是现代科学技术体系中的一门新兴科学门类，其形成经历了漫长的时间，从一般系统论提出的1937年起，已有70余年历史，系统科学涵盖了一般系统论、信息论、控制论、耗散结构论、协同论、突变论等，且还将进一步发展，给人类带来更多惊喜。作为科技期刊的办刊人，如何将上述理论应用到办刊、审选稿件中，除需灵活运用外，重点应把握以下几点。

1、系统的内涵。对系统的界定因理解等的不同而有多种表述。作为一般系统创始人——贝塔朗菲给的界定似更可接受：“可以确定为处于一定相互关系中并与环境发生关系的各组成部分（要素）的总体（集）”。

2、系统的要素与特性。在明确了系统的基础上，应知系统是一个整体，而且是由要素构成的，也即要素是系统存在的基础。当然，作为一个系统的要素，其之间是相互联系、相互作用，并对系统产生影响。

另外，对于系统所具有的特性：（1）整体性；（2）要素间的关联性；（3）层次性；（4）开放性；（5）协同性；（6）动态性等。

3、系统方法。系统方法或称之为整体思维法。当我们遇到任何一件事，在对其进行判定或对其作出某项决策或决定时，切忌只从某一点进行分析判定，而将该项决定所涉及的各个方面、环节等均考虑进去的一种思维方法称之为系统方法或称之分析判定的整体思维法。要把系统方法应用于实际，收到良好效果，一定将系统科学的相关理论要确切熟记、理解，灵活运用。

作为科技期刊办刊人，无论正副总（主）编、编辑部主任、期刊社长、编辑、审稿专家、执行编委或编委，在选用每篇文稿时都要采用系统方法审评稿件和科技期刊，而不能仅就某一篇文章的专业科学性进行审评，否则，就可能出现违反“科学发展观”、“三个代表”、“三个面向”、“伦理道德”、法律法规等，严重失误把不住关，导致刊用后使科技期刊受损，严重的是损害国家、民族、人民的利益。若对科技期刊办刊系统分析，就要对科技期刊的目标、功能、结构、环境、要素等多项进行分析，才能更全面地把握科技期刊的现状，采取更有效的改进措施，促进杂志质量全面提升，创造品牌期刊。

（二）系统科学理论应用价值。自一般系统论提出以后，相关的理论先后提出，在系统科学形成和发展中，其理论被社会精英应用于管理、科学研究等的方方面面。阿波罗登月成功、卫星上天、机器人诞生等的巨大成功，使人们进一步看到系统科学的价值，从而加速了其推广应用和社会的紧密结合，促进了人类思维方式的革命性变化，提升了人们的智慧水平及解决社会难题的能力。因此，进一步促进系统科学理论向社会领域、经济领域、科研领域、政治领域、文化领域、环保生态领域、行政管理、企事业管理等的渗透，推动现代化管理的进程。应当说，系统科学理论的应用价值是世界公认的。

遗憾的是，作为科学研究和科研管理的精英们，通过应用系统科学理论所取得的成就是惊人的，但为他们服务的科技期刊却未能运用相关理论改善管理和质量。

**三、系统科学理论在科技期刊管理中应用**

探讨将系统科学理论用于新世纪科技期刊的管理之中，对跟上时代，办出引领时代潮流的科技期刊，为振兴中华民族作贡献十分重要。因为管理者主要是通过制订规划、实现规划、调整规划，认真适时地对要素进行组织协调，同时有效授权和控制，才能保证目标的实现。科技期刊管理的核心是：（1）不偏离办刊宗旨；（2）防止违法违规和杜绝其他任何失误；（3）办成高质量的权威期刊；（4）促进科学的发展与文明传承。

如何达到科技期刊管理的目的，真正从办刊人看，极少能全面进行思考，相当数量的办刊人追求的只是“名”与“利”两个方面。为了达到科技期刊管理的目的，将系统科学运用中创立的系统方法用于管理之中，只要认真实施，必然可以达到目的。

（一）系统科学理论用于科技期刊管理的缘由

社会的进步，科学的快速发展，科学既加速分化，又加速融合，交叉学科、边缘学科、横断学科等不断涌现。由此带来的是一些新兴学科的专家、教授以及相应学科的硕士、博士写出的引领时代潮流、关系人类未来生存、和谐社会与生态文明建设的，或独创性发现与发明的，在世界上都可占一席之地的科技论文，在只有专业知识，缺乏相关人文、社会、交叉学科知识的某些学科带头人眼中就无任何刊用价值，显然与时代脱节。另外，当今克隆技术、基因技术、纳米技术、生物工程，以及认知科学、脑科学、信息技术等快速发展，地球灾难频发，各国政府高度重视环境保护、伦理道德、人与自然和谐相处，生态恢复等，我国领导人先后提出了“三个面向”、“三个代表”、“科学发展观”、和谐社会、和谐世界建设。这一切变化，给新世纪办刊人提出了更高道德、素质、知识素养、社会责任、时代使命、眼光等的要求。否则，所办科技期刊，就会背离社会需求，传递违背伦理道德、破坏生态文明、毁灭人类生存根基的信息。

（二）系统方法用于科技期刊管理中应注意掌握几个基本点

1、系统分析。掌握运用系统原理进行目标、结构、功能、要素、环境、发展的分析，准确把握其基本内涵，正确运用于管理之中。切忌孤立的、静止的分析和思考问题、判断问题、处理问题。

2、系统协调。要进行系统协调，首先对系统的结构、功能等进行分解，通过分解，找出其特点，为协调解决提供根据；其次是协调，在分解出特点等的基础上，找出关键问题，抓住核心要素进行协调或调整。

3、系统计划。计划是管理者对所管系统内的未来所作具体安排，要管理好首先应作出具体安排——制订计划或发展战略规划。系统计划强调了“系统”，因此，系统计划制订高于普通计划。故制订计划或发展战略规划，第一要务是选定发展目标，第二才制订计划。按系统原理，在制订计划或发展战略规划时，一是统筹兼顾原则，二是以人为本的发展原则。当然，制订计划者必须：（1）确定目标；（2）搜集相关信息和资料；（3）拟订出具体方案（模型）供讨论分析；（4）选定方案；（5）综合论证；（6）形成正式计划或发展规划。非“系统计划”很可能是一份孤立的、静态的工作安排。

4、系统运作。一是应有完善的保证计划——应包含具体落实的措施；二是要有有效的计划运作的控制与应急的方法，如建立完善的信息管理系统等。

（三）系统科学理论在科技期刊管理中应用

评价一本科技期刊的好与坏，核心是刊用论文的质量，一些出现重大问题的期刊，多数也是因刊用的文章的质量未把住关，且近年有增无减，若有关部门严格审评，可能发现的问题还会更多。其根本原因在于对刊用文章审评专家、办刊人都遵循传统办刊审评办法。因此，当前的办刊人，对每一篇文稿的选用审评必须转变视角和理念才行。下面就系统科学用于实际创立的系统方法用于科技期刊管理实践进行介绍。

科技期刊管理是一个系统工程，其中选用论文为该系统工程中的一个子系统工程。均可按系统方法应用的系统原理进行相应的目标、结构、功能、环境等分析处理工作。

系统方法用于科技期刊论文产生至刊用的办法

（1）确定目标——最优质的论文。作者和办刊人追求的很一致。

一篇未发表的论文，很难进行量化，采用模糊数学式的概念——第二章表2-1和表2-2列出的具体要求+第二章中论述的每一种文体审评重点作为衡评标准，这个子系统的目标与科技期刊管理总目标完全一致，而且是其核心。

（2）结构分析——优化结构。该结构分析可从两个方面进行分析：（1）论文形成结构——人、科研、资料、环境，以及设计与运作流程等，其中人包括研究者、研究设计者、试（实）验和观察者、保障者、资料整理者、论文撰写者、科研指导者、论文撰写指导者等；（2）论文本身的结构——符合相关文体，且结构严谨、规范、合乎逻辑等。办刊人应采用各种方式及时指导其结构优化达标。

（3）功能分析——发挥最佳功能。论文的功能与科技期刊的功能理应高度一致——用于科学工作者发表和交流新发现、新发明、新见解、新观念、新技术、新方法、新知识、新理论，开展百家争鸣，促进科学发展的同时，培养和提升科技人员的科、教、研等的能力。客观实际是有相当的论文无法具备上述功能。对这方面的工作，文学类期刊社的办刊人做得比较到位，科技期刊办刊人对此不太重视。当然，原因很复杂。因而很少就科研论文写作达不到其目的与实现其功能进行各要素间的分析和探索，从而提高科研工作者选题、研究、写作诸能力。但论文产生中应设法让其达到最佳功能。

（4）环境分析——抓住机遇的关键之举。丢掉一个机遇就落后一个时代，而环境不断提供机遇。许多办刊人不善观察环境、更不善进行思考。分析环境是分析系统与环境的关联性，以及环境变化对系统的影响，系统变化对环境的作用等，办刊人，特别是国内相当多的办刊人，只埋头于编辑论文，对国内、全球已发生、正在发生、将要发生的环境变化不闻不问。作为科技期刊的环境——政策、读者、作者、同行、经济、体制、制度、文化、价值观、思维、科技、人文、社会……诸多方面都是办刊人不能忽视的。办刊人分析上述环境变化，调整评价和选用论文眼光有利于提升产出论文的高质量。

上述4条提示办刊人，审评论文的方式应从传统转变为现代审评方式。详见图5-1。

系统方法用于科技期刊形成产品的管理办法：

（1）选定目标——国内/时代/国际一流。这是读者、作者、部分办刊人共同追求的目标。

图5-1 用系统方法管理形成优质论文示意图

什么样的科技期刊是一流的，比较公认的是被SCI等收录的期刊等。国内或时代一流，难于评判。一流期刊除刊用论文内容外，还涉及印刷、装订、纸张、广告、科技界影响力、社会与经济效益和同行认可等。

为了达到优质或一流期刊，除用第二章中表2-1，表2-2提示内容加第二章初筛审评重点对准备选用论文进行认真审评外，作为办刊人唯有全面提升科技期刊办刊各相关要素的综合水平与使命感，才能办成高水平的一流期刊。

办刊人选定目标能否达标，主要靠办刊人中核心人物的观察思维能力、知识面、眼光、价值观等多种因素影响，力求办成完美无缺的期刊靠办刊人中的正副总（主）编、编辑部主任的责任心。最怕是办刊人改变科技期刊的功能。

2、优化结构——为办一流期刊创造系统内环境。分析科技期刊成品的整体与各子系统的关系，同时还要分析与社会环境的关系，分析系统内各层次、环节、要素间的关系，尔后进行有利于创办一流目标的调整和结构优化等。

3、坚持最佳功能。目前的有些政策冲击科技期刊的功能，如何坚持与完善科技期刊的最佳功能，创办一流期刊，其重大障碍——职称晋升、学位论文等导致科技期刊功能异化。办刊人应运用智慧才能实现目标。

4、加强要素协调。一流科技期刊的创办，涉及诸要素、多环节、多层次。作为办刊人的核心人物在办刊中应发挥主导作用，对影响创办一流期刊的各要素要从多角度、多层面、多因素进行分析与协调，以保选定目标的实现，详见图5-2。

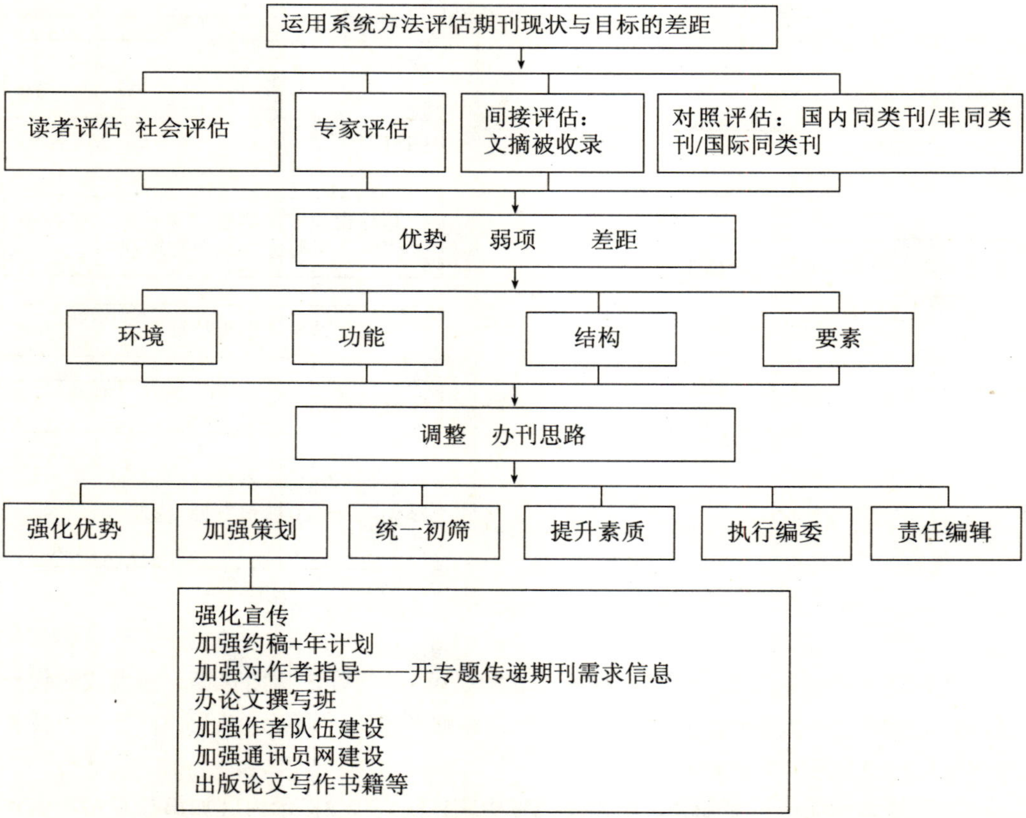


图5-2 运用系统方法管理科技期刊示意图

关于系统科学理论用于科技期刊管理，上述仅就一般系统论和系统方法进行了简要介绍。真正在科技期刊管理中、论文形成过程中，信息论、控制论、耗散结构论、协同论、突变论、超循环理论、运筹学、模糊数学等均有很大的应用价值，需要广大办刊人自觉学习，有意识地运用到科技期刊管理工作中。

**提示性范例5-2**

系统论常常讲“蝴蝶效应”，说的是南美的一个蝴蝶扇动翅膀，可能经过复杂的因果链而引起北半球的一场飓风。事实上我们在工作上也会遇到这样的问题，例如在政治工作中，对于一个个别的纠纷事件，如果你不能站在全局的角度恰当处理，就很可能不断升级，引起更大规模的矛盾，最后导致较大的群体性事件，出现“蝴蝶效应”。出现这样的问题，如果从思维方式上找原因，就是有关领导缺少系统思考能力以及相应的预见性。

## 第三节　局部服从全局理论在科技期刊管理中的应用

科技期刊论文作者中有大师级人物，也有刚出校门时间不长的科技工作者，甚至有些还在攻读某一学位的学生。由于其所处位置、地区、机构等的差异，往往会在作者的论文中反映出作者看问题、分析问题、决策问题等方面的眼光、眼界的差异。如何处理差异问题，对于办刊人而言，就有发现、处理等水平和能力及学识、政治素养问题。

### 一、局部服从全局理论的内涵与应用之意义

这里提出“局部服从全局理论”对于科技期刊办刊人肯定难理解或难接受，一定认为这个理论属于“政务决策”方面的理论。人们常讲，领导不仅要有发现问题的能力，而且要有解决问题的能力。作为办刊人属于低于领导层，还是高于领导层？但可以肯定，编辑职业划入知识分子范畴，而知识分子是社会的眼睛与良心。可见，办刊人的素质要求并不低，作为社会的眼睛与良心的意思，要能发现社会上的问题且应及时对问题作分析，加以解决。当我们在社会上发现一些问题，或听大众、读者提出一些问题后，如何分析、评论等，要求我们办刊人应与领导干部一样，有发现和解决问题的能力。也即判断作者论文中的学术观点、主张、倡导、技术、方法、理论等，均离不开局部服从全局的理论作依据，全面进行评价分析和判断，以减少失误，也等于减少科技期刊的失误。

#### （一）局部服从全局理论的内涵

“局部服从全局”是毛泽东于1938年10月14日发表《中国共产党在民族战争中的地位》一文中提出的。局部服从全局即指某项意见在局部的情形看来是可行的，而在全局

的情形看来是不可行的，就应局部服从全局。在科技期刊办刊中的局部观和全局观因指向与时代不同，可以视为全国与部分省区、全球与部分地区、全人类与某些地区、整体与个案、长远与近期、法律与规则、生态文明与局部利益等等的判定时，局部都应服从于全局。现在有些办刊群体因缺局部服从全局理论作指导，所选用的论文常出现违法违规、违背伦理道德、违背生态文明建设、违背科学发展观、违背“三个代表”等问题而把不住关。

（二）局部服从全局理论应用的现实意义

目前，地球村落化、文化多元化、价值取向多元，加上我国教育中的人文社会课程比重少，纯国内培养出的科技人员在从事科学研究的选题、科研论文的撰写上，只考虑了自我价值的实现，缺少了人文社会科学的该不该做的思考，有些科技人员选择的课题本身就是非常敏感的，当研究结题后又要将各种数据、结果、结论以论文形式向社会公布，其后果难以想象。所以，运用局部服从全局的理论去审评和思考论文的可用性是极其重要的。有些审评专家，单纯从科技设计、科技运作过程、对象与方法选择、结果等科学性角度评审后签意见，没有不失误的。

当前，高新科技快速发展，许多新技术、新方法使用不当，就违背科学发展观，就违反“三个面向”，违背人类伦理道德，严重的是破坏人类生存根基。对上述论文审评者若无全局观就审不出论文中的问题。

**二、局部服从全局理论在科技期刊管理中应用**

前述局部服从全局理论在科技期刊管理中有重要意义，如何才能将其应用好，这是每一办刊人关心的问题。

（一）局部服从全局理论运用的基本要求

局部服从全局理论运用于科技期刊管理中，对办刊人提出了更高要求。

1、办刊人是杂家。因为在论文审评中，作者在文章中阐述了观点、做法等，如何能判定其观点、做法不合全局？办刊人，至少总（主）编、编辑部主任或社长、编辑，最好是审评稿件的专家都能具有杂家的知识面，方才有相关的判定能力熟悉各种方针政策、各种技术规范、各项法律法规、各种标准、各种文化习俗、各种伦理规范、各种文明标准、多种历史、古文知识等等，在审评文稿中发现作者所阐述的观点、做法能否公开发表。

2、具有良好的记忆和联想能力。没有良好的记忆力无法记住前述各种掌握的知识与内容；缺乏想象力也无法将记在脑中的规范与论文中的内容比较应用，这是一条非常基本的智力条件。

3、强的学习和激活背景知识的能力。当前学科分化与融合加速，一篇论文涉及多学科知识。因此，学习能力不强者，无法适应当今社会论文审评人要求。若无激活背景知识的能力，尽管学富五车，也难于运用脑子中的各种知识对论文进行综合分析判断，也难对作者阐述的观点及做法的科学性、可行性等作出结论。

4、各种科技期刊编辑部应设有图书资料室（柜）。学习能力及记忆力再强的人，也难把所有的各相关书籍、法律法规、技术规范、政策等准确记住，明智者，可以找到相关的书、史料、法规等查阅。网络查阅虽然方便，严谨的还是查纸本著作方可靠，因常从作者引用网络上的文献看出，相当部分的数字不准、文字不严谨。

（二）局部服从全局理论运用的方法：

1、系统评价法。系统评价是系统科学的重要点之所在。因此，任何观点、做法能否向全国，乃至全球推广，必须采用系统评价法进行综合判定——除了前述相关的各种方针政策、规范、法律外，还应从其科学性、可行性、对人类的正负效应、对生态环境的正负效应、对国家宏观主导的相关性等进行判定。

2、动态评价法。对作者的观点、做法要从动态进行评价，静止、孤立评价往往不能发现问题，而从发展的动态观思考、审评时，可发现其危害性。

3、重复论的方法。任何一项科学的方法，都是可以重复的方法，不能重复的方法，则是无推广到全局的价值。如20世纪90年代，有位外科大夫，采用“自创”的所谓新方法为6名同一种疾病的患者进行了手术，幸运的是均未发生手术意外事故。因此，该大夫将其总结写成论文投给某医学期刊编辑部，专家审评认为，该手术方法是错的，未发生手术意外是万幸，不予公开发表。该文内容实际上涉及全局与局部，作者为6名患者手术获成功，属于局部行为，由于其方法是错的，不宜向全国——全局推广。但既然手术方法错，未发生意外，属局部可行个案，也没有必要去追究大夫的过错。按理讲，手术观察病例达35～40例无意外及后遗症后才可写成论文推向全国。

提示性范例5-3

国家卫生行政部门针对医疗机构将经济指标分解到科室和个人的弊端，下发了专门文件，禁止各单位将经济指标分配到科室及个人的做法。2008年某媒体还选用一篇某省会医疗机构将指标分解到科室的做法。紧接着又刊登一位谈医患关系紧张的原因的人士观点，医生要完成经济指标。

这样文章的同类观点的摘用，都是不懂政策、不懂全局的要求所致。

提示性范例5-4

南方某医院准备开展心脏外科手术，一是进口了手术所需的体外循环设备；二是派出心外科的医护人员进修。当心外科医护人员进修结束，回院要开展心脏外科手术时，才发现医技科室的相应设备与人员没有进行同步购置与培养，故该院开展心脏外科手术的计划推后了五年。

实际上是医院管理者乃至心脏外科负责人缺乏用系统思维对开展心脏外科手术的计划进行分析思考所致。

# 思考讨论题

1、科技期刊实施零缺陷管理的意义与方法。

2、系统科学的特点与应用价值。

3、系统科学理论如何应用到科技期刊管理中。

4、局部服从全局理论的内涵及科技期刊中的应用方法与必要性。

# 第六章　新世纪科技期刊管理技术

## 本章要点

1、看板管理的核心理念与主要内容
2、看板管理的应用价值与科技期刊可用性
3、科技期刊管理工作中如何应用看板管理技术
4、提示性范例6-1的启示
5、全面质量管理技术内涵与应用价值
6、全面质量管理的内容和体系
7、科技期刊中如何应用全面质量管理技术
8、提示性范例6-2与6-3的启示
9、ABC管理的分类原则与应用
10、常用的几种文体论文初筛审评重点内容
11、提示性范例6-4、6-5、6-6、6-7的启示

新世纪科技期刊管理有其特点，如何能够达到管理的目的，防止不出违法、违规和违反科学发展观等的问题，同时提升期刊刊用文章的质量，应成为每一办刊人思考的问题。为此，把现代管理技术应用于新世纪科技期刊论文的形成、评审的管理之中就具有无法估量的作用。现代管理技术是相对于传统的管理方法与手段而言，是以系统论、信息论、控制论、运筹学等理论为基础的，是在电子计算机产生以后开始广泛应用的。常用的管理技术有全面质量管理、决策技术、ABC管理法、看板管理、本量利分析、滚动计划、价值工程、系统工程等几十种。在本章中仅就科技期刊提升质量、防止发生不应出现的问题选出3种现代管理技术的应用进行介绍。

# 第一节　应用看板管理技术提升科技期刊质量

科技期刊论文高质量和防止出问题应注意论文形成的全过程，尤其是源头。即作者从科研选题、科研设计、科研的全过程或论文构思时开始，一旦论文完成投到编辑部以后，有些论文的缺陷已无法修正。作者科研设计缺陷或科研过程中操作不规范，或因科研参与者中的人员的责任心不强，致观察中断及观察不细使某些出现的现象与变化未记录等，或相关文献史料搜集时价值取向不当导致的缺失，使论文无法再完善。所以，看板管理技术的应用对克服某些缺陷很有意义。当然，办刊人或编辑宽的知识面与强的能力是看板管理技术应用成功的保证。

**一、看板管理技术与应用价值**

（一）看板管理技术

看板管理技术源于企业生产中，就科技期刊论文的产生来看，与其有相似性，特别是约请作者就其开展的科研结果写文章或是约请作者就某一方面写文章。

1、看板管理技术的形成。看板管理亦称目视管理或视板管理等，是一种降低生产成本的有效的简单易行的管理办法。看板管理是由日本的丰田汽车公司机械工厂工作人员大野耐一于20世纪50年代初提出并逐步完善的。

20世纪50年代，日本人意识到不加取舍地盲目引进美国的大批量生产方式不合日本的国情，决定摸索和实践自己的方式。此时，丰田汽车公司工作人员大野耐一从美国超级市场的经营结构与工作程序中受启迪，他认为美国的无人售货商店对顾客就是在必要的时候能买到必要数量的必需物品，对商店则必须事先把一切物品配齐。如果把商店看作生产流水线的前一道工序，顾客购物为后一道工序，后一道需求工序的顾客必要时到前一道供给工序的商店提取必需的物品。大野耐一依此设想出改变生产过程中传统的由前道工序向后道工序送货制为由后道工序向前道工序的取货制——通过看板把生产过程中应该生产的数量、时间、方法、步骤以及运送的数量、时间等前后工序有机地联系起来，从而形成了看板管理技术。

目前，凡办不好的科技期刊的稿件来源及选用正如看板管理实施前的管理办法。坐等作者供稿，没有积极主动深入到科技工作者中选择或提供科技期刊刊用稿件的需求信息。相反的，一些成功科技期刊都是主动向作者提出需求信息，并告诉作者如何撰写高质量论文，或者指导作者完成稿件。如《新英格兰医学杂志》、《柳叶刀》杂志等，都及时向全球，或向某些特殊地区科技工作者约稿。应当肯定，办成品牌期刊需高水平的办刊人。

2、看板管理的核心理念：由后工序看板向前工序逆向传递需求信息，这样可达仓库零库存，提高资金使用效率，增强应变能力，降低生产成本。

这种理念除让科技期刊办刊人主动向一些有思想、有成果、有能力的科技工作者约请写稿外，对有价值的稿件也及时刊出，不积压。对有价值文章刊用越快，对作者的吸引力就越强，高质量稿件就会增多。

3、看板管理的基本条件：对于企业而言，推行看板管理应具备一些条件——均衡化生产、准时生产、标准化作业、自动化控制。

由于高新技术的快速发展，特别是不少企业实现了全自动化，看板管理技术也许无须应用了。但科技期刊的稿件形成仍与原企业生产流水线相似：①用科研成果写论文的：科学研究者—科研选题与论证/或投标—科研设计—科研运作—结果与资料整理—写论文共六个层面；②阐述观点或写述评者：作者—论文构架设想—搜集文献史料—撰写论文共四个层面。

应当说，标准化作业与自动化生产控制两个基本条件是科技论文形成中不可缺的。首先说标准化作业的启示：要求论文作者从科学研究开始的每一步均应遵循标准化作业要求运作才能保证文稿质量，否则，其产出的论文可能缺乏科学性。其次是自动化生产控制，对作者论文形成的每一步的控制主要靠作者自身的高素质——生产的自动化，其管理必然自动化，这又离不开管理者素质的自动化能力。也即论文形成的任何一点疑点除作者自己思考外，需要作者运用自动化手段进行排解。

4、看板管理的主要内容：看板管理主要内容包括看板形式的选择、看板的分类与编制和看板的传递方式及看板实施的规则等。看板分为取货看板、加工看板、信号看板、材料看板、特殊看板、临时看板。看板的要求是内容齐全、标记醒目、简明易做、便于保管、名实相符。

无论分类看板或看板要求都可以供办刊人借鉴，应用于科技期刊形成过程中的管理。

（二）看板管理技术的应用价值

当前科技期刊很多，真正高质量的科技期刊很有限。为什么科技期刊的质量上不去，为什么科技期刊的质量不能完全体现我国现有的科技水平，应当说与科技期刊管理未上去密不可分。首先是办刊人的理念、思维、眼光滞后于时代，其次是办刊人的综合素质滞后于传媒行业发展，再次是办刊人员的知识结构和能力与从事的专业不相称，第四是相关部门对办刊人的培训教育未能抓紧。这多种因素导致我们的科技期刊办刊人只能依传统方式坐等稿件，依传统方式选用稿件，依传统方式编发稿件。

可当今的一些有影响的科技期刊和其他期刊，无一例外的除了从自然来稿中选取优秀论文刊用外，都有一支强的作者队伍，并及时吸纳新的精英加入，每时每刻都在向作者传递需求信息和指导作者撰写论文。其有意或无意都是遵循了看板管理的运作模式。可以说，按看板管理去管理科技期刊则可以提升其质量，形成品牌。《新英格兰医学杂志》、《柳叶刀》杂志、《财富》等每时每刻都在策划、选取引领时代潮流的稿件，国内有一本《新经济》杂志，有一段时间刊用的文章对读者很有启迪作用，其策划是以内容为基础的。目前，有相当的策划人忽略“内容为主”，只做形式包装，这类策划立不住脚，特别是针对科技期刊的受众，一定要把内容放在首位。当然，这与刊物办刊人的能力强弱和眼光是否长远密切相关。

**二、看板管理技术在科技期刊管理中的应用**

科技期刊形成可分两个阶段，两个阶段关系密切。但目前强调的是“文责自负”制，因此，发表论文失误原则上正副总（主）编、编辑部主任、期刊社长、执行编委、责任编辑以及审稿专家都无责任（政治失误例外）。奇怪的是，上述所有人，特别是正副总（主）编、执行编委、审稿专家没有一个不说自己是该专业的权威、顶级专家的，可为什么会对本专业的问题把不住关呢？依看板管理技术而言，应是每一级都要向下一级承担责任才行。依此，人人都有责任才能办好科技期刊。否则，都徒有其名，不担其责，科技期刊怎能办好呢。目前科技期刊办不出特色与此关系相当密切。

（一）科技期刊形成的第一阶段——论文形成阶段看板管理技术的应用

按看板管理技术的核心理念，前一道工序向后一道工序提供规范的高质量部件或产品，论文创作形成过程中的初始层面（工序）必须按规范操作，以便向下一层面（工序）提供的规范的、高质量的资料和数据等，每一层面（工序）都如此，才能保证送到编辑部的论文具有创新性、科学性、规范性。这是指办刊人主动约稿的情况。自然，作者的学识与文字功底是基础。

对于相当多的自然投稿人，应采用培训的形式，或其他形式，将科技期刊的需求信息和论文写作的规范要求等及时传递给科技人员（参见《医学与哲学》2005年10月第10期79页至封三），让其自觉认真做好每一层面的工作，以保证投寄给编辑部的论文的完善性。

1、选好作者，进行有效沟通。让作者明白选题的目的、意义、写作切入点等。

2、拟出写作文题与纲目，进行充分交流。先听作者对文题的看法或想法，再听作者从哪几个角度进行表述，若不满意作者的想法，应将事先准备好的纲目拿出，并与作者进行充分讨论，让作者明白写作意图，或接纳作者的想法与写作意图。

3、反复推敲用词概念的准确性和科学性，认真进行语言文字修饰润色。这一步极其重要，一篇好的文章往往是加工修改出来的，对作者已完成的文稿编辑要全身心地投入，认真地品味和推敲每一分句和每一整句及其每一用词的概念，每一数据的准确，每一推理的逻辑，每一结论的科学性等。发现问题应与作者充分沟通，如作者缺乏某些学科、专业知识，提供其阅读某些原著。

4、充分沟通，达成共识。选题完成过程既是和作者沟通，又是相互学习的过程，也是对作者培育的过程，更是让作者了解办刊人与科技期刊的过程。合作成功会让作者向科技期刊投递更多高质量的论文，也可促进作者向大师级专家迈进。

5、自审认可达标，投寄编辑部。全稿完成之后，督促作者独立审读、推敲、反思，全文是否反映了作者的研究成果的最重要的发现、发明或结论，一切引用与推理或诠译是否已将当今最新理论、技术应用进去了，结论是否符合科学工作者的伦理道德和未受个人价值观影响等。

无论是通过科学研究或文献研究后写论文，还是办刊人主动约请作者写论文，办刊人能认真做到上述五点，肯定都会有可喜的收获，刊物文章质量将属上乘。

值得指出的是，一个好的有价值的科学研究，如果文题定不好或表述不好，或对有价值的发现与数据不能上升到理论层面去认识、分析，也许就会影响其价值。故办刊人能与科研工作者共同商讨论文，对形成高质量文稿将会有保证。

（二）科技期刊形成的第二阶段——科技期刊形成阶段的看板管理技术应用

这个阶段是防止科技期刊偏离宗旨、违法违规和违反科学发展观等问题，办成高质量期刊的关键阶段，可分为6个层面（工序）。每一层面的工作都要对下一层面的工作负责，质量才有保证。

1、论文初筛。对于论文，初筛者应具备一定的素质才能胜任，详细的要求与初筛时的审评要点将在第七章中详述。初筛者的水平对下面每一层面都有影响，故应高度重视。

2、送同行专家审评。①最好是盲审；②送给与作者无关联的专家审；③不送给与作者学术观点对立的专家审，以利百家争鸣。应当指出的是，专家不等于同行专家，特别是管理学科，高职位不等于管理权威专家。

3、送执行编委审评。各刊设定的执行编委参与者数量不同，凡有两个执行编委有不同意见的应上定稿会讨论。

4、定稿会审评。对定稿会上有争议的可以送权威专业人士再审评。

5、责任编辑加工。责任编辑遵循第二章表2-1和表2-2中的提示及各规范、法律法规等进行编辑加工。

6、正副总（主）编或编辑部主任或期刊社长签发复印前的终审。这是科技期刊产品形成的最后一道关口，也是保证质量、防止出现违规等的最后关口。

当然，无论第一或第二阶段，审评的核心内容是第二章表2-1、2-2中的提示，应将其作为审评中的重点中的重点进行落实。为防意外，出刊后应立即审读，重点仍是第二章表2-1及表2-2提示的内容，若发现问题，该更正的应更正，若有严重的政治方面的失误应全部追回发行本销毁，且应及时向主办单位报告，由主办单位及时向主管单位报告，向新闻出版主管部门的报告由主办或主管单位执行。吸取教训同样是办好科技期刊的重要一环，切不可省略。

**提示性范例6-1**

某刊的编辑于1955年约夏衍写了一篇杂文——“废名论存疑”，批评公私合营时的废名之风。当时夏衍家乡的一些百年老店“孔凤春”、“颐香斋”之类的店名废掉改称“第×食品店”、“第×百货店”，连闻名全国的“西湖十景”也因乾隆御题而给废了……当政治运动来时，夏衍的善意评批成了追查的对象。由于夏衍用的是笔名，老编辑给保了密，承担了责任，夏衍同志受到了保护。“文化革命”时期，很多“三家村”式的作品受追查，正直的编辑宁可自己受到委屈，也极力保护作者。

选自《现代杂志编辑学》

**提示性范例6-2**

某省的一个单位的科技人员，以“我国口腔医疗资源利用现状研究”为题进行调研，在全国选35家医院发放问卷进行调查。回收问卷仅80%，依此所得结论是：我国口腔资源过剩。

政府若依此结论决策，必然减少口腔医院或科室的牙医与医务人员。而现实状况，患者无论去口腔专科医院或综合医院口腔科看病都是十分困难的。

**提示性范例6-3**

某科技人员研究医院文化，选三级甲等医院3家、选二级甲等医院5家，选一级医院46家，最后所得的结论——医务人员很注重人际关系。

期刊编辑认为结论不合二三级医院的现状，质疑结论科学性，为尊重作者劳动，建议研究者按医院级别分开写结论，其结果是：二三级医院医务人员注重医学技术水平与能力提升，一级医院医务人员注重人际关系。

## 第二节　用全面质量管理技术办好科技期刊

科技期刊能否被广大读者认可、占领市场份额的大小、能否形成品牌、能否被《医学文献检索分析系统》（MEDLINE）及《科学引文索引》（SCI）、EI、BA等收录全决定于科技期刊的质量，除了编辑质量规范外，关键是刊登论文的学术质量。但长期以来，我们存在不良心态，因而在抓刊用论文的学术质量上采用的不是国际标准——前瞻、前沿与科学和创新，多按各期刊办刊人员的学识与眼光作为评定论文水平与价值的标准。在我国“官本位”文化、“恐老”、“崇老”、“权威总正确”和“高水平”的氛围里，只要总（主）编一句无刊用价值言论后，尽管谁都知道其观点陈旧过时，其知识老化该更新，但他的决定是不会有人否定的。我们缺法国的《数学原本》那样的“布尔巴基”（Bourbaki）学派群体的学风和作风及专家淘汰机制。为适应地球村落化形势，采用全面质量管理（Total Quality Control，TQC）技术办好科技期刊实有必需。当然，TQC在20世纪80年代很热门，目前似提得少了。

### 一、全面质量管理技术与应用价值

（一）全面质量管理技术

全面质量管理亦称全面质量控制或是综合质量管理。由企业或某一专业科室的全员参与，采用现代科学方法与技术，是把产品产生过程中影响产品质量的各种因素加以控制或排除的一种保证或提升产品质量的管理工作体系实施与落实的过程。

全面质量管理初始于1961年由美国的管理学家朱兰·费根堡姆（A.V. Feigenbaum）提出，其定义为在一个组织内，由各个部门在质量发展、质量保持、质量改进方面共同努力，以便能用最低成本产出使用户满意的产品或服务。全面质量管理先后在美国、日本等多个国家运用并在理论、技术、方法上有了发展和补充，形成了各具特色的质量管理体系。我国于1978年从日本引进并在全国推广应用。

1、全面质量管理的涵义：①全面质量管理，即对产品形成的全过程所进行的管理，涉及企业或科室的每一个部门及所有工作；②全过程的质量管理，即始于对用户调查、市场调查、产品设计的可行性设计、试制、生产、使用和售后的服务等；③全员参加的质量管理，即管理、专业技术等各相关人员均参与。

科技期刊形成涉及科技人员自身的素质、科学研究工作质量、论文形成及投寄到编辑部后的各个环节的质量保证。

2、全面质量管理的基本观点：①质量第一；②用户第一；③一切按照PDCA循环办事。

PDCA是英语——计划（plan）、实施（Do）、检查（Check）、处理 （Action）四个单词的第一个字母。亦称戴明循环，因该方法首先由美国统计学家戴明提出来的。戴明循环由四个阶段、八个步骤构成，但不是截然分开的。如图6-1。

科技期刊办刊人中，有相当数量的人缺乏这些基本观点，因而办不出高质量的科技期刊就是很正常的现象。

3、全面质量管理的内容体系。一是内容，包括：①设计试制过程的质量管理；②生产制造过程的质量管理；③辅助生产过程的质量管理；④销售使用过程的质量管理。二是管理体系，包括：①建立健全质量管理机构和责任制度；②制订出质量标准和目标；③建立高效的质量监控体系；④按照PDCA循环方式开展全面质量管理。

4、实施全面质量管理中常用方法。由于实施全面质量管理过程中必须分出主要与次要的排序，以便抓住主要的问题优先解决，故常采用以下的管理方法：

（1）排列图法。国际上通常称ABC分析法。

（2）因果分析图法。该法亦称鱼刺图法。

（3）控制图法。该法亦称管理图法。

（4）分层法。该法还可称分组法、分类法。

（5）穆迪优先图表法。该法可分为简单优先图表、多个输入加权优先图表等。

（二）全面质量管理的应用价值

科技期刊的每一期，实际上就是一个独立的产品。比较正规的科技期刊都有一个全

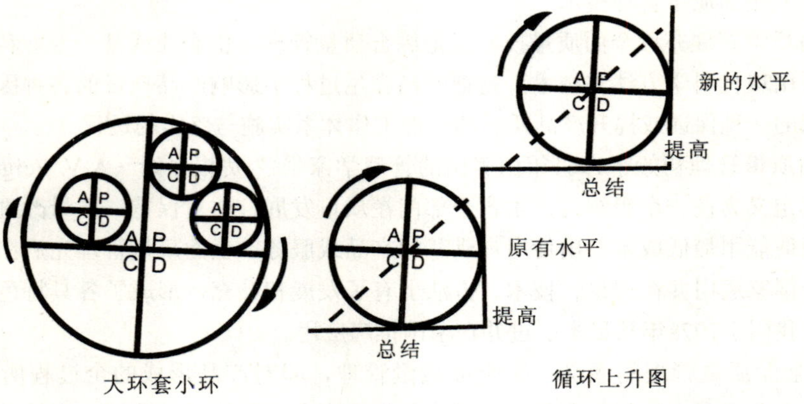


图6-1 PDCA工作循环示意图

年的出版内容安排，即每一期的重点内容或重点栏目。而承担每期的责任编辑，特别是水平高、能力强的责任编辑除遵循全年出版计划安排外，都会在前一年对下年度自己所承担的各期围绕全年编辑计划安排进行构思——也就是相当于工业企业的某一产品设计一样，进行全面计划——重点栏目或专题研究、作者选择乃至述评、综述、争鸣、新理论等讲座，从而提升当期的可读性，并逐渐形成独特的编辑风格，增强对作者、读者的吸引力。科技期刊运用全面质量管理进行管理时，实际应以每一期作为一个独立产品对待。每一期的责任编辑就是该期正式产品的总设计师和质量监管师等。每一期产品的形成包括：科研工作者实施科学研究全程至写出论文—初筛—专家审评—责任编辑选稿—执行编委评审—定稿会评审—责任编辑加工—录入排版—责任校对及责任编辑—出胶片及责任编辑—清样及责任编辑—印刷及纸张保障—装订及包装—发行……因此，一本科技期刊出版涉及各部门及多环节，一步失控就可以导致当期质量的降低。

应当指出的是责任编辑落实全年出版计划安排，形成独特风格的基础是编辑的知识、眼光、能力。对自己承担责任编辑的那一期的总设计与构思——正如全面质量管理中指出的对客户与市场的调查，贯彻质量第一和用户第一的理念，对整个人类科学技术走势与用户急需科学技术知识的了解，以及自身知识素养是整期设计构思的基础。

当然，有些编辑一定会说自己太年轻等，可是邀约名家书稿的能手——赵家璧（1908~1997）于1934年开始酝酿编辑著名的《中国新文学大系》时才26岁……实际进入他作者名单的有：蔡元培、鲁迅、胡适、茅盾、郑振铎、郁达夫、阿英、周作人、洪深、朱自清、郑伯奇、老舍、巴金、丁玲、叶圣陶、旋蛰存、沈从文、张天翼、丰子恺、凌叔华、沈起予、徐志摩、朱光潜、俞平伯、王统照、杜衡、陈铨、林伯修、何思敬、周扬、夏衍、欧阳山等几十位一流作者。

**二、全面质量管理在科技期刊中的应用**

全面质量管理技术用于科技期刊的管理对提升期刊质量的作用是肯定的，但如何能落实则是值得研究的。特别是科技期刊的办刊群体经费紧、人员少、编辑素质滞后等多种因素制约着这一现代管理技术的应用。

（一）树立创办一流科技期刊的价值理念

办刊人的价值取向决定一本科技期刊的质量。办刊人的价值取向只是赚作者版面费，有一份赚取生活费的工作，就不可能运用全面质量管理技术提升科技期刊的质量。如果办刊人追求的是创办国际一流的科技期刊则就不一样了，人再少也是可以贯彻落实全面质量管理技术。因此，主要办刊人若树立创办引领时代潮流的科技期刊，就要将此理念变成整个办刊人的行动——形成编辑部文化，让每一办刊人自觉追求一流，这样就会让每位办刊人自觉学习——科技期刊编辑部成为学习型编辑部，知识面宽了，知识及时补充了，过时知识更新了，每一个人便自觉向“杂家”转变了，能力提升加快了。

（二）建立全面质量管理的组织机构

在办刊人群体中树立了创办一流期刊的理念，凡对提升科技期刊质量的各种措施与方法都会被采用。作为科技期刊，不论人数多少，只要有了全面质量管理意识，人多的科技期刊可以设立质量管理组织与质量管理人员，人少的可以设立质量管理组织，质量管理人员由编辑部主任或其他人员兼任，制订全面质量管理具体目标和措施，由各编辑、正副总（主）偏等负责实施。

（三）把每一期科技期刊当做一个独立产品

1、制订科技期刊的发展总目标和技术操作规范：第二章的表2-1和表2-2列出的内容作为每一期科技期刊产出的论文质量标准，同时应依国家、部、委、署、局，主管与主办单位颁布的法律、法规、规范、条例、制度等制订出具体的操作标准与要求。

2、参照全面质量管理的原则制订出相关部门与环节的技术质量标准与目标：编辑部或期刊社各部门及录入排版校对、出胶片、广告、印刷和纸张及装订、邮送包装、订阅与发行、财务等均应有相应的质量要求与目标标准。

（四）制订奖惩措施

制订出具有操作性的科学的、公平公正的、透明的赏罚标准，以保证全面质量管理措施落实成为每一个人，每一个部门的自觉行动。

**提示性范例6-4**

20世纪80年代（据2000年称20多年前推断），我国曾组织18个省市数千名科技、医务人员组成的全国协作组研究男用节育药——棉酚。但是，研究不久，就有许多学术权威斩钉截铁地宣称，棉酚有使少数人产生低血钾症的副作用。年轻学者针锋相对地宣称了“不”，并将道理作了客观全面的分析。遗憾的是“人微言轻”，该研究停止了。1996年巴西埃布龙制药公司宣布，将从1997年开始生产世界上第一种无副作用的男性避孕药——棉酚。

这一发明权本属中国的却送给了巴西，值得现行科技管理制度制订人思考。

选自《科学与人文对话》

**提示性范例6-5**

某生理学家发现了关于鸡前背调肌去神经肥大的现象。后又组织了一个层次不低的有实力的研究工作组进行研究，并发了一系列论文，还获三等科研成果奖。当时参与研究和论文审读时未发现问题的一科技工作者，当他重复这一实验时，却发现所谓的异常现象完全是假象。当其洞悉该实验失败的根源和破解肥大假象原因之后，于1973年写文评论此假象，却拖至10年后的偶然机会才给予发表。

选自《科学与人文对话》

## 第三节　用ABC管理法管好科技期刊

我国科技期刊管理应该说不理想，特别近些年，有些收取高额版面费的刊物，本就无存在价值，而且不少科技工作者对这类刊物十分气愤，导致这一局面原因虽然很多，但除这类办刊人的价值观有问题外，与管理失控相关，而引入ABC管理法则可改变主次不分的局面。

### 一、ABC管理法与应用价值

ABC管理法称ABC分析法或重点管理法、分类管理法。ABC管理法是有广泛应用价值的方法，各企业，各机关团体，各部门及各科室，乃至个人日常生活中都有应用的价值。

（一）ABC管理法

ABC管理法的基本原理就是把关键的少数作为A类管理，把次要一些的列为B类管理，将最不重要的列为C类管理。应当说，对于一个单位、部门、个人如何抓住工作重点是很有指导意义的。

1、ABC管理法的起源：意大利经济学家巴雷特在1906年研究欧洲各国的经济收入时，发现占人口百分比不大的少数人占有着大部分的社会财富，而绝大多数人只占有社会财富中的少部分，即存在“关键的少数与次要的多数”的关系。巴雷特按照人们占有社会财富的多少进行排列分类，并绘成了排列图和曲线，这一排列图和曲线称之为巴雷特图和巴雷特曲线。而这一规律在许多经济管理工作中均存在，故这一分类原理与方法日渐完善形成现在的ABC管理法。

2、ABC管理法的分类原则：任何事物、工作都会受到某些因素的影响，而其中主要的因素则是少数，次要因素总是居多数。ABC管理法的具体分类如下。

A类是关键因素，其对事物或工作的影响程度占所有因素对事物或工作总的影响程度的65%~80%，而该类因素只占影响因素总数目的5%~10%。

B类相对关键因素显次要，而相对最次要因素又显重要一些的因素，该类因素对事物或工作的影响程度占所有因素对事物或工作的总影响程度的10%~15%，而该类因素的数目占影响因素总数目的15%~30%。

C类是最次要的因素，一般该类因素对事物或工作的影响程度只占所有因素对事物或工作的总影响程度的5%~10%。而该类因素的数目占所有影响因素的总数目的60%~80%，ABC分析图详如图6-2。

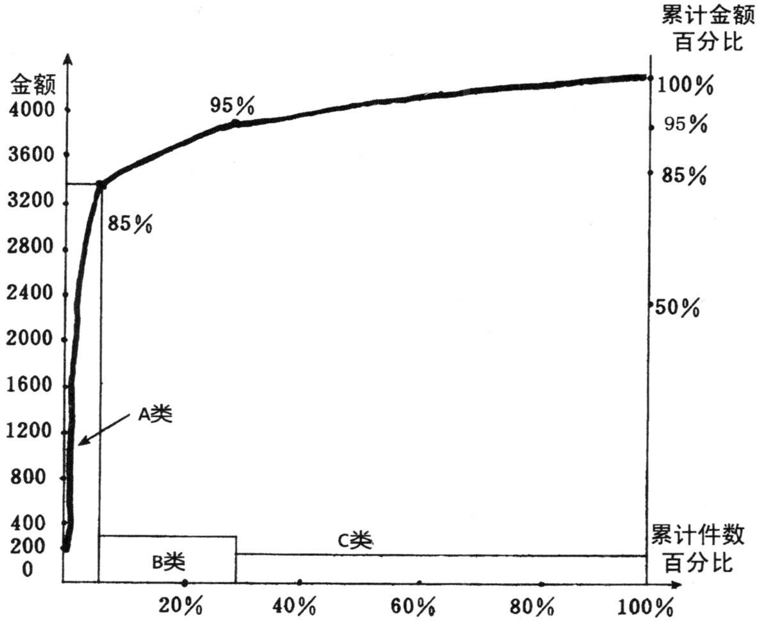


图6-2 ABC分析图

3、ABC分析图的绘制

（1）划分项目或称因素划类。按应用的目的或对象不同，其因素划分也有差异，如应用于物质管理分类，其C类的物品名称甚多；用于单位人事管理分类，其C类人员虽多，但按职称等划分就不必列出人头，按归类计不会太多；用于某一项目质量管理的影响因素分类，其C类因素列出太多也无必要，关键是找出关键因素 。因此，灵活应用是关键。

（2）收集数据。依应用对象的不同，其数据也有差异，且有些数据计算相当困难。如物质设备等易计算；而一个单位人事管理中，每单位只有几位核心人物，用数值计算难度很大，则可运用穆迪优先图表法帮助。

（3）统计整理数据。依照具体问题的要求，按照统计处理的方法，对数据进行分组，按大小进行排序，计算频率及累计百分数值等。对数据进行加工整理和汇总，按一定分类标准，对数据进行ABC分类，再做分析表。

（4）绘制ABC分析图。按ABC分析表中的数据画出巴雷特排列图及巴雷特曲线。

4、ABC分析图的制作原理

（1）横坐标表示所管理的项目或因素等，用方矩形表示各因素出现的次数或称频数，按大小由左向右排序。

（2）设立两个纵坐标，左边的纵坐标表示某物或项目影响因素出现的频数，右边的纵坐标表示某一影响因素出现频数占全部影响因素数目的百分比。

（3）将各影响因素的百分比计算出来，按排列图的顺序从左至右计算出影响因素的累计百分比，然后将各项累计百分数顺序标出，将各点连接起来的线为巴雷特曲线。

（二）ABC管理法的应用价值

ABC管理法可以分析出关键的少数对象及次要的对象和最次要的对象。而对于管理者常说的“丢了西瓜，拾了芝麻”是最典型的未抓住重点，也即未抓住关键的人或事，或项目，或因素等。但作为每一个人，特别是管理者，谁也不愿意拾芝麻，丢西瓜。只是在某些时候分不清什么是芝麻，什么是西瓜。ABC管理法则起到分清芝麻与西瓜的作用，故其应用价值不用质疑。

作为科技期刊的管理者，无论是国家的管理部门，还是各科技期刊的主管或主办单位，自然包括传媒集团、期刊社、科技期刊编辑部，都可以将ABC管理法运用于科技期刊的管理工作中，以便抓住重点，办好科技期刊，创引领时代潮流的一流科技刊物。

**二、ABC管理法在科技期刊管理中的应用**

如前所述，ABC管理法用于科技期刊管理具有广泛应用价值，尽管有不同目的，但均可以应用。

（一）新闻管理部门应用

可以应用国家信息研究所和万方数据库提供的数据，即对科技期刊作出的各种评价数据，以及其他的分析方法对科技期刊进行A、B、C分类，以便对有发展前景的科技期刊实施培育和指导、扶持，让国内有更多科技期刊参与全球竞争，为我国科技期刊走向国际服务。

（二）期刊主管单位应用

科技期刊主管单位所管的科技期刊远远少于新闻管理部门所管理的，除了借用国家信息研究所和万方数据库提供的数据外，可以运用穆迪优先图表法协助，分出A、B、C的期刊进行分类指导和帮助与支持，并找出影响自己主管的科技期刊质量的重要因素，努力排解以便提升主管科技期刊群的整体质量，为科技期刊走向世界服务。

（三）科技期刊主办单位

科技期刊主办单位原则上是科技期刊的出版和发行单位，对办出一流科技期刊承担更大责任。但客观评估而言，由于多种因素，不少科技期刊主办单位的管理潜能受到制约，可能有一些新的发展观——具有时代特性和发展趋势性的取向并不能实现，这可能是我国科技期刊前进中最大障碍——把科技期刊当做局部的、小团体的私有物去办。对国家的、民族的整体利益考虑甚少，导致不少低质量的科技期刊死不了，新兴学科和有发展前景的期刊则又无法创办，各自为战，都自我认为可以创品牌——丧失了机遇，谁也不痛心和负责。主办单位所管的科技期刊数量更少，应运用ABC管理法，借用国家信息研究所和万方数据库提供的多种评估分析数据，结合各主办单位科技期刊的实际，认真对各期刊进行分析、评估，划出A、B、C三类期刊，还要对各刊进行具体评估，以便进行具体指导，提升主办期刊的质量。

（四）科技期刊社或编辑部

可以运用国家信息研究所和万方数据库提供的科技期刊的多种分析数据，再借助穆迪优先图表的方法等对科技期刊的质量影响因素，编辑人员的素质、作者群体、审稿专家、编委等分别进行分析，有助于分清A、B、C三类，并制订出改进和落实的具体措施，以提升办刊人群体综合素质，从而达到提升科技期刊质量的目标。如对编辑管理上，划入A类编辑的，其编辑的文稿质量较高；相反，划入C类编辑的，多种因素所致，对其编辑的文稿应特别认真把关，以防出违法违规等问题。

**提示性范例6-6**

1996年11月美国《科学》杂志发表了题为《欺诈冲击着高层人类基因组实验室》的文章，该文介绍了美国国家卫生研究院人类基因组计划的负责人柯林斯如何对待他的研究生在研究论文中弄虚作假的问题。即当柯林斯知道几篇有关基因论文可能有弄虚作假的问题时，他并没有慌张表态，而是会同实验室的另一位研究人员，花了两周的时间，仔细检查冰箱、序列着的克隆体和这些署名人所做的每一个细节，逐渐认识到青年研究人员的大量错误。他在掌握了这些事实之后，首先辞退了那个弄虚作假的青年，并迅速签发了一封半公开信送给100位需要知道此事的人。在信中陈述了欺诈行为发现和所在，并表示深深的歉意，提出撤销两篇论文，须修改的有3篇。

选自《科学与人文对话》

**提示性范例6-7**

苏联的李森科学说统治了苏联遗传学近30年之久，使其科学水平由先进变为落后。除了政治力量支持外，李森科极力遮掩他违反科学原则的错误，他在没有任何实验为依据的情况下，全盘否定遗传学奠基人和创建者孟德尔、魏斯曼、摩尔根等一大批科学家的工作……他给真正的遗传学家戴上“资产阶级”、“唯心主义”等政治帽子，而给自己戴上“无产阶级”、“社会主义”等桂冠，使站起来为遗传学辩护的科学家处于极为不利的地位。

选自《科学与人文对话》

# 思考讨论题

1、看板管理的核心理念与主要内容是什么？

2、看板管理技术如何在科技期刊管理中应用？

3、全面质量管理的内涵与在科技期刊中的应用。

4、ABC管理法的分类原则与应用方法。

5、提示性范例6-1、6-2、6-3、6-4、6-5、6-6、6-7给我们办刊人的启示何在？

# 第七章 新世纪科技期刊论文的初筛

**本章要点**

1、科技期刊论文初筛者的基本条件
2、科技期刊论文初筛者的论文初筛思路
3、科技论文按文体初筛的必要性
4、科技论文中文科文体论文筛审要点
5、科技论文中工科（医学）论文文体筛审要点
6、科技论文中新兴学科论文文体筛审要点
7、科技论文中管理学科文体筛审要点

每一本正规的科技期刊，特别是凭质量发表的权威期刊，一般用稿率多为10%~15%。科技期刊的管理者应当高度重视每一篇论文的初筛工作，特别在当前学科融合和分化加速的大环境中，一些知识面宽的作者，常开展跨学科研究，用非线性思维写出的论文，文中的表述常与仅具有一个学科或专业理论的作者的表述不同，实际内容和分析方法及视角也不一样。若初筛工作失误，常可将有刊有价值的论文舍弃掉。

## 第一节 科技论文初筛者的条件与筛审思路

对每一本科技期刊所收论文的初筛，各期刊都有一套方法：①集中于一个人初筛；②栏目编辑初筛；③栏目编辑初筛+编辑部集体对初筛淘汰论文的终审等。

不论何种形式，最核心点：一是对论文的宽度与深度质量的把握；二是通过对作者来稿的初筛把握期刊读者所急需的知识、技术等。

**一、科技论文初筛者的基本条件**

作者的劳动和智慧通过一篇论文反映。因此，从尊重知识、尊重劳动而言，对论文初筛者的知识结构应有一定要求才行。

（一）非“杂家”难以完成对论文的初筛

如果初筛者的知识面很窄，对一些相关学科的理论、知识、技术、方法等都不清楚，而如果论文中涉及五六个学科或专业，或者更多学科与专业的知识、理论、方法，对这样的论文的取舍就很难把握，故非“杂家”难于胜任科技论文的初筛工作。

（二）熟悉每一审稿专家的真正专业水平与知识面

每一篇论文初筛后，对有刊用价值的论文应送“同行专家”审评，专家不等于是同行专家。所谓“同行专家”是指对作者论文主要论述的学科或专业的造诣很高的专家，非该专业或学科的名专家，只能称之为专家，并非“同行专家”。故初筛者对每一审评专家的知识面及真正的专业水平的掌握是初筛工作基本条件之一。另外，若在初筛论文中发现了现有审评专家中因受知识面及专业限制，不能胜任对该论文审评的评审工作，解决办法是：①初筛者立即从网络上下载该专业或学科的知识，立即学习、初步明白后，再对稿件的价值进行判定，确定下一步办法；②不可轻易取舍，否则，影响科技期刊的声誉。

（三）具有能为作者保密的素质

投寄到科技期刊编辑部的论文，是作者劳动与智慧的结晶，除了收稿编辑及接受审评的专家有权阅读作者稿件外，其他任何人无权阅看作者的论文。因此，编辑部主任、编辑及审稿专家都要具有这条素质，即不可轻易向第三人透漏作者论文的任何内容。另外，作者的写作构想及其写作架构也不能向第三者透漏。

（四）能够正确执行三不送审的原则

每一本正规的科技期刊，都应执行百花齐放的方针，这样才能让科技期刊充满活力，吸引读者，促进科学技术的繁荣。凡害怕争辩的，多是虚弱的。真理通过争辩会让更多的人接纳，群众才是真正识别真伪真理的英雄。执行三不送审的原则的目的，就是维护百花齐放方针及科技期刊质量。

论文审评的三不送审：①不送与论文学术观点对立的人审；②不送作者同一单位的审评专家审；③不送与作者有关联的人审，如同学、导师、关系密切的朋友、亲属等人。

（五）对世间万物具有职业的敏感性

作为论文初筛者，如果对世间万物缺乏应有的职业敏感性， 在对论文初筛中，很有可能将一些很独特的研究论文当做普通论文，因缺乏职业的敏感性而不能发现其价值。相反，对一些存在严重问题、潜在问题、延伸出问题的论文也不可能发现其问题的实质，导致期刊易出现刊用违法、违规、违反伦理道德问题等的论文。按理讲，一些专家忙于相关专业，难于抽出更多时间学习和掌握法律法规及国家的方针政策，故论文初筛者最好将一些涉及违背法律法规和国家方针政策及政治、安全等方面的论文在初筛时淘汰掉。

1、对违背科学发展观和国家方针政策的职业敏感性。有相当多的人认为科技论文不可能出现违背科学发展观及国家方针政策的问题，实质是对科学发展观和国家的方针政策缺乏深刻的理解与认识。例如临床医务人员开展临床研究工作中，卫生行政部门下发了许多规定，临床研究工作中要体现“以人为本”，按卫生行政部门文件执行等。典型的是某科研工作者对已明确某疾病诊断的患者分成试验组和对照组，试验组使用某种有效药物治疗，对照组仅使用无医疗作用的安慰剂。这种研究即不符合科学发展观强调的“以人为本”，也不符合卫生行政部门的相关文件规定，更违背了科学研究所应遵循的伦理学中倡导的“不应当”的规定。对这种研究论文就应把关。

2、对国家政治主张的职业敏感性。每一个国家对媒体都有其规定，所谓“自由”是有底线的，这个底线是法律法规、做人的道德、国家利益。如美国的《新闻周刊》收到克林顿和莱温斯基的丑闻之后，他们从个人隐私的角度考虑，未给刊发。

比如2008年6月6日某媒体刊发了某作者的仿“江城子——废墟下的自述”的词后，受到了媒体和公众的批评。因该“词”违背了胡总书记和温家宝总理代表党中央、国务院对抗震救灾所作的一系列指示——“救人是第一任务”、“救人是救灾工作中的重中之重”、“人的生命高于一切”和科学发展观的“以人为本”精神。类似稿件发到科技期刊编辑手中后，能否把住关？摘录“词”的部分供办刊人思考：“天灾难避死何诉……党痛国爱，声声入废墟。十三亿人共一哭，纵做鬼，也幸福。……只盼坟前有屏幕，看奥运，同欢呼。”

对上“词”，稍有职业敏感性者都可发现其中有严重的问题，不可发表。陈力丹等对“词”的剖析见《学习时报》2007年7月7日443期。

3、对古代经典诠释方面的职业敏感性。中国有句古话，没有金刚钻，不揽瓷器活。但现实中，包括科技人员在内，常常会引古证今，但现代人的古文功底薄，往往对古文的诠释是牛头不对马嘴，让行家看后啼笑皆非。仅摘录几句共赏。

“智慧出，有大伪”释成“知识太突出，大家都虚伪”。

“使民重死，而不远徒”释成“即使百姓受重刑而死，也不愿意离去”。

“医方诸食技术之人，焦神极能，为重糈也”，将重糈释成精美的饮食。查“古汉语词典”，“食”有六种涵义、“焦”有七种涵义、“为”从两个方面理解有十九种涵义、“重”分三层理解有十七种涵义、“糈”有两种内涵。

4、对文中的用词源头等的职业敏感性。编辑整天和文字打交道，是实现一篇论文在期刊上发表的质的飞跃的责任者。如果缺乏对论文中用词等的职业敏感，难成一位合格编辑。下面摘录几句供办刊人共品。

连战先生的夫人在上海为一艘货船剪彩时讲话中用了“潮平两岸阔，风正一帆悬”。当天某一媒体称此两句为连战先生夫人的原创句，记者、编辑、总编都认可记者的报道，无人发现其错误。

在讲话或撰文时，人们常引用古诗词等中的佳句。如写商榷文章中可能出现“礼尚往来，来而不往，非礼也”；再如写评论时可能出现“沉舟侧畔千帆过，病树前头万木春”、“柳暗花明又一村”等。引用名句可增加文章的文采，且显精练，起画龙点睛的作用，但不提原作者之名。这就需要办刊人——编辑、正副总（主）编、编辑部正副主任或社长等的职业敏感性。

（六）具有识别论文是否扣住论题的能力

作者在论文中很可能离开文题，或离开了名词概念的准确内涵，所有议论与表述，实际上都是无意义的，因概念一错，所论全错。这种毛病在许多文章中都可能出现，古代也如此。

齐己作的《早梅》中有“前村深雪里，昨夜数枝开”。实际上，“早梅”为题，“昨夜数枝开”不仅不合实际，也扣不住“早梅”。故郑谷为其改动了一个字——改“数”为“一”成“昨夜一枝开”，这既扣住“早梅”的题，也合“早梅”的实际，若数枝开顶多为梅开的中期阶段。作为科技期刊的初筛者，若不能将不扣文题的论文识别出，显然增加了审评专家的工作负担，也增加了办刊成本。

**二、科技论文初筛的思路**

科技论文初筛者的综合素质高低决定科技期刊的质量。

（一）选择受众急需的理论、思想、知识、技术、方法的论文

论文的初筛者应通过作者的投稿、读者来信等把握受众的需求。因此，初筛者不仅选择优秀论文，更重要的是从优秀的论文中选出受众急迫需要的论文。

（二）选择引领学科或专业发展趋向的论文

论文的初筛者，应把握所办科技期刊服务的科技人员所属学科或专业的现状、前沿、趋势性的理论、思想、知识等，从而选择具有引领学科或专业发展方向的论文刊用。

（三）选择社会急需的技术与方法

社会发展过程中，有时会出现一些难题而暂时无有效的技术或方法解决。如2003年SARS流行时的防控技术与方法都属于社会急迫需要的，类似的理论、思想、知识、技术、方法都应优先选用。

（四）选择但有缺陷有价值的论文重修

初筛者在初筛时若发现一些写作有大的缺陷，但其论点或理论方法或技术具有重要刊用价值的论文，应给作者提出详细重修纲目，指导作者修改。

（五）初筛论文时应量出为入

就负责的科技期刊编辑部而言，应深知当今是信息化社会，一篇很有创新价值的论文，若压在一年后发表，就有可能被同类论文抢先发表而使其变得毫无价值。因此，初筛者应尽量站在作者角度考虑，凡在半年到一年内无刊用可能的论文应尽快退还或通知作者改投他刊，别丧失了早日发表的价值。

**提示性范例7-1**

2000年，某刊刊登了一篇文稿，全文约1400余字，前言约100余字，正文是作者用约1200字提出了20个问题。

全文缺了对20个问题的具体分析，即提出20个问题的原因、解决思路等。实际上选这20个问题，不知作者和编者的目的。若是让同行讨论，应加编者按；若是作者本人求解，应在文中提出让同行或上级解答的表述。

## 第二节　科技论文按文体筛选的必要性和筛审要点

对初筛提出的审评重点不仅初筛者应遵循，所有参与办刊者——正副总（主）编、编辑部主任、社长、编委、审稿专家、执行编委、责任编辑等都要依此进行。当然，对于科学研究者、作者等也要依此选题和写文章。

一、科技论文按文体初筛的必要性

（一）每一篇论文遵循一定文体写作的必要性

文科文体、管理学科文体、医科文体、新兴学科文体、纯理科文体等，不同文体的结构、描述等是不同的。如文学方面的五言绝句与七言绝句、五言律诗与七言律诗等的写作不同；又如写“记”、作“序”、写“献词”和“评论”等各有其写作要求。而科技期刊刊用文章应按其目的选用适当文体进行创作才可达到其目的。如发“述评”的目的是纠正或倡导某一现象或做法或行为等，引导专业科技人员将服务、研究等做得更好，起培训指导作用。由于作者、办刊人对采用什么文体缺乏明确要求，作者也缺相关知识，往往所发述评起不到发述评的作用。为什么？述评若按文科文体的“提出问题”—“分析问题”—“解决问题”三大部分描述，其效果就不一样了。目前，多数述评没有按文科文体的规范写，只写了“分析问题”这一部分，且分析欠深度，故使读者阅后所获并不大。当然，一篇优秀的述评，其作者要阅读自己所“评问题”的大量的国内外相关文献后才能完成。因此，每一篇文章的表述应依目的遵一定的文体结构完成。再如，医学论文的写作，若不遵“对象与方法”—结果—讨论去写，只写其中任何一部分能成论文吗？能将研究成果讲清吗？故初筛者首先分清文章的写作文体后再作进一步审评。

（二）每一种文体审评重点不同

目前学科日渐增多，这里仅选常用的文科、医学学科、新兴学科、管理学科分述其筛审重点。强调文体是因只有采用一定写作文体才能将作者要表明的观点、成果论述深透，并非“党八股”之风。

二、科技论文不同文体初筛审评要点

科技论文初筛者要想在对论文初筛时不失误，其基本原则是——每一篇论文的取或舍一定有理论作支撑，如果不能从理论上讲清楚为什么取，或为什么舍时，最好送给同行专家去把关。

（一）文科文体论文审评重点

1、论文的结构层次。文题—中文摘要与关键词—英文摘要与关键词—中图分类号—前言—“提出问题”部分—“分析问题”部分—“解决问题”部分—参考文献。

2、文题审评。一是简洁、易记、信息量大、能吸引读者眼球；二是选题合生态文明及社会价值；三是要统领全文内容。

3、摘要审评。一篇摘要是一篇论文高度浓缩而成的短文。摘要写不好，会失掉许多读者。因不少读者先看摘要再看文章，如果摘要未能将全文中的新发现、新发明、新观点、重要数据等纳入，读者也许就不再阅全文。目前，有相当多的作者写的摘要不合要求。审评者应注意摘要内容与文体和全文内容的一致性。文科文体的摘要要依作者而定：如果作者采用文献等研究后写的，用目的—方法—结果—结论写可以使摘要与文章内容相对应。否则，摘要中的内容在文章中找不到相对应的，摘要成了虚构的。因此，作者未开展相关研究而依文科文体完成的论文最好按“指示性”或“指示报道性” 摘要要求写，能让摘要内容与文章内容相对应。

4、全文内容审评。一是前沿性、前瞻性、新颖性、独创性、理论性、说理性、合逻辑性、科学性等；二是用于全国性，还是局部性等；三是应急性还是特定性内容。

5、标题或称中心句审评。每一级标题紧扣文题，每一级标题下内容描述紧扣标题。

6、文中用词审评。各名词内涵与合规范的把握是否准确等。

7、引用文献等审评。准确性、理解确切性、时代性等，过于陈旧文献除用于对照或本身为未修改的技术规范等外，均表示观点的陈旧性。

8、全文的宏观审评。一是可操作性、国情的符合性等；二是写作是否清楚、全面，解释是否合逻辑、真实、可靠等。

（二）医学科研论文审评重点

1、论文结构层次。文题—中文摘要与关键词—英文摘要与关键词—中图分类号—前言—对象（材料）与方法—结果—讨论—参考文献。

2、文题评审。研究的属性及其社会价值等。

3、对象（材料）与方法。这一部分是全文科学性、可信度体现的部分，凡造假或论文无科学性可以从该部分评审中发现蛛丝马迹——如果作者未能提供所有应提供的内容应督促其补齐后再审，具体要求因其研究对象、材料、方法等不同而有差异，要靠审评者的知识面、敏感性、眼光、思维、激活背景知识的能力等。

4、结果审评。这部分是公布研究成果的部分，审评结论与结果，注意各数据的关联性、逻辑性、社会性等，尤其防止数据与文字描述的重复，以及很有价值的数据未被作者发现等。

5、讨论部分审评。首先关注表述的内容是否扣住结果，按西方发达国家办刊人的观点，凡在结果部分各标题下列出的结果数据均应在讨论中进行讨论；另外，一是讨论可分四五部分，分别进行论述：①与国内外同类研究结果的比较分析；②本研究结果的分析论述；③本研究存在缺陷；④本研究结果对哪些专业有价值；⑤可写可不写部分，作者如果要写的话，应以研究结果为基础。二是每部分论述除了以结果作为基础外，看其上升到理论或支撑理论的新颖性、科学性与逻辑性等。三是讨论论述与结果的相关联性。四是有无离开研究结果任意发挥等。

6、参考文献审评：主要注意新近参考文献引用，除未修改的技术规范，或作为新旧对照，或不同观点比较外，原则上超过5年的文献体现作者学术观点停留在5年前时期，在当今知识与技术半衰期进一步缩短的情况下，太旧的文献支持的某些观点有可能已过时。

（三）新兴学科论文审评重点

计算机软件或生物医学工程学科等方面的论文写作，有的采用医学科研文体写，也有的采用文科文体写。有的不符合上述文体，但又可以将作者的成果或观点推向社会，让读者明白的，可视为特殊文体。采用前两种文体的论文可参照前述评审要求审评，对特殊文体的应特殊审评。

1、特殊文体结构层次。计算机软件研究论文：文题—中文摘要与关键词—英文摘要与关键词—中图分类号—前言—系统研制的指导思想与标准—系统设计方案—系统运行评价—参考文献。

用经济分析方法评价大型医疗设备效益论文：文题—中文摘要与关键词—英文摘要与关键词—中图分类号—前言—大型医疗设备特点—经济分析指标体系—经济指标的应用—讨论—参考文献。

2、文题审评。是全文内容的总纲，应简明。

3、摘要审评。按作者自身撰文素材定，可采用四要素或指示性摘要写，但摘要内容与文章内容相一致才行。

4、全文内容审评。是否将文题分层、合逻辑、规范地进行了描述，能将作者要告诉读者的内容让读者明白了，前后不矛盾、可信、能接纳。

5、其他的审评与文科文体、医学论文文体的审评要求完全相同。

（四）管理学科论文审评

目前，管理学科论文大体分为3类：①文科文体占大部分；②新兴学科的特殊文体占有相当比例；③通过研究后写出研究性论文。一是运用软科学研究模式研究后写的论文：提出研究课题—设计调查问卷—专家评估问卷—专家再评估问卷—统计专家进行设计—形成正式调查问卷—实施调查员培训与实施调查—资料回收录入整理分析—写结题报告。详如图7-1。二是采用社会学调查模式研究后写成科研论文：选择课题—建立假设—概念操作化→研究设计—抽样设计—提纲设计—实地调查—资料汇集→资料处理—资料分析—撰写研究报告。详如图7-2。三是采用社会学研究概念自创模式研究后写成论文：提出研究课题—自主设计问卷—自主选择被调对象—整理问卷资料—撰写研究报告，并写成论文。相当多的人认为这些研究怎么做都可以，实际上是对这类研究的要求、规则不了解或称之为缺乏这方面的知识。严格地讲，这类软科学研究也好，社会学研究也好，其研究与自然科学的研究有一定的差异，故统计学设计的缺失往往使研究结果毫无价值，这一点未引起政府部门、科技期刊办刊人的重视。如有的研究课题结果用于全国决策，其研究对象应从全国抽样；有的研究结果是用于某一行业，或某一群体，或某一局部的，其抽样的范畴、样本量大小。以及抽样对象的年龄、性别、职称、专业、工种、企业性质、学历、在岗、不在岗、某些经历等都会因课题而有不同的设计，并且十分强调信度与效度检验的提示说明。否则，其结果没有科学性可言。再比如发放问卷的百分率，回收率只有达95%以上才有科学性，至少不能低于90%。另外问卷发放数量等必须依研究课题确定。据此，管理学科论文审评重点：文科文体和新兴学科特殊文体与前述的文科文体及特殊文体审评重点相同，只有通过研究后写的论文审评有其特殊点。

1、论文结构。模式1：文题—中文摘要与关键词—英文摘要与关键词—中图分类号—前言—研究背景—指导思想—技术路线—对象与方法—结果—讨论—参考文献。模式2：文题—中文摘要与关键词—英文摘要与关键词—中图分类号—前言—对象与方法—结果—讨论—参考文献。

无论研究模式1或2均应表述完整。

2、文题审评。关注文题与背景和结果、结论的关联性。

3、指导思想审评。关注指导思想扣住背景的紧密度如何。

4、技术路线审评。关注技术路线与背景关联性及科学性。

5、对象与方法审评同医学论文的要求。

6、结果审评同医学论文的要求。

7、讨论的审评重点同医学论文的要求。

8、参考文献审评同医学论文要求。

对采用社会学调查模式和自创模式开展研究的论文，评审重点应与上述相同，尤其自创模式的研究，可以用×××人对某一问题问卷结果分析公布，这类结果供政府决策用，样本量与抽样的局限性，必然导致决策失误。

其他一些学科论文的论证有的运用基本模型或模式进行分析论述，有的运用定理、公理、引理、推理等进行论述。因此，办刊人的初筛者若不熟悉是无法完成初筛任务的。

无论何种文体的论文，其初筛结果：①淘汰；②送专家审；③对有修改或重写价值的写出具体修改或写作意见后连同原稿退还作者，让作者修改或写完后寄回再次审评。

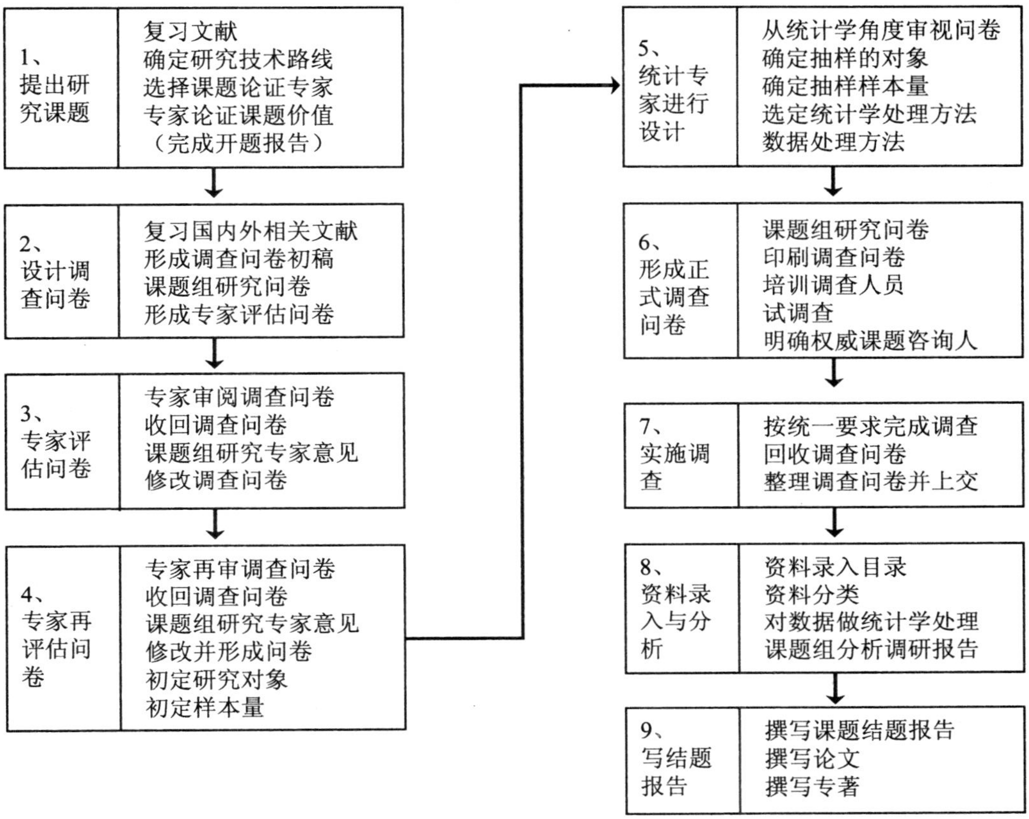


图7-1 软科学调查研究程序示意图

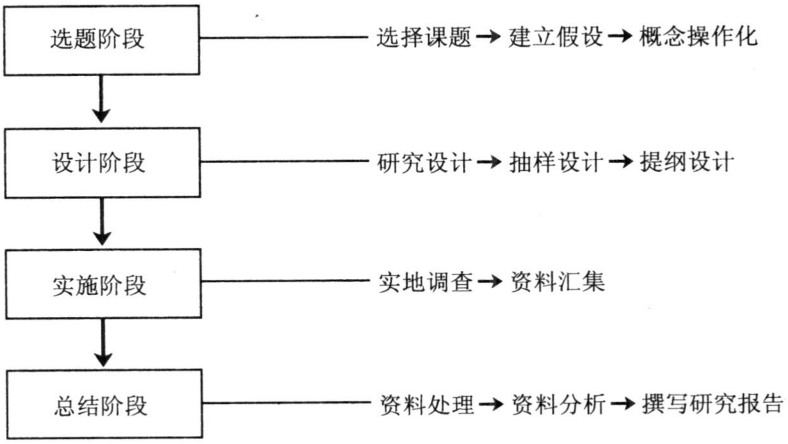


图7-2 社会学研究的基本程序

**提示性范例7-2**

20世纪，某刊发表了一位作者抽取100份病案进行其存在问题的统计分析的文章。其后又有一作者对其所在医院的12,000份病案进行存在问题的统计分析，并写成论文报寄同一期刊编辑部。

编辑部初筛者发现，12,000份病案统计分析所发现的问题、结果、结论与第一位作者无异，自然无刊用价值。

## 思考讨论题

1、科技论文初筛者应具备什么样的条件？
2、科技论文初筛者对论文的初筛思路有哪些？
3、文科文体论文的初筛要点有哪些？
4、工科（医学）论文文体初筛要点是什么？
5、新兴学科论文文体初筛要点是什么？
6、管理学科论文文体初筛要点是什么？
7、对论文初筛时的核心要点有哪些？
8、提示性范例7-1、7-2的启示。

# 第八章　新世纪科技期刊管理的眼光

## 本章要点

1、科学发展观眼光的内涵与意义
2、科学发展观眼光在科技期刊中的应用价值
3、科技发展趋势性眼光的应用价值与方法
4、对科技发展趋势判定的学识与方法
5、科技期刊中应用全球性眼光的价值与方法
6、全球眼光涵盖的12种定位与应用价值
7、全球眼光的培育与应用

新世纪与20世纪相比，发生了许多变化，不仅知识的半衰期进一步缩短，更重要的是网络化缩短了人与人之间的距离，使地球村落化得以实现；网络化加速了社会的数字化进程，使新思想、新理论、新知识、新技术、新方法的传递方式与速度发生了革命性变化。这一切冲击着人们的学习方法、获取知识的方式、工作方式、生活方式等。在这种大环境中，科技期刊与其他媒体一样，受到巨大挑战。应对挑战，要靠科技期刊管理者的眼光，选择正确发展之路的决策。

所谓“眼光”是指视线、眼力，也指观点，这里是指观察鉴别事物的能力，即能否把握事物发展的长远方向。另一个是“眼界”，指所见事物的范围，见识的广度，即开阔度。古代的“眼界”包括现代“眼光”的内涵，指目力所及的范围，既有宽度，又有久远的意思。苏辙有“窗中缟练舒眼界，枕上雷霆惊耳门”的佳句。本章选择了科技期刊管理者应有的三种眼光进行分析。

# 第一节　新世纪科技期刊管理应有科学发展观的眼光

提出科技期刊管理应有科学发展观的眼光是与全球发展接轨的要求，是构建和谐社会和民族振兴的要求。全球的发达国家或向发达国家迈进的国家，无一例外的都在强调环境保护、生态文明、循环经济、绿色经济等，如果我们的科技期刊选用的论文与上述理念背道而驰，将影响国家、科技人员和科技期刊自身的形象。

**一、“眼光”的内涵与强调运用“眼光”的意义**

要运用“眼光”，首先要弄清什么是眼光，应用眼光的意义何在。

（一）眼光的内涵。就眼光内涵而言，有四层意思：（1）指人的视线；（2）指人们的观点；（3）人们对事物或某项工程的观察与鉴别能力；（4）人们对社会走势、学科发展趋势，以及其他事物等的预测能力等。因而当前许多人都在呼吁管理者、科技工作者应有前瞻性的全球眼光，从而提升国际竞争力与影响力。应当说，我们在本章中使用的眼光是指人们对事物、项目、社会、学科、科学研究、技术推广与应用等方面的鉴别、观察、思考、预测的选择与决断能力。

（二）强调运用眼光于科技期刊管理的意义。前面已述，当今的社会是信息社会、知识社会、智慧社会、能力社会、创新社会、机遇社会、网络社会、自我超越的社会、精英辈出的社会、不讲资历的社会、学习社会、竞争社会。生活在这样社会中的每一位管理者、科技工作者若无时代的使命感及社会责任感，可以不必用眼光于工作之中。否则，就应将前瞻性、时代性眼光用于未来的选择决策之中以免成为鼠目寸光的决策者。

科技期刊是为科技工作者服务的，其功能除了为他们提供发布科研成果、交流信息等的平台外，重要的是推动科学发展，促进科研及科技工作更好地为人类服务。而我们的科技期刊办刊人的办刊目的在近些年有些模糊，因而选用论文的理念、指导思想往往与科技期刊应承担的功能脱节。原因虽然很多，实际上应承担主要责任的除相关部门外，主要是办刊人，主要是办刊人价值观的问题。《新英格兰医学杂志》选用论文与我国医学期刊的差异在于其关注“人类”的生命和健康，不是单纯发表论文。如2004年选用“PSA水平≤4.0ng/ml者中的前列腺癌患病率”，提示医师不能在临床中单纯依赖诊断试验去诊断疾病。他们通过观察和思考，发现某些不科学的结论，如果医师用于为患者服务之中，既不能预防患者的疾病，又造成卫生资源的浪费时，就主动向一些专家约稿，让其在论文中用数据证明某些医疗行为属于浪费卫生资源，而对患者预防疾病不起任何作用，用以改变医师的不当医疗服务行为。再如2006年选用“补充钙加维生素D与骨折危险”，文中明确指出，这一方法不能显著减少髋部骨折，而且增加肾结石危险。再如，“手术与保守疗法治疗坐骨神经痛的比较”，研究结果显示，两组患者一年的转归相似。《新英格兰医学杂志》选题就体现一种眼光：如让病人得到最佳治疗、只要需要就可以破例、不能依赖诊断试验、发表阴结果等。可当前，我们的科技期刊选用论文的理念、眼光在何处呢？更让人不可理解的是卫生行政管理者的某些规定就有偏差，如强调检查阳性率，实际上“阴性”不见得无临床技术应用决策的参考价值。

应当讲，强调运用眼光于新世纪科技期刊管理，有利于创办引领时代潮流的科技期刊，至少是可以防止刊用违反人类伦理的论文。

**二、科学发展观的眼光用于科技期刊管理**

强调科学发展观用于科技期刊管理不是可用可不用的问题，而是确实需要应用的问题。

（一）科学发展观与其用于科技期刊管理的价值

1、科学发展观。科学发展观的第一要义是发展，核心是以人为本，要求做到全面协调可持续，方法是统筹兼顾。科技人员在各项工作中必须体现上述精神，尤其不能出现违背上述精神的事和论文。有些科技人员可能认为搞科研、写论文、为社会服务，不可能出现违背科学发展观的问题。这种认识主要是对“第一要义是发展，核心是以人为本”的理解太浅。当然，科技人员不可能明确写文章反对发展和以人为本，但科技人员所选择的科研课题，通过研究所得结果、所推行的新理论与新方法和新技术等，是符合人类的伦理道德，还是违背人类的伦理道德？是保护生态文明，还是破坏生态文明？没有明显的破坏生态文明，有无潜在或间接破坏生态文明？是否促进人与自然的和谐共存与发展，还是显地或潜地或间接地破坏人与自然的和谐共存与发展……因此，科技人员的具体工作、科学研究等均应从发展和以人为本的角度进行审评，防止非主观的违背科学发展观，但客观实际是违背了科学发展观的论文刊出。

2、把科学发展观用于科技期刊管理的价值。全国各行各业都在认真贯彻落实科学发展观，通过落实科学发展观增强国家自主创新能力。科技期刊在为科技人员服务的同时，还要为国家经济建设、民族振兴服务。期刊如何选用论文，服务于科技创新，对于办刊人而言，必须按科学发展观的要求，坚持以人为本，促进发展，从而保证科技期刊在国家的复兴中发挥助推器和加速器的作用，防止出现违背科学发展观，损害人类生存环境的事情发生。

（二）科学发展观用于科技期刊管理的基础

办刊人要将科学发展观用于科技期刊管理，必须有其基础：①认真学习科学发展观的原著，准确把握其内涵；②切实理解科学发展观的核心——“以人为本”；③切实、准确理解科学发展的第一要义——发展的精髓等；④从表层、深层把握科学研究结论的实质等。

**三、科学发展观在科技期刊管理中的应用**

准确理解“发展”和“以人为本”及“全面协调可持续”是在科技期刊中应用科学发展观的基础与保证。核心是以人为本，故在科技期刊管理中，应用以人为本的理念、价值取向、评价尺度分析审评每一篇论文及办刊人自身的行为。

1、无显或潜及间接危害人类生存的理论、观点、技术、成果、方法等的论文可以刊用。

2、无显或潜及间接影响发展的理论、技术、方法、成果、主张的论文方可刊用。

3、无显或潜或间接破坏与危害生态恢复及建设的理论、技术、方法、成果、观点的论文可以选用。

4、凡符合科学发展观的原始创新性成果、发展，促进生态文明、人与自然共存和谐相处、防治污染等的理论、观点、技术、方法、成果应优先支持和选用。

**提示性范例8-1**

电视剧《深呼吸》反映出我国某些地区单纯追求GDP，忽视污染对生态环境的破坏及对人民健康的危害。

**提示性范例8-2**

20世纪以物理学为首的自然科学快速发展，人文科学被边缘化。在物质丰富的同时，自然资源、生态环境破坏惨重。人文科学对道德教育作用弱化，大学教育以牺牲人文精神为代价，如日本的奥姆真理教用毒气杀人，制造毒气的都是理工大学的高材生。

摘自《科学与人文对话》

## 第二节　科技期刊管理应有发展趋势性眼光

应用发展趋势性眼光创办科技期刊才能引领时代潮流，才能促进科学发展，才能帮助科技人员提高服务、科研、教学能力，才能帮助科技人员升值，才能推动国家的科技实现跨越式发展。

**一、科技发展趋势性眼光与其应用价值**

判断一本科技期刊办得如何，主要是看该刊选用论文的水平——对科技人员提升能力、自身升值，纠正科技人员服务中不良与不规范的行为、开拓知识面等所发挥的作用。

（一）科技发展趋势性眼光

趋势即发展动向。宇宙，万物都在发展变化。因此，不同目的判定就会有不同的称谓——宏观的科学发展趋势、社会发展趋势等；中观的是学科发展趋势，医学发展趋势、物理学发展趋势、生物学发展趋势等。社会管理者、科技工作者等人群，为了把握自己工作的准确走向，保持决策的正确性，通过对社会各相关事物进行观察、鉴别、思考、分析后，对其未来走向的综合判断能力称之为发展趋势性眼光。

“时人不识凌云本，直待凌云始道高”。这两句古诗是没有发展趋势性眼光者最动的写照。而目前科技期刊办刊人中具有不待凌云始道高的人有多少呢？相当一部分办刊人的理念停留在计划经济时代，认为办刊就是刊发专业人员所写的论文——对论文的审评主要是从专业角度的科学性进行判定，外加不违背政治上的要求。对新颖性、非重复性、前沿性、前瞻性等没有很明确要求。当然，这与我国的闭关自守时间太长有关。

（二）发展趋势性眼光的应用价值

科技期刊的每一期虽然不可能选用的论文均是前瞻性、前沿性、引领潮流的，但若能选用5篇以上也是很有价值的。

1、创办一流的高影响力的科技期刊。《新英格兰医学杂志》创刊于1812年，2003年的影响因子为34.833，2006年的影响因子达51.269。而我国《中华护理杂志》2006年的影响因子为1.861，《中华医学杂志》2006年的影响因子为0.938。影响因子差距十分明显，要赶上去，必须用发展趋势性眼光选用论文。

2、提升科技期刊在全球的竞争力。当我国加入WTO后，即开始融入国际社会，特别是互联网拉近了全球每一个人的距离，不是国际的，就不会形成品牌，也就不会有竞争力。科技期刊办刊人若没有用发展趋势性眼光选用论文，就不可能对地球村的科技人员开拓视野、提升能力与自身价值发挥作用，也不会得到大家认同。尽管也在出刊，但这种科技期刊和当今许多单位的“小刊小报”的出版物差异能有多大？

3、推动我国科学技术的跨越式发展。科学技术的跨跃式发展需科技人员更新理论、更新知识、更新技术、更新方法、更新观念、更新思维方式，唯有此，提升科技人员创新能力才有可能。科技期刊如果刊登的不是发展趋势性的论文，均是过时的、陈旧的、该淘汰的内容，很自然对科技期刊的读者将产生负面效应。

4、扩大我国科技文化对全球的影响力。美国有一位总统曾明确指出，只要中国接受美国的商品，就必然接受美国的文化和价值观。我国有“文如其人”、之说。应当说，每一件商品既体现设计者的文化底蕴和价值取向，又体现出制造或生产商品人的文化底蕴和价值取向。我国的文化向全球传播少，国外人了解我国的机会也少，科技期刊若能选用发展趋势性的论文，不仅对全球科技人员提升能力、更新知识、发挥作用，而且可以向全球传播我国的科技文化，特别是“天人合一”等的价值理念，促进中西文化交流与融合，有利于和谐世界的构建。

**二、判断发展趋势性眼光者的学识与方法**

判断学科及某些苗头的未来走势需要判断者具有一定的学识、悟性及灵感和高度的综合、分析、升华、推理、联想、鉴别等能力，这对判断者的综合素质提出了更高要求。

（一）判断发展趋势性眼光者应有的学识

准确判断事物、社会、科学、某专业、某一新生事物或行为的未来命运的确不容易，能准确判断者与不能准确判断者也许符合二八定律。社会上有一些人只用几百元创业，最后发展成亿万富翁。相反，有些人花了数万或数十万创业，最后一事无成。可以说前者对事物发展走势的判断几乎都是准确的，而后者对事物判断几乎都不成功。做任何事情，从事任何专业工作，都有定位、转型等的选择。因此，科技期刊的办刊人如何定位市场、读者、经营，与之配套的是论文选用、作者选择、编辑的评价等。也有一些办刊人在创办科技期刊前也进行了论证，如SWOT矩阵图分析、红海与蓝海战略的判定等，但真正运转时则并不如办刊前理想，核心在于办刊人的主导者综合素质低而致。作为办刊人的主导者的学识培育可能在于7个方面：

专业知识。（1）专业基础知识；（2）专业知识；（3）专业新理论、新知识、新技术、新方法方面的知识；（4）专业相关学科的知识等。

开阔视野的知识：（1）人文科学知识；（2）社会科学知识；（3）管理科学知识；（4）思维学；（5）哲学等。

高新科技知识。基因技术、纳米技术、生物工程等。

新兴学科。（1）系统科学；（2）脑科学；（3）认知科学等。

动态知识。（1）每年科学发展报告；（2）每年的技术发展报告；（3）每年的社会发展报告等。

交叉学科知识。思维科学、工程哲学、环境伦理学、管理哲学、科学哲学等。

管理知识。现代管理学、管理心理学、经济学、预测学、决策学、未来学等。

（二）判定事物或专业趋势的方法

准确判定事物的发展趋势十分重要，其判断办法分简便和复杂两类，但办刊人在选用论文时采用简便的方法更可行。

1、简便的判定法。判定者运用智慧、感悟及激活脑中的背景知识对事物的趋势进行综合分析与逻辑推理作判断，办刊人在审稿时，此法易行。

2、复杂的判断法。可用数学模型的方法，也可采用时间序列法或趋势相关法对事物进行趋势判断。对每篇论文选用采取太复杂的方法难于推广，从成本上考虑也太高。

**三、发展趋势性眼光在科技期刊管理中应用**

发展趋势性眼光在科技期刊管理中的应用价值已肯定，但如何应用是一个值得重视的问题，关键在办刊主导者的思维和理念。

（一）抓基本队伍能力的培养与管理

1、提升办刊人团队整体的判断能力。加强办刊人团队的培养、考核，限期达到一定的标准。

2、每本科技期刊指定一位判断能力强者对文稿进行初筛。当办刊人群体未能人人具有判断能力时，实行统一初筛制，指定具有判断能力者担任初筛者，同时让其培养1-2名接任人。

3、科技期刊的主办或主管单位抓办刊人判断能力考核，对于反复考核不合格者应建议其变更岗位。

（二）明确每一期的任务

对每一期科技期刊选用发展趋势性论文作出明确要求，对有些能力弱的编辑，办刊主导者应亲自给予具体指导、帮助，使每一期都有发展趋势性论文刊出。

**提示性范例8-3**

安徽小岗生产队，1978-1979年，任何东西都没变，就是制度变了，它的生产力（产量）几乎成倍增长，这很能说明问题。这表明制度变化在经济发展、社会变迁中有根本性的作用。而制度变化主要由人文社会科学来解决。

这个范例对目前处于困境中的科技期刊体制改革是很有启示作用的。

摘自《科学与人文对话》

## 第三节　新世纪科技期刊管理者应有全球性眼光

当提管理者应有全球性眼光时，有些办刊人就反对，认为用全球眼光审视决策项目只有国家领导人需要，普通管理者根本不需要。现提出科技期刊管理者应有全球性眼光可能办刊人更不同意。这实际上是一种小农意识在观察与思考问题上的反映——只顾眼前，不管长远。这种理念是办不成一流科技期刊的。

**一、全球性眼光和科技期刊的应用价值**

在本节第一个问题中主要分析全球性眼光的内涵和其在科技期刊管理中的应用价值。

（一）全球性眼光的内涵

论述应有全球性眼光的文献很多，似乎很少有详述其内涵的。我们倡导科技期刊管理者要有全球性眼光的内涵涵盖12个方面。

1、视线定位。选用决策视线由既往只注重省市区域、国内区域转由关注全球每一个地区的现状，进行同类的比较。

2、标准定位。评价标准由既往只认国内标准转为用国际标准评价，便于与国际接轨，推动国内的科技服务、科学研究跨越式发展。

3、规范定位：一切运作规范由既往只注重国内规范，转为按国际规范进行运作，有利于提升科技服务、科学研究的国际认同的规范，而产出国际认可的技术服务与科技成果。

4、规则定位。一切服务、科学研究的规则由既往只重视或只认可国内规则转向遵循国际通用规则，从而使科技服务、科学研究更能获得国际同行认可。

5、操作定位。科学研究或是科技服务等的一切操作由既往只重视或只认国内的操作要求转为按国际同行公认的操作要求开展工作，提高操作的精确度而提升操作质量，从而保证产出成果或产品的质量达国际标准。

6、信息定位。地球村落化，因而对信息的收集和关注由既往只重视国内的转向重视全球每一地区的各种信息的收集、鉴别、判定，有利于科技服务、科学研究的领先性、预防性、新颖性、先进性、及时性、准确性。

7、功能定位。一切的功能由既往只关注国内转向关注全球各地区的可用性、服务性。有利于与全球沟通，扩大在国际上的影响力。

8、责任定位。一切科技工作、科学研究都要注重全球生态恢复和生态文明建设，不能忽视对人的生存环境的保护。

9、义务定位。无论科技服务还是科学研究，不仅要关注国内的，更要关注全球每一地区重大的需攻关的项目，要积极参与，为人类健康、生命安全、生活幸福作贡献。

10、法律定位。科技服务和科学研究不仅要关注国内法律法规，还要关注各国的法律法规，从而保证所开展的科研及服务能在全球畅通无阻，服务人类。

11、文化定位。文化涵盖很广，包含宗教、价值观、法律法规、制度等广义和狭义文化的方方面面。开展科技服务和科学研究，在注重国内文化的同时，还要关注全球各地的文化，从而使科技服务、科学研究成果可供全球分享，提升我国文化在全球的影响力。

12、风俗定位。风俗本可纳入文化范畴，单独列出有其特殊意义，因不同民族、不同地区、不同国家、不同种族等，各有其风俗，而且国际与国内都十分强调关注民俗。故特别强调开展科技服务和科学研究时，在关注国内各民族、各地区风俗的同时，一定要关注不同国家、不同地区、不同种族、不同民族的风俗习惯，以保证科技服务、科学研究的成果能被全球各地区、各民族、各种族分享，造福全人类。

（二）全球性眼光在科技期刊管理中应用价值

由全球性眼光内涵的12个方面的论述，应能够理解科技期刊管理中应用全球性眼光的重要价值了。

1、增强我国科技文化对全球的影响力。通过科技期刊选用高水平的服务全球的论文，扩大刊物影响力。特别是通过DOI标识，让全球科技工作者都能查到阅我国的论文。

2、造福于全人类。依国际同行公认的标准、规则、规范等产生的一切新理论、新技术、新方法、新知识，必将被全球同行接纳，惠及全球人类。

3、提升科技期刊在全球的竞争力。由于选用论文、开展科技研究和提供科技服务的一切均考虑到全球，并且有前瞻性、前沿性、先进性，其期刊肯定在全球读者中会受欢迎。

4、有利于我国科学研究和科技服务与国际接轨。由于科技期刊办刊人及选用论文标准等多种因素的积极影响，我国科技服务能力、科学研究很自然提升到国际同行认可的水平上。

**二、全球性眼光在科技期刊管理中应用**

在当前，没有全球性眼光，办任何事情都不会取得成功，无论建企业、办公司，还是搞教育，或是选择科研课题等。自然，办科技期刊也不例外。办科技期刊，只有立足国内，眼观全球，心想读者，服务科技人员，调整思维方式，引领时代潮流，不忘以人为本，实现共赢或多赢方可立于不败之地。

（一）培育全球性眼光的办法

全球性眼光不是天生就有的，而是实践、感悟、观察、思考、分析、判断等反复认知的结果。当然，也离不开知识——书本知识、实践知识、眼球知识、激活知识等，而且后两种知识更重要。

（二）全球性眼光在科技期刊管理中的应用

全球性眼光如何在科技期刊管理中应用是一个值得办刊人探讨的话题。说难也难，说不难也不难，关键在办刊人的价值取向和追求。如前已述，如果办刊人只想有一个谋生之事做，这样的人永远不可能有全球性眼光。相反，用全球性眼光比趋势性眼光要容易些。

1、办刊人树立办全球科技人员认可的一流期刊理念。当办刊人具有了创办全球科技人员认可的期刊理念后，在选用论文、编辑加工、排版印刷等都装有全球科技人员要读这本刊的想法，一定可以将办刊的水平提高到最高状态，同时对每一位参与者也是一种最好的激励，促使每个人成才。

2、科学安排每一个人的工作。科技期刊编辑部的每一个人不可能在同一水平上，除了抓紧培养外，科学发挥每一个人的长处是将全球性眼光用好的关键。也即从管理学上讲的，尺有所短，寸有所长，用人之长是关键。

**提示性范例8-4**

美国的一个社区医学教育代表团来访，我们的研究生和临床主任医师，谈到高血压的解决方案时，无论学生还是老师，报出来的均是一大串的药名。美国的代表团长用了一连串的No。最后他们问为什么不用最便宜的——锻炼、节食、减肥，在无效时才考虑用药物治疗。

美国代表团长提出的方法，本是当今全球医疗服务中的共识，也即趋势性的办法。但我们的临床医务人员往往只从专业上去提供方法，这与知识结构有极大相关性，当然还与某些特定的环境——医患关系不和谐也有关。

# 思考讨论题

1、科学发展观的内涵是什么？科技期刊管理中应用科学发展观眼光的意义。

2、科学发展观的眼光如何用于科技期刊管理。

3、发展趋势性眼光的内涵及其用于科技期刊管理中的意义和方法。

4、全球性眼光内涵及其12种定位内容与在科技期刊管理中的应用价值。

5、全球性眼光的培育方法。

6、提示性范例引出的思考与启迪。

# 第九章　新世纪科技期刊管理的思维

## 本章要点

1、思维方式与识的关系及思维方式的要素
2、知识素养的内涵和非线性思维的知识素养
3、非线性思维的概念与应用价值
4、非线性思维在科技期刊中的应用
5、逆向思维的内涵与应用价值
6、逆向思维在科技期刊中的应用

思维方式不同，人生的结局不同。这就是我们主张把思维方式引入科技期刊管理的重要原因。比如4只羊+5条牛及8-6=8+6，前面的算式及后面的等式可否实现？线性思维方式的人可以回答：前面的算式无法进行，小学的算术计算就明确了，只有同类项才可相加；而后面的等式是不可能实现的。但现实社会中善于用非线性思维的人则回答为：均可解决。说明不同的思维会有不同的结局。再如一位小商贩，在长沙起家的本金是500元，经过几年奋斗，他已有20万元的资金了。他带着20万资金到山东创业，目前已是几个亿的资产了。他发展之快是多数人望尘莫及的，实际上是他运用逆向思维创业的结果。如众商家在建自选商场时，其停车场均建在地下，而他开办的自选商场的停车场则建在商场的顶层。停车场建在地下二三层与建在最高层有何差异？不可忽略环境与光线对人的潜在影响，当“独上高楼”，“山原旷其盈视”，“天高地迥，觉宇宙之无穷”，则“心旷神怡，宠辱皆忘，其喜洋洋”。消费者带着这样好的心情去购物自然消费兴趣会提升。相反，人进入地下停车场，光线暗淡，四周杂乱，消费的情绪肯定降低，必然影响其购物兴趣。这就是逆向思维应用的奇效。

近年来，进行人的思维的研究者增多。卢希悦教授在研究创新思维时将思维类型分成了70余种，孙钱章教授在研究领导新思维时将思维类型分成4大类，李淮春教授在研究现代思维方式时将思维类型分成几十种。思维方式不同，决策自然也十分不同。如

苏联与美国开展核军备竞赛时，苏联的决策采用常规的经验思维，生产储备了亿吨级的核弹头。美国科学家采用辐集思维，设计出一个方程$K=\frac{y^{2/3}}{C^2}$，其中K为毁伤值，y=TNT当量，C为命中精确度，y增加8倍，K增加4倍，而C增加8倍（即缩小8倍），K增加64倍。因而美国抓住C下工夫。结果是美国的核弹头储备数量远远少于苏联，但其毁灭能力大大超过前苏联。这一实例虽发生在20世纪下半叶，但说明思维方式的恰当选择与应用是极其重要的。前述结果说明思维方式不对，常常导致物质资源和资金的极大浪费。在新世纪，思维方式的价值更是无法估量。

## 第一节　逆向和非线性思维应用者的知识素养

思维是一门科学，特别是钱学森于1980年发表了建立和发展思维科学的倡议，提出了思维科学的体系结构和研究方向，其后许多专家学者对思维进行了大量研究。实际上，有人类就有思维，多数人的思维属常规的思维方式，只有少数个别人的思维是与众不同的。这自然决定了成功与成才的人只是少数。这少数、个别人运用的思维实际上是逆向思维、非线性思维等思维方式。为什么多数人运用常规思维，而只有少数个别人采用逆向思维、非线性思维去创业和工作，这与多数人习惯于用左脑思维，不习惯于用右脑乃至全脑思维密不可分。除此之外，与知识面的宽窄也存在着相关性。

### 一、思维方式与识及其要素

#### （一）思维方式与识

思维方式与人对世界的看法及哲学基础是密不可分的。思维离不开人对客体的认识、分析、综合、判断等。这一过程包括人对世界宇宙万物的观察、思考、感觉、感知、领悟、认识、再认识，以及想象、联想、推理等。正如列宁所说，“从生动的直观到抽象的思维，并从抽象的思维到实践，这就是认识真理、认识客观实在的辩证的途径。”可以说，思维既是认识活动，又是认识结果，而对一切事物的认识能力又决定于识。因为识让人看得准时代的前进方向，识让人能抓准专业领域的关键课题，识让人具有高的审美、鉴赏、判断、观察、思考、综合、选择能力等。管理者的识，主要表现在社会发展规律的察觉与把握上、大众心态的洞察与分析判断上；科技工作者的识表现在对自然规律和科学发展趋势的预测、判断及对专业难题的解决与对新理念、新理论、新技术的选择上；办刊人的识，主要体现在对科学发展趋势、专业发展走势、社会发展态势和对读者心声的准确把握及用人成事上。这一切反映出识的作用，但其显现在主体的思维方式与创新行为上。

#### （二）思维方式的要素

研究思维方式的要素十分重要，其要素包括：知识面、智力、语言、价值观、观察力、思考力、理念、灵感、眼光、记忆、联想、综合、判断等，以及激活背景知识的能力和超越自我及更新与淘汰知识的能力等。

从思维方式的要素看出，一个人的思维方式涉及要素太多，也许是现实社会中多数人都采用笛卡尔简单思维，而不运用非线性及逆向思维之故。

思维类型太多——辐射思维、辐集思维、相似思维、逆向思维、分合思维、线性思维、非线性思维、纵向思维、横向思维、换位思维、立体思维等，什么情况下，何类事情需解决，应选择不同的思维方式，不可千篇一律。如有一项小的水利工程进程计算，即该工程开工8天后完成了（宽1.5m×2.0m深）256米长的排水道，在不改变宽与深的条件下，20天可挖的距离的计算与方法种类。这个计算方法用辐射（多角）思维的计算方法有6种。

$256\div 8\times 20=640\text{m}$

$256\times（20\div 8）=640\text{m}$　　（8天挖的量为基本量）

$1\times[20\div（8\div 256）]=640\text{m}$　　（先求1m所用时间）

$256\div（\frac{1}{20}\times 8）=640\text{m}$　　（20天的量看为1）

$\frac{x}{20}=\frac{256}{8}$，$X=640\text{m}$　　（正比例应用）

$\frac{x}{256}=\frac{1/8}{1/20}$，$X=640\text{m}$　　（反比例应用）

由于要求计算出20天的距离并给出计算方法的类别，选用辐射（多角）思维最理想。

## 二、逆向与非线性思维应用者的知识素养

### （一）知识素养的内涵

知识素养也即知识修养，更确切是指个体的知识面宽窄与其功底，即是指人具有的多学科的理论、知识、艺术、思想方面的水平和能力。前面已述，根据思维方式的要素看，尤其是使用非线性思维、逆向思维者，其知识素养水平是相当高的，否则，很难应用这类思维方式。

然而什么是知识，查阅了几本关于“知识”的界定词条及某些专家学者的解释，似乎难于解释社会现实中的某些现实。实际上“知识”是一个人对客观事物的认识识别与解惑及和谐相存的能力，这种能力的主要来源有：（1）学历教育；（2）书本知识；（3）数字化版本知识；（4）社会实践知识；（5）观察思考感悟知识等。应当说，第一种知识是基础，第二种知识是保证，第三种知识是补充，第四五种知识靠社会人自觉自悟获取。判定一个人知识素养高低的标准：一是能否抓住所从事的学科或专业的关键问题；二是能否把握住社会发展提供的机遇；三是面临困境时能否沉着并找到解决难题的新办法。其中既体现识，又显出智，还露其魄，更展现才。可以肯定地讲，有高的知识素养水平的人，才能适应不同环境和对象，选择不同的思维方式。

### （二）逆向与非线性思维所需的知识素养

在本章中重点介绍逆向和非线性思维在科技期刊管理中的应用，无论哪一种思维的

应用，不单是改变一种思维方式，更重要的是通过改变思维方式后应用于对论文选用及办刊的每一环节之中。因而转变思维方式之后，若缺乏相关的知识，也将一事无成，也就是既发现不了问题，也选不出优质的论文。所以说，转变思维方式是办好科技期刊的切实可行的方法，但其方法可否见效还要看操作者的相关功底与能力——多种应掌握的知识的知晓度，以及综合各种知识对论文和期刊的分析判断的能力。因读书越多，视觉越宽，眼光越远，识别能力越强，故办刊个体应掌握和知晓的知识有以下几个方面。

1、相关的法律法规。著作权法、版权法以及各种技术规范、规章等。

2、国家的方针政策。（1）国家发布的各相关政策；（2）国务院发布的各相关政策；（3）部、委、办、署、局的相关政策；（4）其他相关政策；（5）相关制度和常规等。

3、人文社会学知识。哲学、美学、伦理学、逻辑学、管理学、经济学、环境科学、人体美学、社会学、系统科学、各学科发展史、心理学、人学、未来学、预测学、决策学等。

4、自然与技术和方法科学。每一本科技期刊所服务的专业归入的学科基础与专业两类，以及每年出版的新进展、新理论和国家每年的《科学发展报告》、《技术预见报告》，新兴的、交叉的、边缘的科学等。

5、其他。政治学、宗教学等。

上述五大类知识的功底，对逆向和非线性思维方式的应用效果起决定性作用。但当今盛行述而不作，如果办刊只看各类书籍，不能消化吸收，并转化为自己的知识，那也只能加入述而不作的行列，也就无法办好科技期刊。

**提示性范例9-1**

有位小琴童，念了音乐学院附中六年，当其选定高考志愿时，她对自己能否考上小提琴专业进行评估，在认真评估后放弃了梦想的小提琴专业，改选了音乐教育专业，如愿被录取了。她在专业老师的鼓励下，跨校听课——学习人类学、哲学、文学等知识，丰富了她从文化层面对音乐的理解……由于她原来有拉小提琴的基础，又重新回到了演奏专业深造，因她有了更为宽泛的基础、更为开阔的视野、更为多元的思考，无论对音乐的理解与表达还是掌握技巧和方法的能力，都比单纯学演奏更有优势，最后拉小提琴进展超越他人而圆了自己的梦。

选自《境由心造》

# 第二节　科技期刊管理中非线性思维的应用

思维的价值在许多人眼中不值一提，特别是办刊人，尤其是某些盲目自信的办刊人，把一切都置之度外。美国哈佛大学为了研究科学技术与文学艺术的内在关系及人的思维规律，历时20多年，投资数亿美元完成了“零点项目”研究，收到了可喜的效果。说明思维方式的改变与应用是十分必要的。

**一、非线性思维与应用的必要性**

要探讨非线性思维方式与应用，对线性与非线性思维应有所了解，以便在实际工作中应用。

（一）非线性思维概念的形成

非线性思维是相对线性思维而言的。线性思维如同笛卡尔简单性思维，长期占主导地位，但其特征是局部分析，缺乏整体综合性。而世界的本质是非线性的，“每一个时代的理论思维，从而我们时代的思维，都是一种历史的产物”。随着社会的发展，科学的进步，人们越来越认识到线性化理论的局限性，且随时间推移，其缺陷日益明显，如用线性的简单化思维对待工业化及工程带来的负效应太惨重。相反，运用非线性思维的综合性研究兴起，导致了数学、计算科学、神经科学、生物学、社会学、认知科学、脑科学的新综合。许多复杂性难题运用非线性思维找到了解决办法。而目前，人类面临的问题均是全球性问题——环境、生态、人口、粮食、臭氧空洞、物种灭绝等等，用线性思维难以解决。只有采用非线性思维进行跨学科的综合研究才能拯救人类。而科技期刊办刊人如能开发科技人员的潜能，引导其用非线性思维进行科学研究，必然会对研究者创奇迹打下基础，同时也为解决人类面临的难题作出贡献。

真正提出并引入科技人员应用线性思维与非线性思维概念是20世纪80年代末的事。1988年，詹姆斯 · 格莱克（James Gleick）出版了《混沌》，1989年，布里格斯等人出版了《湍鉴》，他们对线性观、线性方法、线性科学进行了大量分析批评，且加强对非线性观、非线性方法、非线性科学的宣传。最早是1989年《科学美国人》第6期上刊用的一篇“非线性思维”为标题的短文中使用了该概念，20世纪90年代中期，在学术文献中使用线性思维与非线性思维概念的逐渐增多。

线性与非线性是一对数学概念。线性是指量与量之间的正比关系，用直角坐标形象地画出来，是一条直线 ，在线性系统中，部分之和等于整体。线性的特点是单一、均匀、不变，单一的方向，均匀分布，不变的速度等；非线性是多变的方向，非均匀的分布，可变的速度等。似可理解为线性相当于一个模型人，而非线性相当于一个生物人。由上述可以将“非线性思维”理解为“复杂性思维”，即对事物、社会、经济、人体疾病等分析判断时超越常规，跨越时空、领域、学科，进行多层面、多角度、多维度分析，运用哲学的肯定—否定—肯定分析方式的一种思维方式。

（二）非线性思维用于科技期刊管理的必要性

科技期刊实际上是一个复杂系统，其涉及社会、管理部门、科学研究者、科学研究选题、科学研究设计与论证、科学研究运作、科学研究的参与人、科研资料整理人、论文撰写人、初筛者、审稿专家、编委、执行编委、编辑、编辑部主任或期刊社长、正副总（主）编、录入排版、校对、印刷等因素，如何保证各主体、各环节的操作合规范，离开非线性思维是难于保证其不发生问题的。如果从划分系统看，涉及社会系统、管理系统、供应保障系统、监督评价系统、策划经营系统、信息收集评价系统、质量评价系统、公关系统、期刊运行系统等。

已如前述，当今学科分化与融合加快，交叉学科、边缘学科、新兴学科不断增多，文章内容往往涉及多个专业或学科。正如吴义生教授指出的："到20世纪中叶，科学家们逐渐自发地从孤立地研究事物和对象，转向从它们的相互联系中进行研究；从用静止的观点观察研究对象，转向用运动、变化和发展的观点进行考察；从强调分解、分析和还原的方法处理问题，转向从注重综合、整体地解决问题；从单纯注重研究外部、外力的作用，转变为重视内在的、非线性的作用所导致的事物本身的自组织行为；从强调研究实体本身，转向同时注重研究其间的关系；从排除目的性、秩序性、组织性、能动性，转向重新引进这些观念；从只侧重平衡、可逆、线性，转向研究非平衡、不可逆、非线性等特性；从否定事物的模糊性，转向重视对模糊现象和性质的研究；从偏爱追求简单性，转向热衷于探索复杂性等等。"这种转变源于西方国家，杨振宁教授在2000年世纪大讲堂上就已指出，只有进行跨学科研究才是创造奇迹的重要方法。目前，我们有些先行者的科学研究，也是跨学科进行的，故文章内容往往涉及多个专业或学科，如果不用非线性思维——跨学科、时空、领域等的学识与眼光审评，很有可能将引领时代潮流的论文舍弃掉。

应当指出的是，吴教授指出的科学研究的九大转变，对从事医学研究、诊疗服务者是很有启示作用的，尤其是在病人的诊断、治疗中将九大转变加以灵活运用，肯定会给人类带来福音。

**二、科技期刊管理中非线性思维的应用与培养**

新世纪是一个充满变数、突变加剧、新知识不断涌现的世纪，是一个高新科技快速发展，学科既分化又融合加快的世纪，是一个还世界本质，非线性思维成为主导思维的世纪。而科技期刊的功能决定了必须应用非线性思维于管理工作之中。

（一）非线性思维用于论文产生与选用之中

1、非线性思维用于论文产生中。优秀的科技论文决定于科学研究的选题与科研运作全程，若用线性思维选题，只能在本学科范围内选择研究切入点，因而要选到一个研究成功后震惊同行的题难度大。但运用非线性思维选题结果就不同了，其研究结果写出的论文也就不同了。如称"20世纪是基因世纪，21世纪是脑的世纪。脑—认知科学的四大基本问题是：脑的本质，即人本质是什么；脑的智力是怎样发育的；我们能够避免疾病和衰老吗；我们可以向人脑学习什么”。因此，美国国家科学基金会和美国商务部共同资助一个重大计划，聚合四大技术，提高人类素质，将纳米技术、生物技术、信息技术和认知科学看作21世纪四大前沿技术，主张四大技术融合发展并描绘了其前景。这种研究运用的就是非线性思维，所产生的科研成果及论文肯定具有震惊世界的作用。而我们科技期刊办刊人对小的跨学科研究——《从历史语言学角度看水稻的起源与传统》的论文就难以认同。说明非线性思维在论文产生阶段的应用价值是非常大的，详如图9-1。

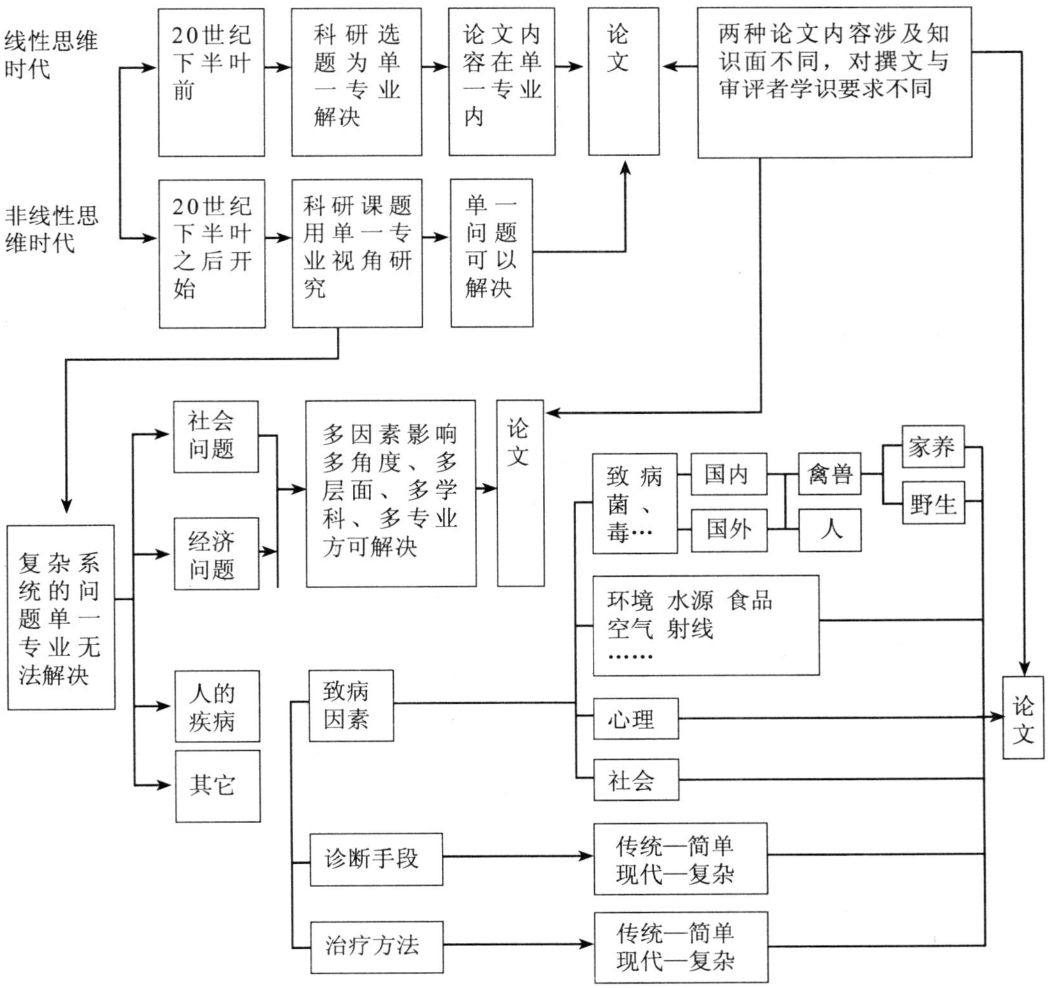


图9-1 不同时代受不同思维影响而产生不同论文示意图

图9-1中可以看出，在非线性思维时代，仍然会有一部分课题因其属性而采用线性思维的方式进行研究，根据其结果写成论文，这类论文涉及的专业、学科少，易于审评，多不引出争论。

图中显示出另一类科研课题，其属性为复杂性、跨度大的课题，按线性思维无法开展研究，即便进行了研究，结果也反映不了事物的本质。因此，该类研究只能运用非线性思维开展研究，即跨学科、跨时空、跨专业进行设计与论证。这类课题的研究者，特别是课题负责人的确是很重要的。若主负责人知识面窄，办刊人可以与其共同寻找一位具有非线性思维的、知识面宽的人为其第一助手。明智的课题负责人应充分使用第一助手，让其多担重任，以保证课题的研究能达到预期目的——反映出事物的本质。在研究结束后，撰写论文时，仍要选择知识面宽，具有非线性思维的人做主笔，运用多学科知识，采用非线性思维方式，对研究出的结果进行综合分析与判断，写成优质论文。

2、非线性思维用于科技期刊论文选择中。由于当今的许多新兴研究多是跨学科研究，最后产出的论文也是多学科、多专业的知识和理论融为一体的，对于这种论文选用时，线性思维者原则上给予否定——不用。非线性思维者往往认为很有选用价值——应当优先安排版面给予发表。

遇到上述对峙局面，关键看办刊人中的主导人——专家，还是武大郎开店。如果是专家办刊，理应尊重科学、尊重知识、尊重首创，线性思维者若没有否定论文的具体支撑的理论，就没有否定权。相反，非线性思维应运用系统科学理论、非线性思维理论、跨学科研究方法以及学科融合等，说服线性思维人能接纳刊用的观点。如1905年德国《物理学年鉴》发表爱因斯坦“论动体的电动力学”一篇论文时，当时爱因斯坦在科学界并不出名，这篇论文据说在当时只有12名物理学家知其含义，可该篇论文为“相对论”诞生创造了环境。因此，凡有争议的论文，反对者没有足够的理论支撑其不刊用的观点，就可以选用。这对繁荣我国科学创新是大有好处的。以医学的高血压患者专题研究为例，看出非线性思维应用的必要性，详如图9-2。

从图9-2可以看出，运用非线性思维选定高血压专题研究所涉及的学科与专业之广，同时也与当前时代、科学发展、科研条件保障密切相关。

当然，运用图9-1中线性思维方式就完不成该专题研究，即便做了研究，也难于反映出高血压的发病、诊断、治疗、康复、预防的各方面——自然就难于对人类有更大更广的贡献。

图9-1线性思维研究结果涉及面窄，学科单一，而图9-2非线性思维研究结果涉及面宽，论文内容自然涉及的学科、专业也多。其研究有可能产生新的突破性发现或结果，乃至新的学科或专业诞生，故很有可能写出具有引领时代潮流的论文，其审评者除知识素养高外，还必须是善用非线性思维的人。否则，无法对论文作出客观、准确、科学的审评结论。

从上述可知，每一科技期刊收到的作者投寄的论文，或是科技期刊约请作者撰写

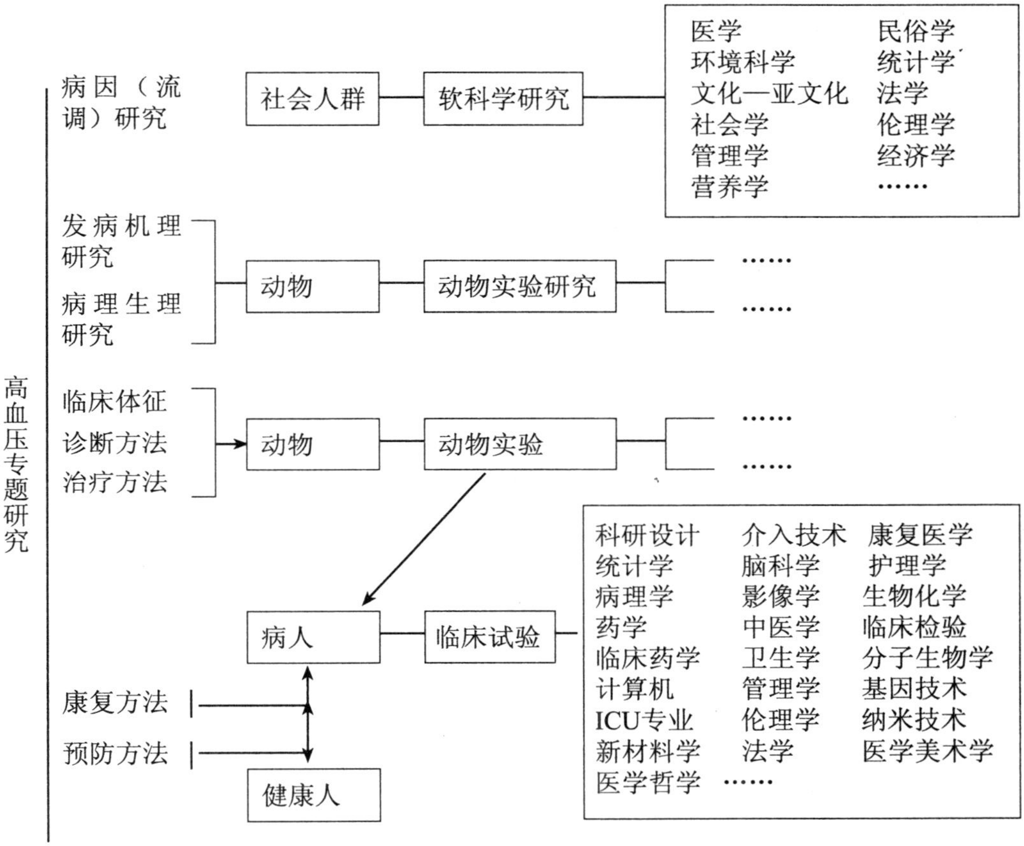


图9-2 非线性思维开展高血压专题研究示意图

论文，均可能遇上学科单一的论文，也可以遇上涉及多学科、多专业的论文。而对涉及多学科、多专业论文的审评需要用非线性思维进行，否则，很可能将有价值的论文舍弃了。特别因作者学识而异，很可能从论文的命题到内容的表述与现实的哪一个专业也不符，是脑卒中专业？神经内科专业？流行病学专业？卫生经济？医学哲学？医学伦理学？哪一专业都不像，这是其一；再者，该论文送什么专业的专家审评？都会遇到具体问题。遇到知识面狭窄的专家会以不适合本刊宗旨，不予刊用了结。因此，遇上这类论文，需用非线性思维进行审评。否则，很有价值的论文也许被舍弃。

**提示性范例9-2**

德国物理学家哈肯在把握非平衡相变内在机制的基础上，吸取了耗散结构理论和突变理论的积极成果，创造了一套处理各种非平衡相变的统一方案，以统一解决系统从无序转变为有序的过程，并最终创立了《协同学》。

摘自《复杂性思维与社会发展》

## 第三节　新世纪科技期刊管理中的逆向思维的应用

如何将科技期刊办成不偏离办刊宗旨，不出违法违规等问题，科学性强的高质量的引领时代潮流的一流期刊，促进科学技术的发展与文明传承，办刊人的思维方式极其重要，尤其是适时应用逆向性思维于办刊之中，是达到科技期刊管理目的的保证。

### 一、逆向思维与应用价值

对人脑思维分类因职业或因所用对象的不同而不同，本节主要就逆向思维用于科技期刊管理进行介绍，故在本小节较为详细阐述逆向思维的内涵及其应用价值。

#### （一）逆向思维内涵

逆是向着相反的方向，与顺相对。逆向思维是人们在科学研究、日常工作或遇到特殊问题、新的事物、新的难题时，按常规思路难以找到正确答案或更合理的解决办法，有意采用与常规相反的思路去观察、思考的思维方式。一般认为，逆向思维是创新的思维，是出新成果的思维，是出奇迹的思维，是解决难题的思维，是“柳暗花明又一村”的思维，也称之绝处逢生的思维，更是防止上当受骗的思维……因此，对于办刊人而言，逆向思维是应当熟记并应用于科技期刊管理的方方面面的一种思维方式。

逆向思维亦可称之为反向思维、倒转思维、否定思维等，因人因事而异。

逆向思维的应用要因时、因事、因人、因地而异，切忌千篇一律。不可主观搭配，随意反推，必须掌握事物内部的要素间的因果关系，若无因果关系，逆向思维就不可成立，也不会有结果。如人的烫发，自古均是热烫，逆向思维是冷烫——化学烫，一个科研课题诞生，一个化学烫产品问世，当今烫发者均受益于对热烫运用逆向思维的观察思考者。再如一位老年患者因肺疾病经常住院，某年又因感染发热住入医院，入院后要为其消炎，就用抗生素，连续用药一月之后，体温仍不能恢复正常，而是处于低热状态。患者及其家人和医师都着急，但又找不到更有效的办法。此时，医院决定请市内权威的呼吸系统疾病专家会诊，该专家在听取主管医师的详细报告后，再仔细翻阅患者病历，尔后亲临病床边诊察患者的周身情况，最后该专家签署意见：停止使用所有抗生素，认真仔细观察患者体温及其他各方面情况。结果是在停用全部抗生素后，体温逐渐恢复正常，也无其他不良反应。该专家签的会诊意见，实际是逆向思维在临床工作中的实际应用。当然，在临床医疗服务中，逆向思维应用机会十分多，而且可以让医与患双方受益。但对于全部停用抗生素的方法应十分慎重，没有足够的把握不可轻易照办。当然，逆向思维在科研选题、疑难重症疾病诊断治疗中都是很有实际价值的。

（二）逆向思维在科技期刊管理中的应用价值

在科技期刊管理中的应用价值包括：（1）防止刊出缺乏科学性的论文；（2）防止刊出违法违规等的论文；（3）防止刊出伪科学的文章；（4）防止刊出造假的文章；（5）防止刊出违背科学发展观的文章等。从而整体提升科技期刊的质量和效益，更好地服务于科技工作者和社会。

**二、科技期刊管理中逆向思维的应用**

逆向思维如何应用到科技期刊管理中是办刊人所关心的问题，下述对不同文体审选时的逆向思维应用方法进行介绍。

（一）文科文体论文审选中逆向思维应用

文科文体多以论述观点、推荐某一主张或某一种技术、方法等为主，当然有争鸣类的。

逆向思维应用方法是：首先对作者的观点、做法等的应用可行性质疑，从逆向的角度进行推理、思考，通过正向与反向思考之后，若无可挑剔，该文的可行性可以过关。其次对其新颖性、独创性、前瞻性、前沿性等程度进行质疑，用逆向的眼光对其一一进行思考，必要时应进行查证、评估，如果在全国乃至全球都是独此一家，自然其选用价值就大，应当优先安排。依此类推，还可从逆向角度思考文中的方方面面……

（二）医学科研论文文体中逆向思维的应用

医学科研论文文体依科研选题不同而存在不同的论文。对该类论文审选中逆向思维应用范围重点在4个方面：

1、论文文题。当论题属前瞻性、前沿性、独创性、新颖性，如果从各角度，运用各方法，从各方评价中均找不出否定证据，方可过关。

2、对象（材料）与方法。对选定的对象、科研方法等全面质疑其可信、真实、准确、完整、完美无缺性，用放大镜查找任何支持其无科学性的蛛丝马迹，如果找不到否定的理由，其审评方可过关。

3、研究所得结果。对研究结果进行质疑，对结果中的每一数据的真实、可靠、准确性进行审评，同时用逻辑推理等方法，对结果的社会现实性、全球及全国的合理性、科学的规律性作出评估，找不到否定的依据可过关。

4、结论或讨论。运用逆向思维对结论或讨论中的结论、理论、观点、主张等进行全面质疑，将其放入全球、全国高新水平上进行考量，如果无懈可击，当可选用。

同理可以对管理学科、新兴学科、特殊学科的论文逐一运用逆向思维审评。

逆向思维具有广泛的应用价值，关键看应用主体的学识和追求。比如个人防止上当受骗即可用逆向思维质疑骗子的行为——为什么会将大便宜送给自己？现实社会中，便宜越大，陷井越深，这是常识。实际识破假、伪、劣、骗等行为，不需要复杂的方法，逆向思维，即简单的方法即可破解——一个人总向社会几百万几百万的捐钱，他不印钱币，钱从何来？一个自称是科学家的人向政府要钱，他的实（试）验室、成果、他本人整天在哪里？因此，逆向思维是在科技期刊管理的方方面面均可用得上的一种思维方式。

**提示性范例9-3**

一位赤着脚在西北乡间田埂上长大的孩子，志向是做一名最好的鼓手。在村里最受人尊重的老人往往是鼓打得最好的鼓手。在他父亲手里鼓手出现了断层，没有能学会复杂鼓点的。充当首席鼓手的人，只能从孙辈中选，他被选中了。十二岁男孩带领一帮成年乐手在喜庆场合出现。他在城里打工的哥建议他报考音乐学院附中。当他出现在改变命运的考场，从来没有见过钢琴，更没有学过视唱练耳的他，听音乐和模唱轻而易举得了优秀，考了个罕见的满分。当进入高考时，小提琴专业只剩下他一人了，“文化大革命”后音乐学院恢复招生，师资缺乏，他被校长动员回母校任教。

选自《境由心出》

**提示性范例9-4**

糖尿病患者忌食糖，让糖尿病患者进食糖是违背规定，也不利于患者治疗。有人一定让糖尿病人吃上“糖”——一个科研课题诞生，一种具有“糖”一样甜味的商品——“木糖醇”便诞生了。

# 思考讨论题

1、思维方式与识有何关系及思维方式的要素。
2、非线性思维需要什么样的知识素养？
3、非线性思维的内涵与应用价值是什么？
4、逆向与非线性思维在科技期刊管理中的应用价值与方法是什么？

# 第十章 新世纪科技期刊管理的内容

**本章要点**

1、科技期刊运作的基础条件要求
2、科技期刊运作常规的执行要求
3、科技期刊运作的质量保证措施要求
4、科技期刊运作制度要求
5、科技期刊编辑部档案室建设要求
6、科技期刊编辑部资料室建设要求
7、科技期刊编辑部运作效益要求

科技期刊的管理者，特别是科技期刊的主管、主办单位，对科技期刊的管理，即深入到科技期刊的出版单位的审核考评内容包括哪些？若能全面考核审评，对提升科技期刊质量大有好处。

## 第一节 科技期刊运作的基础工作审核

一本正式科技期刊，其正常运作应具备一些基本条件，管理者深入到出版单位后，依据科技期刊的管理目的进行相应的审核。

**一、一号一刊的审核**

每一本期刊，无论出版月刊、半月刊、旬刊，必须符合国家新闻出版总署和国务院的相关规定。认真审核是否存在一号多刊或一号多版等违背法规的现象。

**二、增刊的审核**

应该认真审核增刊出版物，查阅相应审批文件，出版内容是否与报告相符、是否与正式刊号的宗旨相一致，有无违法违规等现象发生。

**三、年检记录的审核**

应当认真审核年检记录，审核年检资料的完备性以及期刊内容是否符合办刊宗旨，尤其重视对一些有不良记录科技期刊的全面审核，促进其改正不良行为，真正办好科技期刊。

**四、一刊一广告专员的审核**

每刊设广告审核员，应认真考核科技期刊广告审核员的法律法规知识的掌握程度，特别是涉及广告刊登的法律法规，并应查验其培训及持证情况。同时可以抽查部分已刊登的广告版面的内容：有无刊登非法的广告，包括软广告、形象广告、非正式出版物的征文、征订等。

**五、外籍编委的审核**

应当认真审核科技期刊编委组成，尤其是外籍编委是否履行了相应的手续，是否符合通行的规范、规定。

**六、编委构成与换届的审核**

编委不是荣誉称号，是为办好科技期刊献策、出力的头衔，故应认真审定科技期刊编委组成及换届情况。科技期刊，特别是涉及人的生命、健康的科技期刊的编委，其学识、知识面、人品、道德十分重要，为保证以人为本、尊重人的生命与健康和科学发展观的落实，正规的学术期刊要求编委必须具备副高以上职称才可胜任，尤其是全国性的学术期刊，并要求编委是全国2/3以上的省市区的知名专家学者组成，均应按各主办单位要求如期进行换届，以促进编委队伍的年轻化及学术思想的多元化，推进科技期刊的繁荣。对于全国性的期刊，除驻地编委可占总编委数的1/3外，不宜集中在某一两个单位的科技人员，否则，对创办一流的百家争鸣的期刊有不利影响。

**七、整本期刊通阅审核**

首先审封面——中文刊名及汉语拼音和英文译名、CN号、ISSN号、条形码、主管与主办单位名称、年月卷期等；其次审封四——CN号、邮发代号、每期定价标识；第三审版权页——与新闻出版总署期刊出版管理规定的要求一致；第四审编委会名单公布——每年第一期必须公布，其他各期不作规定；第五审每期的执行编委、责任编辑等名单；第六审每年第一期和下半年第一期公布稿约的情况，其余各期均应注明稿约刊在何期与所在页码；第七审外文版权页的标识与中文版权页标识的一致性等；第八审目录与全期刊用信息的一致性；第九审每年最后一期——“第×卷终，本期附有索引”及索引的情况等；第十审有无刊登不合广告法规定的广告、征订、征文等信息；第十一审出版流程的科学性与合理性等；第十二审是否按规定支付稿酬等；第十三审有无不合规范的逆转文章等；第十四审有无刊发无授权的译文等。

## 第二节 科技期刊运作常规执行的审核

科技期刊的历史告诉我们，科技期刊的质量来自于一些必要的运作常规，离开了运作常规就不可避免发生问题，一旦出现问题带给科技期刊作者或编者的损失无法估量。因而，作为科技期刊的管理者必须对科技期刊出版单位运作常规进行严格审核。

**一、按时出版的审核**

应该认真审查每一本科技期刊所标明的出版日期，查能否按时出版，不仅关系到每一本科技期刊的信誉，而且关系到其主管、主办单位的信誉。目前，应当认真审核科技期刊按时出版率，同时审核期刊定稿会、一校、二校、核红至印刷的时间间隔。

**二、对办刊宗旨贯彻执行的审核**

每一本科技期刊都依学科或专业而选定了办刊宗旨，办刊宗旨是办刊人服务读者必须遵循的方向，是创办科技期刊的目的与意图。离开了办刊宗旨就偏离了办刊方向，也就背离了原定的服务对象。因此，科技期刊遵循办刊宗旨是办好科技期刊、服务读者的保证。当然，目前，科技交叉融合是趋势，而且分科与综合均在加速，在新形势下，科技期刊办刊人更应拓宽视野，在不偏离办刊宗旨的前提下选用科技论文是大势所趋。如果死抱原专业或学科不放，也办不好科技期刊。故科技期刊主办单位深入出版单位时，应对其在办刊宗旨下选定的内容进行审读。这里对审读者的学识提出了高的要求，切不可将其符合宗旨的内容，采用传统思维与眼光作判定。否则，一本充满活力的科技期刊可能被误判为偏离了办刊宗旨。当前对文章判定应是在本专业内容的基调下，在论述时涉及了其他专业或学科知识的是容许选用的。

**三、科技期刊版权页的审核**

对科技期刊版权页的审核是一项极其重要的工作，因为国家新闻出版总署在第31号令规定中对版权页标识项目有明确的要求。一些不守规矩的办刊人，常常在版权页的标识上做手脚，目的是将编辑出版权转让出去，从中牟利。这是绝对的违法违规行为。故主办单位除平时对报送的样刊进行审核外，在深入到出版单位后应随机抽出期刊进行审核，以核实版权页标识的真实性，若发现不真实应及时进行处理，以防止出现更严重的事件。

**四、对国家规定免费寄送刊物执行的审核**

国家相关部门对出版图书、科技期刊有明确规定，应免费向国家图书馆等单位寄送。科技期刊的主办单位对出版单位考核审评时应对其执行情况进行审核。

**五、科技期刊增页的审核**

每一本科技期刊的质量评定内容之一是用稿率，凡办得好的科技期刊的用稿率多数维持在10%-15%之间。而目前有些科技期刊的用稿率几乎达90%以上。原因虽然很多，但最重要的是办刊人的指导思想。科技期刊的主办单位在审批科技期刊增页时应依刊稿率决定。为了提升科技期刊质量，主办单位深入出版单位时应对其收稿与用稿进行审核，再审定其增页或扩改为半月刊、旬刊的科学性。

**六、对刊登广告的审核**

对广告的审核包括合法、伦理道德、美学、生态文明、科学发展观等多个角度。除此之外，应对一些软性广告、形象广告，以及一些小的消息等进行审核。有的科技期刊违反有关规定，为非正规出版物刊登征文、征订、召集会议的信息。故出版单位出版物审核是一项非常细致的工作，稍不注意，一些违法违规的行为就难以发现，特别是的软性广告。

**七、编辑应用文体的审核**

一本科技期刊应用文体使用是否规范，不仅体现科技期刊办刊人的水平、知识面，而且体现主办单位系列期刊的形象，更体现办刊人的知识素养及综合素质的高低。科技期刊应用文体包括：①专业会议纪要；②编者按；③编后语；④简讯；⑤新年献词；⑥卷首语；⑦学术会议总结；⑧问题解答；⑨书评等。

## 第三节　科技期刊运作质量保证措施审核

为了保证科技期刊的质量，科技期刊都有一定的保证措施。但也有一些科技期刊因各种因素，缺乏有效的保证措施，即便有保证措施，但各科技期刊也不相同。科技期刊主办单位深入出版单位进行审评时，重点审评内容在16个方面。

**一、贯彻执行主办单位管理制度的审核**

科技期刊主办单位原则上均依照国家的法律法规、主管单位的要求，制订了一套科技期刊的管理制度，以保证科技期刊的正常运转。因而各科技期刊社应严格执行主办单位的规章制度。其审核方法是看办刊人是否较熟悉主办单位所订规章制度的一些核心内容。另外就是审核其编辑部内运作流程及其相关记录原件，如抽某一期已出版的期刊的原始资料进行审核。

**二、科技期刊编辑部补充规范的审核**

每一本科技期刊因专业、创刊早晚、地区、独立运作或依附某一期刊群运作等，其运作方式会有所差异，故各刊编辑部应对主办单位管理制度的缺失部分进行补充规范，如上下班及学习制度等。审核方法：一是查阅补充规定制度原件；二是抽核原始资料等。

**三、科技期刊发展规划的审核**

制定科技期刊的发展规划，是推动科技期刊快速发展的主要举措，是科技期刊编委会、正副总（主）编委托给编委会常设机构——编辑部必须做的一项工作。

科技期刊的发展规划是总（主）编对自己主持的科技期刊发展总目标的进程所设定的时限。目前，科技期刊办得不好，与没有发展规划关系十分密切。走到哪里算哪里，走与停滞无人过问，也无衡量尺度，因而，办刊人无目标，无压力，得过且过。若编辑部主任无任何追求，其科技期刊将永远处于低水平状态运转。科技期刊的主办单位应严格审核其发展规划执行情况，对没有发展规划的应督促其制定。

**四、科技期刊编辑部实力建设规划审核**

科技期刊编辑部实力建设规划是科技期刊发展规划的子规划，单列为一条提出，是因为科技期刊编辑部实力对科技期刊的发展，走向国际一流十分重要。无论是《新英格兰医学杂志》，还是《柳叶刀》、《科学》、《自然》等，其编辑部实力都十分强，尤其是办刊人综合素质高，科学素养高，眼光远、视角宽，敏感性强，善察善思，观念新，能把握住科学发展的趋势、牢牢抓住科学以人为本的核心。因而在一些办刊人眼中无价值的选题、论文，被他们选中刊用，成为高引频次的论文。因此，加强编辑部实力建设的规划应是科技期刊发展规划中的核心规划。

**五、科技期刊年度报道计划审核**

科技期刊的年度报道计划是提升科技期刊学术质量的保证。每一年的三四季度应订出下一年度的报道计划。这一计划的重要性在于向一些有、高水平科研成果的专家提前通报，争取他在科研结束后与编辑部合作。同时也让每期责任编辑了解自己承担的每一期的报道重点， 及早抓落实。还给了责任编辑对各期策划的空间，以便为形成每一责任编辑的独特风格创造条件，为整本科技期刊提升质量打下基础。

由于当今科技快速发展，随时可能有更具报道价值的选题出现，但与整体年度报道计划并不矛盾，可因其价值对原报道计划作些微调，以推进科技期刊更具时代性特征。其审核方法是调出原年度报道计划，再抽查某一二期的实际报道内容，看计划的落实及其适时微调的情况。要防止年度报道计划是一纸空文，无具体实际的报道内容。

**六、科技期刊的组稿计划审核**

科技期刊的组稿计划是科技期刊年度报道计划的子计划。单独将组稿计划列出进行审核，是因为年度报道计划离开了具体的组稿计划可能是一张废纸。办科技期刊必须有一批高素质、高科学素养、宽知识面、反应敏捷、独具慧眼的创新性复合人才。不少办刊人组稿或约稿是静态的，或者是被动的，严格讲称不上组稿、约稿，是任凭他人摆布的——自己提不出有价值的选题和写作切入点，也是对组稿、约稿的内涵不理解。组稿或约稿应以报道计划为依据，依读者、社会、时代的需要，或是根据科学发展趋势，让读者读后启迪思维、开阔眼界、转变观念、提升能力、改善服务而策划的选题。这类选题以专题为好。所谓的专题是以解决某一个问题而策划出的一组文章，这一组文章从不同的层面或角度进行描述，读者阅读之后，对某一问题了解也就深透了。当然，专题并非是一组并行的论文的发表——如医学围绕人体某一脏器的一组疾病的文章，其不会有深度，读后也不会有更多的收益。

好的选题必须有优秀的作者才能完成。因而在审定组稿或约稿计划时，细致审定策划的每一选题的文题、写作切入点，并与发表的论文进行核对，以此了解约稿人的能力。

编辑向作者约稿，应当提出写作文题和写作切入点，并向作者通报约写此稿达到何种目的，以引起作者重视，并望得到作者支持。当然，作者在明确约写文题的目的、价值后，也许会对原提出的文题及写作切入点有些修改及完善的意见，但只要能达到预期目的，作些微调也是可取的。

**七、对作者队伍的审核**

凡办得好的科技期刊的办刊人，特别是编辑，都掌握着一支提供高质量论文的作者队伍。这支队伍能经常与编辑保持联系，了解期刊的需求信息，及时提供优质稿件。有一支优秀的作者队伍，对完成年度编辑报道计划，以及特别选题的完成都是十分重要的。当主办单位深入科技期刊出版单位时，应了解科技期刊优秀作者队伍的状况，这种审核应从专业专家、交叉学科专家、边缘学科专家以及人文社会学科知识掌握与运用方面的复合型专家等的分布、年龄结构等考察，从而对科技期刊适应科技与人文社会科学融合、交叉及边缘学科增加大有好处，并为开拓读者眼界与自我升值创造条件。

**八、科技期刊编辑规范的审核**

尽管科技期刊是内容为王，但编辑规范也是一种必要的形式和形象。再好的论文，若编辑不规范，错字连篇、文理不通、逻辑紊乱、文不扣题、计量单位等不符合通行规范，都将直接影响读者阅读，降低论文的传递价值。

主办单位深入科技期刊出版单位时，对编辑规范的审定不可忽视。尤其应抽编辑部主任或社长承担责任编辑的那一本科技期刊进行审核。如果科技期刊的主任或社长不担任责任编辑，可以查阅其评审过的科技期刊范本，了解主任或社长的编辑规范执行能力与水平。实际上只抽查几个基本内容——摘要、关键词、文题与文内标题或对象与方法的描述、表、图、计量单位、统计符号使用与表述等即可。

**九、一年一次质量检查结果的审核**

一年一次质量检查结果：一是主办单位组织的质量检查结果；二是每本科技期刊每年组织的自查结果。这对了解科技期刊质量现状有所帮助，对促进科技期刊质量提升有一定的作用。主办单位在审核结果时，除看结果外，应与所查的期刊进行对应审核，有利于对科技期刊的实际情况有更进一步认识。

**十、科技期刊编辑行为规范的审核**

科技期刊的编辑，依其素质、知识水平，其任何行为均应符合社会要求。否则，行为不端，是难于胜任编辑业务工作的。主办单位对出版单位办刊人审评时：①可以从其编辑部的补充规定执行情况进行审评；②从编辑部的陈设审评；③从编辑部办刊人员的精神面貌审评；④从编辑部办刊人的言谈举止进行审评。

**十一、编辑部年度总结资料审核**

科技期刊编辑部作为编委会常设机构，每年底应对全年的运转情况进行总结，除上报主办单位、年检外，送达每一个编委审阅，听取编委委员的意见。

年度总结内容包括：（1）全年收稿篇数；（2）全年组稿篇数；（3）全年用稿率；（4）全年刊稿中6个月内刊出率；（5）全年刊稿中6-9个月内刊出率；（6）全年重点号期数；（7）全年用稿总数；（8）全年每期用稿数；（9）全年退稿篇数；（10）全年退稿率；（11）全年存稿数；（12）全年外审稿占总收稿比率；（13）全年国家基金稿刊用比率；（14）全年国家攻关课题稿比率；（15）全年国外作者稿刊用比率；（16）全年非期刊所在地刊稿比率；（17）全年科技期刊承办单位用稿比率；（18）全年的组/约稿会议次数及参会人数；（19）全年出刊按时比率；（20）全年发行增减率；（21）科技期刊网站点击次数；（22）全年培养作者人数；（23）全年广告总收入额；（24）全年发行总收入额；（25）全年其他收入额；（26）全年盈亏状况；（27）全年编辑培训情况；（28）全年编辑外去采编次数；（29）全年编辑部创新成果；（30）全年编辑计划执行情况；（31）全年编辑部实力建设进展；（32）全年每个编辑阅读新著数量等。科技期刊主办单位对出版单位审核时，除看年度总结资料外，应察看实际的实物，如编辑部创新成果及阅读的书籍等。

**十二、编辑部培训档案审核**

编辑部培训档案包括两部分内容：一是编辑部内部办刊人培训的相关记录，如学习计划与参训资料记录等；二是其他办刊人接受培训的记录，如总（主）编接受的统一培训等；三是编辑部组织的作者培训记载等，如给某一科技单位人员进行科技论文撰写指导培训、科学研究选题相关培训、学科新进展等方向的培训等。

**十三、编辑部工作室环境审核**

科技期刊编辑部因其工作特殊性，其工作环境应有一定的要求：①办公环境。环境安静，空气新鲜，日光充足。②办公场所。月刊的办公场所面积保持在80-90平方米，用于编辑室、网站资料室、编务接待室、库房，条件允许可设总（主）编/编辑部主任/社长室等。③其他配置。按各承办单位具体情况定，但电脑、排版等基本用具应配齐，复印机、传真机、数码照相机、录音录像设备可依工作需要进行配置。

主办单位对出版单位环境审核时，重点抓住软件审核，如网络应用状况、网站内容新颖性与创新性、每个编辑应用电脑熟练程度，特别是运用网络获取国内外知识的能力等。

**十四、对仓库库存资料的审核**

主办单位对自己办的期刊的仓库库存资料的审核是一项重要工作，不可忽视。其审核内容：①有无独立的库房资料室及其面积；②安全视角审核；③法律视角审视——每一本科技期刊出版物的存放不少于法律诉讼的有效年——原稿部分，原稿的相关附件（各种证明、证件、审稿单、特别说明），出版的样刊等。

资料完整保存，以备涉及知识产权纠纷时查明责任，当做有效证据是其作用之一；

在数年之后，供后任接班人查阅之用，是建立库房资料室的作用之二。

**十五、对图书资料室的审核**

科技期刊主办单位深入到主办期刊编辑部审核时，应重视对图书资料室的审核，重点审核常用的书籍、期刊等：①科技期刊服务的专业基础学科书籍与相关期刊的完善及更新状况；②科技期刊服务专业书籍及同类科技期刊的完善与更新状况；③相关的工具书——词典、字典等；④人文科学书籍；⑤社会科学书籍；⑥新兴学科的书籍等。

审核中，要不仅只注重配备，更注重其利用状况的审核。

**十六、对科技期刊运作保障的审核**

主办单位对科技期刊出版单位审核分为两种情况。第一种是由第二主办单位具体承担科技期刊运作的各项保障任务的，在审核时，应邀请第二主办单位相关领导共同审核科技期刊运作保障中的问题，共同商讨解决办法。当然，也可以让第二主办单位回避，由主办单位人员听取科技期刊办刊人具体意见后，再和第二主办单位领导商讨存在问题的解决办法。第二种是科技期刊自己独立运作，其审核重点是财务收支及其资金使用等，防止资金使用上的重大失误及其违法违规问题的发生。

在保障上，除了对上述问题审核外，对办刊人的各种待遇、保险、职称也应了解。同时，对雇用的临时工作人员应从法律法规的角度进行审核。

## 第四节　科技期刊编辑运行制度审核

科技期刊编辑运行有一套完善的制度，是保障质量、防止差错事故不可缺少的举措。主办单位都制订出了相应的管理制度，但各刊能否认真执行则是一回事。故科技期刊主办单位深入到科技期刊出版单位审核时，应严格进行相关的审核。

**一、编辑出版流程的审核**

编辑出版流程是科技期刊运作中的基本工作制度。凡正规期刊的主办单位都有统一的编辑流程图或制度，一些非正规期刊也有自行的一套流程，但严谨性不够，往往易于出现工作漏洞。科技期刊主办单位深入到科技期刊出版单位时，应认真审评其编辑出版流程情况。其中分两类，一类是多本期刊的编辑出版，另一类是只有一本科技期刊的编辑出版。两类在编辑出版流程上会有区别，需主办单位的负责人区别审核。

**二、收、审、定及用退稿审核**

科技期刊编辑部，特别是一些权威性科技期刊的编辑部，对于来稿、初筛、外审、退修、待用、退稿、刊用稿等有严格的管理运行制度。对科技期刊的收稿、用稿等管理制度进行审核很有必要。

由于科学技术的发展，既往全靠手工运作的已用电脑、网络替代，但其方式应有益于防止漏洞和差错及失误。

1、收稿。建号，分类，外审记录，收回记录等是否完整无缺。

2、初筛。初筛时选择同行审核专家，不送学术观点对立的专家审阅，不送与作者有关联性专家审阅，不送作者所在单位的专家审阅。必要时应盲审，或同时送几个专家审阅。

3、专家/编委审稿。科技期刊，特别涉及人类生命、健康的论文，一定在刊用前设立专家/编委审阅制，并审核专家/编委签的意见的具体内容。

4、执行编委制。每一期科技期刊实行执行编委制，目的是增加刊用文章的把关关口，对执行编委审签的选用意见进行审评。

5、定稿会议制度。科技期刊定稿会是为了给选用的论文，特别是一些有不同意见的论文选用增加把关关口和刊用机率。应查阅定稿会议记录：①记录本；②审稿单。正规的应设记录本，记录定稿会议参与者的意见，非正规的至少应在每一篇论文审稿单上记录定稿会议上讨论确定的核心要求。

6、已刊用文稿和未编号的相关信息的审核。通过查已出版的科技期刊的某一期，与建号本或电脑中记录核对，看是否作了相应处理，防止已刊用稿再次刊用，并将已刊的信息记录上，防止漏失刊发信息总量。

7、对待用及退稿审核。查登记本或电脑记录，对待用稿及确定退稿的文章是否完成了相应处理。

**三、对刊用文章加工的齐清定审核**

科技期刊编辑的齐、清、定是保证科技期刊质量的重要措施，但当前，由于科技快速发展，齐、清、定往往不被重视，这是当前科技期刊出版后出现问题的总根。特别是一些非正规期刊，更是随意发排，其结果是，原来的三校后印刷，变成二校或一校后即印刷，由于减少了校对关口，错漏问题增多自然难免。

审核方法很简单，随机调出某一期已出版的科技期刊的原始资料，将原始稿、一校稿、二校稿、核红稿（一般送印厂出胶片）进行审阅，或与印厂、录入排版室进行核查，了解其改版情况即可判定。凡达齐、清、定的科技期刊，依限定页码出样，一校时因不需要大动，可集中精力消除差错。

**四、对每一期出版后的全部资料审核**

科技期刊出版后，责任编辑应按规定完成资料整理捆扎工作，以备万一查阅。审核出版的科技期刊上的每一论文与信息的原件是否存在，是否已建号，并查刊登的文稿是否已消号，整本原始资料是否完整，有无丢失等现象。

**五、广告资料及相关手续审核**

科技期刊刊登广告是创收的重要途径，但必须符合法律法规要求。因此，除了加强自查外，科技期刊主办单位应重视对其审核，审核依据是《广告法》及相应地方法规，同时要从伦理学、美学等方面进行审核，对抽查的某一期所发的各类广告资料均应调出，逐一审核，防止刊登各种形式的违法违规广告。

## 第五节　科技期刊编辑部档案室建设审核

目前，一些科技期刊编辑部对档案室建设根本没有考虑，创刊以来的原始资料丢失，严重的将期刊证丢失。为此，科技期刊主办单位深入主办的科技期刊编辑部督促其搞好档案室建设十分迫切，至少应设立档案柜，其审评重点有11个方面。

**一、科技期刊创办的原始批复件**

科技期刊创办的原始批复件的保存内容包括：①科技期刊经国家相关部门批准创刊的原始批复件和期刊证等应作为重要原始资料存档保存；②科技期刊每年出版增刊的批复件应入档保存；③科技期刊更名的批复件的保存；④科技期刊变动刊期批复件；⑤科技期刊页码变更批复件的保存等。

**二、新闻出版相关法律法规**

科技期刊编辑部对国家，中宣部、国务院、新闻出版总署、版权局等部门的各相关法律法规应保存。

**三、国家技术监督局涉及出版相关文件**

科技期刊出版中涉及计量单位、统计、阿拉伯数字等应用，故对国家技术监督局颁布的各相关文件及其附件应全面保存。

**四、作者的授权书**

科技期刊除纸质版外，又延伸出适应时代需求的网络版，加之作者法律意识增强，目前极易引发版权纠纷。为了防止纠纷，设立了作者在论文发表前所需填的授权书，此授权书应和发表论文的期刊捆扎在一起封存，按照法律规定的有效期实施保存。当纠纷发生时，此可作为有效证据，以免除相应责任。

**五、科技期刊主管单位文件与规范**

科技期刊主管单位发布的相关文件和规范应完整妥善保存。

**六、科技期刊主办单位下发的管理制度与规范**

科技期刊主办单位为办好科技期刊，都制订了相应的制度、规范等，应当收齐，完整保存，供编辑查阅使用。

**七、科技期刊发展大事记**

科技期刊自创刊起，应有大事记记录本，该本大事记的主要内容：①创刊日期，更名、刊期变动、页码变动、变更主管和主办单位、印刷质量等的具体时间等。②期刊主要人员变动，总（主）编、主任、社长等及换届等。③举办的重大活动等。④重大成果和成就等。⑤重要设备或编排手段更新换代等。⑥获得上级重要奖励等。

**八、科技期刊定稿会议记录**

每本正规科技期刊都要在每一期文章选定后召开定稿会议，各编辑部对每篇文稿讨论，特别有争议文稿讨论的专家发言应如实记录，其记录本应妥善保存。

**九、科技期刊换届史料**

科技期刊编委会换届的史料：①每一名编委的资料；②编委会换届的时间及参与人员等；③换届时的总结资料；④每一届编委任内期刊取得的特殊成果。

**十、科技期刊发表原创性科研成果证书**

科技期刊发表了作者原创性科研成果后，其所获原创性证书，应索要复印件保存。当然，作者获得其他国家级、省部级、国际的奖励均应索取证书复印件保存。

**十一、其他相关资料**

科技期刊在运行中，如果获得国家、省、部级奖以及主管、主办单位奖励均应以一定形式保存相关资料。

## 第六节　科技期刊编辑部资料室建设

编辑是杂家，这是对编辑知识面的要求。但科技期刊编辑不愿提“杂家”，而愿提“文责自负”。“杂家”需要有全身心投入，并以时间被占用为代价；而“文责自负”则是轻松工作，作者文章的错误一概与自己无关，来文照发，顶多改一下标点符号、错字、计量单位、阿拉伯数字等。这反映出当前社会上追求明白的一批人与追求享乐的一批人在社会发展认识上的偏差，与当前文化多元、价值取向多元相关。“千古不变唯有道，几获新知恋残颜”。追求明白者对此认识深刻，认为多付出者必将多得，少付出者必将少得。而追求享乐者则认为多付出者未必多得，少付出者未必少得；两类人首先对“得”理解不同，因古代的“得”不单指获得金钱；其次是对做“人”的理解有差异。科技期刊编辑部资料室建设应有利于编辑成为杂家，也应有利于编辑正常工作的开展。当然，至少要有图书资料柜。

**一、专业基础书籍**

科技期刊服务的科技专业人员所从事的专业的基础学科书籍。首先是配齐全，其次是应及时补充新理论的相关书籍，第三是相关期刊。

**二、专业书籍**

科技期刊服务的科技专业人员所从事的专业书籍。首先是完整的配套专业书籍，其次是及时更新补充新书籍，第三是相关科技期刊，第四是同类期刊。

**三、工具书**

科技期刊编辑工作中应用的工具书：（1）字典类；（2）词典类；（3）外文对照词典类；（4）专业词典类；（5）成语词典类；（6）典故词典类；（7）人物辞典类；（8）地理词典类；（9）哲学词典类；（10）社会学词典类；（11）新知识词典类；（12）名句词典类；（13）法学词典类；（14）古汉语词典类；（15）词源；（16）辞海；（17）百科全书；（18）史学词典类；（19）外语缩略语词典；（20）科技名词词典等。

**四、人文科学书籍**

哲学、美学、历史、文学、生命美学、古代诗词类、伦理学、法学、艺术、音乐类等书籍。

**五、社会科学书籍**

管理学、心理学、经济学、软科学类、系统科学、思维科学、现代管理艺术等书籍。

**六、其他学科书籍**

教育学、生态学、环境科学、环境伦理学、政治学、决策学、未来学、预测学等书籍。

## 第七节 科技期刊编辑部运作效益

一本高质量的科技期刊必须有良好的社会与经济效益，二者不可分离。现实中的垃圾刊的高经济收益与某些政策相关。如与职称晋升规定的论文发表数量、硕士与博士学位论文必须发表等的导向相关。这类垃圾刊若是发表与人的健康、生命相关的文稿，是对社会大众的生命与健康的漠视，直接违背科学发展观的核心——以人为本。在国外对涉及人的生命健康的论文，都设立把关关口，而国内垃圾刊办刊人对来稿无严格审稿把关制，只要给钱就登，这是十分不负责任的。高质量科技期刊效益评价应从3个方面进行。

**一、国内第三方评价**

万方数据等每年对科技期刊进行评价的指标体系评价结果可作为重要的评价依据对待。当然，对此评价有不同看法，有人认为存在人为因素影响其科学性。但从整体看，有些指标受人为干扰因素少，故此评价相对一些不进行评价的看，有参考应用价值。

**二、国外数据库或文摘收录情况评价**

被国外一些公认的数据库或文摘收录可以反映科技论文的质量与编辑规范水平。不过，核心是论文的质量，国内相当的科技期刊在狠抓论文质量上下工夫不够。反过来看，编辑队伍的综合素质滞后是制约我国科技期刊提升质量的关键因素。

### 三、经济收益评价

科技期刊的经济收益与其质量极相关，个别的特殊刊物除外。以医学科技期刊为例，凡是高质量的科技期刊必然受读者欢迎，发行量必然大，刊登广告的效益也会显现，自然经济收益会高。所谓高质量，也可按高超的水平理解。从古汉语解释高超有两层意思。一是超出一般水平；二是谓超脱世俗。从古汉语内涵就比较好理解了当前有些刊被认为高质量，但都无高的经济收益。因为“高质量”是一个相对而言的词，而且受知识面、理念、眼光、思维、专业等因素影响。科技期刊高质量评价除了科学的评价指标外，就是受众认可。如果自认为是高质量的期刊，而且受众口头上也承认，双方都认为是高质量的科技期刊而无受众购买说明什么呢？2001年杨澜在清华大学演讲时指出：“很多人常常低估了观众的欣赏能力。”实际上，科技期刊办刊中存在同样问题，办刊人低估了读者的需求和识别能力，常常会出现将过时的东西当做“宝物”推荐给读者，根本不了解当今世界已发生的多种变化。读者需要的则不认识、不提供；相反，读者认为过时的则连篇累牍。一本科技期刊质量评价的指标是商家和读者认可度。对此，肯定有许多人不会认可，但实践是检验真理的唯一标准。

国外办得成功的科技期刊，绝对不会没有经济收益。

#### 提示性范例10-1

某科技期刊编辑部，创刊初期就没有自己的编辑出版流程图，因而每位编辑只是各行其是。结果在出版过程中，有一篇论文在甲、乙俩编辑手中，由于文章质量不错，甲编辑早已选用。乙编辑并不知甲编辑已利用，故自己也选用了该文，乙编辑在负责的当期印刷出版之后才发现自己选用重了。

一些不正规的期刊，或缺具有科学性、合规范性的编辑流程图的期刊，忽视论文选用的每一环节管理，故很难避免这种事故的发生。

#### 提示性范例10-2

某科技期刊采用电脑排版，按其编辑流程完成了一校、二校、核红、出胶片、签字印刷。当期刊印刷出版后，进行再审读时发现，全期中存在不少错别字。责任编辑与二校稿核查，发现其错别字在二校时均改正了，再与核红稿核对时，核红稿也无错。

细想时，是责任编辑在审核胶片时忘了抽查与二校及核红稿进行校对所致。

# 思考讨论题

1、管理者审核科技期刊出版单位的必要性。
2、审核科技期刊出版单位的基础条件的具体内容。
3、审核科技期刊出版单位运作常规的具体内容。
4、审核科技期刊出版单位质量保障的具体内容。
5、审核科技期刊出版单位运行制度的具体内容。
6、审核科技期刊出版单位档案室的具体内容。
7、审核科技期刊出版单位资料室的具体内容。
8、审核科技期刊出版单位运作效益的具体内容。

# 第十一章　新世纪科技期刊管理方法

**本章要点**

1、科技期刊发展目标的制订及作用
2、独立人格的内涵及在期刊中的应用
3、科技期刊实施独立人格管理的运作
4、领导与管理的差异
5、穆迪优先图表法的应用
6、周哈利窗管理方格的应用

科技期刊质量提升只靠一两个人不行，需全部办刊人的共同努力奋斗。如何尽快提升科技期刊质量，走向世界，只喊口号不行，慢慢来也不行。落后一步就可能丧失一次机遇，而丢掉一个机遇就会落后一个时代。因而，应当认清新形势，以“只争朝夕”的精神抢时间，加速发展，才有可能在剧烈竞争的时代显出勃勃生机，获得生存空间。

## 第一节　科技期刊实施目标管理法

没有目的的发展是盲目的发展，而盲目的发展是不会成功的。科技期刊是一个反映时代科技现状与走向的媒体，没有明确的发展目标，就不可能很好地为科技工作者服务。目标包含了境地和标准，因而目标既是办刊人前进的方向，又是办刊人前进的历程，更是科技文化发展的记载。实施目标管理法管理科技期刊，是全面提升科技期刊质量、创立品牌期刊的必然选择。

### 一、科技期刊发展目标的制订和作用

制订科技期刊的目标和其他单位目标有相似性，也有特异性，但作用是相同的。

（一）科技期刊发展目标的制订

1、科技期刊发展目标的特点。科技期刊发展目标不同于某一单位的目标：（1）专业性强；（2）科学性强；（3）时代性强；（4）趋势性强；（5）前瞻性强；（6）目的性强；（7）系统性与突变性强；（8）协同性强；（9）层次性强等。

2、科技期刊发展目标制订原则。依据科技期刊的特点，制订其发展目标的原则为：（1）先进性的原则，运用全球眼光制订；（2）可行性的原则；（3）明确性原则，不论什么目标应当易于操作，不能模糊；（4）促进性原则，对每一个办刊人的办刊精神具有促进作用，即高于现在水准，又是通过努力可以达标的，决不可低于现水准；（5）横比性原则；（6）分层达标原则，依据科技期刊现状和资源，实施分层分步达标的原则；（7）整体办刊人参考的原则等。

3、科技期刊发展目标的制订。（1）全面搜集信息：①同类科技期刊的发展现状；②相关科技期刊的现状；③第一媒体即以纸质为媒介的报刊、第二媒体即以电波为媒介的广播、第三媒体即以图像+声音为媒介的电视、第四媒体即以比特（字节）为媒介的电子媒体和第五媒体的发展动态；④国家政策与法规方面的信息；⑤国外同类科技期刊的现状；⑥国外媒体发展变化趋势；⑦国内外科学技术现状与发展趋势；⑧科技期刊办刊人的现状；⑨科技期刊目标人群的现状与趋势及价值取向变化状况等。（2）选定出科技期刊发展目标：①选定科技期刊发展目标的方法：一是运用德尔菲法选择，相对比较准确；二是办刊人在分析上述信息基础上进行选定。②目标设定：一是科技期刊在什么时间应达的总目标：A、质量目标；B、规范化目标；C、经济收益目标；D、进入国内国际知名数据库目标；E、总体形象目标；F、发行量目标，包括国内、国外发行量目标；G、自我生存与发展目标等。二是分阶段达标的目标：列出每一目标达标的量化指标，以便自我评价。（3）目标达标评价：一是办刊人运用量化指标每半年进行一次自我评价；二是利用调查表让读者评价；三是请第三方作出评价等。（4）对未能如期达标因素分析：每半年，至少在一年时，对各项指标达标进展状况，特别是未能如期达标指标进行分析，以便及时调整或修正某些运作方式。

（二）科技期刊制订发展目标的作用

任何一个国家、一个单位或企业，都要制订自己的发展规划，确定发展目标，以利于及时评价发展速度等。作为科技期刊，为了加速发展，若无发展目标，肯定不利于其参与当今的生存竞争。

1、有利于调动全部办刊人的办刊积极性。首先确定了科技期刊发展目标后，每一个办刊人清楚自己参与创办的科技期刊的目标，都明白自己的责任，都能自觉努力奋斗。

2、有利于提高科技期刊的整体质量和效益。有了目标就有了责任，每一个办刊人能自觉为提高科技期刊的质量与效益奋斗、学习，调整知识结构，提升能力等。

3、有利于提高读者满意度。当一本科技期刊办刊人都努力为办好科技期刊服务时，期刊的内容、编辑规范等都会更加体现出为读者服务，提升读者满意度，扩大订阅量。

4、有利于加快与国际接轨。每一个专业、每一个学科，都有国际前沿，关键在于我们办刊人是否认识前瞻与前沿的内涵。不理解或不认识前瞻与前沿的内涵，往往一些服务于基层的专业科技期刊就会认为在其服务领域内无国际水平的论文。客观现实并非如此，办刊人未能从理念、学识、眼光上跟上时代，就无能力识别和发掘有国际水平的内容进行重整。当有了目标，全部办刊人都努力时，从内容、编辑规范等多方面努力，可加速科技期刊与国际接轨。

**二、科技期刊发展目标达标的实施**

科技期刊目标制订之后，如果不能有效实施只能是一份废纸。保障科技期刊能达到目标，必须有相应的措施或细则。

（一）建立目标责任制

1、总（主）编目标责任。科技期刊论文学术质量的把关责任等。

2、副总（主）编及常务编委责任。除配合总（主）编搞好论文质量把关外，应积极参与科技期刊的重点号、专题论文的组稿等工作。

3、编辑部主任或社长责任。搞好每年报道计划策划、论文初筛、科技期刊运作的组织管理等相关工作外，积极与常务编委、编委搞好重点号、专题等策划工作。

4、编委与编辑责任。共同负责每一期的质量的提升和编辑的规范等。

5、审稿专家责任。认真完成每一篇论文的审评，对不胜任审评的内容，建议另审，切实保证每一篇审评论文的质量。

6、编务/编辑干事责任。对每一篇论文的建号及内部审评和刊用、退修、退稿等的记录及时完成负责，对论文投到编辑部至刊用或退稿的流向全程承担记录的责任。

7、录入排版员责任。录入排版员对录入及排版质量负责。

8、其他相关事物责任者的责任。凡涉及科技期刊办刊的各责任人——财务、发行、广告公关等，有的是专职、有的是兼职，均应对目标达标承担相应的责任。

各自的具体责任可能会因期刊群或单本期刊等不同而不同。

（二）建立有效的激励机制

吃大锅饭不利于调动全体办刊人的积极性，也不利于科技期刊达到所确立的目标。其激励方式应依科技期刊体制机制的不同而不同，没有激励机制与有激励机制的效果肯定是完全不同的。

激励手段虽然包括多种，但对于科技期刊办刊人而言，有效的激励为两种：一是物质激励，体现干好干坏不一样、努力与不努力不一样、认真与不认真不一样、学习与不学习不一样、创新与不创新不一样、有成果与没有成果不一样等。二是淘汰机制，其中有末位淘汰制或不作为淘汰制或平庸淘汰制等。其他手段如带薪休假、旅游等也有一定的效果。

**提示性范例11-1**

甲刊创办于2003年，乙刊创办于2006年。甲刊没有订发展目标，乙刊制订的目标——国内领先。甲刊到2008年未能进入国家核心期刊，乙刊已顺利进入国家核心期刊。

一本科技期刊与任何一个单位一样，有了追求、有了目标，才有了方向，对全员才有压力和导向作用。

## 第二节　科技期刊实施独立人格管理法

1949年以来，科技期刊与报纸一样，进入了计划经济体制管理，一切都是按计划经济的运行办法操作。1978年改革开放以后，科技期刊基本沿袭传统的办法运作。近些年来，一些海外媒体盯住我国传媒市场，千方百计挤进来。对于科技期刊如何运作，如何通过创立品牌求发展等，一些有远见卓识的人已开始思考，认识到了依存性人格转变成独立性人格是时代的要求，更是社会的发展规律。

**一、独立人格的内涵与培养背景**

（一）独立人格的内涵。独立人格是一个心理学范畴的课题。我国是以农业经济为基础维系民族生存发展，无论战胜天灾、人祸或其他困难，靠的是群体团结奋斗，并形成了相应文化，养成相应习俗、性格特征与价值取向——相互依存——在家靠父母、在校靠师长、在单位靠上级、出门靠朋友、整个民族靠国家、国家靠皇上，形成了每个行为主体重视血缘与人际关系的依存性人格特征，导致了缺乏自主性、创新性，降低了主体责任性——凡遇上难题，靠上级或上司帮助，自己不承担冒险的责任。所以，减少了创新的主动性、积极性。谁自主创新，一旦失败，就会遭到众多指责，乃至处罚。

什么样的人格特征才算是有独立人格？遇事不等不靠，用自己的知识、智慧、能力去迎接与面对困难和挑战，敢于创新和标新立异，善于独立思考和解决问题，并承担相关的责任的人格。

在科技期刊办刊人中，相当的办刊人总不想付出辛勤劳动，企望走捷径成为品牌期刊：一是通过改变主办单位的方式；二是加入品牌期刊方阵；三是设立了众多的顾问、名誉总（主）编或主任委员等——全是全国的知名人士担任。

上述办法是否有效呢，查中国科学技术信息研究所和万方数据主持编写，由科学技术文献出版社出版的《中国科技期刊引证报告》（核心版）中各刊的指标数据即可知道。

种瓜得瓜，种豆得豆。不播种、不付出，收获从何而来呢？因此，依存性人格、不愿付出者是不会成功的。

（二）抓科技期刊独立人格的背景。凡属于依存人格者，往往缺乏自信心和创新性，即使有某种能力，由于缺乏自信就难以充分发挥和展现才能。相反，具有独立人格者，善于独立处理难题，由于充满自信，在紧急时刻还能激活潜能和背景知识，更好地展示才华和能力，而21世纪的竞争是展现能力的竞争。

1、科技期刊独立生存发展能力。随着国家改革的深入，政治体制改革的推进，寄希望于靠某一单位养着或靠某一方阵求生存的传统观念运作科技期刊，肯定会有一天步入死胡同。就如改革开放后兴办的许多小企业，对国家一再倡导的调整产业结构、产品升级换代、降能减耗等不闻不问，当全球金融海啸来临时以关门了结。相反，一些按国家提倡的方针办的企业，却安然无事，且更上一层楼。这充分说明，在全球经济一体化，地球村落化的时代，国际传媒强者正积极挤入我国市场之际，具有独立人格的办刊人，才有可能抢占先机，引领国内科技期刊冲杀出去，为国争光。

2、科技期刊办刊人的创新能力。千年一个面孔的时代一去不复返了。一本科技期刊永远以一副面孔迎接读者，肯定会退出历史舞台。因而，科技期刊的形式、内容等均应不断依读者变化而变化——根本是吸引读者能自愿花钱购买而不是靠赠送。没有独立创新能力，没有独有的特征，就不会成功。

应当指出的是，不同类别的期刊即不同受众的期刊，其办刊运作方式是不同的。

3、科技期刊办刊人适应市场变化的能力。当今由工业经济转入知识经济时代，只有适应时代变化，只有抓住时代特征能力者会兴旺。如近年来有一本期刊，采用独立性人格方式运作，仅2004年7月至12月，其流水达12,000,000元之多。运作方式体现知识经济特征，成本很低，收益很高。其刊并非什么品牌系列，也没有更多名人挂名，靠的是办刊群体的睿智，特别是办刊人中决策者的眼光、学识等。

4、科技期刊办刊人必须具有强的争夺受众眼球的能力。科技期刊从宽泛角度理解，既具视觉经济，又具体验经济，还具零距离经济的特征。说其具有三种经济特征是因为：首先要能吸引受众的眼球，受众才有可能去翻阅；其次要有好的内容，受众翻阅时使之感受良好，认为可从中获得知识，提升自我价值，或者有良好的心理感受，高的精神享受；第三是受众无论阅读传统纸质本或是网络版本，属于零距离接触，若深感有留存价值，必然订阅保存。故很多人认为科技期刊很好办，实际是不懂其真正特征，不懂时代特征，不知受众口味变化快的特征等，更缺乏现代社会学、人口学、心理学、美学、语言学、艺术学等学科知识的缘故。科技期刊办刊人要在争夺受众眼球的竞争中取胜，切不可不把内容和形式放在首位，切不可忘记科学发展观，切不可忘记双赢或多赢的战略策略。

**二、科技期刊实施独立人格管理的运作**

科技期刊运作中如何实施独立人格管理办法是一个很有价值的课题。特别是当前，依存性人格氛围中，如何实施独立人格管理，其具体的方法更合适，或许会有不同见解。

（一）科技期刊办刊人独立人格的基础

科技期刊办刊人独立人格的基础是能力、自信、智慧、眼光、学识、敏感、善抓机遇的勇气和魄力。科技期刊办刊人没有钱，不能怨天，也不能怨地，只能怨办刊人没有整合资源、识别有价之物的能力。因此，科技期刊办刊人除了有专业专家外，更需要一批具有非线性思维、眼光超前、能战胜自我、勇于开创未来的复合型人才起主导作用。否则，只能靠他人救济生活。

（二）科技期刊办刊人中决策者的独立人格决定一本科技期刊的未来

1、科技期刊办刊人中的决策者。每本科技期刊的办刊决策者包括：（1）正副总（主）编；（2）科技期刊编辑部正副主任或社长。

2、科技期刊办刊人决策者的独立人格决定科技期刊未来的命运。科技期刊办刊人决策者依存性人格的表现：（1）遵循传统办刊运作模式运作；（2）对办的科技期刊无发展规划及目标，得过且过，以不出现重大问题为满足；（3）积极争取加入一个已成品牌的方阵，对自身刊用文章内容毫无选择标准；（4）全年无重点号，无专题策划、无前沿性科技论文刊出；（5）办刊运作经费无能力解决，只能靠主办单位供给维持（个别特种期刊除外）；（6）谈及科技期刊的未来一无所知，问及科学技术走向，只知自己所从事专业的一般动态；（7）以收取版面费维持期刊生存和自身收益，谈及论文把关一无所知；（8）其办好科技期刊的想法是，能运转就运转，不行就不办了等等。

从上述依存性人格办科技期刊的现状即可知质量、品牌对于他们而言毫无意义，因而也就不可能创办出国际、至少国内的一流科技期刊。但历史告诉人们一条真理，人类中只需20%的人创造的剩余价值即可解决人类生存问题。办好科技期刊靠的是少数具有独立人格者，他们有时代感、国家的责任和使命感。只有具有独立性人格者才会注重科技期刊的生存与发展不能依靠某一单位供养，因被供养者的内心感受未必好，必然压制其智慧的发挥；另外时时处处都很易被人指责，或者说，很难贯彻办刊宗旨，也很难有自主决策权，在这一氛围下办成高质量期刊是不可能的。因而只有具有独立人格的办刊决策者，会以独特的智慧、眼光进行创新，走出一条与依存性人格不同的新路，使科技期刊能自我生存、自我发展。

（三）实施科技期刊独立人格管理办法

依存性人格实际是人性的负面效应，即以满足基本需求为满足，不愿冒险，不愿付出，不愿意多承担责任，怕吃亏等，实际上是懒汉思想居主导地位。谈及科技期刊现状时，都说与体制有关，多劳者没有体现，少劳者也没有体现。从人性而言，能自觉奉献，不计报酬者需进入新的思想境界才行。

依存性人格完全可以转变成独立性人格。科技期刊办刊人，如果真的从政策和管理机制上下工夫，目前的科技期刊应当都能找到自己的生存空间。中国农村改革就可以证明。在改革开放前，更多的土地，却让农民缺吃少穿；而在改革开放后，更少的土地，全国的票证都取消了，中国人生活富裕起来了。为什么？计划经济体制时代的农民是过依存性人格的生活，而进入市场经济体制后，全国人民都开始走向过独立性人格的生活，这就调动了所有劳动者的智慧，创造的剩余价值增加了。目前的科技期刊也一样，一旦有合适的政策，每一本科技期刊都可找到自己的受众，中国人民的科学素养也就会大大提高。应当说，目前一些有消费能力的人，找不到自己满意的科技期刊，而科技期刊办刊人还在埋怨人们有钱不买期刊。

1、政府改变科技期刊运行机制。通过改变科技期刊的运行机制，充分调动科技期刊办刊人的积极性，他们会千方百计去找受众，改变形式，提升内容，让受众满意。其中应限定在规定时间内完成转制，对刊名及宗旨也应允许变更，现行的相关规定依然可以让其遵守。否则，吊销其办刊相关证件。

2、科技期刊办刊人的选拔应进行严格的面试及笔试。面试是全面评估应聘人的反应能力、价值取向、观察与思变能力、灵感及人格等；笔试是考察其文字功底、语言思维逻辑性、把握文稿核心能力、想象与联想能力等。

3、科技期刊应加强办刊人独立人格培养。科技期刊办刊人的决策者应在日常工作中加强对全体办刊人独立人格的培养，有利于办刊人全员形成独立性人格。

（1）对每一个办刊人的培养：除特殊紧急的请求外，不是直接告之解决办法，而是让其主动找出解决的办法后再共同讨论其方法的可行性。

（2）依不同能力的人交给一些项目的独立策划。让下属办刊人完成具体项目策划，组织全部办刊人共同评价策划的质量，尔后由决策者进行相应点评。对策划不成功者，征求策划者意见后，一是再次修改策划计划方案；二是直接交与大家讨论。

（3）经常组织相关的学习和讨论。通过学习与讨论，开拓办刊人的眼界，扩展知识面，调整知识结构，提升每一个办刊人独立完成办刊相应工作的能力，摒弃懒汉无作为思想，争取作一流的办刊人。

**提示性范例11-2**

甲刊办刊人追求的是办国内一流的学术期刊，乙刊的办刊人追求的是生存、挣作者的版面费过日子。甲刊创办不到3年进入国家核心期刊，因其刊用的论文多是国家攻关课题、自然科学基金课题的论文。而乙刊创办时间虽超过甲刊，但进不了国家核心期刊，因其是依赖国家级收版面费过日子。

不同的人格特征就有不同的追求，效果也不同。乙刊反映在期刊上的是所发表的论文的学术质量低下，或者无学术可言，其中有些文章可能是克隆的，即便不是克隆，也是陈旧、过时的信息。

# 第三节　科技期刊管理运作中的方法

科技期刊的管理工作者，特别是办刊人中的决策者，如何能对每一个办刊人，或是某些问题产生的主与次因素了如指掌，需要有一些方法帮助。从管理科学角度，方法十分多。如双因素理论、期望理论、因果分析图（鱼骨刺图）、穆迪优先图表法、莫顿管理方格图、周哈利窗等数种。但从管理学角度讲，科技期刊办刊中有两个层面，即领导层面和管理层面。两个层面的工作各有其特性，而目前科技期刊办刊中，将两个层面混在一起，因而无论总（主）编、编辑主任或社长，身兼双重职能，而相当数量的人只注重了具体事务性工作，没有承担双重身份的职能，也是影响科技期刊全面发展的重要因素。

**一、领导与管理各有侧重面**

科技期刊办刊中，主管单位、主办单位、科技期刊编辑部或期刊社，每一个层级都有领导与管理的双重职能，而管理者又分为3个层次，每一层次对能力则有不同的要求。

（一）领导与管理有不同侧重面

人们习惯于将领导与管理不分，认为管理者也就是领导者，领导者就是管理者。实际上领导的内涵为率领并引导某一群体朝一定的方向前进；而管理的内涵是负责某项工作并使其顺利进行或对某对象物的保管与料理或者是对人/动物实施照管并约束的工作。由此可知，领导与管理二者不能混淆。

1、领导的职能。领导职能是——指明方向、把握机遇、开拓局面、选择路径、创造势态、配用人才，关键是为公和以人为本，核心是决策。如科技期刊办刊中的可做与不可做，以及前进目标及什么样的人可以胜任等的宏观决策。

由上不难看出，领导确定发展战略及主攻方向、前进的阶段目标与总目标，将发展规划形式变成全员的行动。从心理入手，引导开发利用人的智力智慧资源，启发全员的自觉性，鼓舞众员工的斗志，激励人们实现目标和不断自我超越。为此要注意工作的艺术性，要因势利导。而领导者自身要有超前性的眼光与学识，能预测社会与科学走势及具有开拓新局面的人格魅力。

2、管理的职能。管理者职能——选择科学的方法，建立良好的秩序，严格执行规范与章程，保证不偏离目标方向，在既定路径上创新和确立以人为本的激励机制，关键是搭建人人实现自我价值的平台，核心是充分调动每一个人的潜能和智慧。

从管理职能出发，应依领导确定的战略目标规划制订战术计划，部署落实目标规划的具体措施，充分依照职能，各自显现才能，保证高效低耗的运行。为此，转变观念和思维方式，从以物质资源创造财富为主转变为以知识和智慧资源及能力创造财富为主，遵循科学发展观，面向世界和未来，体现先进生产力和先进文化，遵章守法，消除离散性、维持性、平庸性、无作为性、守业性的理念，用非线性思维，实现跨越式发展。

目前，科技期刊的编辑部主任或期刊社长既不是单纯的领导者，又不是单纯的管理者。其中有相当的人所承担的角色既是领导者又是管理者，还是具体工作者。集三重角色于一身的办刊人，更多的变成了一个科技期刊办刊的具体工作者，几乎不承担领导者的角色，顶多是完成了一定的管理者的工作。这样的话，科技期刊难办成一流期刊。

（二）正确认识领导者角色才能当好领导

许多人追求出任科技期刊领导，认为担任领导既风光，又是享受。其实领导是目标制订者、规划者、带头执行者；领导是内部利益关系的协调者和赏与罚的执行者；领导是单位对外代表者，是单位的榜样、象征、替身、理想者、牺牲者；领导是所在单位专业的专家学者，要有新理论和新思想，关键时刻能将众人讲不清的问题讲清楚，将众人说不明白的问题说明白等。应当说，领导不光是荣誉，更不是享受，而是责任和奉献，还有一种率领众人走向世界的使命。当员工可以混日子而在单位看不出损失，一旦领导混日子，在单位的方方面面立即显现。

**二、科技期刊管理运作中的方法**

科技期刊管理工作中，办刊人中的决策者，必须对每一位员工的能力，对影响科技期刊质量或发展的主与次因素，对科技期刊效益变动的因素等心中有数，以便采取有效措施解决问题。可以选用的方法很多，此仅介绍两种方法。

（一）穆迪优先图表法（穆迪次序图法）的运用

穆迪优先图表法是由美国的保罗·穆迪（Paul E.Moody）著的《决策（Decision Making）——获得较佳决策的方法》’一书中提出的。

穆迪优先图表法简单，用于帮助一些面临多项选择的决策人。其方法有：（1）简单优先图表；（2）多个输入加权优先图表；（3）组合优先图表；（4）优先图表的扩充使用。

此仅以简单优先图表在科技期刊管理中应用——影响科技期刊质量因素排序进行分析。具体操作方法不作介绍，有意详细了解可查阅人民交通出版社出版的保罗·穆迪译本。这里介绍这一方法的目的是此方法正如作者所说，比较简单，易于理解和应用，且很实用，并可以广泛应用于科技期刊管理工作之中。

下面将穆迪优先图表法的第一类——简单优先图表用于分析“影响科技期刊质量因素”中，结果见图11-1。

简单优先表：

图中和数越大，显示出越是优先因素，说明编辑部主任/社长最主要。可能有人认为总（主）编最重要。编辑部作为编委会常设机构，一切往来稿件先到编辑部，若主任不认真，不负责任，不把编辑工作抓紧、抓实，总（主）编有再高的水平也难于代替编辑部主任及所有编辑的职能。

图中的分值首先用第一因素与其他9个因素逐个相比，如果我们认为因素二更重

| 行因素 | | 列因素 1 | 2 | 3 | 4 | 5 | 6 | 7 | 8 | 9 | 10 | 总和（分） |
|---|---|---|---|---|---|---|---|---|---|---|---|---|
| 正副总（主）编 | 1 | | 1 | 1 | 1 | 1 | 1 | 1 | 0 | 1 | 1 | 8 |
| 编辑人员少 | 2 | 0 | | 0 | 1 | 1 | 0 | 0 | 0 | 1 | 0 | 3 |
| 缺优秀作者队伍 | 3 | 0 | 1 | | 1 | 1 | 0 | 0 | 0 | 1 | 0 | 4 |
| 缺年度报道计划 | 4 | 0 | 0 | 0 | | 1 | 0 | 0 | 0 | 1 | 0 | 2 |
| 审稿专家队伍 | 5 | 0 | 0 | 0 | 0 | | 0 | 0 | 0 | 1 | 0 | 1 |
| 编委队伍 | 6 | 0 | 1 | 1 | 1 | 1 | | 0 | 0 | 1 | 1 | 6 |
| 编辑队伍 | 7 | 0 | 1 | 1 | 1 | 1 | 1 | | 0 | 1 | 1 | 7 |
| 编辑部主任/社长 | 8 | 1 | 1 | 1 | 1 | 1 | 1 | 1 | | 1 | 1 | 9 |
| 期刊缺权威性 | 9 | 0 | 0 | 0 | 0 | 0 | 0 | 0 | 0 | | 0 | 0 |
| 激励措施 | 10 | 0 | 1 | 1 | 1 | 1 | 0 | 0 | 0 | 1 | | 5 |

图11-1 影响科技期刊质量因素分析图

要，将“0”分记在第1行第2列的方格中，而将“1”分记在第2行第1列的方格中。然后再用第一因素与第3因素比，若认为第一因素更重要，则将“1”分记入第一行第3列的方格中，将“0”分记在第3行第1列的空格中，详见图11-2及11-3。依此类推，完成第一因素与其余7个因素比较后，再按上述方法逐个完成第二因素与剩余的8个因素比较及第三因素与剩下的7个因素的逐个比较……

穆迪优先图表法在科技期刊管理工作中具有广泛应用价值，尤其是应灵活运用，当然不能离开基本精神与原则。

哪一因素对降低管理效率影响最大？

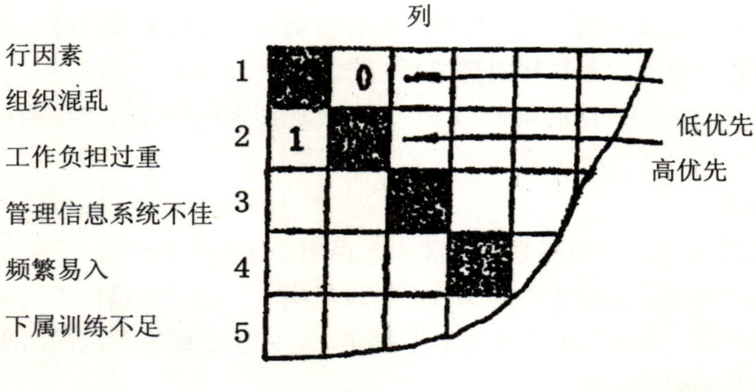


图11-2 只作了单次比较的优先图

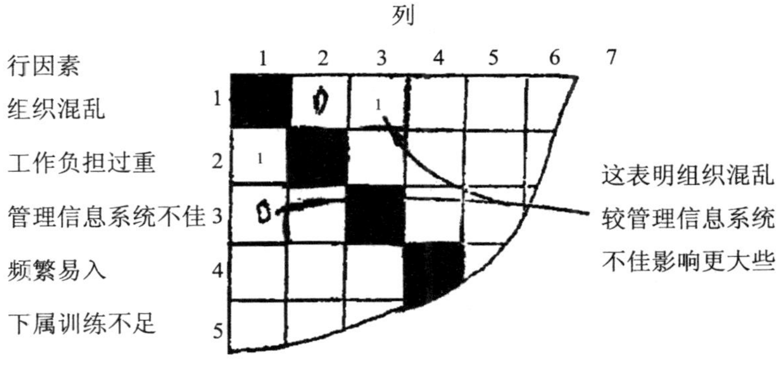


图11-3 二次比较后的优先图表

（二）周哈利窗（乔哈资讯窗）管理方法应用

周哈利窗是白美国心理学家Joseph Luft和Harry lngham提出的，故称周哈利窗。该窗可帮助我们理解信息沟通的进程，并用于展现和提高个人与组织的自我意识等。周哈利窗分为4个象限。

第一象限为公开透明区，自己和大家都知道的内容等。

第二象限对自己而言是盲区，自己不知道，而他人都知道。

第三象限对自己而言是隐私区，自己知道，别人都不知道。

第四象限是未知区，即自己和他人都不明白，或不清楚。

按周哈利窗的提出和应用等，目前它已成为一种管理模型，具有广泛应用价值——作为一种培训方法，作为一项组织发展工具，作为一项自我发展工具，还可用于教学、研究、管理、分析评价等方面认知活动。

依照周哈利窗的特征，可将它应用于一科技期刊办刊的核心人物对期刊状况的评价分析中，详如图11-4。

周哈利窗（四分图理论）应用：

第一象限：自己认为期刊办得好，读者及他人也认为办得好。

第二象限：自己认为期刊办得不好，读者和他人认为办得好。

第三象限：自己认为期刊办得好，读者和他人认为期刊办得不好。

第四象限：自己认为期刊办得不好，读者和他们也认为期刊办得不好。

这里对办刊的核心人物而言，第三象限的情况很值得重视，应寻找原因。而第四象限都评价不好时，如何走出困境是重要选择与决策阶段。

说周哈利窗可以广泛应用，如将“好”换成“认识”，将“差”换成“不识”时，可作为一本科技期刊主要办刊人，其对科技期刊“办得不好”或者“经营不好”状况的分析。在第一象限，说明“办得不好”或“经营不好”的原因，他自己和大家都认识到了；在第二象限，说明他自己未找到根源，别人都清楚其根源；在第三象限，说明他认识了问题的症结，别人未明白其症结；在第四象限，说明他和别人一样未能弄清“办不好”或“经营不好”的根源。

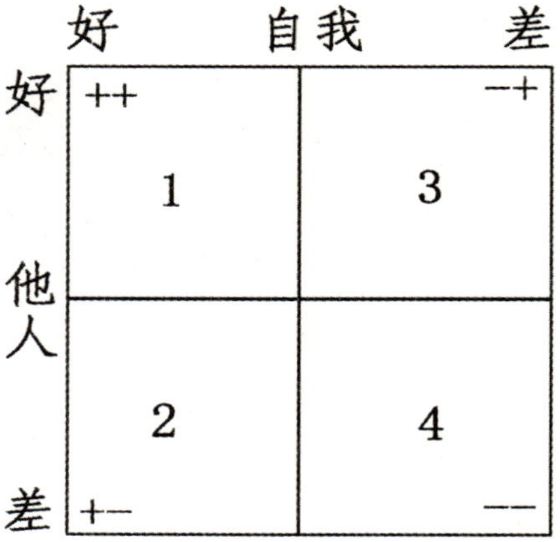

图11-4 办刊核心人物对自办刊物认知与他人评价图

作这样分析的价值：处于第一象限的情况时，主要办刊人与大家共商消除其主要影响因素后，即可解决问题；处于第二象限时，提示主要办刊人应深入大家之中，听取意见和建议，然后再集中大家智慧，订出具体措施，消除根源，办好科技期刊；处于第三象限时，主要办刊人应将大家不知的因素公开，让大家知道，共同消除症结，办好期刊；处于第四象限时，需要主要办刊人深入大家之中，乃至听取局外人士或同行意见，团结全体员工、认真分析，找出主要影响因素，齐心协力应对和排除，提升士气，迎接挑战，共同办好科技期刊。

**提示性范例11-3**

某医院急诊科在发展速度上慢于其他医院，患者意见也较多，该科室也总是想加快发展，使患者满意。科室全体人员齐心协力找原因，提出了数十条原因，但如何才能抓住最关键的制约因素？该科护士长参加过现代管理学习班，把在学习班上学会的穆迪优先图表法运用上了，通过该法找出了前10个制约因素，在4个制约因素中又找出了“急诊意识不强”是首要原因，“科研能力较弱”是第二位的原因……依此结论，狠抓全员的“急诊意识”，再抓急诊的科研工作，通过全员努力，该院急诊科很快改变了面貌。

这一个范例，可供一些科技期刊找不出办不好的主次原因之用。当找出主要原因之后，应下大力气进行改进。

# 思考讨论题

1、科技期刊制订发展目标规划的意义何在及其制订的方法？

2、独立人格的内涵及其在科技期刊中的应用方法？

3、领导与管理的差异何在及科技期刊管理者如何兼顾两种角色？

4、穆迪优先图表法和周哈利窗在科技期刊管理中的应用方法？

# 第十二章　新世纪科技期刊论文审评提示

**本章要点**

1、科技论文审评专家的职能与技能
2、科研的类别划分提示内涵
3、科技论文审评关注要点
4、科技论文选优淘劣的思路
5、各种文体的科技论文审评要点

科技期刊的论文，特别是正规科技期刊的论文，首先由编辑部初筛，尔后再送同行专家审评。但如何实施初筛，专家如何审评，虽在审稿单上作了提示，但对如何选择优质文稿、淘汰违法违规等劣质稿件，缺具体指导。老的审稿专家摸索出了一套审评办法，而被新聘任的专家只能按自己的纯学术角度对文稿作出评价和取舍的决定，无形之中步入了科学主义的单纯技术能行即可选用的行列之中，忽视了从人文主义倡导的不是纯技术上的可行就可行，还要从人文社会学角度评审该不该推广的角度审评。特别是在当今自然环境恶化、生态破坏严重、科学快速发展、学科融合与分化同时加快的趋势下，新世纪的重要特点之一，就是国政府，包括我国政府，特别强调了要面向现代化、面向世界、面向未来，要代表人民根本利益、要代表先进生产力、要代表先进文化和严格遵循科学发展观——第一要义是发展、核心是以人为本，科技期刊选用论文、公布科研成果时，要与时代相一致，故对科技期刊论文能否刊用的评审显得十分重要，在本章中分别就相关的问题进行分述。

## 第一节　科技论文审评专家的职能与技能

科技期刊设立论文审评的目的就是要选择最好的文章刊出，防止刊出低质或违反法规的论文。应当说，优秀的审评专家往往称得上同行中的灯塔。他们以渊博的学识，卓越的才华、敏锐的眼光、超凡的思维鉴别论文的价值。其签署的审评意见就是一篇富有时代性的有深度和高度的学术点评，给人以启迪、智慧，告诉作者怎样才能写出优秀的学术论文。因此，科技论文审评专家应具有一定的职能和一些特殊的发掘技能，从看似普通文稿中发掘出有闪光点的东西！

**一、科技论文审评专家的职能**

承担科技论文审评的专家，首先要有一种荣誉感，其次要有一种责任感。被某一科技期刊聘为论文审评专家，既是该刊编辑部对其学识、眼光的肯定，又是对其人格人品的认可。被聘为某刊的审评论文的专家后，在珍惜荣誉的同时，就要承担起一种责任，要尽到责任就应明确职能。

（一）保护作者的知识产权的职能。科技期刊编辑部接收到的每一篇论文，都是作者辛勤劳动的血汗和智慧的结晶。在发表前，编辑人员送给审评的专家，应遵守编辑部的保密原则——即作者的文稿除编辑、接受审评的专家可阅读外，不可给第二位无关人员阅读。编辑和审评专家不能从私利出发压后审评，更不能利用作者资料抢先发文。也就是说，作者的文稿应按密件对待。

（二）对论文进行审评选优的职能。审评专家对每篇科研论文审评时除应重视第二章中表2-2的内容外，还应从下述方面审评：（1）独创性，设计方案、方法、结果的有效性；（2）对观点或结论的论证强度、解释的时代性、推理或推断的逻辑性、结论的可靠真实性等；（3）发现被作者忽视的很有价值的结果与数据、提示作者挖掘并进行深度分析。

（三）对论文审评中淘汰劣质文稿的职能。每一位论文审评专家审评论文时，除特别重视第二章中表2-1的内容外，还可从以下几方面审视：（1）隐性缺陷或失误。作者本意是好的，但作者的人文学、社会学、政治学等知识缺乏，仅从科学角度考虑，忽视了人文社会及政治学方面的要求。（2）延伸性缺陷或违法违规。作者本意是科学的发展，但因缺人文、社会、法学、伦理学等多学科知识而难于发现问题。相反的是具有前述知识，善于从延伸角度分析者，即可发现其违法违规的实质。

（四）维护科技论文以质量取胜的公平发表的职能。科技论文送审时的三不送原则：（1）不送学术观点对立者审；（2）不送有关联者审评；（3）不送给作者同一单位者审。一旦因编辑人员不知情或工作疏忽，审评专家接收到违反三原则的审评论文时，对收稿者而言，是对其人品、人格的一种考验，应当：（1）本着质量优先的原则，公平签署自己的意见，可同时建议请一位同行专家再审；（2）不签审评意见，婉言谢邀，建议另请同行专家审评，尤其对低质文稿更应避嫌。

**二、科技论文审评专家必备的工具与技能**

凡承担科技期刊论文审评的专家，特别是权威性品牌期刊的审评专家，往往觉得这是一种荣誉。但要出色完成审评任务，必须有一些必备的工具和技能，否则未必能出色完成审评任务。

（一）科技期刊审评专家必备工具

1、必备的基本书籍。（1）《文科论文写作》，张盛彬著，北京大学出版社；（2）《怎样写学术论文》，王力、朱光潜等著，北京大学出版社；（3）科学出版社出版，中国科学院主编，每年均出版的《科学发展报告》、《技术发展报告》；（4）古汉语大词典等工具书；（5）相关专业的权威期刊；（6）相关的人文社会科学书籍及工具书。

2、电脑。拥有多年便于接受审阅文稿、查找相关的资料。值得指出的是，上网可作为应急之用，可靠还是纸质版书或刊。如从网上查严蕊的一首词——卜算子，不是爱风尘，上海古籍出版社版："不是爱风尘，似被前缘误。花落花开自有时，总赖东君主。去也终须去，住也如何住！若得山花插满头，莫问奴归处"。而从网上查出的版本一："不是爱风尘，似被前缘误。花开花落自有时，却赖东居主。去也终须去，住也终须住。待到山花烂漫时，便是奴归处"。

网上版本二："不是爱风尘，似被前身误。花落花开自有时，总是东君顾。去也终须去，住也如何住。若得山花插满头，莫问奴归处"。

网络版一或网络版二互不全同，而与上海古籍出版社出版的《宋词选》也不同。别的且不论，仅就"花落花开自有时"看，据严蕊作词的背景，这一句反映了她落难时对新任官员的期望。再如"为求一字稳，耐得半宵寒"的作者网上有的说是顾文伟，也有的说是欧阳修，也有的说是贾岛。因此，"书还是要捧着读"。

（二）科技期刊审评专家必要的技能

1、从网络获取信息的技能：从网上获取信息是必要的基本技能。

2、激活背景知识的技能：在审评论文中遇到不熟悉的难题时，特别涉及交叉学科、边缘学科、新兴学科、多学科知识融合的论文时，激活日常所学的多学科知识，用非线性思维对论文进行分析判断，决定其价值。

3、获取知识的技能：在当今知识经济时代，知识老化快，新知识产生快，要能与时代同步，关键要掌握吸纳知识的知识，学会学习的方法。否则，易因老化的知识和技术而降低自身对具有引领时代科学前进方向性论文的识别能力。

4、善察的技能：在审评论文时：（1）善于发现他人察觉不出的问题的能力；（2）善于发现论文中的某些特别价值加以肯定的技能。

**提示性范例12-1**

某作者将一组科研论文投寄给A刊，A刊未经作者许可，便将该组论文编入全国巡讲的资料汇编。

目前，不少科技期刊，对作者投寄到编辑部的论文或写作设想，随意给第三者看，或向第三者透漏，这都是违背将作者"论文当作密件"处理的行规的。

# 第二节　科技论文审评中选优淘劣的方法

科技论文审评专家最重要的使命是发掘别人发现不了的优质论文，察觉别人发现不了的违法违规等问题，帮科技期刊把好关。

**一、科研的类别与论文审评时的关注点**

（一）科研的类别层次

论文审评专家在审评科研论文时，首先要分清其科研属于什么层次的；其次要看有无新的发现、新的突破、新的结论。不是科研后撰写的论文都有发表价值。

1、表层——以解决地区的实际问题为目标的选题，以引进先进技术、方法加以应用为主，创新性不强，常称为地区水平。哲学角度：以解决局部问题为对象。

2、浅层——眼前的、重复的、无突破性发现，属于小改进、技术层面，一般性创新性文稿，省区水平。哲学角度：以疾病为对象。

3、中层——有创新性、实用性、推广性，但结果无重大突破和发现，无冲击性，有一定新意，国内有影响的文稿，国内前沿水平。哲学角度以整个人体为对象。

4、深层——前瞻性、前沿性、方向性、引领时代潮流、有重大突破和发现，对人类贡献大，生产出新理论、新知识，产生高效益，文稿刊登可能被MEDLINE等收录，对国内外同行有冲击性的文稿，国际前沿水平。哲学角度：以人类为对象。

5、内核层——开创性研究，研究者采用非线性思维进行跨学科领域研究，研究视角是以人为本，立足人与万物和谐共存为基点，有利于自然环境、生物资源、宇宙空间、海洋和星球的原生态恢复或维护，探索人类难题的破解、经济增长和人们生活享受不是以物质资源的过量消耗、生态文明被破坏、伦理道德沦丧为代价。研究成果是传统理论、知识、技术、方法被突破，诞生新理论、新思想、新技术、新方法，从而解决了人类长久难于解释的现象或难于破解的难题，推动了科学技术、人类社会的进步，人类视野的拓展，新学科、新专业诞生，对全人类有冲击，属人类的前沿成就。哲学角度：以全人类和自然环境与宇宙为对象，像爱因斯坦的《相对论》等一类的研究成就。

（二）科技论文审评的关注点

所谓科技论文审评关注点就是对科技论文，特别是对开展科学研究后所撰写的论文的一些涉及论文科学性内容的审评。

1、评价论文稿件质量的关注点有两个方面：（1）科学研究的质量；（2）研究结束撰写论文描写的质量，应全面、扼要、简明地介绍研究的各相关内容。

2、判定论文的读者对象：一是临床医师。（1）愿阅读反映科学研究全貌的论文；（2）对总结性数据感兴趣，因对临床诊疗工作有借鉴应用价值；（3）对科学研究结论有兴趣。因临床工作忙，知道结论就可以应用。二是科研工作者。（1）喜阅读科研细节描述，可从中发现不足或挖掘新的研究课题；（2）对方法学及论文中用表格公布的各项研究数据等感兴趣。有论文兼顾了两类读者的兴趣，这样的论文影响面扩大。

3、写评审评语时应先思考的关注点：

（1）研究者研究的问题的价值：很重要；比较重要；一般性研究；不重要。

（2）研究者公布的研究结果受读者欢迎度：很欢迎；欢迎；一般性兴趣；没有兴趣。

（3）科学研究方法是否无懈可击：方法很科学；方法科学；方法一般；方法有缺陷；方法有严重缺陷。

（4）研究对象选择的科学性评价：很科学；科学；一般性；欠科学性；很不科学。

（5）科学研究设计方案评价：方案设计科学性强；方案设计科学性比较强，方案设计有科学性；方案设计一般；方案设计欠科学；方案设计很不科学。

（6）研究有缺陷的数据可否变废为宝：专家在审评研究者成果时，如果发现研究有重大缺陷，无法按原研究设计和目的发表研究结果，审评者可否用非线性思维，换一个视角，重新构思，收到“柳暗花明又一村”的效果呢？这不仅尊重了研究者的劳动，也使相关的投资没有白投，更体现了专家的学识。

（7）论文写作是否合乎文体、全面、描述清楚，解释是否合乎逻辑：新颖性、真实性、可行性等。所谓真实性，即排除造假伪劣品。

**二、科技论文审评时选优淘劣的思考方法**

什么论文是优质的，什么样的论文是应当淘汰的劣质论文？在科技快速发展、加速融合和分化、人类生存环境日益恶化的今天，对科学发展、科学研究的方向及其成果，不能只从自然科学的角度进行审评，一定将人文科学、社会科学、WHO和国家的宏观政策用于对科技论文的审评之中。但涉及审评专家的知识结构调整、眼界的扩宽、眼光的放远、时代使命感要增强、对国家的方针政策的熟悉等诸方面。下面就论文审评中如何识别优质论文、如何把住不应发表的论文的关键点及其发掘方法用表的形式列出，详见表12—1及表12—2。

论文审评专家如何发现优质论文，如何淘汰劣质论文？表中所提的方法，靠每一个专家去感悟，无一把万能钥匙。一是要有淘劣选优的意识，从表中的各关注点上进行关注，不同的论题需有不同的审视角度才能达淘劣选优的目的；二是需要有各方面的知识；三是采用系统思维、非线性思维、分合思维、逆向思维，以及联想、推理，举一反三，并运用学识、眼光、灵感进行分析判断的方法进行审评。

提示性范例12—2

医学从来就不曾是一门纯粹的科学，而是包容人类社会各种价值观的综合体，本质上是一门“人学”。它穿透人文与科技、道德生活与商业运作、世俗关注与终极关怀的各个层面，表达着人性、知性、理性的深刻关系……但人们不曾把视野拓展到整个医疗

表12-1 论文审评时发现违规问题的方法提示

| 关注点 | 显问题 | 潜问题 | 延伸问题 |
|---|---|---|---|
| 有无违背办刊宗旨 | 熟悉送审稿件编辑部所办期刊的办刊宗旨，依期刊宗旨判定取舍。 | 类似软性广告的文稿等 | |
| 有无违背“三个面向” | 论题的精神实质是否符合面向现代化、面向世界、面向未来。 | 有的论文表面符合，实质是违背的。 | |
| 有无违背“三个代表” | 论题的精神实质是否符合人民的根本利益、先进生产力、先进文化。 | 有的论文表面符合，实质是违背的。 | |
| 有无违背科学发展观 | 论题的精神实质是否强调或符合发展是第一要义及以人为本，单强调发展，牺牲生态文明和以人为本都不行。故审评时需从整体出发，用非线性思维分析，需多学科知识运用，才可能判定清楚。 | 有的论文中，可能是一个观点或是一两句话或是倡导的做法显出违背科学发展观。 | 特别是注意作者强调的操作等方面有可能偏离以人为本。 |
| 有无危害社会安定团结 | 论题报告的内容，如果公布，如部分人难接受或难以认同等，这类论题报告应送交政府相关部门解决，不宜发表在期刊上。 | 有些论文中的内容间接引出社会问题。 | |
| 有无违背政治方向 | 中国实施的是在中国共产党领导下的多党合作，并确定了许多目标、方针政策。如果论题的精神实质有违已定的方向及方针政策，不宜在期刊上发表，可建议作者递交相关部门解决。 | 有些论文中有可能只用一两句话就否定了政治方向。 | |
| 有无违背国家政策 | 论题的精神实质与国家的宏观或微观政策相悖时，不宜在期刊公开发表，宜送政府相关部门研究协调。审评者须熟悉政府及相关部委办的各类政策，并运用多学科知识才能签准结论。 | 有的论文表面与政策相一致，实质是相悖，即表面说是支持，而做法上是完全相反的。 | |
| 有无泄露国防与重大战役的内容 | 论题的数据与描述涉及国防建设或某些重大战役时，审评者无相关知识时，可建议送部队相应机关审评，切不可盲目签取舍的意见。 | 有些论文公布局部数据等，但可由局部看到全局的状况。 | 从一幅照片或一组数据等可推出全局状况 |

（续表）

| 关注点 | 显问题 | 潜问题 | 延伸问题 |
|---|---|---|---|
| 有无违背台港澳的表述原则 | 论题中的数据及描述涉及台湾、香港、澳门时，审评者若无相关的处理知识，不可盲目签取舍结论，建议送国家设立的相应机构的负责人确定其可否发表及解决办法。 | 论文中提及各名称等时往往易出问题。台、港、澳出现时不宜与国家名称并列，宜在名后加上“地区”。 | |
| 有无违背国家统一和主权及领土完整的表述 | 论题中的数据、实例、图形、名称等涉及国家主权统一和领土完整的，审评者应十分慎重，没有完全把握，切不可签取舍意见，应建议编辑部送政府的相关部门把关。 | 一幅照片或一个地名等的公布或描述不当可引出政治风波。 | |
| 有无危害国家安全、荣誉、利益 | 论题中公布研究出的数据，如一些均数及指数等的描述，审评者如果没有相应的知识，最好不要签取舍意见，应建议编辑部送政府相关部门把关，论题中的内容涉及民族方面的表述、数据、结论等，审评者一定要依民族政策进行把握，如涉及少数民族的生活习俗表述，应十分慎重，无足够把握者，应建议编辑部送相关部门审定。 | 论文中的某一两句话或某一两个数据表述不当而潜存大问题。 | 公布照片与相配文字等应审慎，尤不应将一个人的行为当做一个民族的行为看。 |
| 有无宣传淫秽、暴力，危害社会公德 | 论题中涉及男女和社会现象的调查报告时，对其公布的数据、照片、描述，应很严肃地审评，审评者应有能力把关，关键是不能过度的、过详的、过深的描述，无把握时建议送政府相关部门审。 | 论文中有时一张照片或几十个字的表述就可能潜在大问题等。 | |
| 有无违背国家宪法确定的原则 | 国家宪法是国家最权威的大法，为公民定下了行为准则。论题中的一切表述等均应符合宪法。我国正加速法制建设，在这一进程中，有个别论题中有可能出现违背国家确定的基本原则的表述，审评者应运用国家宪法去衡量其表述的合法性等。 | 论文中有可能有一两句话或用数据与结论不当而潜在大问题。 | |
| 有无违背法律法规禁刊的内容 | 我国民主制度建设加速，文化多元，有时有的论题中也会有一些违背国情的表述，故审评者不仅需有政治的敏感性，也需有眼光，善于联想，从多角度分析其论点的可行性，必要时，建议编辑送懂法的人员或市委的宣传部研究解决。 | 有的论文中的倡导或主张实质是违法违规的。 | |

（续表）

| 关注点 | 显问题 | 潜问题 | 延伸问题 |
|---|---|---|---|
| 有无违背广告法 | 论题是纯科研论文还是软性广告，审评时应当分清后签署取舍意见。 | 分清论文是否是为商业目的而写的。 | |
| 有无违背国家与民族利益 | 论题公布的研究结果和数据，是否符合国家和民族利益，作为审评的方法就是从国家与民族的最高利益角度分析，没有把握时，建议编辑部送政府相关部门审定。 | 论文中可能因主张或别的因素导致某些观点、做法、数据潜存大问题。 | |
| 有无违背伦理道德 | 论题中公布的各研究结果、结论，应从以人为本和生态文明的角度分析评价，应提倡“应当”，反对“不应当”。凡违背伦理道德、科学发展观均应否定其刊用价值。 | 论文中描述的各种做法、结果、结论等一定从“应当”与“不应当”分析，看是否潜存违背伦理道德的问题。 | |
| 有无违背宗教政策 | 我国是多民族、多宗教信仰的国家，凡论题内容涉及宗教方面时，一定从宗教政策方面进行审评，凡违背宗教政策的不能刊发，如果无把握，应建议编辑部送相关政府部门审定。 | 论题中的一两个数据或一两种做法即可反映出违背宗教政策的潜问题。 | 特别关注全文中是否有暗含违背宗教政策的内容 |
| 有无违背人权 | 对于人权我国有自己的标准，西方发达国家也有他们的标准。故论题的研究涉及到“人”——不论是正常人、非正常人或犯法服刑的人等，其人的权益平等，涉及人的各种数据、结论乃至对其死亡前后的处理都涉及人权，因而，审评类似论题应十分慎重。无把握者可以建议编辑部送政府相关部门审定。 | 论题中描述不多，仅提到一两个数据或某一种做法，即可反映出不尊重人权的潜问题。 | 可以从论题内容分析出是否侵犯人权，审评者应具有人权的概念和联想力才能发现问题。 |
| 有无违背国际关系准则 | 论题内容涉及国际关系的表述时，应从国际关系准则角度审评，核心是遵循国际关系的通行准则，不能带民族情绪及个人感情色彩，如无把握，应建议编辑部送政府相关部门审定。 | 论文中可能因文化差异引出对某些国与国之间表述的一些观点等潜存大问题。 | 论文中将个人行为说成是国家行为的可能潜存大问题。 |

（续表）

| 关注点 | 显问题 | 潜问题 | 延伸问题 |
|---|---|---|---|
| 有无违背知识产权保护法 | 论题的内容是否取自作者本人研究的资料。一般从研究的对象与方法处进行详细审评挖掘，对非本人研究的资料可找出蛛丝马迹，绝不可放过微小疑点。 | 注意有人窃用国外的资料，文章改头换面成自己的。 | |
| 有无违背出版管理规定 | 总署的《期刊出版管理规定》的第3条，国务院的《出版管理条例的》第3条、第4条、第20条、第26条、第27条、第28条、第40条等对出版物刊用文稿的内容有明确要求，审评者应熟悉上述各条的要求，依要求对文稿进行审评。 | | |
| 有无违背版权使用规定 | 论题内容或素材如果出处不明，审评者应特别慎重，防止有侵权作品，特别是对译文的审评更应依相关规定进行判定。尤其对译文要查问有无相关授权书。 | | |
| 有无违背保密条例 | 论题的内容公布了一些可能属于国家禁止公布的数据与密件等时，应参照保密条款进行审评判定。没有把握时应建议编辑部送政府的相关部门审定。 | 论文中一般不公布文件等，凡涉及文件及某些无把握的重要数据可能有潜在问题。 | 凡涉及国家科研计划、国防建设、经济与政治等决策方面的任何内容均潜存大问题，应慎重。 |
| 有无侮辱或诽谤他人 | 争鸣、商榷等一类文体中，极易出现侮辱或诽谤他人的言词，故审评者尤应认真推敲作者的每一用词。 | | |
| 有无违背国界的表述与地图 | 论题中凡涉及国界及地图时，应慎重审评，无把握时应建议编辑部送政府相关部门审评。 | 论文中涉及地域地名表述均应以已公布的文件为准，一个“我”字使用不当就会出问题。 | |
| 有无涉及未公开的前苏联及东欧方面的内容 | 论题若涉及前苏及东欧方面的内容时，审评者若无把握，应建议编辑部送政府相关部门审评把关。 | | |

（续表）

| 关注点 | 显问题 | 潜问题 | 延伸问题 |
|---|---|---|---|
| 有无涉及未公开的党的重大事件与人物 | 论题内容涉及中国各党派的未公开的重大事件或人物时，审评者应建议编辑部送相关的政府部门把关。 | | |
| 有无涉及文化大革命无定论的内容 | 论题内容涉及文化大革命中的没有定论的内容时，审评者建议编辑部送相关宣传部门审定。 | | |
| 有无涉及未公开的政府机关设置与人物情况 | 论题中凡涉及到政府机关设置及人物时，审评者无把握，应建议编辑部送政府相关部门审定。 | | |
| 有无涉及国家未公开的重要文件与文献 | 论题中凡涉及国家各级的文件，对于能否公开无把握时应建议编辑部送政府相关部门审定，基本原则是政府未公开的文件不宜公开，属于秘密文件的不能公布其中任何一条。 | 可能有人摘文件中的核心内容，非全文时更应慎重把关。 | |
| 有无涉及未公开的国家前领导与现领导的相关资料 | 论题中若涉及国家的前领导与现任领导的各类资料，如身体状况等，审评者应建议编辑部送政府相关部门审评把关。 | | |
| 有无涉及未公开的国民党上层人物等资料 | 论题中若涉及国民党上层人物等资料，审评者应建议编辑部送政府相关部门审定。 | | |

表12-2 科技论文审评时选优质论文的方法提示

| 关注点 | 选择方法 | 用 | 修 | 舍 |
|---|---|---|---|---|
| 论题的科学性 | 论文科学性的基础是科学研究。故审评者重点对研究对象（材料）与方法部分的描述进行审评，找出不科学的操作等。 | 有科学性 | 有价值，写的不好的可修及补充后再审，但修改意见应详细具体。 | 无科学性 |
| 论题解决人类难题的贡献性 | 论题属于解决人类难题的应优先选用。审评人评审参照学科、专业现状和参照当今人类一些重大难题等进行评价，且应是非重复性的研究成果。 | 独创性成就 | 缺资料的补充完善后再审，但修改补充意见应具体。 | 无独创性 |
| 论题解决人类难以解释现象的贡献性 | 论题属于解决当今人类遇到的一些从现有理论、知识无法解释或解决的现象。审评人审评时主要参照现有理论知识、技术体系，依课题解决的问题的真实性、可行性作出评估，且应属非重复性研究成果。 | 独创性成就 | 有价值但写得不好的应提出具体修改意见，修回后再审。 | 无独创性 |
| 论题解决人类生存的贡献性 | 目前有许多危及人类生存的自然变化，论题属于解决其中之一，且属真实、可行的应优先发表，其审评依据是当今问题的现实性，结合当今科学理论知识、技术进行客观评价。可用系统科学理论及非线性思维等的方法进行审评，且应属于非重复性研究的成就。 | 独创性成就 | 若属于原始创新而需补充资料的可写详细具体修改意见，待完善后再审。 | 无独创性 |
| 论题恢复生态环境的贡献性 | 论题涉及恢复生态环境。审评者应从目前生态环境存在的问题，已经解决或部分解决的成果，根据论题解决问题成果的真实性、可行性进行审评，参照每年科学出版社出版的科学和技术发展报告，以及生态环境的最新成就等进行审评，且应属非重复性研究成果。 | 独创性成就 | 对有刊用价值但写作有缺陷的可写出详细修改意见，修回后再审评。 | 无独创性 |
| 论题对旧理论的突破 | 论题涉及对旧理论的突破，故审评者首先应对被突破的旧理论进行详细了解分析；其次对其突破的研究方法等认真审评；第三是对产生的新的理论进行仔细评价，必要时对其学科的现状进行分析，且应属非重复性研究成果。 | 有突破且可行，促进学科发展、人类受益，独创性成就 | 依其价值，确定是否具有修改价值，确定取舍或摘要刊发。 | 无真正实现突破 |

（续表）

| 关注点 | 选择方法 | 用 | 修 | 舍 |
| --- | --- | --- | --- | --- |
| 论题对旧规范的突破 | 论题涉及对旧规范的突破，应认真了解和掌握旧规范的现状，并仔细审评突破旧规范的理论依据和支撑理论、研究方法，在全面评价基础上才可作结论，且应属非重复性研究成果。 | 有突破且可行，促进学科或技术进步、人类受，益独创性成果。 | 依具体情况选择修改或摘要发表 | 无切实可靠的理论支撑 |
| 论题对推动学科发展贡献性 | 论题涉及推动学科发展，其审评者应熟知学科理论、知识、技术、方法的现状，分析其对学科哪一方面推动，并对其研究、实践进行认真的审评，还应从理论上找到支撑点，应属非重复性成果。 | 确实推动了学科某一方面的发展也可刊用 | 若限于文字或资料欠缺，应写出详细修改意见，修回后再审 | 无贡献性 |
| 论题对推动专业技术发展的贡献性 | 审评者应熟悉专业技术的现状，对论题对专业技术推动的科学性、实践验证可行性要认真审评，应属非重复研究成果。 | 独创性成就 | 要视具体情况确定其修改或摘要刊发 | 无贡献性 |
| 论题的前瞻性 | 论题涉及的内容属于科学、专业、技术今后方向或趋势的，具有引领学科或专业前进方向的价值，审评者评价依据是该专业或学科的现状，细察或思考该学科的未来与论题内容吻合的可能性较大时也是有价值的。另外，应是非重复性研究成果。 | 前瞻性且属创新性成就 | 视论题具体情况确定修或摘要发表 | 无贡献性 |
| 论题的前沿性 | 论题涉及学科或专业的前沿性成就，审评者对所涉及的学科或专业的前沿所达水平及新成就应掌握，才能弄清论题是新的成就还是重复研究。另外，非重复性研究成就才有刊用价值。 | 独创性成果 | 视论题价值确定其修改或摘要刊用 | 无贡献性 |
| 论题对人类的紧迫性 | 论题涉及人类急需解决的命题，审评者依据人类所遇到的紧迫性，挑战性好、急待解决的课题应优先审评。如2003年的SARS的研究，重点看科研的科学性、成果实用性等。这类研究原则上优先者是不会重复的。 | 独创性，实用性 | 视具体情况确定修改或摘要刊用 | 无独创性及科学性或重复研究 |

（续表）

| 关注点 | 选择方法 | 用 | 修 | 舍 |
| --- | --- | --- | --- | --- |
| 论题研究方法的科学性 | 审评者重点审评方法中所描述的内容。依科学研究的试验或实验等的不同，对象的不同，课题性质的不同，有不同的要求。故要求审评者应掌握自然科学、人文社会科学、软科学等各种研究的具体方法的要求。 | 研究方法科学的 | 难以弥补的研究缺陷，建议换角度写文章 | 不科学 |
| 论题统计处理方法的正确性 | 论题中的统计方法如果选用不正确，可能研究结论就不正确。审评者可参照本书第十五章第二节进行评价，仍无把握，建议编辑部送统计学专家审评。 | 选用正确的 | 若统计方法不正确，建议重作统计学处理后再审 | 统计方法无法挽救的 |
| 论题中技术的规范性 | 研究过程中的各项技术操作的正确性直接影响研究结果。审评者认真审评对象与方法中描述的各相关内容。审评者应对各项正确操作较熟悉才行。否则，可建议另请专家审评。 | 技术操作规范的可用 | 视具体情况而定修改或摘要刊用 | 技术不规范，一般难弥补 |
| 论题文体结构的完整性 | 审评者应熟悉各种论文文体的结构要求，文体不完整很难让读者明白命题的观点。 | 文体完整者可用 | 文体不完整，但选题很有价值，可建议修改后再审 | 作者难以完成修改 |
| 论题中使用的标准符合要求性 | 论题中科学研究中使用的各种标准——无论是抽样、对照、评价等各标准均应符合科学研究的要求，审评者应熟悉各标准使用要求，无把握者可建议另请他人审评。如医学的临床研究的对照组等，还要从伦理学角度、知情同意权等方面审评。 | 符合要求的 | 视具体情况而定 | 难以修正的缺陷 |
| 论题中国家标准应用的规范性 | 每篇科技论文中都涉及国家的许多标准的应用，审评者应对其使用的情况作出评价，有些不规范之处可建议编辑加工时注意修正。 | 合标准的 | 问题少的话留给编辑加工时修正 | 一般不会因此舍弃 |
| 论题中论点论证的逻辑性与强度 | 论题中的论点如果缺乏论证的逻辑性，自然论证不会有深度，也不可能有说服力。审评者必须从逻辑学角度进行审评，就如数学中A>B，B>C，才能说A>C一样。 | 论证不仅合乎逻辑，且论证深透的可用 | 视论文的价值确定是否修改后再审或摘要刊用 | 缺逻辑且论证太浅的文稿 |

（续表）

| 关注点 | 选择方法 | 用 | 修 | 舍 |
|---|---|---|---|---|
| 论题中概念、定义、原理的准确性 | 论题中使用的每一概念、定义及原理均应准确，否则没有选用价值。审评者如把握不准，通过查阅相应工具书等的办法进行对照审评。 | 有价值且准确的文章 | 视具体情况而定 | 不准确的文稿 |
| 论题中推理的逻辑性 | 论题中常出现用数据进行推理，但有的推理并不合逻辑，故审评者应该运用逻辑学知识审评。 | 合乎逻辑、且有深度的文稿 | 视具体情况而定 | 违反逻辑学的文稿 |
| 论题中经典与文献引用的正确性 | 可以与相关的工具书、原始文献进行核对，作出评价。但应对原始文献真伪和科学性作出判定。防止将伪书当参考文献。 | 引用正确的文稿 | 可以修正 | 曲解的文稿 |
| 论题中引用古典确切与完整性 | 查原始文献核对，尽量与权威出版社的版本核对。 | 正确引用的文稿 | 可以修正的修改 | 曲解的文稿 |
| 论题中涉及历史人物或事件的准确性 | 查原始文献或相关资料进行核对。但应查国内或国际公认的权威出版社的出版物。 | 正确无误的文稿 | 可以修正的改后再审 | 曲解的文稿 |
| 论题中前后表述的一致性 | 认真通读全文，即可知前后是否一致。 | 无自相矛盾的文稿 | 有价值的可改后再审 | 无法修正的 |
| 论题中的社会责任性 | 认真审读全文，从其主张及做法评估其是否是对社会负责的态度。 | 社会责任感强的 | 视具体情况而定 | 无社会责任感 |
| 论题中文字、用词的规范性 | 认真审读全文的每一个字、词是否合乎公认的原则，防止自造字、词的使用，应以最新版《现代汉语词典》、《辞海》等为准。 | 合规范的 | 可以修正的由编辑加工解决 | |

（续表）

| 关注点 | 选择方法 | 用 | 修 | 舍 |
|---|---|---|---|---|
| 论题中论述的理论性 | 所谓论题中的理论性：①实践或经验上升到理论层面上认识；②新的结论等是否有理论作支撑；③防止空谈理论而脱离实践；④理论的论证中是否能将理论解释深透、让人明白。审评者应具有相应的理论，若无把握，应建议请相关专家再审评。 | 合乎要求的有深度和高度的文稿 | 视具体情况而定 | 杂乱无章的文稿 |
| 论题的科学研究的真实性 | 审评者从3个方向审评：①对对象与方法进行细审；②对结果部分进行细审；③对讨论部分所作推断和结论与现实及科学、自然、社会规律相符合性进行的审评。 | 真实无误的文稿 | 视具体情况而定 | 伪的或编造的 |

制度，深入到医学的内在秩序。这种反省常缺乏洞察力，也就无法遏制医学科学由知识与技术扩张带来的盲目骄矜和恣意放纵……卫生资源的不平等享用，营利性安乐死……高价医疗手段滥用……器官买卖……医学将最终丧失人性。

摘自《医学与人文对话》

上述现象值得科技期刊办刊人特别是审稿人反省，在审评每一篇科技论文时，能否把住违背科学发展观等的关。

# 第三节 各种文体科研论文的审评提示

不同的文体有不同的结构，也即有不同的写作形式，这种形式是随社会发展、科技进步而逐步形成的。因为只有通过一定的结构或形式的表述，才能将科研成果让读者看明白，否则，就达不到撰文的目的。本节中分别就不同文体的论文审评进行分述。

**一、文科文体论文的审评**

任何一本科技期刊收到的论文并非只有一种文体，正如文学期刊并非只收到长篇小说一样。因而除了编辑人员应分清文体外，每一位审评专家也应能分清所审论文的文体，再按不同文体对论文进行审评。

科技期刊选用的论文中，也并非只有一种文体，有相当数量的论文是属于文科文体的，如：①纯阐述观点的论文，即议论说理的文章；②与他人进行商榷的文稿；③述评；④综述；⑤评论等，应归入文科文体，这些也只有按文科文体写，才能达到撰文的目的。

对文科论文审评时应注意的基本点：①独创性——言人所未言；②言之有物——防止空泛的议论；③逻辑性——言之有序且合理；④准确性——通篇议论经得起考证；⑤语言流畅——全文用字与词严谨，合规范性。同时运用本章表12-1和表12-2的提示对每篇论文进行审评。

（一）阐述观点的议论文

议论文即以说理和议论为主要表述方式的论文，各有不同的审评要点。

1、文题。审评要点是：简明扼要、易记且易检索、最重要的词汇、信息量大、吸引受众眼球、统领全文。

2、摘要。审评注意点：注意摘要合乎文体，是全篇文章的高度浓缩的短文。

3、关键词。凡没有关键词的建议编辑加工时补上关键词，设关键词是增加论文被网络点击的机会，故至少选定5个，也可增至8~9个。应视论文的论述深度、宽度、价值而定关键词数量。

4、正文。文科文体的结构为：提出问题部分—分析问题部分—解决问题部分—参考文献。

故审评者对文科文体审评时的注意点：一定把表12-1和表12-2的提示运用到审评之中。

前言。审评要点：开门见山，引出正文。前言有两种情况：第一种是在前言中就完成了提出的任务，这类前言的文字可多于300个汉字；第二种是在前言中未提出问题，只是开场白，故以300字内为好。

议论说理部分。凡在前言中提出了问题的作者，在这一部分会设立二个大部分完成对问题的分析和解决两项内容。凡在前言中未提出问题的作者，会在这一部分设三个大部分进行分述。不论何种形式，一般每一部分又会设立一级或二三级的标题进行论述。

审评者审评正文部分的任务：①文体结构是否完善；②每一级标题（中心句）是否扣住全文的文题；③每一级标题下的内容是否扣住了中心句；④按本章表12-1中提示进行审评；⑤按本章表12-2中提示的相关内容逐一审评；⑥重点关注论文的新颖性与价值。

5、参考文献。审评者审评参考文献的要求：①作者引用自己亲自阅读的最新文献而不是转引文献，忌用摘要和保密资料、未发表的或个人通信；②准确引用，忌断章取义；③按稿约书写，尤其是作者应引用至第三位；④外文应注意大小写字母，防止日汉文混淆；⑤尽量引用当年或新近1~2年权威期刊的文献，文献越旧，显得论文的观点等也陈旧，未修改的规范及用作对比的除外。⑥尽量避免把教科书当文献等。

（二）商榷类文稿

这类文稿一般放在“争鸣”一类栏目之中，这类文稿十分受欢迎，亦很有刊发价值，审评者对这类文稿审评的注意几点：①作者提出需商榷的文章是否刊登在送审稿件编辑部所办的期刊上；②认真阅读作者的每一个观点及通篇的主导思想；③认真阅读被商榷的作者文章的每一观点和全篇论文的主导思想；④阅读商榷者引用的权威及新的文献。在做好这些工作的基础上，再思考评价。应当指出，如作者商榷中有明显人身攻击、诽谤、诬蔑等，不宜选用。

1、文题。审评者应审视文题是否是作者本人通篇主导思想的体现，当然应当精练，简明。

2、正文。审评者在把握商榷与被商榷者双方观点的基础上，把表12-1和表12-1的提示运用到审评之中，重点审评：①商榷者的观点成熟性；②商榷者观点有无新的或旧的理论、技术支撑；③商榷者观点和主导思想的逻辑性、论说深透度；④即便商榷者观点和主导思想完全站不住脚，只要语言文字通顺可以发，谬误通过争鸣使更多人受教育，怕摆上台面让同行自行评价是心虚的表现；⑤必要时可建议加编者按，把讨论引向深入，对促进学科发展有利。

3、参考文献。审评者对参考文献审评时注意其引用文献的权威性及新的文献情况。

（三）述评

刊发述评的内容是指出当前科技服务中应纠正的或者应当倡导的某些行为，或者指出学科、专业发展中的被忽视的趋势，或者指出专业服务中某些应纳入视野的特异人群与变化等。其目的是培养、提升本专业的科技人员的服务能力和水平、开阔视野等。故审评者应注意：①文章中内容属于哪一类，是纠正某一种或倡导某一种行为，还是指出的学科发展趋势被忽视等；②作者撰写文章时所站的起点是高还是低等；③作者撰写文章的视野是单一的专业眼光，还是运用多学科知识；④作者分析问题的思路是线性还是非线性；⑤作者撰文的主导思想；⑥阅读作者所提供的参考文献；⑦尽量促进作者站在人类利益的高度评价科学的发展趋势和方向；⑧大科学的述评可能涉及数十个专业及学科知识，这类述评是很有价值的，审评者应把握好，尤其是签署取舍意见时，对起点高，涉及多学科、多专业的文稿，切不可随意下结论，能认识其价值的应建议优先发表；⑨审评意见的依据是在表12-1和表12-2提示的基础上，结合科学的最新理论、思想、知识、技术、方法进行评价。

1、文题。审评者注意作者的文题是否体现了其主导思想，是否会吸引读者眼球等。

2、正文。审评者要根据作者撰文内容归入的类别进行审评：①文章起点是高、是中还是低；②撰写内容的前瞻性、前沿性；③读后能否达到作者的预期，即表述的层次，逻辑、深度等。

3、参考文献。审评作者所用参考文献的权威性和新近文献量，特别关注国际权威文献的比率及科学发展最新动向的文献引用等。

（四）综述

按国内撰写综述的目的，该类文稿可分三个层次，其每一层的功能和内容不同。

练习层次：院校学生毕业前或毕业后的一二年内，在老师指导下，学习综述的写作方法，故对其综述文献的主题选择由练习者自己选，也可由老师指导选择。写得好的可在学生阅读的报刊上选用。

晋升层次：有的专业晋升中级职称，或有的单位为提升科技人员的科技论文写作水平，要求晋升前，或每年要完成一篇综述。这类综述增加了国外文献的选择量。故写得好的可在初级或提供给基层科技人员阅读的刊物上发表。应当指出，如果选择的文献均是国内期刊的文献，由于文献易于获取，其选用价值降低。关键看作者自己的观点表述如何。

综述点评层次：这类综述是作者在充分掌握国内外本专业的新动向的基础上所撰写的。这类综述有时完全是国外的权威期刊上的文献，也有些作者也选用了少量国内权威期刊的文献。作者除了提出综述动因外，在最后还会有自己的总体观点阐述。否则，是述而不作，有时作者还会陷入被动境地。

审评者对综述进行审评时的注意点：①综述属于哪一层次；②有可能抽阅作者提供的参考文献；③作者有无自己的观点或总体点评。在完成上述工作基础上，对全文进行认真的审评，并将表12-1和表12-2的提示运用到审评稿件之中。

1、文题。审评者注意文题是否体现全文的主导思想，能否吸引读者阅读。

2、正文。审评者依照作者观点，对综述的主要内容逐个进行审评：①观点新旧性；②观点的支持理论；③综述主题全面性；④综述主题指导性与价值度；⑤作者观点的理论依据；⑥分析中高新科技理论等反映的强度等。对特别优秀的综述加编辑按，提请读者认真阅读受益。

3、参考文献。审评时，注意参考文献选择的新旧程度、跨学科或专业的情况等。

**二、工科（医学）文体论文的审评**

工科文体主要以医学科研论文为代表，审评者接受了医学科研论文审评后要认真进行审评。因医学科研的任务不同，应有不同的科研方法与对象，不能千篇一律，故审评者应注意几点：①作者科研项目所选用的研究方法能否达到研究目的；②作者科研项目研究时采用的对象是否正确等。在完成上述鉴别后可以对文稿进行详细审评，但应将表12-1和表12-2的提示应用到审评中出。

（一）文题

审评者审评文题时，参照文科论文文题的要求。

（二）摘要

审评者注意点：凡通过科学研究后所撰写的论文，其摘要一定按四要素写。

（三）关键词

审评者注意点：关注作者是否写了关键词，凡未写的建议编辑加工时补上，有分量的论文的关键词应达5~8个。

（四）正文

医学科研后所撰论文的结构：前言—对象（材料）与方法—结果—讨论—参考文献，共三大部分。审评时主要将表12-1和表12-2提示运用到审评的每一环节之中。

1、前言。审评注意点：①简明扼要：②不列图表；③不作自我评价。一般200字左右，引出正文。

2、对象（材料）与方法。审评这一部分时，应十分认真，推敲每一个字与句，方可把住伪造等的关。

（1）对象（材料）。审评时应依不同的对象或材料区别对待。实验是动物的，注意按选择实验动物的要求选择合格的实验动物；受试是人时，要体现以人为本，要尊重人的知情同意权，要符合伦理道德的要求。①时间、单位、数量、性别、年龄等；②患者取舍的标准等；③样本选择方法等；④分组的方法等；⑤诱发试验的介绍；⑥病理取何组织、何法浸泡处理、如何固定切片、染色、什么方式切片、切了多少……均应详细审评作者所作的描述，类推作者提供的每一项描述。

（2）方法。审评时注意不同的研究方法：①前瞻性研究及具体的研究方法；②临床研究时，比如手术的具体方法等，应进行相关交代，应提供如显微镜的类别、型号、使用镜头放大倍数等，类推审评作者提供的每一方法。

（3）统计学处理。审评者注意选择的是何种检验方法，如$x^2$检验、t检验、F检验、秩和检验、时序检验等。有不负责任的研究者，单纯为了发论文，当按规定选用的检验方法所得值。经处理后属于无统计学意义时，则会选择一种有统计学意义的检验方法进行检验，故审评者应加强对检验方法的审评。

（4）采用的软件与计算机。审评者对作者采用的软件与计算机进行审评，凡未注明的应让作者将使用的软件名及计算机类别、型号等写清楚。

3、结果。审评者在对研究结果进行审评时应关注的几点：①每一中心句，实际是观点后面的表述，它与所列表中的各数据能否相对应；②是所列图表简明还是不用图表更简明；③列出图表前或后文字表述有无必要；④表中所列出的数据中有无有特别价值的未被作者注意到的等；⑤图中标识的准确性；⑥表的主语和谓语使用是否恰当，审评者如果分不清主语与谓语，就无法读懂表格数据是否与主谓语相衔接等，也就对表中的数据及讨论中的表述没有评价权；⑦是否存在与表中一见即明的数据的重复的表述等。

4、讨论。审评讨论时应关注的内容，分两种。一种情况按国外要求写的：①作者用自己研究的结果与国内外同类研究对比，并作相应分析；②对结果中所列的各大类的重要数据运用国内外最新理论进行分析；③研究已结题，存在什么缺陷；④研究成果对哪些专业等有应用价值；⑤可以写也可以不写的部分——建议，如果写建议其依据是以结果为基础，不能想写什么就写什么。另一种情况是国内流行的写法：①只围绕结果进行分析，不或很少与国内外同行作对比；②讨论的内容与结果放在一起，在讨论部分则无更多的内容表述；③以结果为主导，与部分研究进行比较，同时进行了分析。审评时关键看是否扣住研究结果进行了分析，是否合逻辑等。能按国外要求写则更好，但作者付出的时间代价很大，当然可以学到更多新知识、理论等。按严格要求，合格者偏少，故视情况而定。

（五）参考文献

审评时注意点：①详见本节文科文体的参考文献应用要求；②注意引用文献的宽度，凡引用文献宽的文稿在写结论时应十分慎重，跨学科文献越多，审评者只具有专科知识时，可建议编辑部另请相关的专家审评。

**三、特殊专业和新兴学科文体论文的审评**

目前，随着高新科技的快速发展，学科高度分化和高度融合均加快，新兴学科专业、边缘学科、交叉学科日新月异。每一学科或专业的科技人员都开展科学研究，都著书，都写论文，当审评专家接到需审评的论文，其文体，不同于工科/医学科研论文的写作形式，也不同于文科论文的写作形式，更不同于管理学科论文的写作形式时，该怎么审评？这类论文正如王力先生所说："就是把自己的科研成果记下来。"也如张盛彬先生给论文下的定义："是公布科学研究成果的文章。"强调文体的目的，是根据不同的研究，选用不同的文体也即写作形式才能让读者明白作者自己的研究成果，并非为文体而文体，陷入"八股文"的陈规陋习。故一些不合乎前述文体即写作形式的文章也是论文，审评者审评的思维、眼光、角度都应改变。同时应将表12-1表12-2的提示用于审评论文的各个环节之中。

（一）文题

审评者关注：①同文科文体中文题审评要点要求；②注重文题体现全文的主导思想；③注重新专业或新兴学科的展示等。

（二）摘要

审评者注意这类文稿的素材特点，确定其摘要写作形式——①按四要素写；②按文科文体的摘要形式写。主要是反映出全文的核心观点，让读者明白全文表述的内容即可。

（三）关键词

审评者对关键词审评关注：①应以5~8个为好；②词要突出新兴学科或专业的特点为主。

（四）正文

审评者注意其文章写作形式不同于传统学科的写作形式，可能遇上多种写作形式。

计算机软件研究的成果公布论文的文体结构：前言—系统研制的指导思想与标准—系统设计方案（功能—计算机模式与网络形式及软件选择—信息采集和处理及工作流程—结算收款基本模式—建立健全各项管理制度）—系统运行评价—参考文献。

生物医学工程学科公布研究成果的论文文体结构：前言—大型医疗设备的特点—

经济分析指标体系（投资回收期—净现值—投资效果系数—年费用—合理更新期—折旧率）—经济指标的应用—结论—参考文献。

故审评时要认真阅读全文，评价作者文题公布的成果是否能让读者明白，如能使读者明白，又无表12-1中提示的问题，论文应当是可以公布的。

（五）参考文献

审评参考文献的要求同本节文科参考文献应用要求。

**四、管理学科文体论文审评**

管理学科是一门年轻的学科，但发展很快，这一学科从业者的理论、知识、方法、技术有其特点，融“政策和科学”为一体的，称之为“软科学”更贴切。因而，研究人员研究方法、对象有其特征，形成独成一体的公布研究成果的文体：前言—研究背景—指导思想—技术路线—对象与方法—结果—讨论—参考文献。也有少数自然科学工作者从事管理的人员取藐视的态度，称之为“万金油”，有些科技工作者即便担任管理工作领导，也绝不放弃原自然科技岗位，就是认为管理不是专业、没有知识……。恰恰相反，优秀的管理者的知识面更宽、对社会感知更敏锐、分析综合判断能力更强、整合资源和激活背景知识及学习与吸纳知识的本领要优于自然科技工作者，唯有这样才能把管理工作做得更好。故这一群体的佼佼者所撰论文涉猎面更宽。因此，这类论文审评者的知识面宽很重要，更应重视表12-1和表12-2提示的应用。

（一）文题

审评者对文题的关注点：①同文科文题的要求；②注重管理学科特征的体现；③注重全文主导思想的体现。

（二）摘要

审评摘要时关注：①按四要素写摘要；②审评其写得是否到位。

（三）关键词

审评者注意其关键词的准确和背景以及学科特点体现等。

（四）正文

该文体结构已如前述，此不重复。

1、前言。审评者注意前言的扣题性和字数，前言以200字内为好。

2、研究背景。审评的关注点：①背景描述是否扣住文题；②背景内容是否与结果相一致；③背景的表述是否与讨论相对应等。

3、指导思想。审评关注点：①指导思想属于研究工作指南，应在技术路线和结果分析中体现；②全文整体是否体现了指导思想。

4、技术路线。审评关注点：①有用图形表示；②有用文字描述的；③注意审评技术路线是否能与课题相一致。

5、对象（材料）与方法。审评关注点：应分别审评。

（1）对象。①遵循工科/医学科研对象审评要求；②对象与医科的对象有时完全不同，有可能是完全健康的人，也有患病的人，或者是社会大众、科技人员、患者等兼有。因而抽样方法、地区、层面、数量比等极其重要；③特别注意一些以全国性冠名的调查，不少是出于商业目的，或是调查者个人价值取向，其研究并未做统计学科研设计，故对象虽有全国的样本，由于抽样地区、单位、人员、职业、年龄等多项不当，并无科学性可言；④调查表设计、填写的科学性；⑤调查人员培训与操作统一性；⑥按研究设计发出的问卷总量的回收率和填写的合格率等，回收率低于90%的无科学性可言；⑦调查问卷是从国外引进还是自行设计，是否进行过“效度”与“信度”的检验等。

（2）方法。审详者关注点：管理学科研究会因不同研究目的选用不同的研究方法：①社会学研究方法；②软科学研究方法；③社会调查方法；④源于自然科学的实验研究；⑤文献研究；⑥实地研究；⑦其他方法等。应关注作者所描述的方法的规范等，从而发现一些不良行为的蛛丝马迹。

（3）结果。审评者关注点：①关注同医学科研的结果部分；②注意结果与文题、背景的相关联性。

（4）讨论。审评关注点：①与医学科研讨论部分的要求相同；②关注讨论与文题、背景、指导思想的关联性；③推理和判定的逻辑性等。

（五）参考文献

审评关注点。①关注与文科文体的参考文献要求相同；②关注作者文中涉猎面和参考文献的一致性等。

对不同文体论文审评要点和要求有相同的地方——即第二章表2-1和表2-2，其思路如本章第二节的表12-1和表12-2。但也有其差异，正如每种文体审评时所作的要点提示。

**提示性范例12-3**

如有一述评，仅就三个疾病作了些常识性描述，提供了数据。最后明确指出政府有文件，也在开展科研，正是为了更好的明天。

这样的述评，无论对低年或高年住院医生都不会有培养指导作用。问题是随笔所作，未能按文科文体——提出问题、分析问题、解决问题模式去写所致。

# 思考讨论题

1、科技论文审评专家的职能有哪些？

2、科学研究后所撰写的论文价值审评方法？

3、淘汰劣质论文的要点与思路是什么？

4、选择优质论文的要点与思路是什么？

# 第十三章　新世纪科技期刊办刊人尽责评价

**本章要点**

1、科技期刊编委应具备的条件与责任
2、科技期刊编委尽责评价内容与方法
3、科技期刊审稿专家的责任和应具备的条件
4、科技期刊审稿专家审稿应遵循的原则与尽责评价
5、科技期刊执行编委的职责与尽责评价
6、科技期刊责任编辑责任与应具备的条件
7、科技期刊责任编辑尽责评价方法与具体内容
8、责任编辑对各文体论文编辑时关注要点及评价内容

要办好一本科技期刊，不能只靠一个人，而是在办刊核心人物主导下，需要正副总（主）编、常务编委、编委、审稿专家，特别是编辑部正副主任/社长、编辑等整个办刊群体的共同努力和奋斗。当然，也离不开优秀作者及评论家的支持。

## 第一节　编委与审稿专家尽责评价

每一本科技期刊聘请编委和审稿专家是办好科技期刊的基础性工作，但被选中的编委和审稿专家是否尽心尽力尽责，对科技期刊质量的提升有直接影响。因而，科技期刊编辑部应对每一位编委和审稿专家及时进行评估，尤其是审稿专家，如果不具备审稿把关能力，应及时进行调整。

**一、编委尽职尽责的评价**

如何为办好科技期刊服务，是每一位担任编委的人应认真思考的问题。

（一）科技期刊编委的责任

编委不是荣誉称号，而是有具体责任的岗位。目前，有些人把担任编委，特别是担任知名度高的科技期刊的编委，当做一种荣誉称号，并不为自己承担编委的期刊工作。这主要是由于不知编委应尽的职责。

1、编委带头执行办刊方针和编委会的决议，积极参加编委会常设机构——编辑部组织的编委会的会议和相关活动。

2、编委带头将国家攻关、自然科学及社会科学等基金和省部资助的科研项目的文稿投给杂志刊用，与此同时，向杂志推荐质量较高的稿件，或撰写本学科的指导性强的文稿，并认真完成审稿任务。

3、及时或定期向编委会书面反映对期刊工作的意见、建议和要求。尤其对办好杂志、提高质量的建议要具体。

4、注意在本地区、本单位培养和发现编审人才，以便在需要时向编委会推荐；对于一些观念新、学识渊博、高智慧、能力强、有发展前景的成熟学者，或学成归国学者，及时向编辑部推荐，编辑部向总编汇报，经总编与副总编考察后，及时向主办单位推荐（附上相关资料），经审察后条件成熟的，可特聘为杂志编委。

5、按新世纪人才的特征识别和推荐人才："品德、知识、能力、业绩"是考察、衡量人才的标准。编委如何按上述基本人才识别标准向编委会推荐人才？可以把人才的识别更细化一些。一是人才的基本特征：①创造性或创新能力是人才的必不可少的特征；②实践性，实践是检验真理的唯一标准，通过实践检验其进步或称之为先进性；③社会性，为社会所接纳、认可，为社会创造更多的财富或使社会大众受益；④人本性，有利于人类的生存环境保护或恢复，符合伦理道德和法律法规等。二是人才的能力分解识别：①知识功底，即所掌握专业理论与技术知识的宽度、深度、更新度；②技术功底，即技术工作年限，技术的独特风格，产出的新技术新方法和思想的认知度、推广度等；③创新能力外显，即通过科学研究产生的新思想、新理论、新知识、新技术、新方法对推动专业或社会进步的贡献度；④吸纳新事物能力外显，即淘汰旧理论、旧思想、旧方法、旧技术快，及时将全球的新思想、新观念、新理论、新知识，新技术、新方法变成自己的新的服务能力和科研及教学能力为社会服务；⑤科学研究全程运作能力外显，即独立申报国家攻关或自然（社会）科学基金项目成功率，以及开展跨学科的研究能力与方法掌握度，单学科、跨学科、边缘学科的研究成果对全球影响度，对人类贡献度等；⑥论文撰写能力外显，即论文在国内外影响度，其反映出思维、分析、综合、联想、升华、认知、识别等多种能力；⑦外语四会能力外显，即听、说、译、写的能力，反映出其知识、信息，思想、理论与全球同步的能力和程度；⑧技术作风展示度，即展示其人格魅力、思想、道德、价值观等；⑨激活背景知识能力外显，即应对特殊问题特别是难题的敏感、灵活与判断及解决的才华等。三是可借鉴古人的识人"五视"，即居视其所亲；富视其所与；达视其所举；穷视其所不为（穷——指“不得志”或“困窘”之意）；贫视其所不取。四是借古人知人性及知人的七观，即人之性——有温良而为诈者，有外恭而内欺者，有外勇而内怯者，有尽力而不忠者，另七观——一问之以是非而观其志，二穷之以辞辩而观其变，三咨之以计谋而观其思，四告之以祸而观其勇，五醉之以酒而观其性，六临之以利而观其廉，七期之以事而观其信。五是考察其识的方法，即考察其对宇宙间万物的观察、思考、分析、综合、判断、决策正确的能力。六是考察其技术水平的方法，即考察其对所从事的专业的具体问题、难题的解决能力、说理能力、逻辑推理能力、全球新理论与新知识应用的能力等。

（二）科技期刊编委应具备的基本条件

一本全国性的科技期刊，特别是在地球村落化，知识经济日渐成为主导经济和强调生态文明的今天，其正确方向靠的是一支科学素养高，具有生态文明和科学发展观眼光的专家队伍。为此，科技期刊编委的条件：①年龄以40~55岁的专家学者为主体（法国创办《数学原本》的“布尔巴基”学术团队也是如此），不排除心理年龄年轻，理论、知识、技术与时代同步的高龄专家参与；②熟悉国家的方针政策和市场经济的特征及要求；③有前瞻性科学眼光及相应的科研能力；④具有高级职称，具有高学术水平和编审能力；⑤学风严谨、作风民主，能容不同学术观点；⑥善学、善察、善思、善适应。

（三）科技期刊编委尽责的评价

对科技期刊编委的尽责评价主要根据其应尽的责任进行。评价机构由编委会常设机构即编辑部进行，其结果可作为下一次编委届换的主要依据。

1、每年或任期内为科技期刊所做的工作的数量：①亲自撰写的前沿性论文、述评等的具体数；②亲自对办好科技期刊提的有价值建议数量；③扩大科技期刊影响方面所做的工作；④为科技期刊发展所做贡献等。

2、为科技期刊推荐的优秀人才及论文数量：①向编辑部推荐的可任编委的人数；②向杂志推荐的撰写优秀论文的作者数等。

3、审评论文质量的评价：①每年审评论文的总量；②每年审评论文返回及时率；③审评论文被刊用率；④审评论文所签意见的水平等。

（四）编委员尽责的评价方法

编委每年或任内所做工作的数量确定后，依据其实际内容选择科学的评价方法进行评价。

1、穆迪优先图表法。可依此法对各编委进行评价。

2、ABC管理法。可运用ABC管理法对其进行归类评价。

3、贡献量化的办法。凡审稿建议全文刊用的录用率低于70%者一般宜归入淘汰类。

**二、科技期刊审稿专家尽责评价**

传统的正规科技期刊在选择审稿专家时，有严格的选择条件。但近些年来，科技期刊发展很快，有的科技期刊是否设立专家把关都是一个疑问。而发达的美国，对于涉及人类生命和健康的论文十分强调把关者的责任。因此，如何选择和评价审稿专家是十分重要的。

（一）科技期刊审稿专家的责任

每一本正规科技期刊一定设立审稿专家队伍，目的在于运用专家的学识和眼光对每一篇论文进行审评。故其签署的具体意见是审稿人眼光、人品、人格、学识、责任等的综合体现。

1、对自己签署的刊用或不刊用的意见均能从理论上讲清楚，且经得起历史和实践的检验，不是草率的同意刊用或不刊用。

2、自己签署刊用的论文承担促进科学发展、人类受益、专业进步、民族兴旺、国家安宁富强等历史责任。

3、自己签署刊用或不刊用是出于人类利益的角度，而不是学派、门派、个人学术观点的角度，经得起历史、实践的检验。

4、自己签署刊用的论文可经得起多学科、多专业名家审批与检验，不负众家的期望。

5、对每一篇论文审签时，是出于社会良心、生态文明、世界和谐、人类利益和进步考虑，并以严肃的科学态度，审视了每一观点及相关的数据和理论等。

从上述可见，科技论文审稿专家的责任重大。

（二）科技期刊审稿专家应具备的条件

经过初筛之后的稿件，送给其同行专家审阅，故专家的眼光、理念、学识、能力等决定每一篇稿件的取舍，同时也涉及杂志用稿的质量。因此，审稿专家的选择非常重要。

目前，个别的专家对稿件的取舍是以自己的眼光和水平作标准，自己不懂、不认识、不会的，既不学习，又听不进不同意见，以不用为解决办法。这不利于我国科技的创新和发展。

1、审评专家需具备以下基本条件。①道德素质：道德高尚，公平公正，不徇私情与私交，能正确对待不同学术观点的稿件的取舍.②文字功底：文字功底好，发表的学术论文文字通畅，语言流利，无病句.③个人人格：求真、求实，尊重科学，学术严谨，学风正派。④价值观念：能与时俱进、不守旧，客观对待社会变化和青年学者的学术思想。

2、学术条件。①职称：副高以上的学术职称。②影响：在当地同行中有一定影响力。③学识：眼界高，眼光远，对文稿取舍适当，过严或过宽者不宜担任审稿者。④知识（知识可细化分为事实、原理、技能、人力、场景、时机等）：知识面宽、理论功底好，新知识生产能力强。⑤眼光：在学术上能瞄准世界前沿，注重自身学习，对前瞻性、前沿性文稿能独具慧眼，给予首肯。

对有重大创新和国内首创的科研成果，以及前瞻性、前沿性、社会急需的科研成果和新发现、新理论、新概念、新方法建议在杂志未出胶片前撤版优先赶排，以最快速度发表。审稿中注意有无抄袭、剽窃。叙述性文献综述和讲座类文稿，应抓住当前有普遍意义的问题，反映医学发展的新水平，并应有作者本人的观点或评价。不选述而不作的文稿。

（三）科技期刊审稿中应遵循的原则

1、对论文中的一切违法违规和违反科学发展观等的问题应当进行把关。具体方法已在第二章的表2-1和第十二章表12-1中详述，此不作赘述。

2、对论文刊用价值的把关。在论文评审中重点关注的价值判定点已在第二章表2-2和第十二章表12-2中详述，此不作赘述。但在审批中应特别注意国际前沿与国内实际两个方面。科技人员既要了解国际前沿，才能懂差距和明确追赶目标；又要结合国内实际，在不脱离国情下开展科技服务。因此，科学技术杂志既要反映我国有关学科的新成就，体现当今科学发展水平和趋势，又要结合我国当前的科技水平和实际工作需要，贯彻理论与实践相结合、普及与提高相结合及“百花齐放、百家争鸣”的方针。还应有一定，体现当今科技前沿的发展方向性的文稿，让同行明确学、赶、超目标。文稿内容必须注重科学性、理论性、说理性、逻辑性，实事求是，客观、准确，具备一定的学术价值，并对读者有一定的指导意义。同时注意文稿内容在技术上是否成熟，科研设计是否严谨。如临床研究的科研设计是否符合循证医学和现代临床流行病学的要求，方法是否准确可靠，诊断依据是否充足，样本量是否足够，资料是否完整，临床表现和疗效观察是否客观、深入，数据是否准确、完整及符合统计学要求，结论是否有充分的依据并恰如其分，与国内已发表的同类文章相比有无作者自己新的或更深入的实践经验、科研发现和见解等。一定要以尊重首创的精神取舍稿件。

3、对论文全篇审评。审评专家对论文的文体应当清楚，不同文体的结构、层次及摘要写作是不同的。审评论文时，应从下述几个方面审评。

（1）文体。1989年，北京大学出版社出版了张盛彬先生的专著《文科论文写作》，论述了文科各专业的论文写作方法；1981年北京大学出版社还出版了王力、朱光潜等关于《怎样写学术论文》的专著，论述了学术论文的写作方法。应当说，不同专业、学科的论文写作各有其文体、不可千篇一律。故注意对文体结构判定十分重要，因为不同文体有不同写作要求。①记叙文。可能在某些杂志发表的文章中有这类文体，故其结构层次要依该文体要求进行审定。②议论文。议论文可分为文科论文、理科论文，工科论文、管理学科论文，以及专业性强的专科论文。故每一种文体有特定结构要求，专家审稿中应严格审定其文体，依文体判定其文章结构是否合乎要求。

（2）文字。注意文字内容是否扣住文题、精练，概念是否准确，名词是否规范，用词是否严谨，正文内容表述是否清楚；摘要是否规范，前言是否开门见山；正文内容是否重点突出，论点是否明确严谨，叙述是否通顺简练；讨论是否符合国际规范，结果讨论是否具有科学性、先进性、理论性等；符号、计量单位、缩写是否合乎标准；全文多少字合适，需要精简哪些内容。

（3）图表和数据。图表与正文有无重复，是否需精简，设计是否合理，图像（包括照片图、线条图）是否清楚、正确，数据是否准确并经过必要的统计学处理，统计学方法应用是否恰当。

（4）参考文献。尽量引用新近1~2年主要的一次文献。目前，科学技术发展迅速，有些学科知识半衰期仅为5年，而参考文献的观点是作者学术观点的佐证，如果引用5年以前的参考文献，说明作者见解等仍留在5年前，故应建议作者使用新近1~2年的文献（技术规范、标准等未修订的除外）。并注意引用国内文献。引用的论点、数据和操作方法应恰当，与原文无误。参考文献的数量可反映出论文的深度、广度及作者的学识与学风，依论文作者情况而定，一般不作限制。参考文献的格式必须符合稿约要求。

（5）取舍、处理原则。①对于来稿稿件的原始资料取自单位的，必须加盖单位主管部门的公章；凡资料取自课题组的，必须有课题组负责人的同意，并加盖课题第一责任单位主管部门公章。②全文发表或精简后全文发表。属于国内外首创者，国内新的较成熟的成果者，有新的或较以往深入的实践经验和见解者，均可以全文发表。内容繁琐或有重复者，可请作者精简后发表。基础或临床研究取得否定既往结果的论文，应有同等发表的权力。③对于前沿性的文稿，如果有写作缺陷，如抽样方法或观察方法有问题或者分析不到位等，应在审稿单上写明修改意见或建议，退还作者修改后寄回再审。④摘要发表。属于初步研究报告者，类似报告已有发表但不多，而尚有重复验证意义者，大系列分析虽与过去报道雷同但尚有一定加深认识意义者，内容一般的研究报告或分析报告等，均可摘要发表。⑤退稿。主要内容有不能弥补的科学研究缺陷，有政治性问题或有违“三个面向”、“三个代表”、科学发展观等，或危及宗教、民族、国家安全以及存在国际争议等内容，不符合本刊宗旨者，已有多次类似内容报道者，诊断不能肯定者，治疗方法不成熟者，立论不能成立者，内容一般、无多大价值者，均可退稿。在稿源较多的情况下，应好中选优，量出为入。⑥建议转投其他刊物。有一定价值但不合本刊宗旨者可建议转投相关期刊。有时文稿质量较好，可建议作者改投相关期刊。⑦运用学识和眼光发现有价值信息进行挖掘，应指导作者进行挖掘的思路等。

（四）科技期刊审稿专家尽责评价

科技期刊审稿专家尽责评价十分必要，涉及科技期刊办刊质量的基础性保障工作。

1、对科技论文取舍尺度的评价。如送一位专家审评了50篇论文，全部签署不能刊用，对其审稿能力及眼光应重新审视。

2、对审稿专家签署可用论文刊用率审评。如果审稿专家签署全文刊用的50篇论文中，最终被刊用的达不到60%，对其审评稿件的学识及眼光应重新审视。

3、对审稿专家在论文审稿单上签署内容的审评。①只签刊用或不同意刊用者，对其审评论文学识、眼光应重新审视；②签署文字很多的，对此表述的恰当性进行审评。

对论文进行高估或低估的比率高的，对其审评能力应重新审视。

**提示性范例13-1**

某作者撰文，文中使用了古代用法——“义”、“利”，最后在文中表述时又按现代的“义务”、“利益”用。

该文从初筛→审评专家审→执行编委审评→定稿会→责任编辑加工均放行。

单“义”在古汉语中有8解：①事之宜、正义；②谓利人；③情谊、恩谊；④字义，文义；⑤施舍、救济；⑥语首助词；⑦假的；⑧通“议”。由此可见，将古代的“义”当做“义务”解并不合适。实际上，每一道把关者都未尽责。

## 第二节 科技期刊执行编委尽责评价

科技期刊设立执行编委目的是体现专家办刊和增加刊用论文的把关关口，防止出问题，提升科技期刊刊用论文的科学性，整体上提高办刊质量。

**一、科技期刊执行编委的责任**

科技期刊执行编委所承担的责任等于协助科技期刊的总（主）编把住所发论文的安全、学术关口，故其责任十分重大。

（一）科技期刊执行编委的职责

1、承担本章第一节中关于科技期刊审稿专家的五条责任的全部责任；这五条责任是执行编委的首要责任。

2、把住安全关。作为执行编委，阅读文稿时，尤其注意文稿内容、观点是否会在发表后引发负效应，无论是影响国家安定团结的，还是不利党的领导的，或是引发国际争议的等等，都应当认真思考，详见第二章表2-1和第十二章表12-1的要求。

3、把住学术质量关。要把住文稿学术质量关应：①认真阅读文稿，同时注重原审稿专家的意见；②对文稿中的新的发现、结果、结论、观点，切不可不懂装懂，迅速运用现代科学、技术手段弄明白；③必要时，对某些不明白的内容，可让权威专家审阅，不可轻易否定一篇文稿。尤其应注意第二章表2-2和第十二章表12-2提出的关注点。

4、把住文体结构关。对文章文体、结构、层次逻辑，文字通顺等进行审读，特别对文不扣题的应找出解决办法。

（二）科技期刊执行编委应遵循的原则

执行编委在审稿把关中应遵循的四原则。

1、原创性优先原则。对于原始创新，涉及全人类利益的重大突破性发现、发明等的论文优先发表的原则。

2、百家争鸣原则。只要文章不危害国家利益，不违背科学发展观，不违反科学性和自然及社会规律，应允许不同学术观点发表。

3、尊重原审稿专家意见。作为专业性强的文稿，已有同行专家认可，如无特别的问题，应尊重原审稿专家意见。

4、尊重创新和宽容失误原则。对于自由探索性基础研究，以科学发展目标为导向，即对新发现、新概念、新理论和新方法等原始创新成果的文稿应鼓励。对暂未认识的、可能有潜力，甚至有突破性发现的、方向性的文稿要敢于首肯。尤其要有1905年德国《物理学年鉴》发表当时尚不知名的爱因斯坦《论动体的电动力学》一文的精神，为《相对论》诞生创造条件，据说当时知道此文价值的只有12名物理学家。

**二、科技期刊执行编委尽责评价**

一期稿件质量如何，责任编辑当然有重要责任，但执行编委的作用同样不能低估。当今科学发展很快，对有些作者所论的观点，或所提供的技术、方法，作为执行编委能否认识到其价值和作用很重要。执行编委对文稿鉴别能力，或对涉及人文等交叉学科的推荐眼光，都将影响该期文章的质量。故作好执行编委的尽责评价十分重要。

（一）科技期刊执行编委尽责评价内容

评价科学技术期刊执行编委尽责的内容主要可从以下几方面进行：

1、担任执行编委的各期所发论文进入高被引频次的作者和论文点击与下载数。用中国科学技术信息研究所和万方数据主持编辑、科学技术文献出版社出版的《中国科技期刊引证报告（核心版）》、中国期刊高被引指数，以及中国科学技术信息研究所和万方数据主编的相关资料——各篇论文点击率、下载率等进行评价。

2 、担任执行编委的各期所发论文进入高被引频次的论文数。可以用中国科技信息研究所主编的及万方数据主编的相关高被引频次等各类评价数据进行评价。

3、亲自为自己担任执行编委各期所组织的高质量论文数进行评价，察看组织的论文篇数和刊用率及能否进入被高被引频次行列等。

（二）科技期刊执行编委尽责评价方法

除按评价内容评价科技期刊执行编委尽责外，还可以运用其他方法进行评价。

1、公平理论评价法。担任执行编委时，所选用论文质量方面是否是一视同仁，尤其审核自己署名、自己单位及和与自己关系密切的单位的论文质量。

2、失误评价法。担任执行编委的各期所刊用论文中，差错——不科学、完全失误——发生率等。

**提示性范例13-2**

“手术中是否严格遵守无菌操作是手术成功的重要条件”，在这里的“是否”二字包括“是”与“否”两个方面，而“否”的这一面，即不严格遵守无菌操作，怎么是“手术成功的重要条件”？全句应改为：“手术中严格遵守无菌操作是手术成功的重要条件”。像这类以“是否”二字为关键词语构成的句子，常常容易出现这样的毛病。

各把关者均未发现其缺陷，尤其是执行编委应认真审核把关。

摘自《现代杂志编辑学》

## 第三节 科技期刊责任编辑尽责评价

科技期刊某一期的责任编辑至少要承担10项任务。但各科技期刊因习惯、人员、经济实力等差异，有些任务也可以另安排他人承担。但编辑减少一项任务，则减少一份压力，事业心强者可以增加学习新知识的时间，提高自身能力；事业心差者，则就是可增加一份休闲时间。

**一、科技期刊责任编辑的责任**

科技期刊的责任编辑是科技期刊刊用论文最后的把关者，是保证科技期刊选用论文发表后不出现违法违规等问题，提高质量的把关者，切不可低估其作用。但目前，科技期刊的编辑，特别是医学期刊的编辑，仍然是非编辑专业毕业的人居多，有些且是其它专业的技术人员或毕业生，靠自我模仿从事编辑工作，顶多是以师带徒的形式开始了编辑工作。另外是对专家办刊的片面理解，认为专家办刊就是让专家参与具体编辑工作，忽视了编辑是一门专业，有些高被引或高学术价值的文章，要靠优秀编辑站在更高层面——跳出专业视角进行策划、推荐才有可能。这种能力与眼光涉及编辑的基础课程、编辑的专业技能和技术课程等的素养。由于认识偏差，不仅忽视对编辑能力提升的重视，还导致办刊中只注重了技术，而忽视了类似《新英格兰医学杂志》等名刊在更高层面的选题策划和人文社会方面把关的问题。

（一）科技期刊责任编辑的责任

科技期刊责任编辑应是高素质的复合型人才，只有这类编辑才能真正出色担负起责任编辑的使命。

1、承担当期的全部责任。责任编辑对担任责任编辑的全期要承担全部责任。所谓全部责任指：封一至封四每一页的文字、图、表、数据等的政治、学术、规范、质量对包括负起最后一道出口关的把关责任。

2、整本期刊总体布局合理的责任。栏目设置及其具体位置，广告的安排与美学审视等。

3、尽到编辑使命的责任。①实现普通优质文稿到科技期刊论文出版的飞越，这既实现作者的愿望，又要承担促进社会进步及科技发展的责任；②帮助科技人员提升能力，尽培养科技人才的责任；③尽到促科学与专业发展，更好地服务社会和人类的责任；④保证传递的内容是有利于生态文明建设及人类生存、科学、准确、先进的责任；

⑤尽到了为提升全期的质量竭尽全力的责任。

（二）责任编辑的基本条件

责任编辑也是编辑，只是每一位编辑都要承担责任编辑的具体任务——每年负责两三期科技期刊的落实报道计划、策划专题、依年度计划进行约稿和选稿并送执行编委审评等具体编辑工作。为保证科技期刊的质量，有的学科对编辑设立了准入门槛，即由助理编辑晋升编辑的制度，本科生担任助理编辑满4年，硕士生担任助理编辑满2年，有研究生结业证书或双学历的任助理编辑满2~3年，博士生经考试合格，可担任编辑。否则，只能任助理编辑，助理编辑是不能担任责任编辑的。

1、具有正式编辑或相当于编辑的职称。首先助理编辑不宜担任责任编辑，但可在编辑主导把关下承担一定任务，培养其能力。其次，刚分到编辑部工作者不宜担任责任编辑，但可在编辑指导下承担一定编辑工作，培养其能力。应促进这两类人尽快达到编辑水平。

2、通晓所从事的科技期刊专业的知识和理论。理论知识包括专业的基础理论与专业理论及技术相关的知识，经考试合格者。

3、具有从事编辑相关的理论知识。所谓相关理论即相关的政策、法规、人文社会科学知识等。

（三）科技期刊责任编辑尽责的体现

1、当期主动约稿的数量与质量。责任编辑依年度报道计划主动约稿的篇数占总刊用稿的比率较高，均被执行编委首肯的为尽责。

2、当期的年度计划落实情况。对年度报道计划落实在该期的重点栏目或文稿能够完全落实的为尽责。

3、挑选送执行编委/总（主）编审的文稿的质量高。依据当期刊用论文量所挑选出的待用稿送执行编委/总（主）编审阅的淘汰率，极低甚至无淘汰为尽责。

责任编辑如何选择优质稿件送给执行编委或总（主）编审评，其方法技巧是尽早动手选稿。

首先是确定选稿量。由于每一位执行编委或总（主）编多属于兼职，任务繁忙，如果选送稿件太多，会增加其工作量，且是无效的劳动。故责任编辑应根据自己选稿准确度，结合执行编委对稿件审视的宽与严的特征，根据一期容量篇数，多选出2~3篇（宽）或3~5篇（严）的富余篇数，防止被执行编委过多淘汰后，确定能刊登的文稿满足不了期刊容量的困局。

其次是选稿内容的依据。选稿内容的依据是年度或本期的报道计划，以及最新科研成果等。

第三是年度或本期报道计划难落实的补救措施。如果年初编辑计划和自我策划的本期报道计划均未落实，只能依稿件进行布局和构思选稿。这种状况，责任编辑个人只能靠学识、眼光等，采取补救措施，以提高该期质量和水平。补救方法一般采取以下几种：①刊名人之作；②刊应时之作，指时代急需的内容，同行急待解决的内容等；③刊特别之作，专门请某一专家、教授就某一个学科的国际最新成果进行评介。

第四是选稿时对稿件质量加以判定。对于一篇稿件质量的判定标准很模糊，正因为如此，达成共识、公认的好稿就有限。故编辑选稿中，应注重以下几个方面。

（1）认真阅读审稿专家的意见。对专家签署的意见要认真领会，抓住重点，即首肯为趋势性、急迫等的有价值的文稿。

（2）认真通读全文。认真通读全文，寻找文中缺陷，及早解决，为定稿会顺利通过和定稿会后编辑加工创造条件。

文稿件可分为两类：

可选用稿件。①专家认可全文发表的；②阅读后无缺陷的；③国家攻关及自然、社会科学基金等资助项目的文稿；④文稿属于宏观性、前瞻性、前沿性的。

不宜选用稿件。专家建议修改未修改的文稿；或修回未送提出修改专家再审的文稿；建议摘要发表的文稿；建议补充或核实资料未补充或未核实的文稿；在通读文稿时发现有重要缺陷的文稿。

对文稿好、中、差质量判定标准如下：

好稿。①国家攻关课题，自然/社会科学基金课题，省部级课题的研究有首次突破性发现的文稿；②有新发现、新见解、新理论、新概念、新方法的文稿；③属宏观性、前瞻性、前沿性文稿；④新理论与实际相结合，并有独到见解的文稿；⑤具有指导性，启迪性文稿；⑥具有科学性和可行性、实用性的新见解文稿。

中等文稿。只具备好稿中第③~⑤项标准的文稿。

较差文稿。只具备好稿中第⑥项标准的文稿。

第五是查新。将选出的全部稿件，从网上进行搜索，确定所选文稿在国内外尚无同内容的文章发表过。若发现有同类论文发表过，尽可能指导作者进行内容与数据的重组等进行补救。防止定稿后再搜查的一些弊端。

第六是文稿编排。即将高质量、高水平的栏目和文稿往前安排。

4、定稿会讨论时编委的重要观点记录完备。定稿会上，各与会编委针对各篇论文所发表的不同及肯定观点应记录完备。

5、编辑加工精心。对全期刊用论文的编辑加工完全符合专家办刊精神，完全按相关规范与程序进行。

6、准时出版。准时、保质出版是责任编辑尽责的重要体现。责任心差的人，由于当期的定稿会等工作拖后，为保按时出版，往往采用一校之后即印刷的做法，虽然按时出版，但对责任编辑而言，并未尽责。

**二、科技期刊责任编辑尽责的评价**

每一本正规科技期刊都设立了责任编辑，其工作质量如何，需要进行客观、公正、科学的评价。当然，目前对责任编辑尽责评价的简易方法还是人工为主，随科技发展，当引入现代技术手段时，评价将会更易进行，且更加科学准确。这种评价是十分必要和应该的。

（一）从编辑加工流程全程评价

任何一项工作或工程或产品的生产都需在每一道工序上下工夫，以保证产品、工程的质量，任何一项工程、产品的生产的流程中的任何一道环节出了问题，必然导致产品质量上的问题，严重者甚至危及社会安定和他人生命。如齐二药生产的亮菌甲素注射液，三鹿牌婴儿奶粉事件均是整个产品生产的中间某一环节质量关未把住所致；再如某期刊也因责任编辑对刊用稿的质量关未把住，惹出了大的麻烦。科技期刊本身也是一个产品，产出的任何一个环节出了问题，就会降低科技期刊的质量，严重的会惹出大的麻烦或事件，故对科技期刊责任编辑尽责评价应从科技期刊产出的全程中每一程序的质量进行评价。

对责任编辑尽责评价分成三个阶段评价进行。

第一阶段——编辑加工的前期工作评价。

第一阶段工作是科技期刊质量的基础性工作，这一阶段工作未做好，尽管第二阶段工作做得再好，也办不成一流期刊。应当说，认真评价第一阶段工作质量是办成一流科技期刊的保证。

1、对年度报道计划或策划的文稿质量的评价。①年度报道计划落实情况；②自行策划栏目或专题计划落实情况；③自己策划栏目及约稿的质量和数量及刊用率等；④执行编委和定稿会对全期刊用稿的评价等。

2、选送执行编委或总（主）编文稿的质量的评价。具体评价可以从以下几方面进行：

栏目布局评价。栏目的布局体现编辑的眼光、学识、编辑思想。其评价主要是能按年初编辑计划，为提升该期质量和水平，责任编辑遵科技趋势、学科走向、社会热点，组织几篇前瞻性、前沿性文稿，这是责任编辑对该期尽责任的重要体现。

选送文稿总量及淘汰率。依期刊容量选送文稿量多余篇数、淘汰篇数等。

定稿会过关率。全部送上定稿会的总篇数及定稿会同意全文刊用率、需增补资料文稿所占比例、需再审的文稿所占比率、需返回再修的文稿数、完全否定的文稿数等。

3、优质论文占总刊用论文的比率。优质论文评价难以一致，按理讲，涉及解决全人类问题的首发研究才称得上真正的优质稿。简易的方法看刊发的论文中属于国家攻关课题、国家自然或社会科学基金课题、省部级科研课题的论文数量所占比率等。

第二阶段——编辑加工阶段每一步的质量评价。

责任编辑实施编辑加工时，时刻都要将对全期负全责记在心上，为达到尽全责的目的，必须解决方法问题。

首先要有严谨的学风和作风及科学精神。如号称“一”字之师的郑谷将齐己写的《早梅》中“昨夜数枝开”改成“昨夜一枝开”。因此，编辑一定要具有“为求一字稳，耐得半宵寒”的严谨精神。

其次要做到一细四勤。即细看—勤思—勤查—勤学—勤问。也就是说，编辑在对论文编辑加工中切实关注：论点—概念—定义—机理—机制—推理—结论—前后呼应—引文准确—泄密—违规—名词—术语—公式—符号—数字—图—表—照—标点—简化字—缩写词（语）—警句—典故—名言—计量单位—统计方法—病名—药名—错别字—通顺流畅—参考文献新旧等。为此，应逐个推敲每个分句，仔细品味每一个字，认真串审每一幅图表，每版不留一个死角，审视每一个标点，审读每一组数据，区分每一个单位，鉴推敲每一个符号。

1、对编辑加工应遵循的原则的评价。①文责自负与编辑把关相统一。以文责自负为由不作编辑加工是编辑失职。如有人发文用化疗方法中止妊娠也不把关，岂能文责自负。②作者的观点不能改动，改动作者观点必经作者同意。③作者得出的结论或主要结论的依据不可删改。④除文献外，原则上不在文中写出个人姓名及职位（特殊除外）等。

采用抽查原始文稿与已发论文对照的办法即可评价。

2、编辑加工的基本程序与内容评价。首先，遵循定稿会意见作相应调整，包括：①栏目排序；②栏目中文章顺序或归属；③定稿会确定新增文稿的落实。其次，落实定稿会建议：对执行编委，或定稿会讨论时，对某些文稿提出的增补文献、资料等，应尽快通知作者完成。第三，完成编辑加工各项准备工作：通过选择稿件时阅读文稿和执行编委意见及定稿会中讨论结论，对编辑加工中应做的各项准备工作心中有数，提前做好各项工作，如应查考的工具书、史料，以及需请教的专家教授等。

编辑在第二阶段加工分为六步。

第一步：通读全文。目的在于：①认真阅读审稿专家意见和定稿会意见；②在掌握全文整体思路基础上着手加工文稿；通读全文，解决论文中涉及15大方面内容的把握。

5大方面包括：

（1）文稿文体归类：文科、工科、理科、管理科学、特殊专业文体。

（2）文稿文体结构：与文体要求是否一致，描述是否到位。

（3）是否扣题：全文扣文题，每一段扣标题（中心句）。

（4）创新度：从全球角度审评。

（5）理论性：理论依据及将经验或实践或现象上升到理论——产出同行公认的新理论。

（6）逻辑性：论述及推理——均应合乎逻辑。

（7）“三个面向”：面向现代化、面向世界、面向未来。

（8）“三个代表”：先进文化，先进生产力、人民的根本利益。

（9）科学发展观：第一要义是发展，核心是以人为本。

（10）伦理学：公布的各类科技成果均应符合伦理学，如医学的诊断、治疗、科研等应从伦理学角度作评价。

（11）社会学：公布的各类科研成果，均应从有利于社会的公平、和谐、稳定、经济状况考虑和评价。

（12）经济学：公布各类科技成果，均应从生态文明、循环经济、科学发展观、人类利益、社会的效率、效益、资源利用方面考虑。

（13）政治：每一篇论文的公布，均应从出版法规、国家法规、国家既定目标、宗教政策、民族政策、国家安全、国际关系、人权等方面考虑能否发表。

（14）评价作者的科研能力、文字功底、科学素养、眼光、视野、见异思维、联想力、人文素质。

（15）通过对论文评价，发现优秀作者，以便建立作者队伍。

第二步：对文稿实施具体编辑加工——实现文稿至期刊论文飞跃的实现。

为把科技期刊办好，第二步是编辑进入精雕细刻阶段。

（1）吃透文题内涵——初步审调：①分清文体；②如果是采用科学研究后的资料写的论文，应查其研究类型及科学研究方法：A.医学科研。主要方法包括：描述性研究、分析性研究、实验研究、调查研究（疾病病因与危险因素，卫生评价和远期疗效，居民健康水平等）。B.社会学研究。主要方法包括：调查研究、实验研究、实地研究、文献研究。C.软科学研究。主要方法包括：调查研究、文献研究。

（2）摘要——依文体定摘要模式。

（3）关键词：5~8个，主要从文题、摘要、正文中选，医学期刊应以“MESH词表”“医学主题词注释字顺序”“中医学主题词表”为准。找不到合适的时用“自由词”。

（4）中图分类号：以《中国图书馆分类法》为标准，标识涉及多学科可标2~3个相关学科。

（5）作者单位：两位作者以上应指定通信作者。

（6）基金项目：基金项目名称与项目编号标识。

（7）正文编辑加工。依文体对全文进行编辑。

1）工科文体。

首先是科研层次。对作者采用的研究方法、研究类别或层次应分清楚，层次决定论文的价值。

其次是文题。应重视文题对吸引读者、科学性及统领全文情况的评审。

第三是摘要。依四要素要求写，且应对结果部分认真审读。

第四是关键词。应从文题、摘要、文内选择5~8个，有利于增加点击率。

第五是中图分类号。认真标识，属多学科、交叉学科可标2~3个标识码。

第六是前言或称引言。300字左右——引出正文，不要与摘要重，不列研究数据和结论，不作自我评价等。

第七是对象与方法。反映出文章的科学性与可信度。

对象。需要考察、研究对象是人还是动物，临床试验研究程序是否经单位或地区伦理学相应机构批准，研究对象是否同意，并签知情同意书，研究对象亦应作相应注明等。

方法。研究归类与具体方法，主要注意：①创新方法要详述，让读者看明白；②说明改良方法的改进之处，即说明改良的具体内容，并用文献标注；③采用他人方法应以文献标注；④研究采用的药品、设备等均应详注名称、厂商、型号、用量与时间等；⑤统计学方法与选择依据应作介绍；⑥统计学软件等应标明；⑦调查研究问卷发与收的数量应交代，回收率应为100%，回收95%可以有公布价值，只回收90%时还基本可以相信其价值，低于90%很难得出科学的结论，不宜选用。⑧注意科研方法设计中的统计学设计的把握。

第八是结果。方便读者阅读，注意点很多，观点应明确，防止数据与描述重复等。还要注意图表的主谓语等。

第九是讨论。展现作者才华部分，应用四致五部分完成讨论。

第十是致谢。注意被致谢者的同意证明等。

第十一是参考文献。以新近1~2年为好，目前工程师的知识半衰期为5年，医学知识半衰期虽无统计，但难以维持原来的10年。文献太旧，说明学术观点新颖性值得怀疑，但技术规范、标准等未作修改的引用文献除外。另外本刊及本国的专家学者的文献也应引用，这是对国内同行劳动的尊重。但忌转引文献及引用非公开的文献和伪书。

第十二是文稿齐—清—定。自改用计算机录入排版后，编辑往往不重视齐、清、定了。这也许是目前期刊中缺陷多的根源。

2）文科文体

文科文体结构特点：文题—前言—提出问题部分—分析问题部分—解决问题—参考文献。

首先是审文题。文题应做到：①统领全文内容；②新、短、信息广、易记，不用非公认的缩略语；③便于作索引和选关键词；④尽量不用附标题，必要用时可加破折号，其文字字体小一号；⑤不用标点等。

其次是审文章结构。注意文章结构完整。现实中，有些作者在一个文题之下，提出了许多问题之后就未再进行分析，也未提出如何解决的办法，全文就结束了这就不能称之为论文。故编辑应审定文稿的文体结构是否完整，是否属于论文。

第三是审摘要。张盛彬先生在《文科论文写作》一书中对文科论文摘要要求是要有论点及主要论据以及研究方法等。

第四是审关键词。文科论文的关键词同样不能少于5~8个，这样可增加其点击量。文科论文的关键词的选择是从文题、摘要、文内选取，因其特殊性，关键词中使用自由词者较多，但应严格审定，可参照主题词标引法选择自由词，以便增加论文的被点击次数。

第五是审中图分类号。要求认真标识。

第六是审前言。前言应简练，开门见山。

第七是审正文。应注意：①各级标题或称中心句应扣住文题；②每一中心句下的内容应扣住中心句；③每一个概念是否准确；④每一典故应用是否恰当；⑤古文理解是否确切；⑥每一名句是自己的还是引用他人的，准确度；③每一数据出处是否准确无误；⑧每一推理是否符合逻辑；⑨文章前后是否呼应，有无自相矛盾；⑩每一结论的科学性等。

第八是审参考文献。参考文献有重要意义。目前，有些专业的作者不注重使用参考文献，关键是某些学科的专业人员至今尚不了解为什么要用参考文献。实际上，作者自己在论文中引用他人的观点、科研数据，用参考文献标明，是对他人的尊重，同时可以节省篇幅，还可增加学术性。

关于参考文献引用要求有6条：①引用亲自阅读的最新文献，而不是转引文献；②忌用摘要、保密资料、未发表的文献或个人通信；③准确引用，忌断章取义；④参考文献数不限，综述文章更不限引文条数；⑤按稿约的要求书写文献。⑥注意外文引用中的大小写，防止日汉文混淆。⑦尽量引用当年或新近1~2年的参考文献，用于对比或用未修改的规范等则可例外。

第九是审全期每一篇文稿。每篇文稿均按前述要求完成编辑加工，并达到齐、清、定（含版面、图与表位置、补白文稿等）。

当前采用电脑排版，但版式仍由编辑定，定版方式有两种：小版式、简化式，版式应体现美学、艺术学、社会学、政治学、伦理学及编辑素质。

3）管理学科文体

管理学科的作者所写论文有4类文体——文科文体（居多）、医学科研文体、管理学科文体、特殊专业或新兴学科文体。

在审评时，按医学科研文体完成的论文参照工科评审原则实施；按文科文体写的论文参照文科文体评审办法实施；按特殊专业或新兴学科文体完成的论文参照该学科评审办法实施；而管理学科文体仅在前言和对象与方法之间增加了3部分，故对前言之前和对象与方法之后部分参照医科科研论文评审办法实施，下面仅就增加的3部分审评进行描述。

一是关于背景描述的审评。背景描述应与文题、研究目的、研究的结果及结论相一致。

二是关于指导思想描述的审评。指导思想描述的内容应在研究对象、方法和研究实施中体现出来。

三是关于技术路线的审评。技术路线分为两种形式：①文字表述；②以图的形式表述。对其审评应对照作者的文字表述或者图，从全文中进行分析，看研究者的研究路径等是否遵循其路线。再者，从技术路线也可看出研究者研究的科学性、严谨性等。

4）特殊专业或新兴学科文体

特殊专业或新兴学科文体没有固定的写作模式或结构，因其特殊，若要求其按文科或工科或管理学科文体去表述，反而无法公布其研究的结果，也达不到让读者明白的目的。因此，对这类论文的审评，完全可遵循王力、朱光潜等关于怎样写学术论文中表述。

首先审评文题。对文题的要求与其他文体的文题要求相同。

其次审摘要。这类文体摘要类似文科文体的摘要。

第三审关键词。关键词的选择与文科文体的相似，多为自由词。

第四审中图分类。应认真标识。

第五审正文。这类文体的正文描述没有固定的结构，但大体是前言—主题观点或成果的描述介绍—运作条件或环境+运作指导思想+运作实践+运作评价+结论或体会—参考文献。

这类文体审评重点即作者要推荐给读者的成果是否讲清楚了，读者读后如果能明白也就可以了

第三步：审视广告及编写目录。

（1）审查广告。用科学发展观+科学性+法学+管理学+美学+伦理学+社会学的多角度审视。

（2）编写目录及排版说明。凡非编辑部自己录入排版，应对字体、字号、图与表等的位置提出具体要求，以防一校时大删大改。

第四步：整体复查。

（1）封面、版权、目录与页码及作者、内页、封四全部内容最后审定。

（2）每一页的齐、清、定，即各项标识、相关资料是否完善等。

（3）整本刊真正达到了齐、清、定。

（4）发排。按规定运作，无论自行排、商家排或自家录入排版，一定遵守规定（编辑流程），送总（主）编或编辑部主任/社长认可后才可发排，否则，出了问题再查责任就晚了。

第五步：校对。

一校。作者、专职校对、责任编辑各负其责。为了保证质量，一校稿应送总（主）编或编辑部主任/社长审定，增加一次把关。

二校。校对，责任编辑各负其责。

三校。核红，由责任编辑独立全部实施，且对重点要再校对，如目录中栏目、文题、作者、页码与内页等。

第六步：签字印刷。

（1）胶片与核红稿再校对，重点抽栏目、文题、作者、页码及错字等与二校稿改

过的错作校对。

（2）彩页、图、照片要看印刷样后方标明，去掉任何污点及缺陷后印刷。

（3）特别指出的是确定科技期刊印刷总量签字时，一定向各刊编辑部/社指定的负责者报告，由其确定，防止多印或少印，都会造成损失。

第三阶段——刊物审读。

当一期出版后，责任编辑立即自行审读，重要错漏应在下一期刊登更补声明。

完成第三阶段工作后即开始新一轮的运作，对新一期的策划。

策划一：如临床医学期刊编辑应从本专业诊断、治疗、科研、教育的前沿动态或本专业人员急于了解与掌握的理论和技术方面进行，也可以从高新科技发展的前沿及对本专业产生生冲击，以及医学发展中涉及的学科的动态方面进行。

策划二：从新发文章公布的成果中挖掘选题。

策划三：从社会大众中发掘选题。

策划四：借智慧，利用作者、读者、网络、传媒获取。

好的选题（科研层次决定）+好的论文写作框架+一流科学家+一流作者=优秀作品。

编审与策划能力的解决——靠自己，而不是他人。为此，每个人应学会学习+学会生活+学会观察+学会思考+学会否定+学会超越+学会做事+学会合作+学会忍让。

无论是对责任编辑遵循的编辑加工原则，还是对其编辑加工基本程序与内容的评价，均是要审读科技期刊的原稿和已出版的期刊，才能作出科学合理的评价。

（二）对科技期刊责任编辑尽责的评价路径

对科技期刊责任编辑尽责评价路径：对编辑加工的原稿与出版的科技期刊进行详细审读后方可作出评价。

主要审读：（1）封一至封四的全面审读，或抽部分文章审读；（2）文题与标题审读；（3）中英文摘要；（4）关键词；（5）文体结构；（6）内容扣题；（7）讨论及建议扣结果；（8）讨论规范性及深度；（9）文章首尾呼应；（10）研究方法与技术路线；（11）统计方法选择；（12）计量单位使用；（13）表应用准确及主谓语正确；（14）图的应用；（15）照片的应用；（16）汉字正确使用；（17）科技名词正确使用；（18）疾病名称；（19）设备名称；（20）药物名称；（21）新技术名称；（22）缩略语；（23）外文的使用；（24）阿拉伯数字与汉码；（25）古文及其内涵与文体把握；（26）古汉语及典故应用；（27）概念；（28）全刊美学评价；（29）目录与文内相对应；（30）参考文献；（31）文稿刊出时限；（32） 有无重点栏目及策划计划；（33）原始创新论文；（34）英文稿与译文水平；（35）广告合法性；（36）刊登消息的合法性；（37）版权页的合法规性；（38）全刊各项标识的合规范性等。

根据审读查出的差错、不规范等评价责任编辑是否尽到了全责。

也许大家认为对编辑要求太高，是否太高，请阅摘自《现代杂志编辑学》的范例——范例13-3至13-10。

提示性范例13-3

强烈的把关意识

如果一个可以避免的差错出现在杂志上，那么受到谴责的首先是编辑，而不是作者。因为作者的稿件只有经过编辑才能同广大的读者见面。作者稿件有差错，作者当然要负责任，但就整个编辑出版过程而言，作者改完稿件后，还有编辑这道关，还有可能将差错加以消除；一篇稿件要经过层层关口，编辑把守的是最后一关，校对、印刷、出版等环节，也都以编辑编发的稿件为准。若编辑把关不严，差错就会直接同读者见面。因此，编辑在消灭差错中负有特殊重要的责任。校正差错，对编辑来说，首要的是要有强烈的把关意识。

把关意识强不强，首先就要看有没有穷追不舍的精神。有一次美国黑人拳王阿里来华访问，记者写了一篇稿件，提到阿里喝茅台酒一事。编辑打电报来问："阿里是一个穆斯林，他在宴会上到底是否喝了茅台，我们需要搞准确。也许他为了礼貌起见，只是把酒杯举到嘴边吧。请回答——我们等着发稿。"记者说："阿里确实呷了一口，而且他还做了一个鬼脸……但我怎么知道他是否把酒咽下去了呢？他当然没有喝得很多。我真不知道你们为什么一定要等到这种芝麻大的问题澄清以后才发稿。"

记者考虑时效也许不无道理，但编辑的追问，也不能认为吹毛求疵：虔诚的穆斯林是滴酒不沾的，在大庭广众面前喝酒，更属大逆不道，这对于拳王来说也许不是小事。这位编辑对不清楚的问题穷追到底，表现了一种很强的把关意识。

编辑的这种穷追不舍的精神，应表现于一切作品的加工之中。名人的作品亦不能例外。例如鲁迅小说《风波》里有一个细节，关于一个饭碗的补钉，前面说是16个铜钉，后面说是18个铜钉。作者的这一笔误，编辑没有发现。《新青年》杂志刊出后，还是鲁迅自己发现了，提出要改正过来。原水利电力部长钱正英在一篇文 章中，引了一位共产党员的遗嘱："国家空，一切虚礼须从简。"何谓"国家空"？编辑本应提出来，但还是照样发表了。后来钱正英写信说明由于自己未辨清原件的字迹，将"国家穷"写成"国家空"，并表示了歉意。这些事例说明，对于知名人士的作品，编辑同样应具有强烈的把关意识，这是编辑的岗位特点提出的要求。

提示性范例13-4

善于分析

差错往往隐藏在字里行间，要发现它，就要善于通过上下文的联系和对比，找出它的自相矛盾之处。其具体方法是，进行如下几种对照：

——局部与整体对照。有段文字是："这种炼乳系由鲜奶经浓缩加糖制成，含奶粉物质28.5%，脂肪8.5%，甜菜是43.5%，水分26.5%。"几个部分的数字相加是107%，而事物的整体应是100%，两者不相符合。显然是几个部分中的数字有误。

——原因与结果对照。有篇稿件说："××侵略 ×××一年多来，×××被弄得民不聊生。由于营养不良，三四岁的孩子不会走路，十一二岁的孩子看上去像六七岁。"×××孩子发育不良的状况这样严重，十一二岁的孩子看上去像六七岁，绝不是××侵略×××一年多来造成的，因果关系表述不清。尽管××的入侵，加剧了×××儿童的发育不良，但不是唯一的原因。这样的写法显然不妥。

**提示性范例13-5**

——论点与论据对照。有篇稿件说："湖南有家食品厂增建一个车间，审查蓝图时，厂方一时疏忽，忘了邀请市卫生防疫站，于是被宣布罚款3000元，类似这种滥罚款的事，时有所闻。"论据是：食品厂扩建未请卫生防疫站审查而遭罚款，结论是：滥罚款。按食品卫生法规定，食品厂的扩建，要经卫生防疫站检查，因此所谓"滥罚款"的结论是站不住脚的。论据不能支持结论。

**提示性范例13-6**

——正面与侧面对照。这里所谓的正面，是指作者着力表现的主要方面，所谓侧面则是与此相反的次要方面。有篇稿件表扬一位县委书记如何改进作风，文中写道："一位农民在公路上扬场，不小心将一锨麦子扬在县委书记xxx的吉普车上，xxx觉得有失'尊严'，立即责成交通部门对其罚款。后来，xxx认识到自己不该维护那种'旧官场的尊严'，于是亲自登门向这位农民赔礼道歉。"这段文字着力要表现的是县委书记知错就改，但是却默认了不该肯定的侧面：农民公路晒场是违法的。

**提示性范例13-7**

勤于核对

编辑发现差错，有时单凭自己现有的知识还不够，还需要借助工具书等各种资料加以核对，才能辨明真伪。要核对，就不能怕麻烦，要手勤，同时也要有一定的学识水平。

首先，核对的资料是依据，应具有权威性。最好是权威的机关和人士所公布的资料，而且要最新资料。他人转述的第二手资料或间接的资料，虽可参阅，但作为依据，其权威性则相对减弱，有时甚至可能出错。

第二，选择最佳切入点。一个疑点往往可以从不同方面去查询。究竟从何处入手，最为便当呢?

查找的范围小，线索比较单纯，针对性强，这应是核对时选择的最佳切入点。

提示性范例13-8

有的文章具有发表价值，编辑发现个别处可能有小的差错，一时尚无法找到材料加以核对，而杂志又须按时出版，不能临时更换而拖期，这时编辑可在刊物上向读者作出负责的说明。例如鲁迅在编《奔流》月刊时，发现文章中一个外国人的名字有错，付印时加上一个字母，但一时找不到原本印证，便在《编校后记》中说明："暂时存疑"，如果改得不对，"那完全是编者的责任"。

提示性范例13-9

辞章的修饰

1、根据主题的需要进行删节：

——删除与主题无关的部分；

——删除与主题关系较远的部分；

——根据主题适当集中的需要，删除多余的部分。

2、根据各种文体的不同需要进行删节。

3、根据读者的接受能力进行删节。读者对两类内容不易接受：一是专业性强的一些陌生问题，一是人所共知的常识。对前者——不懂；对后者——太懂了，都不能引起阅读的兴趣。这两类内容，正是删节的对象。

4、根据表达要经济的要求进行删节：美国学者麦克尔·曼切尔在《新闻报道与写作》一书中说："所有的创造性的活动都是建立在删节艺术之上的……表达得经济，是艺术家的标志。"叶圣陶说："咱们写个作品，在语言的使用上也该遵守节约的原则。"要"把文章的'水分'挤掉一点"。

5、根据版面容量进行删节。

提示性范例13-10

修饰文字

这里所讲的修饰文字，主要是指在词语的选择和运用上如何做到更加准确和贴切。

1、注意词义范围的大小。词语的意义在范围上有大小之分，这种差别应与所描述的对象相适应。有一篇科学小品，讲到胡萝卜可以长久保存时说："在1938年曾有人检查了在1824年为北极探险队所准备的胡萝卜罐头，这批经历了一个世纪的罐头，其中胡萝卜的含量与同类新罐头相差很小……。"

朱德熙在评改时，将"检查"改为"化验"。因"检查"的范围比"化验"广，在这里显得空泛。用"化验"二字更贴切。

有篇稿件说："治疗肺炎，或者用药物，或者用抗生素，一般都可以治愈。"在这里，"药物"这一概念范围较广，它包括了"抗生素"，"药物"与"抗生素"不能并列……

2、注意词义的褒贬

作家杨朔的散文《雪浪花》，最初发表于《红旗》杂志，后来收入集子时，他又作了精心修改。原作有一句是："几个姑娘赤着脚，提着裙子，唧唧喳喳追着浪花玩。"改作时，将其中的"唧唧喳喳"改为"嘻嘻哈哈"，因为"唧唧喳喳"似有贬义，而这里是对姑娘们的赞美，"嘻嘻哈哈"更能表现她们欢快的心情和周围的气氛。

3、注意词义的语体色彩

表达同样一个意思，有的比较庄重文雅，有的比较通俗，接近口语，编辑改稿时也需要注意这种差别，使之适用于不同的场合。例如，原句"1811年出版的德文植物学辞典中才有关于番茄能吃的记载"，朱德熙将"能吃"改为"可以食用"。辞书的辞条里，宜用比较文雅的书面语言。再如，原句"就是按照……的说法，在人体内只有半数的胡萝卜素可以被吸收利用的话，那么取食二两鲜胡萝卜……""取食"二字用在这里又显得太文，朱德熙建议改为"吃"字比较好。

4、注意词语的搭配

原句"……尤其维生素丙不但含量最丰富，还有煮熟后不受或少受破坏的独到之处"，朱德熙认为，"煮"的是番茄，不是维生素丙，所以在改作时将"煮熟"改为"加热"。又如原句"番茄生吃风味很好"，因"风味"无所谓好坏，所以朱德熙将其改为"味道"二字，这样的搭配就比较合理。

从摘录的内容来看，既涉及科技论文的编辑加工，也有文学艺术、社会科学的编辑加工，还有报纸等媒体的编辑加工。其他期刊编辑能做到，我们医学等科技期刊的编辑同样可以做到，关键看办刊人的主导者自身能力，严师出高徒。

# 思考讨论题

1、科技期刊编委应具备的条件与应承担的责任是什么？

2、科技期刊编委尽责评价内容与方法是什么？

3、科技论文审评专家的责任和应具备的条件是什么？

4、科技期刊论文审评专家应遵循的原则与尽责评价内容是什么？

5、执行编委的职责与尽责评价内容是什么？

6、责任编辑的责任与评价内容是什么？

7、责任编辑对各种文体编辑加工的关注点是什么？

# 第十四章 科技期刊中英文应用的评审

## 第一节 科技期刊中英文应用的基本原则

为了方便国际间的学术交流与合作，我国科技期刊逐渐配发了科技论文的英文题名、英文摘要，以及与中文目次相对应的英文目次。英文应用需要遵循与中文内容保持一致、语言简洁明了、语法正确规范等原则，本节从英文应用的特点和原则进行具体阐述。

**一、英文应用的基本文体特点**

中文科技期刊中的英文部分按照应用位置体现在期刊目次、篇前题名摘要、篇中图表、篇尾参考文献四个部分。从文体角度而言，题名、摘要部分是文法的主要体现，而图表、参考文献部分更多体现为格式要求。

**二、英文应用的基本原则**

（一）内容一致

英文目次对应于中文目次，英文题名、摘要对应于中文题名、摘要，决定了英文内容与中文内容的一致性、匹配性。有些文章，英文摘要与中文摘要的内容相差较大，英文摘要中的许多内容在中文摘要中并未叙述，或中文摘要中的部分内容在英文摘要中未翻译，都是应该避免的问题。值得注意的是，这里所言的一致并不是词句的一一对应，而是在文字内容范畴中的语意对应。

（二）简洁明了

无论英文题名还是英文摘要、关键词，因其本身的独立性、准确性、概括性与自明性，且受到字数的限制，用最简洁、恰当的语言反映文章的特定内容，在有限的文字中，准确表达和揭示文章内容，把论文的主题准确地告诉读者，这是一篇文章英文应用部分不可忽视的基本要求。

（三）语法正确

英文中语态、时态、词汇和术语方面的错误，是最常见的错误，且经常出现中文式的英语表达方式。英语水平和编辑经验的提高是期刊编辑长期积累和学习的结果。阅读英文参考文献，参照英文文献的相应语态、时态、词汇和专业术语表达方式等来写作英文摘要，会使语句更为流畅和规范，更符合或接近英文科技论文的表述形式，不失为一种有效的积累方式。

（四）符合标准规范

科技期刊英文部分是期刊对外进行交流的一个窗口，也是进入国际传播渠道的"先遣部队"。期刊英文部分刊载的规范、科学不仅关系到外国读者查找和阅读的便利，而且影响阅读兴趣和学术交流的效率。而就目前现状来看，不可否认，我国科技期刊英文部分在刊载位置、编排格式、字体运用、标点符号使用及作者拼写等方面缺乏规范、亟待统一。本章从目前期刊编辑经验角度，提出对科技期刊英文部分刊载方面的相应评审要求，希望有助于规范科技期刊英文部分的编辑出版。

## 第二节 科技论文篇前部分英文应用的评审

### 一、英文论文题名的评审

（一）英文题名的描述

国际医学期刊编辑委员会制订的生物医学期刊统一投稿指南（温哥华格式）要求：医学论文的题目必须简明且信息性强。中文期刊发表的医学论文，要将题目和摘要译成英文进行国际交流，就必须用最少的文字恰如其分地反映论文的内容，起到"吸引"读者的作用。

题名要求用最简洁、恰当的词组反映文章的特定内容，把论文的主题明白无误地告诉读者，并且具有画龙点睛、启迪读者兴趣的功能。题名应包括文章的主要关键词，像一个标签，切忌用冗长的主谓宾结构完整的语句逐点描述论文的内容。

（二）英文题名的基本要求

文章的题目必须准确、完整、具体，高度概括文章的主要内容，也必须能够引起读者的兴趣。通过对国内医学期刊登载论文的英文题目与*Science*、*Nature*及*Lancet*登载的论文题目的分析和比较发现，与国外期刊相比，国内医学期刊登载的论文的英文题目主要存在以下不是：副标题使用少；题目中完整句子使用少；题目开头冠词使用太多。

鉴于此，作者既要从内容方面考虑题目是否高度概括文章的主要思想或主要结论，也要从形式方面考虑题目是否符合外刊中登载的论文题目的表达习惯。如果中文题目表达的内容较丰富，以至于题目太长，英文题目可考虑使用副标题形式；如果英文题目中出现不影响内容的冠词，可以去掉冠词；如果文章的结论比较明确，可以考虑使用完整句子表达英文题目，这样可以更好地表达题目中的"受试对象"、"处理因素"和"结果效应”三要素，也非常适合于表达结论性的东西；如果英文题目字数太多，可以考虑去掉一些累赘的词。

现就将医学论文题目翻译成英文题目时应注意的问题谈几点意见，供大家参考。

1、切忌机械地照中文题目对译

由于中西方文化的差异，我们习惯在论文题目上加上“研究”、“调查”、“观察”、“初探”等字样。作者一般对应翻译为“Studies”，“Observation”，实际上国外期刊一般不提倡使用这类词汇，因为它们实际上并没有表达出确切的含义，未增加题目的信息量，从而是无意义词汇，省略后不会影响文题的表达。

另外，定冠词“the”和不定冠词“a/an”一般也不使用，因为省略后并不影响原义的表达，画蛇添足的说法也容易让外国人望文生义，造成一种研究不深的错觉，就更没有必要了。

另一种常犯的错误是简单、机械地将中文题目对译为英文，未能充分体现出自己中文的含义。在对医学论文题目翻译的过程中，简单地将中文题目对译为英文是远远不够的，更重要的是让英文读者能感受到与中文读者同样的信息。

2、尽量选用特指词和关键词

除了删去无实际意义的词外，英文题目的选词应尽量选用关键词和特指词。在题目中使用关键词，对数据库和检索性期刊收录文章及读者运用二次文献进行检索是很有帮助的。值得注意的是，这里指的关键词不都是《医学主题词表》（MeSH）中的主题词。主题词作为一种规范化的统一名词、形容词的术语，往往比较概括，不能完全反映出全文的主要内容。英文为了避免词汇的单一性和重复性，一个概念常常有多种表达方式。比如肝癌就有hepatocarcinoma，liver cancer，liver carcinoma，hepatic cancer，hepatic carcinoma，liver neoplasms和hepatic neoplasms 7种表达，MeSH中为liver neoplasms。对相关论文题目进行查寻，发现题目中大量使用的是那种言简意赅的词汇，如hepatocarcinoma，liver cancer而不是liver neoplasms这类让人难以理解的词汇。

在尽量选用关键词的同时，还应尽力使用特指名词。泛指的名词往往过于笼统，范围较大，让读者看后抓不住文章的实质所在。

3、合理安排英译后题目的词序

在翻译的医学论文题目中，词序的错误是最常见的语法错误，这关键在于修饰语定位的不准确。要知道修饰语通常出现在最贴近被修饰词语的地方，如果没有正当理由而把修饰语和被修饰语分隔开来，往往会造成病句。

不同的词序有着不同的强调重点，这时就需结合全文考虑。应根据全文，判断其侧重点，选择不同的词序。

4、选用短语型题目或句子型题目

论文的题名有短语型和句子型两种。过去强调多用短语型题目，现在句子型题目越来越多地被人们接受，使用呈显著上升趋势。到底用短语型还是用句子型题目，应根据论文的内容和中文题目来综合考虑。

短语型题目以名词短语最多，少数为动词短语和介词短语。名词短语是以名词作为中心词，前面或后面加修饰成分组成。其结构可表示为：（限定词）+（前置修饰语）+名词+（后置修饰语）。前置修饰语一般有形容词、分词和名词。后置修饰语包括介词短语、分词短语和不定式。现在，用名词代替形容词、分词和名词所有格直接作定语的现象越来越普遍，同现代科技英语趋向简洁的发展趋势相一致的。需注意的是分词的主语要求同句子逻辑主语相一致。这里最常见的错误就是using。其实，只要在“using”前面加“by”或将“use”改为“with”就可。

中文医学论文较少使用句子型题目。但英文文献中使用句子作题目的逐渐增多。因为句子题目信息性更强，句子型题目更能清晰明了地表达全文的观点，使读者仅阅读题目就可轻松把握论文的主旨，更体现了精确、简短和有力的特色。

综上我们认为，当论文的观点、结论非常明确时，可以选用句子型题目；如果论文仅是阶段性的结果，或者只是资料性的结果报道，还不足以形成明确的结论，则尽量使用短语型题目。

5、注意英文论文题名大小写问题

题名中英文字母的大小写有以下三种格式：（1）全部大写；（2）实词首字母大写，但4个字母以下的介词、连词、冠词全部小写；（3）第一个词第一个字母大写、其余全部小写。在汉语中字符格式的变化主要是为了醒目和分清层次而没有语法意义。在英文中不一样，字符的大小写（首字母大写）是具有语法意义的。首字母用或者不用大写必须遵循一定的规则，否则会引起误解。

总之，在翻译医学论文的题目时，要按照英文的表达习惯，抓住论文的核心。

（三）英文论文题眉的评审

论文题眉一般包含作者及作者单位信息，其中格式问题最为突出。

我国期刊作者姓名英译的拼写形式多种多样，据初步统计，主要有14种，以下是最常见的3种：

（1） 陈敬民 Chen Jingmin，见《北京周报》、《编辑学报》、《中国血吸虫病防治杂志》等。

（2）蒋次鹏 JIANG Cipeng，见《中华医学杂志》英文版和中文版、《中华内科杂志》等。

（3） 姜庆五 JIANG Qing-wu，见《中国公共卫生》、《复旦学报》等。

拼写形式不一，不仅不利于读者查阅，而且在国际上造成中国人名的英译似乎无规范可循的不良影响。那么，究竟有没有规范呢？其实是有的。1976年9月中国文字改革委员会修订的《中国人名汉语拼音字母拼写法》和1978年9月26国务院转批的《关于改用汉语拼音方案拼写中国人名地名作为罗马字母拼写法的实施说明》已明确作了规范，扼要介绍如下：

（1）汉语姓名拼写法。汉语姓名分姓氏和名字两部分，姓氏和名字分写，复姓连写。例如：杨立 Yang Li；杨为民 Yang Weimin；欧阳文 Ouyuang Wen；欧阳文安 Ouyang Wenan。

（2）姓名的各个连写部分，开头都用大写字母。如音节界限发生混淆，要用隔音符号（’）隔开，如ZhangHuang’en（张皇恩）和Zhang Huan’gen（张唤根），田桢干 应写成Tian Zhen’gan。

用汉语拼音字母拼写的中国人名地名，适用于罗马字母书写的各种语言，如英语、法语、德语、西班牙语、世界语等。由此可见，上述拼写形式中，只有第1种是规范的。顺便提一下，英语国家或其他非英语国家的人名可按作者自己提供的罗马字母拼法拼写。值得注意的是英语国家人名在题名后是名在前，姓在后；但在参考文献中是姓在前，名在后，且名多用缩写。

（四）科技期刊英文目次部分的格式要求

目次页的刊登位置各种期刊可以根据自身情况来选定，但都必须遵循以下原则：

（1）位置应显著，便于读者查阅；

（2）全年或全卷的位置相同，如确需变更时，应从新的一年或一卷的第1期开始；

（3）目次页应设计成独立部分，并尽可能占整版面，超过1页时，超过部分应续排于次页及以后，不可转排他处；

（4）必须保证正文部分的首页和翻开的右页都应该是单数页码。

目前存在问题最多的是第4条原则。中英文目次统一考虑，以中文目次2页，英文目次1页为例，对现实中存在的几种情况提出编排建议。

（1）中、英文目次连排在封二后第1~3页，可在英文目次的背面排广告或广告目次，也可刊登自己刊物的介绍；

（2）中文目次排在封二后第2、3 页，英文目次排在封二后第4页，第1页可刊登卷首语、本期导读或广告等；

（3）目次页从封二起排，并续排于封二后的第1、2页；

（4）目次页连排在封三前2页和封三上；

（5）中文目次连排于封二后第1、2页，英文目次排在封三；

（6）仅有中文目次页且为3页的，可参照（1）~（4）条编排。

**二、英文摘要评审**

（一）英文摘要的描述

1、定义

现代科技论文中摘要是必不可少的组成部分。根据我国颁布的国家标准GB 6447-1986，论文摘要的定义是“以提供文献内容梗概为目的，不加评论和补充解释、简明、确切地记叙文献重要内容的短文”。

2、作用

目前国际上各主要检索机构的数据库主要是收录各国出版的学术期刊中的英文摘要，因此，内容简洁、重点突出、语言规范的英文摘要对增加论文的被检索和引用、吸引读者、扩大杂志知名度及论文的影响起着不可忽视的作用。

3、类型

根据国内外各类科技杂志摘要写作要求，摘要的类型主要包括报道性摘要（informative abstract）、指示性摘要（indicative abstract）、报道—指示性摘要（informative—indicative abstract）以及结构式摘要（structured abstract）。国内外多种医学科技期刊，均采用结构式摘要。

4、特点

以结构式摘要为例。一项统计表明，Medline检索系统所收录的生物医学期刊已有60%以上采用了结构式摘要。结构式摘要的特点是：格式规范，层次清晰，可全面准确地概括全文内容，重点突出，读者通过浏览摘要即可了解文章的主要信息，给读者提供了极大的方便。结构式摘要的优点还在于：（1）便于作者撰写。作者可根据规定的项目逐项填入内容。（2）有助于作者设计实验。作者在熟悉和了解结构式摘要的写作格式和项目后，在进行课题研究实验设计时会事先考虑到各部分的内容，明确实验目的、方法，实验结果准确，得出正确的结论。（3）有利于审稿和编辑。结构式摘要的内容比较全面，专家审稿时，通过阅读摘要即可了解论文主要内容。由于这种摘要层次清晰，缺项可一目了然，方便了编辑人员的编辑加工及校对。

（二）英文摘要的作用与要求

摘要基本要素包括研究目的、方法、结果和结论。因此摘要应具有独立性、准确性、完整性、学术性、通用性、简练性与概括性，不应出现图表、冗长的数学公式和非公知公用的符号和缩略语及商品名称等。为了便于国际学术交流，国内发行的科技期刊除有中文摘要外还应有与中文摘要相对应的英文摘要。完整的英文摘要应包括英文题名、作者姓名汉语拼音及其工作单位英译名、英文摘要和英文关键词。

（三）英文摘要评审要求

1、英文摘要的长度

不属于目的、方法、结果、结论四部分的内容不必写入摘要，而对属于四部分的内容也应适当取舍。比如，“目的”在多数标题中已初步阐明若无更深层次叙述，在英文摘要中完全不必重复。一般对报道性摘要来说后三项宜详，而对指示性摘要来说第一项宜详。

撰写英文摘要应注意专业术语的准确翻译，对于报道性摘要一般为200~300字左右，应避免论文摘要过于简短或言之无物。

2、英文摘要的时态用法

英文摘要所用时态需与事情发生的时间相一致，用过去时态描述作者的工作，用现在时态描述研究的目的、内容和所得出的结论。常用一般现在时、一般过去时，少用现在完成时、过去完成时，进行时态和其他复合时态基本不用。

3、英文摘要的语态

英文摘要中谓语动词的语态也应根据具体表达需求恰当地使用，采用何种语态既要考虑摘要的特点，又要满足表达的需要。现在主张摘要中谓语动词尽量采用主动语态的越来越多，因其有助于文字清晰、简洁及表达有力。

以前强调多用被动语态，理由是科技论文主要是说明事实经过，至于那件事是谁做的无须一一说明，事实上在指示性摘要中为强调承受者，还是采用被动语态为好。在报道性摘要中，有些情况下施动者无关紧要就必须用强调的事物做主语。

4、英文摘要的人称

原来摘要的首句多用第三人称This paper ... 等开头，现在倾向于采用更简洁的被动语态或原形动词、介词短语、分词或分词短语开头。

5、英文摘要首句的特点

摘要的首句不能重复题目，应对标题的内容有所引申和扩展，应将表达重要信息的部分放在句首，开门见山、突出重点。

句首一般不应用阿拉伯数字，虽然汉语里经常出现直接用阿拉伯数字开头的句子，但在英语中这属于不规范的做法。如不得不用数字开头，可将阿拉伯数字转化为英文字母（适合于10 以下数字） 放于句首或进行其他方式的转换。若以一个较大的英语数词开头时会显得累赘，在这种情况下最好避免把数字放在句首，适当调整一下句序，把数字放在句中。

6、英文摘要的标点符号问题

英语写作中用的标点符号主要有句号、问号、叹号、逗号、分号、冒号、破折号、括号、引号、连字符、省略号等。科技期刊英文摘要中标点符号使用不当的问题很普遍，主要原因是作者沿用汉语标点符号的习惯。所以在编校英文摘要时应注意以下几点：

（1）英文标点符号除破折号长度占2个英文字符外，其他均只占1个字符。中、英文的逗号、分号、冒号等看起来完全一样，但实际上却不同。

（2）英文标点符号中没有“《》”、“、”和“~”，英文书名一般用斜体，该用顿号时用逗号。英文中的省略号是3个英文句点“. . .”而不是“…”。

（3）在英文中无论引号中是单句、短语、从句还是独立成分，末尾的逗号和句号等一律封闭在引号之内。

7、英文摘要中的非语言词

叙述中尽量采用科技术语、分子式、方程式等非语言词方式表达。尽量避免使用数学表达式和希腊文等特殊符号。尽量避免引用文献、图表和缩写。如将at a temperature of 250 to 300℃用at 250-300℃表示，另外取消不必要的字句，如It is reported （据报道）。选词力求简单，尽量用短词代替长词，常用词代替生僻词，狭义词代替广义词，如at the present moment改为now。

8、英文摘要中的缩略语

首次使用缩略语时，要在括号内给出英文全称或者在全称后加括号注明缩略语。

总之，英文摘要的翻译要忠实于原文，忠实原文要求译者做到保持原文的语言风格及语言特点，但并不是死译。通顺易懂，要避免文理不通和逻辑混乱的现象。科技期刊的编辑，应经常阅读英美报刊，增强语感、积累经验，把握翻译的准确性。

（四）英文摘要写作要求示例

1、目的（objective）

由于研究目的是作者的设想、研究工作的前提或背景、提出问题的缘由，表明研究的范围和重要性，因此，根据目的不同，在语态上可采用主动语态或不定式，在时态上应根据是简要还是完全表述方式采用一般现在时或过去时来表达。

对于回顾性研究，常用的词有：review，demonstrate，summarize，present，outline，describe等。

对于阐明研究目的，常用的词有：purpose ，aim ，attempt ，characterize等，还可采用不定式表述。某些情况下还可先简单说明背景后，再表述目的。

介绍研究的重点内容或研究范围，常用词有：investigate， analyze， study，present， include， focus， attention， emphasize等。

2、方法（methods）

摘要中的方法内容应包含研究的对象（人、动物、标本等）以及所应用的主要研究手段和分析方法。由于读者已经知道进行研究过程和采用这些材料的人就是作者本人，且是已经发生的行为，因此，应采用过去时，且一般情况下多采用被动态进行描述。

3、结果（results）

叙述主要所见、数值、检测数据、统计学结果等。由于论文是在取得了实验、研究结果后撰写的，因此，应使用过去时来描述，且多使用被动语态表达。

4、结论（conclusion）

通过实验、检测、分析、总结等所获得的理论、建议、提示或设想等，是对事物一般性规律或特殊性的认识，应使用一般现在时表述，常用的词汇有：conclude，summarize， indicate，suggest，introduce等，有时对于提示性结论还要使用may，possibly，possible等表示。

总之，英文摘要需要以“独立性”、“自明性”为原则，在语言组织上注意表述的逻辑性，在内容揭示上做到全面性与重点性的结合，尽量包括论文的主要论点和重要细节（重要的论证或数据），同时适当强调研究中的创新、重要之处。

**三、英文关键词评审**

（一）英文关键词的描述

关键词是研究论文的文献检索标识，是从题目层次标题和正文中选出的能反映论文主题的词或词组。关键词对文章内容的准确揭示起到至关重要的作用，是否恰当、准确，直接关系到该论文被检索的概率和该成果的利用率。因学术界常利用关键词去检索最近发表的论文文献数据库，也常根据关键词检索和收录相关的文章，故若关键词不规范、不恰当，则该文被使用和传播的概率会受到很大影响。

（二）英文关键词的选择要求

1、关键词选取

关键词应取3~8个，其中一个为该论文的研究领域。对于医学期刊，应采用Index Medicus提供的医学主题词（MeSH）中的术语。如果作者把握不好某些词或短语能否作为关键词，可使用Medline中提供的主题词查找功能进行查找。对于一些新近引入的术语，MeSH还没有收入，可直接将该术语作为关键词。

2、 要注意中英文关键词的一致性

既要意思一致又要顺序一致。

3、翻译时应选用专业规范的词

不能将非公知的短语词汇甚至有些缩略语选择为关键词。只要有公知的专业术语就应使用，专业术语不可随意翻译。

（三）英文关键词的举例说明

国际主要检索系统SCI关键词的选取有三条准则，比较新颖精炼，这里作简单介绍，以便做到网络联机检索高效、规范和准确。

SCI关键词选取的三条准则如下：

（1）关键词必须是能反映文稿内容主要特征的实意词。

（2）无特殊检索意义、不能表征文稿所属学科专用概念的词不能独立作关键词使用。这类词SCI称为半禁用词。最常见的有概念、规律、理论、报告、试验、学习、研究、方法、分析、问题、途径、特点、目的、发展、现象等。但半禁用词可以和半禁用词或实意词组合成关键词，如：理论研究、试验分析、工作报告等。

（3）无实质意义的词不能独立作关键词使用，这类词SCI称为全禁用词。有冠词、虚词、介词、连词、代词、副词、形容词、感叹词、某些动词（连系动词、情感动词、助动词），最常见的有a，about，above，according，after，against，all，almost，along，also，among，an，and，another，any，are，around，as，at，away，be，because，been，before，below，between，by，can，come，concerning，consider，consisting，department，for，forward，give，get，have，how，in，instead，into，is，it，just，look，made，make，many，much，must，my，now，of，off，only，or，other，out，over，possibly，put，really，same，several，shown，since，some，study，such，the，to，they，together，toward，under，up，various，way，why，yet等共211个词。

当然，学术界约定俗成的一些原则同样适用，如同义词、近义词不应并列为关键词；化学结构式、反应式和数学式原则上不能用作关键词；不得用非公知公用的专业术语及其缩写。慎用副词和形容词修辞及评价。

对于那些反映新技术、新学科的新名词术语，可列为关键词。

广大作者和编辑人员选取文献关键词时要做到规范、准确、有效，可上SCI网站查阅SCI约定的全禁用词表和半禁用词表。

## 第三节 科技论文的篇尾部分英文应用的评审

### 一、参考文献的描述

在科技论文正文的后面，著录一定数量的相关参考文献，已成为一种学术规范，参考文献自然成为科技论文的一个不可或缺的重要组成部分。文末的参考文献大致有如下几方面的作用或意义：

（1）体现科学的继承性，尊重科学优先权；

（2）为文中内容起到佐证作用，以增加论文的科学性和可信性；

（3）为读者进一步追溯有关问题提供相关文献线索，在某种程度上起到微型专题索引的作用（尤其是综述性文献）；

（4）随着SCI的诞生与应用的日渐广泛，科技论文文末的参考文献已作为文献计量研究的主要素材和编制各种文字及版本的科学引文索引的重要依据。

### 二、参考文献的基本原则

随着现代科学技术迅猛发展，全球科技信息交流日益频繁。为了利于科技信息的传播交流，科技期刊必须符合我国国家标准化和国际间通用的格式。文后参考文献是科技期刊论文的重要组成部分，是论证观点的重要依据，也是给读者提供有关专题的线索，是情报人员分析论文价值的突破口，同时是期刊评价的重要内容之一。因此，科技论文中参考文献的著录已引起学术界的广泛重视，作为国际科技论文写作规范的温哥华格式，对此已有明确要求，各种学术期刊纷纷在“稿约”中或以“致作者”的形式刊出著录参考文献的格式要求。研究参考文献著录的规范性或准确性方面的文献报道也屡见不鲜。另一方面，科技期刊中英文文献的引用量较大，作者对参考文献的引用和著录不够重视，导致较多错误。

### 三、参考文献的引用评审举例

（一）文献的体例类型与文献顺序

温哥华格式中明确规定，引用参考文献的先后顺序，需以正文中首次提及之处用阿拉伯数字标出的自然顺序号为准，文末参考文献中按此顺序著录相应的参考文献的完整题录。目前绝大多数的英文期刊均采用这种序号方式著录参考文献。

但少数的英文医学期刊，如*J Nerv Ment*、*Brain*、*J Neurophysiol*等，未采取上述格式著录参考文献，而采用另一种所谓的哈佛格式（*Haward Style*），也叫著者—出版年体系（name-and-year system）。即在正文中引用其他文献内容的地方用圆括号标出被引文献的第一（或前两位）作者的姓名及文献发表的年代（如Smith，1990或Mills and Sailth, 1956）。文末参考文献排列顺序是按被引作者姓氏的字母顺序为序（姓前、名后，名字用缩写形式）著录参考文献的完整题录，每条文献题录前面有以阿拉伯数字排列的序号。

某些英文期刊，如神经科学领域著名的核心期刊*Brain Research*及其派生出来的6种子刊，其参考文献的著录颇为特殊，可谓前两种格式的综合变异形式。在文末的参考文献虽有以阿拉伯数字排列的序号，但不是以正文中引用其他文献的先后自然顺序为序，而是按照全部被引文献第一著者的姓名，按名在前（缩写形式）、姓在后的书写形式，依姓氏的字母顺序为序排列且前面冠以数字序号而成，然后再将此序号标注在正文中相应的引用之处。正文中的参考文献序列颇为混乱，在第一个引用之处的序号不一定是数字1，而可能是其他的任意数字。

综合分析目前期刊，以第一种形式为多。

（二）增刊与副刊的著录

随着科技的发展，学科专业的不断分化、演变、扩展，致使许多期刊不得不派生出一种报道范围和出版周期均相对独立的一种新刊，但这种新刊仍沿用其母刊的刊名，在其后面缀以Supplement以作为母刊的副刊。北欧斯堪的纳维亚半岛国家出版的医学期刊，最喜欢增出带有同样刊名的副刊。在IM收录的丹麦、挪威、瑞典3国出版的99种生物医学期刊中，竟有29种属于这种副刊。

由于增刊与副刊的英文词均为Supplement（缩写形式为Suppl），且其在期刊封面上出现的位置各不相同，给读者辨认与著录造成不便。一般来讲，著录增刊时，缩写形式的Suppl出现在卷号之后表示卷增刊，如Environ Health Perspect 1994，102 Suppl 1：275—82；或出现在用圆括号表示的期号之中表示期增刊，如Cancer Res 1996，42（8 Suppl）：695—729；某期的增刊还可在圆括号中以part的缩写形式pt表示为第x期的第x部分，在页码前冠以字母S，如：Environ Med l996，52（11 pt2）：S40—5。而著录副刊时，是将Supplement视为刊名的组成部分，随整个刊名一同变为缩写形式。如：Acta Obstet Gynecol Scand Suppl；少数期刊用方括号把Suppl括起来，如Acta Med Scand [Suppl]1996．651：219—26。

另外，各种英文医学期刊在诸如年、卷、期、页码的书写形式，缩写词ibid（同上）与op cit（同前）的使用，缩写点的使用，参考文献的来源标准及其著录格式等方面也存在各种不同的表达方式。由此不难看出，参考文献的另一个作用和意义恰好是作者学识水平和严谨作风的一种体现。因此要在文末著录出既符合学术规范，又体现期刊之风格特色的参考文献题录形式。

（三）著者项部分著录注意事项

1、大小写

GB7714-87规定："著者、编者以及以姓名命名的出版者，其姓全部著录，而名可以缩写为首字母"；"个人著者采用姓在前，名在后的著录格式"。值得注意的是英语中一些特殊的姓，不要盲目的除首字母都小写，如McMaster W、MacNutd J 等不能写成McmasterW、Macnut J。此类姓多以Mc、Mac 等开头。对法、德等国家的著者姓名中的附加词，如de、la、von、dos等，首字母也采用了大写。

2、头衔

混淆著者名和头衔。有些作者误将头衔如MD（医学博士）、PhD（哲学博士）等作为名字的一部分，而编辑没有仔细核对，就会出现把"Bullock R，MD"简写为Bullock RMD。

3、多位著者的表示

著者超过3 人或不足3人时，误用"et al"。常见错误是不足3人时，用"et al"，或者超过3人时列出1个作者后直接加"et al"。

（四）关于刊名部分的缩写问题

文后参考文献里英文刊名的缩写，国际标准ISO4-1984《文献工作—期刊刊名缩写的国际规则》中有明确的要求。如英国生理学杂志*Journal of Physiology* 和法国生理学杂志*Journal of Physiology*，不能缩写为J Physiol，应分别缩写为J Physiol（London） 和J Physiol（Paris）。这主要是遵循以下原则：

刊名只有一个词的不用缩写，刊名有两个以上时均要用缩写；

刊名中的冠词、介词、连接词等虚词一律省略（省去of）；

刊名中常用的单词可以缩写成一个字母（Journal 缩写成J）；

同一名称不同国家的刊物应在缩写刊名后加出版地或国别；

刊名缩写中学科名称常省略- ogy、- ics 字尾（Physiology 缩写为Physiol）。

另还有缩写刊名的每个单词的首字母均应大写；带人名的刊名人名不缩写。

随着期刊种类的增多，刊名缩写后相同情况会增多，要求编辑能够准确区分缩写名相同的不同期刊是不切实际的。如果还要求按上述规则处理刊名缩写，会出现很多问题，情报检索过程中准确性会大大降低，故刊名不应该缩写，或者说有实质意义的词不能缩写，这样才能保证参考文献刊名著录的准确性，也才能符合列出参考文献的初衷。

（五）解决参考文献著录问题的一点建议

以医学科技期刊为例，由于英文参考文献中各项格式与美国国立医学图书馆编辑的《医学索引》（*Index Medicus*）相似，所以我们可以充分利用美国国立医学图书馆编辑的系列检索工具。如对于刊名的缩写可以查阅Medline 收录期刊一览表或访问美国国立医学图书馆的网站。

Medline 数据库能查阅大多数英文期刊的题录。对于有疑问的参考文献，可以在自由词检索下综合使用几种方法达到目的：（1）多著者时，可直接输入认为较符合规范的“作者名 in au”。例如：Khaw KT in au，甚至可以写作Khaw in au。只不过限制越多，查到的文献数量越少，也越接近目的文献。（2）期刊名较规范时，输入“期刊名 in so”（注意：期刊名应用缩写，且加字符代替空格）。例如：Br-J-Clin-Pharmacol in so。（3）可以输入“文题中有实质意义的单词或词组中in ti”（ 注意： 连词、冠词、介词等虚词除外）。例如：文题为Pharmacokinetic and pharmcodynamic assessment of bioavailability for two prodrugs of methylprednisolonde，可用Pharmacokinetic in ti。

对于引用最近的期刊，Medline数据库没有的话可以上网访问专业检索引擎MWS（http:// www.mwsearch.com）及美国国立医学图书馆网址（http：//www.nlm.nih.gov）。一些著名杂志都有自己的网站，很多都有最近文献的目录，对纠正参考文献错误也有帮助。

# 第十五章　新世纪科技论文统计设计与统计方法的审评

**本章要点**

1、科研统计设计的意义
2、科研结果处理选择正确统计学方法的意义
3、科研中忽视统计设计的危害
4、科研结果忽视选择正确统计学方法处理的危害
5、科研统计设计的方法
6、科研统计设计审评要点
7、科研论文中统计学方法选用正误审评要点
8、各提示性范例的启示

随着科学技术的进步，社会的发展，人们科学素养的普遍提高，用数字说话和决策是现代社会的必然选择，从政府部门到各级机构，都更加重视科学研究与社会调查等的开展。承担研究的工作者，应高度重视向政府机构或科研机构提供科学性强的数据、结果、结论。但目前，一些开展研究的人，特别是采用社会调查研究方法的人，并未完全遵循社会学、软科学的调查研究规范进行，导致其结果的失真。

科学研究工作不进行统计学设计或统计学方法选择不当，直接关系研究结果的真伪与价值，严重失真的结果导致政府决策失误的危害无法估量，故每一科学研究工作者应该克服忽视统计设计和选择正确的统计方法的观念。当然，统计设计、正确统计方法选择的专业性很强，应该聘请懂得科研的统计设计的专家进行，并非只要从事统计工作的人员都可承担。

由于科研统计设计和正确统计学方法选用的重要性，故科技期刊办刊人在对科研结果报道时应高度重视把关。当然，统计设计和统计方法选择的正误判定，其专业性很强，要求编辑、审稿专家进行百分之百地把关不现实，但审评者可以从作者论文中描述

的缺欠及其用数据所作推理的背离逻辑发现蛛丝马迹，再送统计学专家审评，以保证科研结果报道的真实可靠，防止其错误结果结论危害社会，危害人类。

## 第一节 科研的统计设计与统计方法审评的意义

凡正规科技期刊都要对所要刊用的科技论文的统计设计、统计学方法正误进行判定，这是符合国际惯例，是“科学发展观”、“三个面向”、“三个代表”精神的贯彻落实。

**一、科研统计设计与统计方法审评的意义**

统计学是一门专业性很强的学科，其广泛应用价值不必赘述。但科学研究成果的真实性和科学性离不开统计学设计及正确统计方法的应用。

（一）统计设计与统计学方法的几个基本常识

1、统计设计。统计设计是正确开展科研工作的基础。研究者开展科研工作具有明确的目标，要实现这个目标，首先进行细致的统计设计是十分必要的。正确的统计设计是获得正确结论的基础，没有统计设计或错误的统计设计肯定得不到正确的结论。统计设计的原则和方法在本节第二部分中专论。

2、数据类型。科研工作会获得大量的数据，为了能合理地处理这些数据，需要分清数据的类型。常见的数据可分为4个类型：第一类是计量数据，如年龄、血压等，它们有计量单位，有数值；第二类是分类数据，如性别，血型等，可以是二分类的，也可以是多分类的，类别之间是独立的，互不覆盖；第三类是等级数据，也称有序数据，如病理分级“－”、“＋”、“＋＋”、“＋＋＋”，调查问卷的“非常满意，满意，一般，不满意，非常不满意”等；第四类是生存资料，把事件（生存/死亡）的发生与发生的时间捆绑在一起，用于表述生存率随时间的变化。

3、根本任务：由样本的统计学性质推断总体的统计学性质是统计学的根本任务。由于人力、物力和财力诸因素的制约，往往不可能对所有的研究对象（称为总体）进行观测，于是，研究者会采用适当的抽样方法从总体中抽取足够多的有限研究对象（称为样本）进行观测，从而获得样本的统计学性质。因此，如何由样本的统计学性质推断总体的统计学性质，就成为统计学的根本任务了。例如：由样本均数推断总体均数所在范围（称为置信区间），由样本率推断总体率所在范围（亦称置信区间）。再例如：由多个样本均数推断多个总体均数是否相等（称为假设检验），由多个样本构成比推断多个总体构成比是否相同（亦称假设检验），等。

4、选择统计学方法。科研设计和所获得数据的类型决定如何选择合适的统计学方法。合适的统计学方法是得到可信的统计学结论的前提。具体内容参看第二节。

5、影响统计结果效能的因素。主要因素包括：

（1）第一类错误α。α表示拒绝实际成立的$H_0$（假设检验中的无效假设）所犯错误的概率。通常α=0.05或α=0.01，由作者指定。需要指出的是，并不是α越小越好。

（2）第二类错误β。β表示拒绝实际成立的$H_1$（假设检验中的备择假设）所犯错误的概率。由于它是由所使用的科研统计设计方法、样本含量、均数（或率）和标准差（或率的标准误）综合决定，所以在论文中并不直接出现β值的大小。1-β称为检验效能。在审评论文时不易一眼看出检验效能的大小，但是当样本含量太小时，就有可能怀疑检验效能比较小，从而可能导致结论有问题，这是需要加以注意的。

（3）样本含量。样本含量（简称样本量）是指样本中观测对象的数目。给定统计设计类型，α值、均数（或率）、标准差（或率的标准误）以及β值就可以通过查专门的表格或数学公式计算出所需样本量。实际操作时，以此估计样本量进行就可以了，不是样本量越大越好。一般来说，能保证α=0.05，1-β=0.80的样本含量就可以接受了。

6、不需要统计学推断的情况。如果数据来自总体，不是来自样本，就不存在由样本推断总体的问题，此时只需对总体数据进行统计学描述就够了，如，计算均数、标准差、率、构成比等参数。对于多个总体的参数，直接比较大小就可以了，完全没必要作*t*检验、方差分析等统计推断，如，人口普查的数据等。

（二）科研统计设计与统计学方法选择中的问题

目前，科研统计设计和统计学方法选择中存在许多令人遗憾的问题，仅作简要归类，不作详细表述。

1、科学研究规范方面的问题。①原来可行的调查方法因社会发展与进步丧失了可行性但仍然在应用，详见提示性范例15-1；②向人群发放调查问卷就是科学研究；③按研究者的价值取向设计调查问卷开展研究，详见提示性范例15-2；④研究者自行设计调查问卷未进行信度与效度检验就开展调查研究，详见提示性范例15-3；⑤引进调查问卷未进行效度检验就应用于调查研究之中；⑥不按课题属性选择相应的科学研究方法进行研究，等等。

2、科研统计设计方面的问题。①只进行研究，不进行统计设计，出结果后再选择统计方法；②不作统计设计，也不作统计学处理，为商业目的服务的所谓研究最常见；③请不懂得统计设计的人员进行所谓统计设计，这类“研究”结果危害最大，等。

3、科研中统计学方法选择方面的问题。①不按统计设计的统计方法进行结果处理，而随意选择统计学方法，目的是让所得结果有统计学意义，便于发表论文。②不进行统计方法处理，凭所得的数据公布研究结果，有些仅从绝对数看是有明显差异的，但经统计学方法处理后，则差异没有统计学意义。这类结果公布危害极大，而一些缺这方面知识，或仅为赚取钱财的劣质期刊是会发表的，这种行为是违背“科学发展观”和“三个代表”精神的。

（三）科研中忽视统计设计与正确选择统计学方法的危害

凡科学研究忽视统计设计和选择正确统计学方法，其危害甚大，大体归纳为4类。

1、危及研究结果的应用价值。因忽视统计设计和正确统计方法应用，其结果不会有科学性，自然也无应用价值。造成物力、财力、人力的重大浪费。

2、盲目应用这类没有科学性的数据进行决策必然失误。无论哪一个国家、哪一级政府、哪一级机构、哪一层次的决策，采用无科学性的数据作为依据，必导致失误，采用的层级越高，损失越大。

3、危害国家形象。没有科学性的论文如果发表必然影响科技期刊自身与国家的形象。详见提示性范例15-4。有些作者总认为造假的论文或成果别人发现为了，客观上，因造假写成的论文存在无法弥补的逻辑上的缺陷而被行家发现，详见提示性范例15-4。

4、危害同行的形象。某一单位或某一行业的科技人员，如果累次出现伪科学的论文，必然使其所在单位、专业的人员形象受损，见提示性范例15-5。

**二、科研的统计设计的原则与设计方法**

（一）科研的统计设计原则

科研的统计设计需遵守以下4个原则。

1、随机化原则。统计学的本质是研究具有随机性发生的事物所遵循的规律，在医学研究中尤为突出，例如个体的差异对研究结果的影响就具有随机性。因此，不管采用什么样的统计设计方法，对观测对象的选择一定要具有随机性，有时也称为代表性，否则的话，得到的结果出现偏倚（bias）。实现随机选择观测对象的方法有多种，其中采用随机数表（可由计算机软件自动生成）来进行是行之有效的。

2、对照原则。人们常说，有比较才有鉴别。在科研工作中，比较是通过设立对照组来实现的。常用的对照方式有：空白对照、安慰剂对照（指符合伦理学的方法）、实验对照、标准对照、自身对照、相互对照和历史对照等。在调查问卷的研究中，常常会将现在的数据与历史的数据进行比较，这就形成了历史对照，为了使这种历史对照有意义，必须要保证基线资料（如，年龄构成比，性别构成比等）是均衡的，否则，比较就没有意义了。最后要指出，慎用无对照试验。

3、重复原则。统计学强调只有对大量的随机性发生的事物进行观测，才能探索出其内在的规律。因此，不管使用何种对照原则，所建立的实验组中的样本含量都要足够大，而究竟样本含量多大为宜，不是凭空想出来的，而是有统计公式可依凭。样本含量太少，会把个别情况误认为普遍情况，以偏概全，更甚者会遗漏了普遍的规律，无功而返。

4、均衡原则。在科研工作中把观测对象随机分组后，一般会使基线资料均衡，所要观测的各项指标的差异有统计学意义，然而在实践中有时会出现偏差，所以，保证均衡具有独特的意义。打个比方，要从同一起跑线开始竞赛，否则的话，最终观测结果的差别究竟从何来，就难以解释了，凸现不出实验因素的作用。如果出现了不均衡的情况，就要使用恰当的统计学方法对观测结果进行标准化，以达到可比较的目的。

（二）科研的统计设计方法

科研工作在明确了研究目标以后，首要的工作是进行统计设计，可以比喻成要过河，先进行桥梁设计，桥梁的长、宽和高要保证“数据”能到达彼岸，实现研究目标。概要地说，有流行病学研究中的统计设计，临床医学和基础医学研究中的统计设计以及调查问卷中的统计设计。下面分别简述之。

1、流行病学研究中的统计设计。流行病学研究中的统计设计主要指流行病学调查，按类型分为队列研究、横断面研究和病例对照研究。

队例研究指对不同暴露水平（如，粉尘）的研究对象（如，矿工和非矿工）进行追踪观察，分析暴露因素与疾病（如，肺癌）之间的因果关系。简言之，队列研究是由“因”及“果”的验证性研究，研究对象分为试验组和对照组。

横断面研究指对某一时间横断面上的疾病分布进行调查研究。调查内容包括疾病的患病情况，以及有关因素的暴露水平等，所以又称为患病率调查或现况调查。如，欲查明黄曲霉素与肝癌之间的相关性，就可以选择肝癌发病率不同地区的人群为研究对象，对肝癌发患病与食物中黄曲霉素含量进行调查。

病例对照研究指通过比较病例组与对照组的因素构成及历史暴露水平的差别探讨病因，是由“果”推“因”的一种研究方法。病例对照研究必须先确定病例组，再寻找对照组。如，把鼻咽癌门诊病人作为病例组，把眼科的白内障住院病人作为对照组，探讨鼻咽癌可能与家族遗传有关。

2、临床医学和基础医学研究中的统计设计。临床医学和基础医学研究中的统计设计方法比较多，常用的有完全随机化分组设计（将同质的研究对象随机地分配到不同的试验组中）、配对设计（将同质的研究对象构成两两一对，再将每对中的两个研究对象随机地分配到试验组和对照组中）、随机区组设计（是配对设计的推广，将两两一对扩展成多个研究对象一个区组，再将每个区组中的多个研究对象随机分配到多个试验组中）、析因设计（是两个或多个处理因素的试验设计方法，不仅要将同质的研究对象分配到每个处理因素单独存在的试验组中，而且要分配到处理因素相互作用的试验组中，可参见图15-1，15-2，15-3示之）。

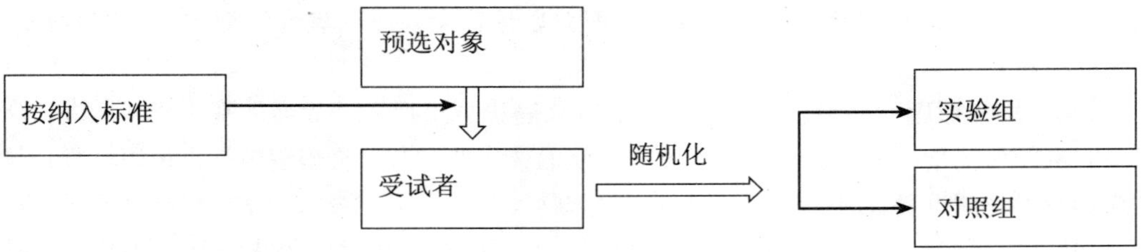


**图15—1 完全随机化分组设计**

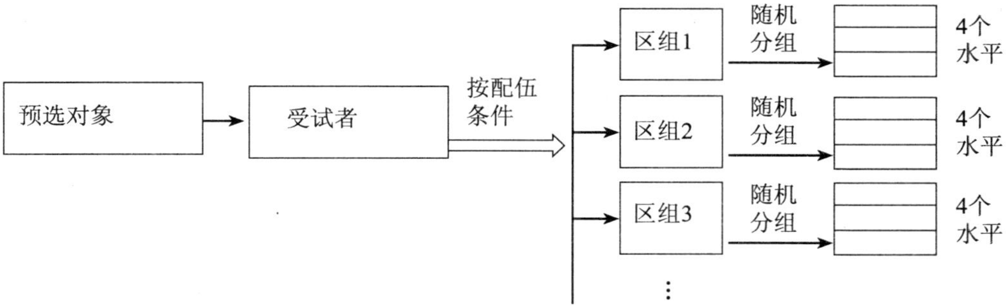


图15-2 随机区组设计

| 处理因素B | 处理因素A | |
|---|---|---|
| | 不用 | 用 |
| 不用 | 对照组 | A组 |
| 用 | B组 | A×B组 |

图15-3 析因实验设计

3、调查问卷中的统计设计

调查问卷是现代社会研究的重要方法之一。为了做好问卷调查，一定要进行精心的统计设计。

当调查者确定了调查的目的以后，就可以把需要调查的内容分为若干模块（称为维度），每一个模块由若干个调查问题（称为条目）组成，每个问题需要进行量化，常用的量化方法有李克特（Likert）量化法，Bogardus社会距离量化法等。这样，就设计好了调查问卷（称为量表），完成统计设计的第一步。从原则上讲，应该对设计好的调查问卷进行小规模人群的调查，对调查结果进行信度和效度分析，根据分析结果对调查问卷进行调整，形成最终调查问卷（为了防止问卷中条目的设计偏差，可采用德尔菲法进行评估，依问卷目的选择3~5个专业的专家，数量不少于30~40名）。

接下来是考虑对被调查人群的抽样方法及样本含量的估计。常用的抽样方法有简单随机抽样、系统抽样、分层抽样、多级整群抽样等方法，究竟选择哪种方法，要由调查目的决定。一旦抽样方法确定后，就可以估计样本含量，以及给出样本的具体分配方案。这样就完成了统计设计的第二步。

实施调查的方式是完成统计设计的第三步。可能采用的调查方式有自行填写调查问卷、访谈填写调查问卷、电话访问等形式。每种方式各有其优缺点，这里不详述，可参阅专门著作。

**提示性范例15-1**

某市领导到属下某县某乡镇调研三农问题，发现其中两个村（一共去了两个村）近半农户家家有人在广东江浙打工，于是推算出该县共有多少农民工，共有多少打工收入，得出该县打工经济正在蓬勃发展的结论，调研报告洋洋洒洒，调研内容逢会必讲。知情者面面相觑。实际情况是，这个少数民族县的很多打工者因为文化程度低和怕吃苦，找工作越来越难，正在集体回流，全县处于打工经济的退潮期，农民收入和农村治安正面临严峻形势，而这位领导所去的两个村，以汉族为主，情况例外。在我们身边，类似的例子不少。

因此，在对点和局部作调研时，切不可忽略对全局的调研。调研应该是全面的调研，点面结合的调研，没有任何假定的调研。

（摘自《学习时报》330期）

一些不进行统计设计的研究，一些在马路边搞问卷调查或深入一两个单位、一两个社区等的调查必然使其结果、结论与上述例子一样没价值。

**提示性范例15-2**

类似公路收费的调查研究，研究者带着公路应继续坚持收费的价值取向设计调查问卷，然后向各公路收费站职工发了3 000份问卷，结果只有300余份调查问卷返回。研究者就按返回的300余份问卷进行统计，结果是95%以上的人认为公路应坚持继续收费。

类似上述的研究者所撰写的论文占有一定比例，这一案例中违背科学研究的许多基本要求。

**提示性范例15-3**

20世纪90年代，有一研究者就我国老年人保健知识获取途径进行研究，自行设计调查问卷，选择了12,000余名离休干部为对象发放调查问卷表填写，收回问卷并进行资料整理，然后撰写论文。

上述研究因缺统计设计和问卷的信度与效度检验，故所获资料并不能代表我国老年人，离休干部只是老年人群中的一部分，工人中的老年人、基层干部中的老年人、农民中的老年人、普通市民中的老年人、知识分子中的老年人、中层干部中的老年人、文艺界中的老年人……均未纳入研究对象中。

**提示性范例15-4**

韩国前最高科学家黄禹锡学术造假。其在美《科学》上发表的关于胚胎干细胞系克隆技术的论文属伪造。他还逼迫女研究员提供卵子进行克隆研究，又传出行贿丑闻。韩国取消了其最高科学家的称号。黄禹锡在民众的心目中形象顿时跌落到谷底。

上述范例提示两点：①即便很有名的科学家在某种目的驱使下也会造假；②名刊也会选用没有科学性的论文。办刊人，尤其是论文初筛者、论文的审评专家，必须增强责任感、使命感，审评每一篇论文时，不看其头衔，均要认真寻找其违背科学规律的蛛丝马迹，多一些把关层次，特别是一些“新论”必须请同行专家审评。

提示性范例15-5

既然黄禹锡如此多科研成果都是假的，那他何以能够欺骗韩国、学术界、国民乃至《科学》杂志呢？这之中，黄禹锡本人对科学研究的不端正态度自然难辞其咎，但如果科学界和韩国能够有严格的检测和验证机制，那么仅凭黄禹锡，造假是难以蒙混过关的。

出现学术造假，有科学家道德缺失的因素，也有学术发表制度的因素，还有影响学术研究的社会环境与制度因素。外在环境的诱导和压迫、专家评审制度的漏洞都是客观因素，而科学家在科学研究和成果发表时缺乏学术诚信是主观因素。

## 第二节　科技论文统计设计与统计方法审评提示

由于科研中的统计设计和统计方法专业性很强，要求论文审评专家及编辑完全进行准确判定有一定难度，但如果论文审评专家及编辑不能高度重视，很可能本应推荐给统计学专家把关的论文不送其审评把关，必导致失误。

**一、科技论文的统计设计的审评**

科技论文的素材取自科学研究的，不论采用何种研究所得素材，其研究均应有统计学专家参与，并进行统计学设计。审评论文的办刊人——初筛者、审评论文专家应对其研究是否进行过统计设计进行审视，其关注点在研究对象的描述处。

（一）覆盖面

按研究课题，审视研究者样本覆盖面的合理性，凡进行过统计设计的，覆盖面是完全合理的。

（二）样本层次或结构

按研究课题，审视研究者样本层次或结构是否合理，凡进行过统计设计的样本层次结构肯定是合理的。

（三）样本量合理

按研究课题，审视研究者提供的样本量，凡经过统计设计的样本量应是合理的。

（四）与样本相关的项目

按研究课题，还可通过对样本的相关项目的审视，如社会学调查、软科学研究中的样本回收率、有效样本等的审察发现问题。

值得审评者注意的是：不同的研究类别其内容有差异，要按作者描述的对象或材料灵活地进行审评。

**二、科研论文中统计方法选择正误判定提示**

从目前对医学论文中的统计学处理的基本要求出发，判定统计学处理的正误是必要的，我们认为这个基本要求是当前国际、国内所有科技期刊办刊中都十分强调的，各刊应当认真进行审评，以保证刊用论文的科学性。

（一）从统计设计看相应的统计学方法

1、数据的表达和描述，详见表15-1。

表15-1 不同性质数据的表达方法正误对照

| 数据类型 | 数据性质 | 数据的表达和描述（正确） | 数据的表达和描述（错误） |
|---|---|---|---|
| 定量资料 | （近似）服从正态分布 | （算术）均数±标准差 | （算术）均数±标准误 |
| | （近似）服从对数正态分布 | 几何均数 | （算术）均数 |
| | 偏态分布或分布不明确 | 中位数 | （算术）均数 |
| 定性资料 | 分母不小于20 | 百分率或百分比 | |
| | 分母小于20 | 用分子/分母表达 | 百分率或百分比 |
| | | | 以比代率 |

2、数据的统计图表示，详见表15-2。

表15-2 不同图形适用表达的数据的范例

| 统计图 | 统计图适用范围 | 例 | 图形 |
|---|---|---|---|
| 条图 | 分类数据，频数，率 | 不同毒物的中毒人数 | 略 |
| 饼图 | 分类数据，构成比 | 不同毒物的中毒人数的构成比 | 略 |
| 直方图 | 连续计量数据 | 130名健康人的脉搏 | 略 |
| 散点图 | 两个变量的连续计量数据 | 不同年份的人均次收费 | 略 |

**图省略，不明可查相关书籍。**

3、流行病学研究中常用的统计学方法，详见表15-3。

表15-3 不同研究可选用的统计学方法

| 统计设计 | 可以使用的统计学方法 |
| --- | --- |
| 队列研究（又称为前瞻性研究、随访研究） | 相对危险度，分层分析法等 |
| 横断面研究（又称为现状研究） | 频数，平均数，标化率，寿命表，相关，回归，$x^2$检验，Logistic回归等 |
| 病例—对照研究（属于回顾性研究） | 优势比，分层分析法，Logistic回归等 |

4、临床医学研究和基础医学研究中统计推断方法，详见表15-4。

表15-4 不同统计设计统计推断方法的选择

| 统计设计 | 定量资料（服从或者近似服从正态分布） | 定性资料 | |
| --- | --- | --- | --- |
| | | 分类资料 | 等级资料 |
| 完全随机设计 | *t* 检验，单因方差分析 | 一般（校正）$x^2$检查，Fisher精确检验，行列表卡方检验 | Mann-Whitney 检验，Kruskal-Wallis秩和检验 |
| 配对设计 | 配对*t*检验 | 配对卡方检验 | 配对Wilcoxon秩和检验 |
| 随机区组设计 | 双因素方差分析 | | Friedman秩和检验 |
| 析因设计 | $x^2$析因方差分析 | | |

（二）统计方法的辨析

审评论文中的统计方法使用正确与否不是件容易的事。由于统计方法的纷繁和适用原则的专业性太强，论文作者把握不准在所难免。然而，审评统计方法的意义至少有三：①保证统计方法的正确，就保证了结果的正确，也就保证了期刊的科学性；②如果审评出统计方法有误，而又改正过来，将使作者终生受益，再用时就不会错了；③对于读者不会以错就错，把错误地使用漫延开来。下面介绍根据类型审评统计方法的办法。

不管数据是什么类型，都可以根据论文所采用的统计设计和数据的类型以及数据的统计学性质，以及论文的目的审评统计方法。

1、计量数据统计方法的辨析，详见表15-5。

表15-5 计量数据统计方法辨析

| 统计设计 | 统计分析方法的正确选择 | 统计分析方法的不正确选择 |
|---|---|---|
| 完全随机设计两样本 | *t*检验 | |
| 完全随机设计多样本(方差齐) | 单因素方差分析 | *t*检验 |
| 完全随机设计多样本(方差不齐) | 秩和检验(Kruskal-Wallis检验) | *t*检验，单因素方差分析 |
| 配对设计 | 配对*t*检验 | 成组*t*检验 |
| 随机区组设计(方差齐) | 双因素方差分析 | *t*检验，单因素方差分析 |
| 随机区组设计(方差不齐) | 秩和检验（Friedman检验） | *t*检验，单因素方差分析，双因素方差分析 |
| $x^2$析因设计 | $x^2$析因方差分析 | *t*检验，单因素方差分析 |

2、分类数据统计方法的辨析，详见表15-6。

表15-6 分类数据统计方法辨析

| 统计设计 | | 统计分析方法的正确选择 | 统计分析方法的不正确选择 |
|---|---|---|---|
| 完全随机设计两样本 | n>40,T>5 | 一般$x^2$检验 | *t*检验 |
| | n>40,1<T<5 | 校正$x^2$检验 | *t*检验，一般$x^2$检验 |
| | n<40或T<1 | Fisher精确检验 | *t*检验，一般$x^2$检验 |
| 完全随机设计多样本 | | 行列表$x^2$检验 | 校正$x^2$检验 |
| 配对设计 | | 配对$x^2$检验(McNemar检验) | *t*检验，单因素方差分析 |

3、等级数据统计方法的辨析，详见表15-7。

4、统计结果的解释和表达的辨析

当$P<0.05$（或$P<0.01$）时，应说“差异有统计学意义”或“差异非常有统计学意义”，不应说“有显著性差异”或“非常有显著性差异”。$P<0.05$和$P<0.01$之间的差别在于肯定“存在差异”的程度，绝对不是评价“差异的大小”。

在论文中要给出检验统计量和相应的*P*值（如，*t*检验的*t*值及其相应的*P*值，方差分析的*F*值及其*P*值）。

论文中的图和表格要规范。

**表15—7 等级数据统计方法辨析**

| 统计设计 | 统计分析方法的正确选择 | 统计分析方的不正确选择 |
|---|---|---|
| 完全随机设计两样本 | 秩和检验（Mann-Whitney检验） | *t*检验，$x^2$检验 |
| 完全随机设计多样本 | 秩和检验（Kruskal-Wallis检验） | *t*检验，单因素方差分析，$X^2$检验，Mann-Whitney检验 |
| 配对设计 | 配对秩和检验（Wilcoxon检验） | *t*检验或配对t检验， Mann-Whitney检验 |
| 随机区组设计 | 秩和检验（Friedman检验） | *t*检验，单因素方差分析, $x^2$检验，（Kruskal-Wallis检验） |

**三、常见错误可分为七类**

1、有些作者把设计都当成完全随机设计，并且选择了用*t*检验或单因素方差分析，因而降低了检验效能，甚至丧失了理应从资料中得到的更深层的结论（如，两种处理的协同或抑制作用等）。

2、有些作者对计量数据总是用*t*检验方法和单因素方差分析，不能正确使用双因素方差分析，析因设计的方差分析及重复测量数据的方差分析等方法，从而导致第一类错误增大，增加了出现假阳性结论的概率，使统计学结论不可靠。

3、有些作者对定性数据总是用$x^2$检验，应该区别它们是分类数据（可用$x^2$检验）还是等级数据（不能用$x^2$检验，应该用非参数检验方法，如秩和检验）。还有作者总把定性数据理解成是独立的，不能把握有些定性数据是配对的（如，用两种处理方法对同一样品进行观测），以致造成数据的表达方式不对，使用的方法不对（如，错误使用Pearson $x^2$检验方法，而应该使用配对$x^2$检验）。

4、对于多变量资料所使用的统计学分析方法常常停留在对每个变量分别逐一进行分析，忽略了多个变量并不总是相互独立的，有时它们是相关的，因此逐一分析变量得到的结论并不可靠。此时需要使用多变量分析方法（如，多元线性回归，Logistic回归，cox回归等）进行分析。

5、分析两个变量之间的相关性质时，可以用Pearson相关系数（近似正态分布的定量数据）或Spearman相关系数（等级数据）描述。然而，多个变量中两两变量的相关性就不能用Pearson相关系数描写了，此时应该用偏相关系数描写，两者所得结论会有很大的差别。

6、资料描述中的常见错误是：①使用均数±标准误描述定量数据，应采用均数±标准差描述。②分母小于20时仍计算百分比或百分率，此时应用分子分母表达。③统计表及统计图不正确。统计表宜选用三线表，线图的坐标或者是等距的，或者是对数的。

7、对所使用的设计方法和统计学方法交代不清楚。

统计结果只写了$P<0.05$或$P>0.05$，没给出具体的统计量的值和相应的概率值。

**提示性范例15-6**

研究设计中的错误实例分析

作者对102例银屑病门诊患者以中药内服自拟消银汤治疗，102例患者中治愈50例（进行期33例，静止期17例），好转38例（进行期25例，静止期13例），无效14例（进行期6例，静止期8例），疗效满意。作者的目的是要说明消银汤的疗效好，但未设立对照组，结论不具有说服力。可让对照组病人服用其他药物，比较两种药物的疗效。

换一个角度看，如果作者把进行期组和静止期组作为对照，则可得出消银汤两个不同期的疗效的差别有无统计学意义。数据见表15—8。

**表15-8 消银汤治疗的各组疗效例数**

| | 治愈 | 好转 | 无效 | 合计 |
|---|---|---|---|---|
| 进行期组 | 33 | 25 | 6 | 64 |
| 静止期组 | 17 | 13 | 8 | 38 |
| 合计 | 50 | 38 | 14 | 102 |

注：用秩和检验，$P$=0.273，差别无统计学意义。

**提示性范例15-7**

亚低温对重型颅脑损伤患者术后颅内压及预后的影响。所选统计方法不当，详见表15—9。

**表15-9 亚低温对重型颅脑损伤患者术后颅内压及预后的影响**

| 组别 | 例数 | 血糖mmo1/L | 胰岛素（mU/L） | 血压（mmHg） |
|---|---|---|---|---|
| 对照组 | 22 | 5.1±0.52 | 7.37±3.13 | 120.00±19.95/75.00±9.98 |
| CHD组 | 57 | 5.34±0.65 | 13.98±8.38* | 152.10±14.40/109.50±10.00* |
| P-CHD组 | 33 | 5.32±0.64 | 12.18±7.39* | 129.75±15.08/101.25±9.00 |
| CHD-E组 | 24 | 5.37±0.65 | 14.08±9.02* | 174.60±19.95/107.25±10.20* |

注：与对照组比较，$^{*}P<0.05$

资料原作者采用$t$检验作组间比较是不正确的。资料属于单因素4水平设计的定量数据，应采用单因素4水平的方差分析，如果4组差异有统计学意义，再进一步采用$q$检验法作两两比较。

# 思考讨论题

1、忽视科学研究的统计设计的危害？

2、忽视科研结果处理中选择正确统计学方法的危害？

3、怎样把握科学研究是否进行过统计设计？

4、怎样判定科学研究统计设计的准确性？

5、怎样判定科技论文中统计学方法的正误？

6、本章所附7个提示性范例的启示？

# 第十六章　新世纪科技期刊管理者素质修养

**本章要点**

1、科技期刊编辑职业道德的内容和修养
2、科技期刊编辑业务的要求和更新
3、科技期刊编辑专业知识结构与提高
4、科技期刊编辑实际工作能力的历练和提高

科技期刊管理素质修养是指期刊管理者和编辑工作者在道德、理论、知识、艺术、思想、技术等方面的基础条件和必需的能力，是经过认真学习、实践锻炼和长期培养所达到的政策修养、理论修养、专业知识修养、语言文字修养等。科技管理者除了具备一般编辑条件外，还应掌握所从事学科系统、扎实的知识功底。中国科协前副主席裴丽生把编辑应具备的素质概括为：“有眼力、善知人、通文理、懂政策”。编辑被誉为杂家，有人说这是贬义，即什么都知道一点、什么问题也解决不了的意思，而杂家实质是褒义，杂家所做的并不是任何人都能干得了。编辑工作者知识结构杂而不乱，具有社会科学、自然科学两种知识，国际著名的*science*、*nature*的编辑都是大科学家。只有这样的杂家，才有助于编辑决定书稿选题，发现和改正原稿中种种常识性、知识性的错误，以及辨别是否把已过时的、常见的东西误认成某种发明、创造等。作者在某一方面可能很有专长，但在他的本行以外，往往可能犯一些常识性的错误。随着学科越分越细，集中研究某个具体专题者，就难免对其他部门的知识生疏。编辑的职业修养，首先应该具有一般学问和见识，一个合格的科技期刊编辑应该做到“一专多能”。

# 第一节 职业道德修养

职业道德修养作为一种社会规范，是人们在长期的实践过程中逐步形成的。它包括指导思想、法律意识、敬业精神和道德品质等。

**一、 指导思想**

我们的编辑出版工作，是党领导的社会主义事业的一个组成部分，必须坚持党的基本路线，坚持为人民服务、为社会主义服务的根本方针。这就要求编辑人员必须有较高的思想政治觉悟，以马克思列宁主义、毛泽东思想、邓小平理论以及“三个代表”重要思想和科学发展观为指导思想。只有这样，才能自觉地把自己的工作置于党的领导之下，坚持正确的办刊宗旨、方向，规范人们的社会行为和编辑活动，更好地为社会主义建设事业服务。

坚持辩证唯物主义和历史唯物主义是编辑工作者普遍遵循的原则。在编辑人员的知识结构中，还要强调认真学习马克思主义哲学的核心——辩证唯物主义和历史唯物主义。马克思主义哲学是关于自然界、社会和人的思维普遍发展规律的科学，是现代科学技术体系结构的最高层次。辩证唯物主义和历史唯物主义是观察世界、观察社会的工具，当然也是观察科学技术的工具。科技期刊编辑处理的书稿中有不少是科学研究的新进展、新突破、新成果，其是非曲直在已有的知识中是找不到现成答案的；科学技术在社会中发展和传播也常会遇到各种复杂的情况和问题，这些都可以用马克思主义哲学，尤其是在它的认识论、方法论一系列原则指导下进行分析，作出符合客观实际的判断。用辩证唯物主义和历史唯物主义认识自然科学的发展脉络和分析现代自然科学的发展趋势等，是对一名科技期刊编辑起码的科学眼光，是不可少的思维方法。

科技期刊编辑最可贵的思想作风就是实事求是，就是严格根据科学事实客观地分析和处理问题。达尔文把思想自由理解为完全尊重事实，曾说：“我曾经坚定地努力保持我的思想的自由，以便一旦事实被证明同这些假说不符合时，就丢掉我无论多么爱好的假说（而我不能反对对每一个问题都成立的那种假说）。”编辑只有尊重事实，实事求是，才能敢于肯定现有理论无法包容的东西，才能支持有科学事实支持的科学设想和新的结论，使科技期刊真正站在科学技术发展的最前沿，推动科学技术和经济建设事业不断向前发展。

**二、 法律意识**

我国的法律反映我国人民的共同意志，也是政府实施管理、协调各方面工作利益的法律手段和重要内容。编辑人员都应当认真学习和掌握与编辑出版工作有关的各项法律、法规。尤其要认真学习国家的《中华人民共和国宪法》、《中华人民共和国著作权法》、《中华人民共和国著作权法实施条例》、《中华人民共和国科技进步法》、《中华人民共和国科学普及法》、《中华人民共和国保守国家秘密法》、《中华人民共和国广告法》、《中华人民共和国专利法》、《中华人民共和国标准化法》、《中华人民共和国出版管理条例》、《期刊管理办法》等。同时，还要认真学习与本专业学科领域有关的法律、法规，如医药卫生领域的《中华人民共和国传染病法》、《中华人民共和国药品法》、《中华人民共和国食品法》，林业科学领域的《森林法》、环境科学领域的《环境保护法》，等等。编辑人员应当学会运用法律来规范、保护和发展自己的工作。

我国加入世界贸易组织（WTO）之后，WTO的三个主要协定（货物贸易多边协定、服务贸易总协定、与贸易有关的知识产权协定）都对WTO成员国的出版业提出了明确的要求。因此，科技期刊编辑应该学习与出版有关的WTO条款，特别是知识产权协定的规定。由于科学技术已经成为一个国家综合国力的关键所在，国际间的学术交流出现了更为复杂的情况，既有合作又有竞争，既有交流又有限制，这就要求编辑人员要了解我国处理国际关系问题的基本原则。

我国的知识产权立法和修订是高起点的，是符合WTO标准和要求的。1992年10月我国成为《保护文学艺术作品伯尔尼公约》、《世界版权公约》成员国，1993年又成为《保护录音制品制作者防止未经许可复制其录音制品公约》成员国等。因此，作为科技期刊编辑必须熟悉我国已经参加的有关国际性法律、公约，既要积极地开放交流，促进我国和人类科学事业的发展，又要重视保护自己的合法权益，依照法律防止和处理国际间可能发生的有关编辑出版权益的纠纷，促进国际间的学术交流与合作。

**三、敬业精神**

热爱是一种巨大的内在推动力量。纵观科学史、编辑史都表明，古今中外那些有成就的专家、学者，无不是锲而不舍、孜孜以求，甚至为科学事业献出个人生命，才取得令人钦敬的业绩。其内在推动力并非来自他们对个人得失的考虑，也非仅从单纯的任务观点产生，而主要是来自对自己从事事业的深刻理解而产生的对事业的热爱和真诚。

科学是人类创造性最充分的体现，科技期刊编辑工作永远和这种创造性不可分割地联系在一起。在编辑工作者周围，聚集着众多的出类拔萃的人才，讨论的是自然界的新现象、新事物、新概念、新理论，以及应用它们如何造福于人类。在这种探索科学真理、传播科学真理的氛围中，自然会使编辑工作者产生一种趋向性心理和执著追求欲，“为求一字稳，耐得半宵寒”，乐于为此奉献自己的一切聪明才智。

“春夏秋冬辛苦甘愿做嫁衣，东南西北勤劳宁为济世人”。编辑工作常被一些人看做是“为人做嫁衣”，而编辑也有自己的欢乐。不少编辑认为，编辑劳动的最大欢乐，莫过于社会对他们编出的书刊的肯定和广泛应用使自己产生的喜悦。发明牛痘接种法的詹纳说过：“当我想到我命里注定要使世界从一种最大的灾难中解脱出来时……我感到一种巨大的快乐，以至有时沉醉于某种梦幻之中。”当编辑得知他独具慧眼、精心编发的稿件在学术界引起强烈的轰动效应时，当他得知他编发的稿件在实际生产中产生了巨大社会经济效益时，会得到情感上的巨大鼓舞和满足。这是常人难以体验到的一种高尚而又纯真的快慰和欢乐。

科技期刊编辑工作不仅具有深刻的科学性，而且具有很强的心理和情绪倾向。对探索和传播科学真理的热爱和浓厚兴趣，在传播科学真理造福社会中感受到兴奋和满足，以及乐于为传播科学真理、发展科学真理而献身的品格，对于立志从事科技期刊编辑出版事业的人来说，是极其宝贵而又十分重要的。同时，科技期刊编辑出版事业对于那些追求把人生价值融化在崇高事业之中，渴望为祖国、为人民、为全人类做出贡献的人来说，又是一种理想的选择。因为探索科学真理、传播科学真理是人类的一种真正伟大事业。

**四、道德品质**

科技期刊编辑者与科技工作者一样，必须具备高尚的道德品质和科学精神。科技期刊编辑的职业道德应提倡尊重科学，唯才是举，敬业奉献，公正无私；科学精神应崇尚“严肃的态度、严密的作风、严谨的方法”的三严精神。这反映在处理稿件时应做到：

1、对于来稿要一视同仁，一律以稿件的质量作为决定取舍的标准，不应该也不允许以作者身份和与作者亲疏为依据；

2、珍惜作者的劳动成果，严肃认真地处理每一篇来稿，在稿件发表之前不向无关人员泄露稿件的内容，保护作者的合法权益；

3、尊重作者的学术独立性，坚持“双百”方针，平等对待学术上的不同学派，对不同的观点应引导开展讨论，不能歧视；

4、编辑和审稿人未取得作者许可，不能将任何末公开发表的信息和资料引用到自己的研究工作或文章中去；

5、编辑在撰写退修或退稿函时，不能使用讽刺、挖苦和不恭的词语，特别是退稿函应指出退稿的原因、努力方向，做到“退稿不退人”；

6、编辑向本人所编期刊投稿，亦要严格按照审稿程序和要求由其他编辑人员处理。

科技期刊编辑者最根本的道德品质就是要有高度的社会责任感，坚持真理，服从真理，公正无私。在处理稿件中，科技期刊编辑也应该抵制科技腐败现象，对于那些假科学、伪科学的东西要进行坚决斗争；对于那些抄袭、剽窃行为要毫不留情的予以揭露；对于那些弄虚作假、内容不实的稿件一概不予刊登；对于那些改头换面、一稿多投者一经发现即予警告。科技期刊编辑者要经得起金钱的诱惑，不为一己利益所动，而为科学把门守关。

## 第二节　编辑业务素质修养

有人把科技期刊编辑定位为“杂家”，作为一名科技期刊编辑应当是本学科的专家，至少也应是熟悉本学科的行家，但是并非所有本学科的专家都可以做好本学科期刊的编辑工作。这说明编辑出版专业知识与科学技术专业知识对于做好编辑工作来说，是居于同等重要地位的。只具备本学科的专业知识而不具备编辑出版业务知识，同样无法进行科技期刊编辑工作。我国语言学家吕叔湘说：“当好一个编辑比当好一个教授难。”因为编辑不仅要精通自己的专业，还需要有较深的文字根底，同时要懂得编辑出版业务。

把科技期刊编辑工作作为一门科学进行研究始于20世纪80年代初，虽然时间不长，还处于初创发展阶段，但已经取得了可喜成果。目前科技期刊编辑学习和研究编辑学已经成为必修课。当前科技期刊编辑学研究的一个突出特点，是把编辑理论研究同编辑实践紧密联系在一起，在编辑实践中探索编辑理论，用编辑理论指导编辑实践。

科技期刊编辑学作为一门科学，编辑工作的一整套工艺流程是编辑学研究的重要内容，有其广泛而又深厚的学术基础，也是编辑人员都必须熟悉掌握的。编辑人员在学习、钻研编辑学的同时，还应当了解并熟悉编辑学相关学科的一些理论技术知识。对于科技期刊的编辑，最为直接、最为重要的是语法修辞、逻辑学、情报（信息）学、计算机技术、外语等。

**一、编辑出版知识**

编辑担负着人类文化传播与积累的重任。一本期刊的出版，一般要经过选题、组稿、审稿、加工、发排、校对，统称之为“六艺”，稿件体现的是期刊内容，设计、编排、插图、版式等则是期刊的外在形式，优秀期刊总是内容与形式达到完美统一的艺术品。期刊内容好，如果设计、编排、插图、版式不好，仍然收不到好的效果。编辑的业务水平愈高，其工作成效愈大，期刊在社会文化传播体系中社会效益愈高。因此，编辑必须精通编辑业务，在编辑业务上应该熟练地洞晓“编辑工艺学”，在具体业务上应该掌握：

1、编辑出版工艺的全过程，各工序的结构、功能、相互依存的关系及其各工序的特点；

2、有关政策法令、国家标准，例如，法定计量单位、各种物理量的书写符号、科学技术期刊编排规则和校对符号及其用法、标点符号用法等；

3、编辑加工、装帧设计、版面设计、稿件处理的技巧与要领；

4、稿件中数据的核实、统计学处理以及图表的制作；

5、了解出版印刷发行的过程，熟悉编辑、出版、发行在工艺上的相关性；

6、编辑部的管理与经营；

7、编辑出版现代技术的新手段。

编排能力主要是指编辑出版方面的实际操作技能。如期刊的总体设计、文稿的加工整理、编排标准的具体实施、图表的设计编排、数据的处理、文献的核查、文稿的校对等。作为一名编辑当然还应当具有必要的印刷、发行知识以及经营理念，特别在社会主义市场经济条件下更应当如此。这些看来似乎不难，而真正做好却是很不容易。这都是编辑人员进行创造，实现工作目标必不可少的基本功。

**二、语法修辞**

语言文字作为信息和知识的载体，是进行编辑工作最基本的手段和工具。在谋篇造句、语法修辞、标准规范等方面编辑应当长于作者，这是编辑必须具有的硬功夫。编辑首先要有祖国语言文字扎实的基础知识和熟练的运用能力，同时还要熟练地掌握与科技期刊编辑有关的人工语言，诸如数学语言、符号语言、图表语言、计算机语言，以及本门学科的名词术语和编辑语言等。

编辑担负着对社会文化的传播和积累的重托。古人说："言之无文，行之不远"，"文"就是文采、文饰，也就是讲求语言的艺术性。好的内容如果没有优美的形式来表达，也不容易流传开来，这说明了形式对内容的重要影响。作为一名编辑主要必须具备两个条件：一是眼力，指有运用丰富学识和卓越见识的观察力；一是笔力，指运用文字的能力。眼高，才能对精神产品进行正确的鉴识与审选；笔健，才能修改编写，得心应手。所以编辑应通过锻炼，使眼力与笔力统一。关于文字修养，编辑要比作者、记者有较高的文字水平，因为作者和记者的文章需要经过编辑修改把关，刘勰在《文心雕龙》中提出"改章难于造篇，易字难于代句，此已然之验也"。改章易字之不易，难的是要做到"字去而意留"。在改稿中要求做到：平易的使之起伏，死板的使之活泼，啰唆的使之简洁，松散的使之缜密，杂乱的使之成章，模糊的使之鲜明，深奥的使之浅显，裸露的使之含蓄。编辑的文字水平，对改好文章有重要作用，一项科研成果，如果运用通俗易懂的语言来表达，易被人接受，使科研成果迅速传播。反之，将出现另一种情况，英国化学家彼得·米切尔从20世纪60年代开始了对生物能转换的研究，并开创了一门崭新的学科——生物能学——研究活细胞内能量转化的科学。但这项成果却引起了近20年的争论，其重要原因之一，就是这篇文章文字晦涩，深奥费解，也就使人们难以接受他的学说。后来，他的观点由剑桥大学的生物化学家盖伊·格雷维尔作了通顺易懂的综合转述，才使生物能学说得到最鲜明的表达，得到更多的科学家的肯定与支持，1978年米切尔因此获得了诺贝尔化学奖，由此可见，语言文字对一篇文章的广为传播有着极为重要的作用。古代沈括的《梦溪笔谈》、孙思邈的《千金翼方》、徐霞客的《徐霞客游记》和达尔文的《物种起源》等都是具有文采的科学巨著，因此，编辑要重视语言文字方面基本功的训练，主要从以下一些方面加强训练：①要认真学习并掌握语法修辞知识。用词造句要服从内容要求和语言的规律，做到文从字顺。注意约定俗成的规则。语法是用词造句的规范，修辞是修饰词语，增强表达效果的技巧。在改稿时，经常会遇到许多病句，往往需要根据语法修辞的常识进行分析，才能看出毛病。科技期刊编辑还需掌握一些科技汉语语法特点，这主要表现在语法单位的分布上。词、词组、句子等都是语法单位，在科技语言当中，某些词、词组、句子的类型用得多一些，某些用得少一些，编辑的语言文字修养涉及面广，如现代语言学、应用语言学、社会语言学、文字学、音韵学、训诂学、语法修辞学等，掌握这些方面的知识，才能了解历史，掌握规律，通达古今之变，知其源流演化，才能正确掌握语法修辞。②要正确地使用祖国的语言文字，重视现代汉语的规范化。规范化就是树立并推广明确的、一致的标准。目前，许多作者使用汉字不规范化的现象非常严重，如写错别字、滥用简化字，恢复使用繁体字，模仿蹩脚的“翻译体”，这些都要改正过来。③要读一点典籍、名著。我国的许多典籍和名著，常代表着我国语言文字的优良传统，是祖国语言文字的精华所在。所以，为了打好坚实的语言基础，掌握祖国语言文字的传统与精华，如能读一些典籍，一定受益匪浅。科技期刊编辑应阅读一些知名的科学家如李四光、竺可桢、钱学森、茅以升、吴阶平等的学术论文是很有帮助的。④要注重读、写、编的综合。什么是编辑的语文修养？简单说，即比较广泛的文化知识和熟练地使用语言、文字的功力。编辑以审选稿件、编辑书刊为职责，以修改润色为能事。先要有读书的积累和练笔的基础才能提高。编、写、读可以三位一体，而读最重要，要多看、多读、多思索、多训练、多写作，读为编和写的根底，编和写为读的实践。语言文字功力的训练主要包括三个方面，一是对基本语法的学习和掌握；二是对常用词汇书面语言的搜集和运用；三是日常写作与编辑的训练。⑤要养成勤于翻检工具书的习惯，这是编辑工作的特点。编辑要鉴识和修改许多的稿件，因为任何一个人都不能掌握世界上所有的知识，在稿件上会遇到许多不懂或不甚懂的问题是很正常的，因此不能凭自信而疏忽、麻痹大意，必须勤于翻检工具书，以保证所编书稿的质量。

**三、逻辑学**

当编辑不仅要有文字修养，同时还要具备逻辑学基础。编辑学是要进行鉴识、审选和加工稿件，因此编辑必须把握稿件内容的内在逻辑和语言的内在逻辑。某一项杰出的科研成果，经过作者加工形成有论点的论文，编辑在鉴识审选这一论文的过程中，必须审查其是否经过了科学的、逻辑的加工，科学论文的内容要求十分准确，准确来源于正确的概念、判断和推理，这些都属于逻辑学的范围，因此，编辑要掌握逻辑学的基本原理。为了察觉论文中的概念是否明确，判断是否恰当，推理是否正确，编辑对于人们的思维形式和推理方法必须熟悉。

在进行文字加工时，对语言文字的运用、学术论文的撰写总有一定的内在逻辑规律。文章经加工后要达到准确性、生动性、简洁性，在这加工润饰提高过程中，逻辑是一个十分重要的工具，例如修改不当的用语、改正不通的句子、删去芜杂、去除重复、调整句子的次序，都要运用逻辑学。逻辑学不仅运用在文字加工上，从选题、组稿、审稿、版面设计以至编辑出版的全过程都需要运用逻辑学。

**四、外语水平**

编辑在注重语言文字修养中，外语是不可忽视的，这对科技期刊编辑尤其重要，科学无国界，科学成果是全人类共同的财富，学习发达国家的科学技术，是促进我国科学事业发展的途径之一。科技期刊编辑掌握一门外语就等于掌握一种攀登科学技术高峰的重要工具。著名科学家富兰克林说："多学一门外语就为自己多开辟一个阅读的领域。"外语的用处越来越大，凡有可能的，最好能学会一两种外语，以便及时了解外国学术著作和学术动态。当前主要是要掌握英语，因为英语已成为科学技术交流的世界性语言。

**五、现代信息技术**

21世纪是以计算机技术和通信技术迅速发展为特征的信息时代。现代信息技术已广泛地应用到书刊编辑、制作的整个过程，是编辑工作现代化的重要标志。现代信息技术使作者、审者和编者可以不受时间、空间的制约，快捷、方便地交流，实现了真正意义上的互动。稿件管理、编辑工作、刊物印制设计排版校对工作都在计算机上运作，从根本上变革了传统的编辑出版模式。作为科技期刊编辑，要适应现代信息技术带来的革命，必须熟练地掌握计算机技术和网络技术，要把现代信息技术当做一种工具，以提高办公效率和处理稿件的水平。科技期刊编辑在工作中应当做到：（1）应用现代信息技术，加强与作者、审者之间的联系，加快稿件周转和审阅水平；（2）在屏幕上审读、修改稿件，减少重复劳动，以提高编制质量；（3）利用数据库查找有关信息资料，有利于补充自身知识的不足。

## 第三节 专业知识修养

一、专业知识

科技刊物是科学技术成果传播、知识积累的载体，作为科技期刊编辑必须具有广博精深的专业知识。如果不具备专业知识，就不能担当起对稿件的鉴识与审选，就难以辨别专业技术上的优与劣、真与伪、是与非，也无法预见专业技术的发展趋势，更不能指明新技术的研究方向；如果不熟谙本专业知识，也无法对稿件进行加工再创造，更不能完成对社会文化的传播与积累的任务。科技期刊编辑首先应当成为期刊本门学科的专家。这就是要掌握本门学科的结构体系和基本内容，熟悉本门学科的基本概念、范畴和基本的研究实验方法，了解本门学科的发展历史和不同学派、不同观点分歧的实质，了解当前学科的发展趋向和面临的主要课题。由于人的认识能力的局限，人们把自然界这个整体分成许多学科，分门别类地进行研究，这是人类认识深入发展的必需；与此相适应，大多数科技期刊长期以来也是按学科分类编辑的，因此，没有相应的科学技术专业知识是无法进行科技期刊编辑工作的。

对科技期刊编辑专业知识的要求，从内容上、深度上、广度上应不同于一般专家或研究人员，因为编辑的任务不是去解决本专业的技术、生产问题，或主持工程设计、产品研制，或进行人体研究、医疗实践。科技期刊编辑的任务是选稿、审稿、改稿，其专业知识是为其判断作者在稿件中的观点、论据和阐述是否合理和中肯服务的，因此，科技期刊编辑工作者对专业知识深度的要求应不同于一般的专家与科研人员。科技期刊编辑不一定要会动手做实验，但要能看懂实验报告并判断其正误；不一定去编制某项计算程序，但要能看懂作者编制的程序并能判断其正误；不一定能诊疗疾病，但要能懂得疾病的病因、病理及诊疗方法。因此，对科技期刊编辑专业知识的要求，在某种意义上要求更高，要求编辑要娴熟本专业的知识并运用其去进行鉴识，作出正确的判断——肯定或否定。一名科技期刊编辑即便具备了编辑业务和语法修辞基础而不懂本门专业技术，很难得心应手地完成编辑任务。

**二、博学多识**

科技期刊编辑的主要任务是鉴识、审选、加工科技稿件，科技期刊编辑工作比其他任何工作都更紧密地与知识结合在一起。因而，科技期刊编辑总是依靠自己拥有的全部知识，方能完成编辑任务。知识越是渊博，工作就越有成效。有人说：只有专业水平高的编辑才能编辑高水平的书刊。可见，科技期刊编辑的知识不仅要渊博，还要有适合于工作要求的合理知识结构。人们常称编辑是杂家，这有一定的道理，但是作为科技期刊编辑必须是“一专多能”的杂家，以“专”为主，“专”与“博”相结合。

然而，随着科学技术和社会经济的迅速发展，作为现代的科技期刊编辑，不能只囿于原来传统的领域，仅仅固守一门专业的狭小圈子是远远不够的。首先，现代科学技术在学科越分越细的同时，学科之间又相互交叉、相互渗透，并且在原有学科之间的“无人区”出现了越来越多的边缘学科、交叉学科、横断学科，这些新学科都涉及邻近许多学科的专门知识。第二，为国民经济建设服务是科技期刊最重要的任务，而所有重大的实际生产问题，几乎无例外地都是综合性的、复杂的，涉及许多不同门类的科学技术知识。第三，期刊的作者从不是根据编辑所熟悉的专业来投稿的，而这些具有专业技术内容的稿件，种类繁多、涉及面广，编辑必须处理大量不完全属于自己原有专业的稿件。当然，编辑可以约请其他专家帮助审稿，但组织外审也要求编辑对审稿人的专业有所了解。第四，一门学科的发展，已经越来越依赖和借助于其他学科知识和方法，并且是与其他相关学科同步进行的。这些都说明，没有广博的知识也无法做好编辑工作。当科技期刊编辑，只有“博”才能满足编辑在鉴识、审选、加工等编辑工艺过程在知识上的需要，没有博学多识，在工作上很难得心应手。总之，编辑应同时在博和杂、专和精的方向发展，在编辑工作上或某一门专业技术上是专家，在学识上是杂家。美国曾对1300多位科学家的论文、成果作了调查，发现绝大多数人员是以“博”取胜的“通才”。

学海无涯，一个人要精通自然科学所有学科是做不到的，但要求对本门学科有较深的造诣，对邻近相关学科有相当的了解，做到“一专多能”，“专”与“博”相结合则是可能的。有些研究者认为，编辑的专业知识结构应当是“T”型结构，如果再加上编辑专业知识则是一种“π”型结构，也反映了“专”与“博”相结合的要求。专与“博”是相辅相成的。对一门专业的深入研究，由于自然界的整体性，可以举一反三，触类旁通，有利于更好地掌握其他学科的相关知识；而现代任何一门学科，如果不借助于其他相关学科的研究成果，就很难进行更深入的研究。“专”与“博”的有机结合，无疑可以使编辑人员的视野更宽广、更高远，会大大提高做好工作的能力。这里重要的是，编辑人员要有博览群书、博采众长的学习能力、学习习惯和学习兴趣。

## 第四节 实际工作能力修养

### 一、科学思维能力

知识只是思维的素材，做好编辑工作不仅要有丰富的知识，还要有运用这些知识的良好思维能力。逻辑思维，包括辩证逻辑和形式逻辑，是编辑人员必须掌握的基本思维方式。但在许多情况下还会涉及另一种方式的思维，即创造性思维。创造性思维通常不是按部就班地按照逻辑程序推理，而是存在着许多思想的飞跃，即省略许多推理环节，从整体上进行把握和领会，直接达到结论。它的主要表现形式就是直觉。在科学认识中，许多新思想并不是在已有知识中逻辑地演绎出来的，而是来自这种创造性认识。因此，作为科技期刊的编辑也要熟悉和掌握这种思维方式。

良好的编辑思维能力，其特征和具体表现主要是：

（1）思维的整体性。能够全面审视作者的文稿，迅速把握文稿的主题和基本的试验研究方法，并判定其是否为恰当而又充分的表述。

（2）思维的广阔性。能够把文稿放在广阔的学术和实践的背景下进行创造性的思考，比较准确地判断其学术性和实用性。

（3）思维的深刻性。能够区分文稿中主要和次要、现象和本质的东西，见微知著，揭示隐藏在文稿中的真知灼见和事物的固有规律。

（4）思维的独立性。能够根据科学事实进行冷静分析，不囿于流行的思想定势，也不人云亦云，并能提出合理的怀疑。

（5）思维的敏捷性。能够将已有的知识快速组织到面临任务的体系中去，实现鉴别文稿的要求。

### 二、策划经营能力

科技期刊作为一种特殊的精神产品，在我国加入WTO和完善市场经济体制环境下，策划经营已成为杂志社、编辑部的一项关乎生存与发展的大事。因此，要求刊社的管理者以及编辑工作者都应该具备策划经营能力。选题、组稿、审稿、加工是编辑工作的四个主体环节，而选题、组稿与编辑的组织、策划能力紧密相关。选题、组稿要求编辑的耳目灵通，情报信息快，善于发现稿源，好稿组织得来，要求多动脑、勤动腿、善动嘴，做到善于和各种人打交道、建友谊，处理好各方面间的关系。有人形象地把编辑的各种关系，称为“编辑关系树”，其树枝为编务、出版、描图、校对、印刷等，其主干为编辑，其树根为作者、读者、审校。根为基础也是源泉。书刊发行量、广告刊载量以及组织活动（举办学术会议、出版专刊）等都是刊物发展的经济来源，然而如何做成、做好，如何取得社会效益和经济效益，都要靠编辑人员的智慧和魄力去策划。优秀的、有影响的科技期刊，其杂志社、编辑部的整体策划经营能力必然强。

**三、社会活动能力**

科技期刊编辑活动是一项以传播最新科技信息为内容，以人际关系为特征的系统工程。编辑自身的知识和能力总是有限的，他必须依靠良好的社会活动能力来弥补自身知识和能力的不足，调动起系统各个方面的积极性，协同工作，来实现自己的目标。在编辑活动这个大系统中，编者、作者、审者的关系起着主导作用，编辑在整个系统又处于中心地位；在具体的编辑环节上又有编辑部、编委会、审稿人等的相互关系；在期刊的制作过程中，又有编辑部与出版、印刷、发行者之间的相互关系；在管理环节中又涉及科技、出版、主管、主办等政府部门；在经营活动中还与工商、税务、银行及广告公司有密切联系，等等。这些关系虽然相当庞杂，但其共同点是都以编辑或编辑部为中心。因此，在编辑活动中编辑必须具有强烈的主体意识，真诚而有效地当好作者的朋友，读者的向导，出版、印刷、发行的协作伙伴，政府部门的参谋和模范的遵纪守法者，用自己的良好思想作风和实际言行，取得各方面的充分信赖和支持，协调上下左右各种关系，依靠政府的支持、专家学者的关爱、作者读者的信赖，做好编辑出版工作。

编辑在各项社会活动中还要有“识”有“度”，所谓“识”，是要有见解，有识别能力，有眼力善知人，善于发现人才和好的文章。有“度”就是要有气度，讲民主，能够很好地贯彻“双百”方针，不能自以为是，固执己见。要善于和不同见解的作者民主地商讨问题，编辑要使自己成为活动家，要通过各种学术交往活动，使自己成为科学技术人员的贴心朋友，为办好刊物创造条件。编辑要不断地提高社会活动的能力，就应当学习和掌握现代公共关系学、交际学、口才学，要具有交朋结友的艺术——热情、诚实、助人、谦虚、大方。

# 思考讨论题

1、有人说“期刊的好坏是主编水平的集中体现”“有什么样的主编就出什么样的杂志”，有道理吗？试分析其原因。

2、作为一名科技期刊编辑，什么精神最重要？

3、如果有一种新刊，你有何方略使其成为品牌期刊？

# 第十七章 新世纪科技期刊管理者的知识结构

**本章要点**

1、“杂家”的内涵
2、科技期刊灵魂人物的内涵
3、组建科技期刊一流团队的具体要求
4、知识经济时代特征
5、科学发展的特征
6、科技期刊管理者知识差异之源
7、科技期刊管理的合理知识结构
8、书本知识的作用与学习方法
9、科技期刊管理者学会读书的重要性
10、广义与狭义的书的内涵
11、科技期刊管理者应如何读书
12、理解读书的标准
13、如何才能读懂书
14、17-1、17-2、17-3范例的启示

人们称编辑为“杂家”。“杂家”是由“杂”与“家”结合而成的名词。“杂”——多种多样，古汉语中当不纯、混合、掺杂理解。“家”——掌握某种专门学识或从事某种专门活动的人，古汉语中当经营某种行业，掌握某种专门学识、技能或从事某种专门活动的人或学术流派等理解。故“杂家”一词在现代汉语中解释为：一是先秦时期融合各家学说而成一家之言的学派；二是指知识面广，什么都懂一些的人。而在《古汉语大词典》中无“杂家”一词，但有“杂学”一词，即不专注一家的学术。而

《哲学大词典》对“杂家”解释为：战国末至汉初的一个博采各家学说的综合学派。《汉书·艺文志》将是列为九流之一，其特点“兼儒墨，合名法”，“于百家之道无不贯综”……反映了封建大统一国家建立过程中的文化融合的趋势，虽集合众说，亦可称为一家。《吕氏春秋》、《淮南鸿烈》为杂家代表作。

从上述可知，人称编辑为“杂家”，是根据编辑职业特点而给予的称谓，作为编辑队伍中的每一编辑而言，自己是否真正的成为了名副其实的“杂家”值得思考。从“杂家”的内涵就可看出编辑的知识结构与一般专业科技人员不同。而作为科技期刊的管理者，在某种意义上比编辑要高一个层次才行，因从管理者职能看：①当编辑遇到说不清、解决不了的问题时，自然要向管理者求助。②管理者承担科技期刊的全面把关重任。故科技期刊管理者应对别人说不清的问题能说清、别人解决不了的问题能解决、下属不懂的应想方设法让下属弄懂，也即方方面面要比他人高一筹才行。所以，科技期刊管理者的知识结构应及时进行调整。

强调科技期刊管理者的知识结构调整，是因“强将手下无弱兵”，“兵熊熊一个，将熊熊一窝”。创办一流科技期刊需加强“科技期刊的编辑部实力建设”及“编辑综合素质培养”（具体评价见附录一）。如果管理者知识结构不调整，无学识、无眼光、无目标、无追求，就不可能带出一支优秀的编辑团队。当然，在选择优秀编辑人才时，就需要管理者用宽的知识面选拔有发展前景的人（面试与笔试题见附录二）。废渣炼不出钢，废铁炼成钢的成本太高。人是有差异的，这种差异决定每一个人对未来职业的态度及成就。如果一个人阅读一篇论文10遍也不知其论文的核心内容者，不论其何等精明，但可以肯定说其不适合从事编辑职业。正如卡尔·埃里克·斯威比所说：“知识的综合能力是个人能力问题。这个能力无法转让或传播出去，只有通过自己的努力才能掌握。”因此，对每一个要从事编辑的人必须要面试和笔试。尤其在数字化时代，选择优秀人才是加速编辑部实力建设，提升编辑综合素质，创办一流期刊的捷径——高代价低成本，低代价高成本已成有识之士的共识。

## 第一节　科技期刊管理者只有调整知识结构才能办出一流期刊

当今学科融合与分化加速是不争的事实，跨学科研究增加，新兴学科、边缘学科、交叉学科与日俱增，科技期刊是为各专业人员服务的，如果科技期刊管理者知识单一，就难以适应这个新时代。

### 一、科技期刊管理者是科技期刊的灵魂人物

（一）科技期刊灵魂人物的内涵

所谓科技期刊灵魂人物，是指具有宽广的胸怀，渊博的学识，非凡的学习能力，超人的智慧、强烈的社会责任感、时代使命感，擅长协调，善与人共事，善应对突发意外，善识别人才，善用人之长、容人之短，社交能力强，具有特殊的社会影响力、变化感知力及人格魅力，敏锐的眼光及开拓局面的创新能力，决定科技期刊宗旨定位、功能定位、目标定位、方向定位、内容定位、品味定位、战略定位、策略定位、特色定位、视觉定位、读者定位的人物。

由此可知，科技期刊的灵魂人物只具有专业知识是难以胜任的，涉及11个定位的知识面涵盖：①自然科学；②技术科学，即以人工自然为研究对象，以技术客体为认识目标，通过技术理论的建立和应用给出工程技术客体的有效设计和计算方法等，是现代自然科学体系中的重要组成部分；③方法科学，即以人们认识世界和改造世界所应用的科学方法为研究对象的科学；④社会科学；⑤人文科学；⑥高新科学技术的方方面面。在农业经济、工业经济时代，科技期刊只需要宗旨定位、读者定位即可以开始创办科技期刊了。随着人类进入21世纪，科学技术的飞速发展，网络时代的到来——世界变平了，地球已经村落化，加上全球经济一体化，尽管有些守旧的人不承认或者反对，但社会规律、自然规律是谁也无法阻挡的，现实社会告诉人们，知识经济日渐成熟，人们生活方式，学习与获取知识方式、工作方式、竞争方式的变化，人们追求新思想、新理论、新知识、新技术、新方法，不断实现自我超越成为必然。这就对科技期刊的灵魂人物如何办出适应时代需求的科技期刊是新挑战——智慧、学识、眼光、能力、观察、思考、创新等将决定科技期刊的引领时代的水平。

（二）办一流科技期刊需要优秀的办刊团队

2009年1月报道，姚明在一场篮球比赛时投篮命中率百分百，但姚明在奥运会时却没有如此高的投篮命中率，说明一个群体实力的重要性。作为一本科技期刊要办成引领时代潮流的一流期刊，同样涉及整个办刊团队的实力，没有一流的科学素养、没有一流的总（主）编、没有一流的编辑部主任或期刊社长、没有一流的审稿专家、没有一流的编委、没有一流的编辑、没有一流的专题策划，就很难有一流的科学研究、一流的选题策划和一流的作者，也就办不出一流期刊。故组建科技期刊的优秀团队离不开科技期刊的灵魂人物，因为每一本科技期刊的团队组成、核心理念、运行机制确立、工作模式、目标定位与追求、编辑部文化的形成、隐性知识的共享、社会资本开发、智力资本的利用、市场敏感度的提升等，都与科技期刊灵魂人物自身的知识结构分不开。

而优秀团队的凝聚力、向心力、奉献精神等，靠科技期刊管理者——灵魂人物能与时俱进，采用最新的理念管理团队。《开发智力资本》作者指出“人类天性中以自我为中心的部分和以他人为中心的部分”得到平衡表达机会，社会环境才能和谐。只有全面调动以他人为中心部分，才能让内部员工的隐性知识共享，提升团队能力。因显性知识是可学可抄的，而隐性知识属于个体的观念及抽象概念等，是模糊的、无记录的，只有隐性知识的共享才能提升团队核心竞争力。应当认识到，在知识经济社会中，控制型的管理模式越来越显出其低效率，甚至阻碍生产力。因此，科技期刊管理者，是采用传统管理模式管理期刊，还是采用与时俱进的方式管理期刊，对于办刊团队的整体能力提升最关键，而这涉及科技期刊管理者或灵魂人物的学习能力、吸纳知识能力、淘汰旧知识与方法的能力等，这均是创办一流科技期刊的基础。

**二、知识经济时代特征要求科技期刊的管理者调整知识结构**

（一）知识经济时代的特征

知识经济时代改变了人类几千年由物质和体力创造财富的方式，因而知识、技术、智慧、技能等成为了创造财富的资源，这对每一个人都形成了冲击。

医疗保障能力进一步提高，全球人口寿命延长，带来了人口老龄化及人口爆炸，加上人们经济收入提高、国家保障能力增强，高新科技手段广泛应用到人体，其对伦理学、人权、生态形成冲击。

高新科技快速发展，克隆技术、转基因技术等广泛应用，对人类生存环境等形成巨大冲击。

人类法律维权意识增强，医疗、工业生产对环境、空气等污染，造成人类生存危机等引发各国政府高度重视，我国领导人先后提出了“三个面向”、“三个代表”、“科学发展观”等，维护人们生命与健康、保护生态环境、注重生态文明建设，科技期刊选用论文必须体现上述精神。

如上所述，方方面面的论文都将在科技期刊上发表。发什么样的论文，什么样的论文不能刊发，要求科技期刊管理者有较强的识别能力，自然涉及办刊人特别是管理者的知识结构调整。

（二）科学发展的特征

前面已述，当今进入知识经济时代，催生这一时代来临的是科学技术的迅猛发展，其结果不外乎：①学科融合加快。每篇论文中涉及的不限于某一专业而是多专业、多学科的知识。②学科分化加快。新兴的学科不断诞生。其论文中的知识除了少数新兴学科的专家外，其他学科无法识别其价值。③跨学科研究增多。每篇论文中内容涉及数个专业或者学科，且交叉学科或边缘学科兴起，因而对其论文价值判定没有较宽的知识面难于作出正确结论。

上述一切，对科技期刊管理者的知识结构的迅速调整有紧迫要求。

## 第二节　科技期刊管理者合理的知识结构

知识结构合理才能对科技期刊发表的论文实施有效的把关。这里提的是科技期刊管理者的知识结构，并不等于其他办刊人就不需具有管理者的知识结构，特别是编辑，一位优秀的科技期刊编辑应与管理者具有同样的知识结构才能更好完成责任编辑的任务。

**一、科技期刊管理者应具备的知识结构**

作为科技期刊管理者，编辑也应参照管理者的知识结构进行学习调整，只有这样，整个办刊团队的综合素质才能提高，对刊发的每一篇论文的把关才能到位。

（一）科学发展迫使办刊人调整知识结构

科学的发展，特别进入20世纪末始，电脑的普及与换代加速，为人类智慧和智力开发提供了加速器；再加上互联网四通八达，又加速了科学、技术、知识、理念、方法等的传递，整个地球村落化，这又为人类更新知识、技术、方法提供了保障。这使跨学科研究成为可能，就加速了学科融合与分化，传统的理论、知识半衰期同时加速缩短，各专业科技人员的科研成果、科研论文的内容由单一专业向多专业内容转化，这对编辑、审稿专家、编委，乃至正副总（主）编识别稿件价值提出了新的挑战，如示意图17-1。

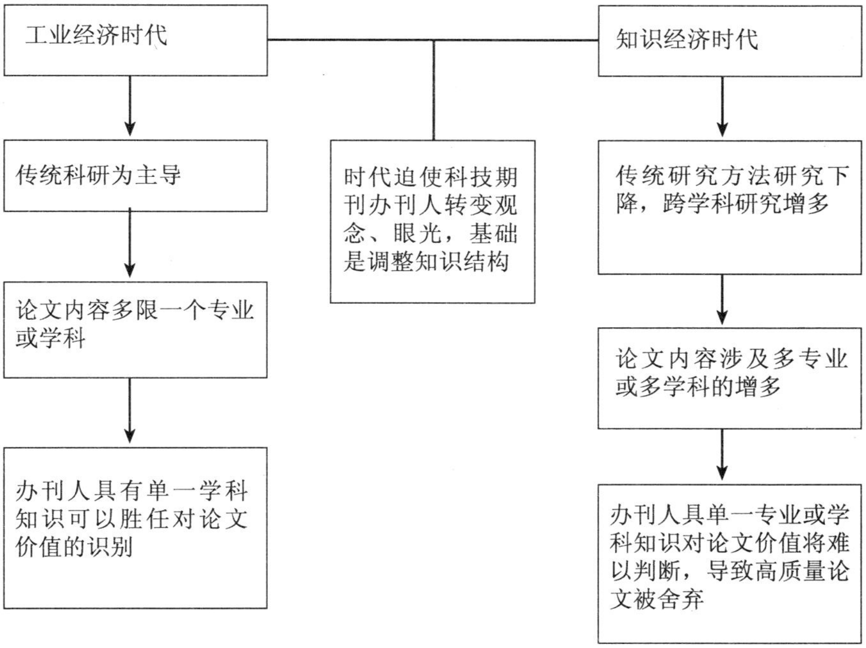


图17-1 时代迫使科技期刊办刊人调整知识结构示意图

（二）科技期刊管理者知识结构的差异

科技期刊管理者是从办刊人中产生的，而目前科技期刊办刊人中的来源复杂，特别是编辑队伍来源的多样性，故科技期刊管理者的知识结构有差异，这与不重视该队伍建设分不开。详见示意表17-1。

表17-1提示，产生科技期刊管理者的基本队伍来源多样，但正向好的方向转化。近些年已有硕士及博士生选择从事编辑工作，可整个社会环境对编辑队伍的不重视，这些新鲜血液否成为优秀的编辑人才尚取决于他们在实践中的领悟与感知和目标定位。

表17-1 科技期刊管理者产生队伍基础知识状况示意表

| 编辑来源 | 现有知识结构 | 应拓宽的知识面 |
|---|---|---|
| 编辑专业 | 编辑基础+专业+期刊专业 | 专业基础+专业知识+人文+社会+高新科技+其他相关知识 |
| 本科生 | 所毕业专业基础+专业+期刊专业 | 编辑基础+编辑专业+X+人文+社会+高新科技+其他相关知识 |
| 专业人员改行 | 专业基础+专业 | 编辑基础+编辑专业+人文+社会+高新科技+其他相关知识 |
| 硕士与博士 | 原本科基础+专业+硕/博士专业+期刊专业 | 编辑基础+编辑专业+人文+社会+高新科技+其他相关知识 |
| 专科毕业生 | 原专业基础+专业+期刊专业 | 编辑基础+编辑专业+A+人文+社会+高新科技+其他相关知识 |
| 低于专科生 | Y+期刊专业 | 编辑基础+编辑专业+期刊专业+期刊专业基础+人文+社会+高新科技+其他相关知识 |

X：非期刊专业的本科生需补期刊专业的基础及专业；A：非期刊专业专科生或期刊专业专科生基础及专业太薄弱者需补；Y：有些无期刊专业的基础及专业知识者，均需补。

（三）科技期刊管理者应具备的知识结构

科技期刊管理者合理的知识结构对办成一流科技期刊有难以估量的作用。下面仅就科技期刊管理者，当然包括编辑队伍在内，应具备的合理知识结构进行分述，合理的知识结构应如图17-2所示。

1、编辑专业基础理论。（1）现代汉语；（2）古代汉语；（3）古典文学；（4）普通逻辑学；（5）美学；（6）中国编辑出版史；（7）中国新闻传播史；（8）世界新闻传播史；（9）出版学基础；（10）新闻出版伦理与法规；（11）新闻学概论；（12）传播学概论；（13）媒介经营管理；（14）统计学；（15）艺术鉴赏等。

2、编辑专业的专业理论。（1）出版策划与编辑；（2）编辑基本技能（文稿收发处理、整本期刊的策划、版面设计、约稿技巧、专题策划、摄像与剪接、录音、速记、

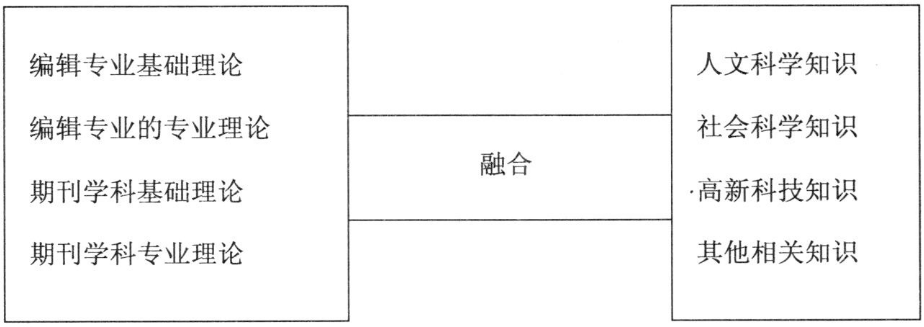


图17-2 科技期刊管理者的合理知识结构图

编辑加工技能、沟通协调技能）；（3）出版学概论；（4）读者学；（5）出版评论；（6）世界出版导论；（7）网格与数字出版；（8）装帧设计与鉴赏；（9）音像编辑与制作；（10）书刊校对；（11）编辑学概论；（12）新闻学；（13）广播电视新闻；（14）出版经营管理；（15）比较出版学；（16）市场营销学；（17）图书发行自动化等。

3、期刊专业学科基础理论。每一本科技期刊所服务的专业科技人员的专业基础理论、相关专业的基础理论、学科发展史等。重点应掌握基础理论中的新理论、新观点，争论焦点及已过时的内容。

4、期刊专业的专业理论。每一本科技期刊所服务的专业科技人员的专业理论、技术、方法，以及相关专业的专业理论；一些专业技术、方法等的发展和进展动态；科研现状、趋势以及应用中的问题等。重点应掌握新进展、新改进、发展趋势和应用中的某些突破，尤其关注科研中的新成果等。

5、人文科学知识。人文科学涵盖很广，包括有：（1）语言学；（2）文学；（3）考古学；（4）历史学；（5）哲学；（6）伦理学；（7）法学；（8）美术；（9）音乐；（10）戏剧；（11）舞蹈；（12）艺术鉴赏；（13）书画鉴赏等。

6、社会科学。（1）管理学；（2）社会学；（3）经济学；（4）心理学；（5）行为科学；（6）人类学；（7）人口学；（8）民族学；（9）宗教学；（10）公共关系学；（11）卫生经济学；（12）政治学；（13）决策科学；（14）软科学；（15）系统科学；（16）预测科学；（17）气象学；（18）灾害应急等科学。

7、高新科技理论与技术。（1）科学发展报告；（2）技术发展报告；（3）认知科学；（4）认知神经科学；（5）神经语言学；（6）认识人类学；（7）基因技术；（8）纳米技术；（9）克隆技术等。

8、其他相关知识：（1）思维科学；（2）跨学科研究与非线性思维；（3）复杂性思维与社会发展；（4）公共管理学概论；（5）当代世界政治与经济；（6）领导学通论；（7）各国民风民俗知识；（8）各民族生活习俗知识；（9）宗教知识；（10）国际关系知识等。

上述8大类知识，对于一位成功的科技期刊管理者来讲，可以基本达到，因为知识有相通之处，书读得越多，越容易接纳新的知识。

**二、书本知识是人类智慧的沃土**

人与人之间的差异就在于获取知识的能力，掌握知识的多少、理解知识的深浅；吸纳知识的水平，识别知识的价值，领悟知识的真谛；运用知识的眼光，把握趋势的眼力、抓住机遇的魄力。这一切证明了知识可以改变人的命运，知识从何而来？靠个体努力。

（一）每一本书可开启读者一个方面的睿智

书本知识是人类智慧的沃土，智慧是个体能力提升的孵化器，能力强弱是每一社会个体前程的升降机。因而倡导科技期刊管理者调整知识结构，多读各专业的书籍，以扩展知识面。正如培根指出："读书使人充实，讨论使人机智，笔记使人准确，读史使人明智，读诗使人灵秀，数学使人周密，科学使人深刻，伦理使人庄重，逻辑修辞之学使人善辩，凡有所学皆成性格。"作为办刊人，尤其应学习哲学，科学若离开了哲学，就会失去方向。虽然科学给人们以知识，但哲学才能给人以智慧。而在当今社会，尤其是媒体，离开了智慧，就不可能创新，而离开了创新，必然失去受众的关注。故科技期刊的管理者必须及时调整知识结构，以保持自己有能力带领办刊团队创办引领时代潮流的精品科技期刊。

（二）科技期刊管理者调整知识结构的方法

当今每天所生产出的信息，按传统的方式去学习，别说八个方面，仅一个专业的量一辈子也学不完。因而强调要学会学习的方法，掌握知识的知识。只有这样，才能适应信息爆炸时代，获取最新科学信息而居主导地位。

当今现实中，怕吃亏者总吃亏，怕淘汰者总被淘汰，想多得者总少得，想少付者总多付。其中总是相悖，根源在于思维主体的价值观取向。作为科技期刊管理者的价值观取向也将决定其对待知识的态度和获取知识的成效。

1、改进学习方法。适应信息爆炸时代获取知识的方法有：（1）选择载体；（2）选择内容；（3）改进记忆的方式方法等。

2、消化吸纳内容的方法。包括有：（1）联想法；（2）领悟法；（3）形象记忆法等。

3、解决学习时间紧缺的办法——（1）多用零布头法，如乘坐飞机、火车时利用等候的时间；（2）珍惜每一次听讲座、学术报告的时机，善于抓住其中新的要点进行领悟，获取知识；（3）善于利用行走等任何时间观察社会的微小变化进行思考、升华，获取知识；（4）善于对媒体及他人言谈中的新内容、方式进行思考、升华，获取知识等。

4、抓住核心优先学习的方法：八大方面有成千上万本书，如何学习，的确有学习方法改进的问题。一是要按每一主体的情况进行具体的安排，即依自己的工作中最缺的内容优先学习；二是在博学的基础上再选择新的内容学习等。

每当读的书籍越多，则又加快学习的速度，提升学习效果。因此，科技期刊管理者：把握时代，认识自我；眼观全球，战胜自我；向往未来，超越自我。只有这样，才能自觉的开拓知识面，担当起科技期刊的管理重任。

## 第三节 科技期刊管理者要学会读书

一个人要调整知识结构，唯一的办法是学会读书。为什么要读书，许多人一听读书就头痛、就心烦、就反感，而书中包涵人类生存所需要的一切，远不止古诗中所述的——“黄金屋”、“颜如玉”。科技期刊管理者如能博览广义的群“书”，且能读懂，消化吸收，变成自己的德、智、体、识、能、胆、志则就不同了。因作为科技期刊管理者主管的期刊，应该不单是只传递科技工作者的研究、实践、解惑的信息，更重要的使命是站在更高的层面——全球、全人类利益高度策划出开启科技工作者的智慧、眼界及创新、破解难题能力等的新的前瞻、前沿、引领时代方向性的理论、知识、思想、技术、方法的信息，要承担并完成这一历史使命，要求科技期刊管理者不是只“埋头拉车”，更重要的是“抬头看路”——路在何方？首先需要科技期刊管理者读懂全球，而不是限于某一省、某一市的社会环境动向，尤其要读懂美国、欧洲，日本、韩国的社会大环境的动向；其次要改科技跟踪前沿的思想、理念为瞄准科技前沿的思想、理念，才与中央倡导的加强“原始创新”的科学研究相一致，才与我国不断提升的国际地位相一致。为此，需要科技期刊管理者的视线——关注政治、经济、科技、社会、疾病、气候、军事、环境等方面动向，且应读懂。要读懂社会这本“书”，更需要读者有识，而识是人的灵感产生、嗅觉敏感的源泉。识又与博览广义的群“书”有不解之缘。“书”给人——事实知识、原理知识、识别知识、技能知识、人力知识、学习知识、吸纳知识、启智知识、场景知识、时机知识、适应知识、生存知识等。可好的或称优秀的创意只是在一定知识基础上灵感之结晶。而灵感又与丰富的联想、良好的记忆、多彩的想象力分不开，想象力是人的知识、智慧、愿望、追求的延伸和拓展，进一步则是一个新的创意诞生。可以说，喜欢新东西、追求时尚、有较强获取新知识、新信息的能力比读死“书”更重要。这种能力和这些新知识、新信息往往包含在广义的“书”中，不会阅读广义的“书”者，就很难获取这些宝贵的无价之宝。

读“书”者一定要读哲学、个别人常误认为读哲学就是读政治，读哲学的好处正如十八世纪时，英国忙于产业革命、法国忙于政治革命、德国重视哲学革命——思想解放运动，1830年德国出现科学革命高潮，1875年，当时的科技中心由英国移到了德国。学习哲学对读懂广义的群“书”是不可缺的基础知识。

当然，要读懂广义的群“书”和哲学与个体人格分不开，不同的人格存在四个方面的差异，首先是认知方面的差异——一个人感受周围世界的方式；其次是需求方面的差异——包括实现某种目标、有威胁的对立面处理方式等的不同：第三是价值观念方面的差异——即对好与坏、正确与错误的看法，以及选择在什么环境中发挥自己才华的标准等；第四是归因方面的差异——把自己个人的不顺、把社会中的问题不作客观分析，完全归于他人、上司、国家等等。应当说，四个方面并不是孤立的，而是相关联的。

我国从古至今都重视读书，只有读书才是超越他人，显露才华，施展抱负，圆梦的天梯。但目前，似乎许多人不愿读书，连某些从事教育和精神产品的生产者等也不例外，也许就是人们说社会浮躁之风的表现。

**一、科技期刊管理者要正确理解“书”**

这里提出要正确理解“书”，似乎让人费解。对“书”的理解上存在狭义和广义之别，自然，不同的理解就有不同的态度，也就有不同的学习收获，并将有不同的人生结局。

（一）古汉语中的“书”：商务印书馆出版的《古汉语常用字字典》给“书”的界定为“文字”、“书籍”；上海辞书出版社出版《古汉语大词典》给“书”的界定为“书籍”、“记载”、“载籍的通称”——指“尚书”。

由上可理解为古代“书”——（1）有文字的“书”；（2）无文字的“书”两类。多数只读有文字的“书”，不读无文字的“书”。

（二）现代汉语中的“书”：商务印书馆出版《现代汉语词典》给“书”界定为“装订成册的著作”；上海辞书出版社出版的《辞海》给“书”的界定为：“书籍：装订成册的著作”，“记载”，“经籍的通称”，“尚书”，“某些曲艺的通称”；老版的即中华书局印行的《辞海》给“书”的界定为“籍也”，“载籍通谓之书”，“尚书”。

从上述可知，在现代汉语中的“书”——（1）有文字的“书”；（2）无文字的“书”两类。但进入现代，因社会发展，读有文字的“书”的人在增加，而读的“书”减少了，因许多文字记载的被常人不当作“书”，只当作“娱乐”、“消遣”品消磨时间之用。

（三）现实生活中的“书”：现代社会的发展，科学技术的进步，人们文化素质的提高，科学越分越细，人们的素养、爱好、兴趣等差异也日渐明显，用文字记载的传递物、传承物、载体等的形式日渐增多，内容也丰富多彩。随着商品经济的发展，人们经营理念的诞生，精神产品的创造者中一批先知先觉者，将用于开发人类智力、赋予人类智慧、塑造人格、教给做人、培养做事，传递科学信息、传承文明等的文字载体进行了开发，赋予了文字载体的新内涵、活力、生机、功能，扩大了其覆盖面、提升了人类受益率，推动了人类文明传播速度、社会变革速度、生产力提升速度、科学发展速度、人类文明成果的享用速度，促进了文字载体的进一步细化分类；另外是人类识字人数扩展、文盲率降低，具有文字应用能力的人增长加速；再加上各国政治体制变革与民主化加速，执政群体推行其政治主张等多种因素，文字的应用几乎与语言一样，每时每刻、事事处处可见……人们逐步将有文字的载体分化出“书”和“非书”两大类。也即最新版本《现代汉语词典》中的“书”界定为“装订成册的著作”。其它有文字的也有一些特定的名称——杂志、期刊、报纸、内部资料、宣传品、简报、文件、档案、标语、装饰品、说明书、广播、电影、电视、网络、光盘……。这种分也顺理成章，“书”有专门机构和专业人员进行编辑加工、生产、有专用的书号审读规范等，因而科学性、严谨性强。而其它有文字的印刷物除了期刊、报纸、电影、电视、光盘等有批号，有审读规范外，其它几乎无统一的规范与标准，随意性很强，也许是怕误人子弟，将后面的文字载体不称为“书”。但社会从古至今，多数人随众而行，只有少数人则有独特的视角、思维方式，善于将世间万物当作“书”——认真阅读，品味内涵，领悟真谛，获取真知，修炼内质，开发灵智，提升创新、识别、选择能力。这少数人，绝不会只读人们习以为常的“书”，这一类人，无论是科学研究上，科技服务上、创业上、教学上等，都会有与众不同的成就，这就在于他们除了阅读人们心中的“书”——有文字的“书”外，还会阅读许多不被人们称之为“书”的“书”——无文字的“书”和不被常人称之为“书”的有文字的载体的“书”，而这种“书”的知识的获取，对提升人的学习能力、吸纳知识的能力、创新能力、识别能力、抓住事业趋势的能力、抓住机遇的能力等有难以估量的作用。

由上述可知，在现代社会中存在有3类供人阅读的“书”：（1）人们习以为常的“书”——有文字的“书”即装订成册的“书”，“书”又可笼统分成教材、专著、通俗读物、科普读物、科幻读物、娱乐与休闲读物等。不过，不同的读物的作者、写作要求是不同的。（2）人们习以为常的非“书”之“书”——有文字但不被常人当作“书”的有文字的载体的“书”。（3）无文字的“书”。进入现代社会，特别是进入知识经济时代，被多数人称“书”的，其主要功能是培养人的基本能力——文化基础知识、专业基础知识、做人的基础知识、做事的基础知识等。其中教得好的和会学习的人学会了学习的方法、掌握了掌握知识的知识，为今后大发展打下了坚实基础。但要真正成就事业，更重要的是善于从实践和社会及生活中学习，尤其应善于从被大众不认为是“书”的有文字的载体的“书”和无文字的“书”中获取他人无法读懂的知识、理论、信息、机遇，从而提升情商，增强对专业、科学、社会变化动向的识别与把握能力，开展创新研究和创业拓展工作，从而向大师级专家或品牌企业家的顶峰迈进。当然，在这一迈进中，也需阅读众人视为“书”的“书”，这种阅读是不可忽略的。

**二、科技期刊管理者应如何读“书”**

本节强调科技期刊管理者要学会读“书”，但如果科技期刊管理者是一个会读“书”的人，实际上每初筛一篇论文、每审读一篇论文、每编辑一篇论文都是一次极好的学习机会——从每一篇论文中不仅可以发现读者、作者的需求、困惑及所缺乏的理论、知识、技术、方法，以及哪些自我升值的新的思想、理念、思维等最新信息，同时还可以从中悟出自我提高与应掌握的理论、知识、技术、方法等。如有一位作者抽100份病案进行研究后写出论文并发表了，约半年后又有一位作者抽10000份病案进行研究，将研究结果也写成了论文，但其公布的结果和结论与前面已发论文的结果和结论相比，没有新的发现。会学善悟者可从阅读两篇论文中获得“科学研究必须进行统计学设计”的知识，只有通过统计学设计，才可能以低成本、低投入，获得有科学性的研究结果……审读者悟出此结论之后，才能在以后审读科研论文时，自觉关注这项工作的到位情况，以保证期刊科研论文的科学性，才有能力指导作者修改论文，才能提高期刊的质量。

相当的不会读“书”者，也即读死“书”者，多是生吞活剥——审读每一篇论文不会有收获，栏目虽然和他人一样，但所选用论文的质量就不同了。如前述，会读“书”者是从审读论文中发现了读者的需求信息、所缺知识等的信息，故通过审读论文，则能从优秀的论文中选出涉及读者急需、缺乏的知识的论文进行刊用——形成了与众不同的编辑、办刊风格。可以说，审读论文是难得的读“书”机会，从中获得的是最新信息。论文可归为第一大问题中三类“书”的第二类“书”，这里先谈了一下如何读“书”，在第二大问题中将详述如何阅读常人不当作“书”的“书”和无文字的“书”。读这两类“书”的目的在于读懂之后，可使阅读主体创造出新理论、新思想、新理念、新知识、新技术、新方法，产生新视角、新眼光、新才能、新战略等，从而提升阅读主体自身的社会价值与地位。

（一）如何阅读人们习以为常的“书”——有文字的“书”。装订成册的著作的书，不仅要读，而且要读懂。对于已走上工作岗位者，主要选择专著阅读，也可适当选一些通俗读物阅读，对自己想拓宽的专业则应阅读其专业核心读物，乃至其必要的基础著作。

1、阅读权威的新作。专业基础知识掌握良好者，重点阅读权威出版社出版的：（1）科学研究的新发现、新突破、新进展部分；（2）掌握尚无定论的学说、观点、争鸣点部分；（3）相关联的学科新发现、新突破、新进展部分。

专业知识方面。阅读权威新作及对开拓眼光、改善思维方式、决策等有帮助的新作。

所谓的权威，主要的把握点：（1）作者学识、学风、人格、学术地位的综合判定；（2）出版者的出版资质的把握等。

2、人文科学。（1）选择最新的权威出版物进行阅读；（2）选择关联性强的权威出版物优先学习；（3）选择相关的新兴学科、热点的权威著作优先学习。

3、社会科学。（1）选择权威新作进行学习；（2）选择关联性强的权威新作和属于热点议题的权威新作阅读。

如果缺乏人文科学、社会科学、自然科学某一方面基础的读者，在阅读自己不熟悉领域，最好同类的书要阅两本以上才好。否则，容易限于一本书作者的观点、理论之中，如果该作者所论是客观、合科学规律的还好，否则，会以讹传讹。

当然，人们习以为常的“书“，其作用是肯定的，这些“书”对每一个人的基本文化和专业素质培养和提升有极重要的作用。但当一个人接受了专业理论、技能教育，走上了工作岗位，仍然只阅读这类“书”，肯定是不利的。

（二）如何阅读不被常人当做“书”的“书”——有文字的载体的“书”。现代生活中有相当的文字的载体不被当做“书”，只被当作不屑一顾的文字载体，或者只被当纯娱乐、消遣品阅读。由于读者将其定位于用来度过空闲时间或是解闷，因此忽视其中蕴藏的有价值的宝贵信息。将这一类文字载体当做“书”阅读的人就会有大的收获，大受其益，他们能阅读出暗藏于某些文章中信息。

阅读不被常人当作“书”的文字载体获益的基本点：（1）认真阅读、品味其内涵；（2）领悟文章的核心内容，识别其价值；（3）边阅读边结合古今实例进行联想、记忆；（4）琢磨、推敲、吸收、消化转化成自己的东西；（5）进行分类搜集保存等。这类读物很多，现只选择少量进行。

1、权威期刊必须阅读。讲述几乎每人都能做到，故不进行举例描述。

2、如何阅报。报纸文字量很大，故只选新、特、奇的等详读。如2009年1月19日《人民日报》第7版发卫兴华的文章（《我国绝不能搞私有化》）。阅读此文，善思盖悟者应由此更加明白——我国社会主义道路的本质是不能动摇的，因而在选用论文时，如果论文背离了社会主义本质，就要犯错误。

如果阅读者能将上述文章从理论上进行思考，可开阔自身的思路，增加对事物的识别、处理能力；同时可以提升与不同意见者沟通、说服能力；对于承担有教学任务者，还可丰富讲堂上的教授内容，使学生受益。

3、如何审读流行语。社会上流行语很多，要选择一些有特点的加以记载、审读。如有一句流行语：“不怕你今日跳得欢，就怕来日纳清单。”能领悟真谛的人，要领悟任何时候都要实事求是，尊重客观规律，无论是对人还是对事，都不能背离事实，不能背离客观，尤其是科技期刊管理者，在对科技论文的选用上，在专题策划上，都要尊重客观事实。

4、如何审察标语口号。标语口号随处可见，同样应选择一些有特殊记载价值的或有哲理意义的记载、审察。上世纪60年代有一条常见的“人有多大胆，地有多高产”的标语。

当时类似的标语太多，但知其是违背自然规律者不一定多，但如果谁要质疑就会倒霉。这是特殊历史阶段的特殊现象，尤其有其一定的文化背景——人民思变心切等。

但能仔细反思这一标语口号的人，必须从组织行为学、社会心理学、劳动经济学、领导学通论、政治学通论等理论进行思索，方能理解标语口号提出者、支持者的心理。与此同时，应从自然科学、社会科学、人文科学的角度分析其历史背景以及其后果，方能从中受益。也即在任何时候，要尊重科学、尊重规律，尤其要听不同的声音。在科技期刊管理者中，尤应吸取教训，当今学科融合、分化加速，对论文价值识别难度加大，若听不得不同意见，一意孤行，则会给期刊及作者造成难以弥补的损害。

5、如何阅评文摘。文摘是经过精心筛选过的，应该是简练有价值的，但价值是有差异的，故应关注有宏观性价值的。如2008年第10期《党政干部文摘》上有一篇《这样的奥运会只能出现在中国》，文题就很特别。认真阅读该文后，可以有许多的思考，为什么只能出现在中国？除了被采访者已明示的——国家、民族、文化外，似乎还有更深层的内涵。不善悟、不善思、不善察者，也可满足作者给出的上述三条，而善察、善思、善悟者可以质疑，每一主办市都有国家、民族、文化，为何能有这样的奥运会：奥运会的全家福（除一个国家因没有运动员参加外其余全来了）、80多个国家的元首和政府首脑参加，再加上从各国体育代表团入境、开幕式至闭幕式、代表团离境的全程保障精益求精、尽善尽美、完美无缺，改变了整个世界对中国的看法。中国人民决心做一件事，就可做到尽善尽美。从而分析出深层内涵——中国的社会制度，中国式的民主，中国的文化。可能有读者不同意此结论，但由美国的次贷危机引发的金融海啸，对中国的冲击远远小于其他西方国家，又一次证明中国的社会制度有其优越性。

6、如何阅读每一种文字载体。由于不被多数人当做“书”的文字载体很多，故随处可见，应对开启人们智慧、改变思维、更新理念、有哲理价值等的进行收录，由于太多，不能一一列举，下面列出从这些文字载体上摘下的部分经典句子，进行个别的分析，以节省篇幅。

“山因势而变，水因时而变，人因思而变。”

“市场是海，质量是船，品牌是帆。”

“寒门出贵子，雄才要磨炼。”

“政治家的素质，哲学家的思维，战略家的超前，军事家的果断。”

会读“书”的人，利用一切机会读“书”和进行收录，但关键是阅读者要能从各种流行语、标语、口号、文章中发现或挖掘出众人发现不了的东西，发掘这种含义需文化底蕴深厚。中国人许多要说的话或意思经常藏于书信之外、文字之外、画作之外，因而，在有文字或无文字的各种“书”中，相当的内涵藏于作品背后。故将欣赏国画之视角用于阅读每一本“书”，对读懂其深层内涵是不可少的。

（三）如何阅读无文字的“书”。提出无文字的“书”也许有人不同意。无文字的“书”是客观存在于现实生活之中的，如舞蹈、雕塑作品、画等等，人们常讲，眼睛是人心灵的窗户，说明每一个人的许多诉求可以从眼睛中告诉他人。要读懂人这本“书”，需要许多基本知识，比如人的笑、哭、忧伤、愁眉苦脸、发呆等，别的且不说，仅以笑的类别——会心的笑、默默地笑、嫣然一笑、开心地笑、捧腹大笑、微笑、爽朗的笑、眉开眼笑、淡淡一笑、皮笑肉不笑、哈哈大笑、讥笑、耻笑、笑眯眯、笑嘻嘻等，如读不懂笑的内涵，如何去读懂对方本人呢？因此，要读懂宇宙万物，需阅读主体具有相关知识功底。下面就古今读懂无文字的“书”的事例进行介绍。

1、曹植读懂农作物之“书”。曹丕即位后，因忌恨曹植文才出众，令其七步内成诗，否则就得死。“煮豆燃豆萁，豆在釜中泣；本是同根生，相煎何太急。”曹植在七步内完成此诗，受益于他平日读懂了农作物之“书”，否则，难以用农作物“豆”与

“箕”间关系形象、生动地比喻兄弟之间关系。

2、某科学家读懂了全球社会动向之“书”。该科技专家纵观世界各学科发展，提出“医学和生命科学的发展离不开与高水平综合性学科的结合，与理、工、人文学科结合开展生命科学的前沿性研究”。

3、破产公司经理读懂了擦鞋行业这本“书”。一位公司经理因破产变得身无分文，流落街头，他认真阅读街头给人擦皮鞋为生者的这本“书”后发现其投入特少，成本低，而收益很高。故他选中此业创新而成就大业。

当然，无文字的书是宇宙间的万物——地球、太空、海洋、植物、动物、每一个人、每一季节的气候、水、每一种商品、每一种食品、每一种昆虫等。

**三、善读“书”者不以自我喜好标准读“书”**

很多人喜读小说，因其语言流畅、情节离奇、形象生动等，加之用于消遣，故阅读者很轻松。相反，阅读其他类的“书”，特别是专业性很强的“书”就不同了，需要对其读懂且要记忆，因为这是培养做人、做事等的智力、智慧、能力的“书”，不读懂，今后就难于生存，而客观上要有所为，就必须善读宇宙万物之“书”。

（一）不能以自我喜好为标准读“书”

细察社会成功者，均是善读“书”之人，且不以喜好为标准，而是以新、特、奇，求知识、长智慧、开眼界、换思维、增值增识为标准。所以，会读“书”之人，对社会上、宇宙间新出现的事物均会认真阅读。如流行音乐开始有很多人反对，当美国的迈克尔·杰克逊和莱昂纳尔·里奇为救济非洲灾民，发起义演，创作了“天下一家”（WE ARE THE WORLD），几十名流行乐歌手参加，取得成功。其后，我国台湾歌手罗大佑主创了“明天更美好”，同样取得成功。其后，北京的郭峰主创“让世界充满爱”，王昆教授读懂了该歌的内涵，得到了她的大胆支持，方能组织100名流行乐歌手在首都工人体育馆演唱，“……哦，一年又一年，哦，我们拥有明天。”演唱之后，极大唤起了年轻一代乃至不少中年人的激情，投入到改革开放、学习、工作中去，当时的公交车上、火车上、候机室、候车厅等地方出现了相当多的中青年认真阅读书籍的场景。再就是因王昆教授读懂摇滚乐，我国摇滚乐创始人崔健才得以登台演出，形成了对台、港、澳地区，乃至东南亚的冲击。客观上，当时的许多人是以个人不喜好而反对流行音乐、摇滚乐，因为他们并未读懂当时社会环境和国人。只有读懂“让世界充满爱”，明白“……哦，一年又一年，哦，我们拥有明天”的内涵，才能读懂全球大环境、读懂改革开放前的背景，读懂改革开放给国人带来的各种信息和文化的冲击，读懂国人的心理渴求——向往“四化”、向往繁荣、向往富强、向往美好、向往关爱、向往和平、向往自由，同时向往学习、向往超越、向往奉献、向往祖国像超级大国一样的实力、地位……因此，“让世界充满爱”、“一年又一年”、“我们拥有明天”，恰好唱出了每一个中青年的心声，蕴藏在身心内的热情开始奔放，对未来的憧憬有望实现，因而让“世界充满爱”立刻在全国流行。摇滚乐实际是一种独特的音乐形式，要接纳摇滚乐，不但要读懂摇滚乐，更重要的是要读懂全球的每一个人，尤其读懂年轻人，要读懂中西文化交流的效应等。流行音乐为什么受欢迎，实际上每一首流行乐歌曲的歌词配上轻松的曲调，反映出相当的一部分人群的心声，主要是改革开放后有相当的人丢掉了铁饭碗去创业、经商、打工，有成功的、有失败的、有勉强生存的……自然，他们有疲惫、劳累、欢快，由于其经历不同、处境不同，在宽松的、自由的环境中，其心中有能公开的、有不能公开的，需要倾诉、需要发泄，而不少流行歌曲恰好适合各种各样人的情感、心理需求。要读懂这些歌词、要读懂这些人群——企业老总、公司老板、白领阶层、打工族、阔太太等，才能理解为什么流行歌曲会那样风行全国，仅张蔷的一盘流行乐在全国就销售4000万盘，创下纪录。要读懂这些就需要阅读者有丰厚的人文科学底蕴——人学、心理学、社会学、经济学、人类学、性科学、近代史、美学、哲学等。再如改革开放的初期，一些赶时髦的女孩子学港澳女孩子，着透明服装、超短袖衣服等，一些受“男不露脐、女不露皮”的影响深的人坚决反对，宁肯守着封建社会时期把女性当做男性私有物全部占有的陈旧思想观念，也不愿阅读青少年“书”的内涵——女性自由、男女平等、男女都一样的新内涵。时间久了，现在也就习惯了。青少年是时代的未来，他们想做的事，必然会按他们的意志去做。消除代沟的唯一办法是长辈读懂青少年这本“书”。

上述表述比较让人容易理解“喜好”的标准的内涵，客观上，宇宙万物中，有些人会对有些东西很喜欢，而对有些事物很不喜欢，而自然规律、社会规律绝对不会因有人不喜欢而改变，故才有适者生存的结论。要适应的唯一方法是读懂它。比如沙漠，实际上也是一本“书”，要想治理它，就必须读懂它，才能让沙漠为人类服务。

（二）兴趣和善察善思是读懂“书”的基础

如果一个人对什么都没有兴趣，自然就不会去观察它，即便观察，而不是去细察，就很难发现其与众不同点，也就抓不住其特征；抓住了特征不去思考为什么，不去联想、不去想象，不去推敲、不去领悟、不去综合消化，就不可能变成自己的知识，也就形不成自己的理论、观点，也难增长自己的学识、见识，也难开拓自己的眼光，更不可能提升自己的创新能力和对科学、技术、方法、理论、知识、趋势的识别判断能力，自然也就不会增强自己在同行中的竞争能力等。

由上述可知，兴趣、善察、善思是读懂宇宙万物之“书”的基础，正如前述“人因思而变”。而如何才能发现新、特、奇的可读之“书”，也即从一粒沙子里发现一个世界，一朵鲜花里发现一个天堂，这就需要有灵敏的嗅觉、敏锐的眼光，更需要你对平凡的事物睁大你的眼睛，用心去发现才行。

提示性范例17-1

34岁经产妇，停经42天，阴道不规则流血10天，到医院就诊。查体，阴道出血无腹痛，宇宫体稍大，宫颈明显增大，质软，外口松可容1指余，边缘薄。尿妊娠试验阳性。诊断为“难免流产”而行吸宫术。术后阴道出血非但未止，反而出现不能控制的大量出血，再行“子宫次全切除术”。术后阴道出血仍未停止，患者再次因大出血休克，经抢救无效死亡。最后请外院会诊，确诊为“宫颈妊娠”，该种妊娠是临床少见的异位妊娠。

摘自《临床思维学》

该院大夫因无“宫颈妊娠”这一概念，故在为患者服务中，尽管见到了“宫颈明显增大”等的异常体征，却因无“宫颈妊娠”的概念，故在诊断治疗中的措施就缺针对性。说明不断学习，全面掌握相关的知识、概念是何等的重要。

提示性范例17-2

昆明市一善读“书”之人，在火车上从一小报上的一篇短文获得启示，将当地分文不值的芒果树木材——既不能当木材用，连当柴烧火都不行的“废物”的价值——加工成工艺品。其人最后成了工艺品企业的总经理。

提示性范例17-3

改革开放初期，个别司机利用到沿海地区之机，顺路带一些水货，像手表等。有一次，一司机通过检查哨卡时，工作人员令其停车进行检查，经过一连串检查后哨卡给其放行。

当司机启动发动机时露出了笑容。此时哨卡工作人员读懂了他的笑容，立即令其停车再行检查，结果从一隐秘汽车组合件中查出了数百块水货手表。

# 思考讨论题

1、科技期刊灵魂人物的内涵是什么？

2、一流科技期刊办刊团队的要求是什么？

3、科学发展的特征是什么？

4、形成科技期刊管理者知识差异根源何在？

5、科技期刊管理者合理的知识结构构成？

6、调整知识结构的学习方法是什么？

7、如何理解“书”的内涵？

8、每一类书的阅读方法是什么？

9、会读书者的读书标准是什么？

10、善于读书者的几个基本特点是什么？

11、如何才能读懂每一本书？

12、如何才能读懂无文字的书？

# 第十八章　新世纪科技期刊管理者的能力

**本章要点**

1、如何理解一个个体人的能力
2、每一个体的共有能力和科技期刊管理者的特异能力
3、每一类受众的阅读特点
4、社会变化给社会带来的影响
5、悟性的内涵与检验方法
6、如何实施自我悟性的培养
7、科技动向感知的技巧
8、科技期刊管理者创新能力的内涵与创新切入点
9、实施科技期刊创新的必要性
10、办成引领时代潮流的科技期刊的价值与方法
11、善于学习、自我超越、驾驭全局的内涵
12、提升善于学习、自我超越、驾驭全局能力的方法

在本章中重点强调科技期刊管理者的能力，自然应明确什么是能力？客观上不同专业、不同学识、不同年龄、不同价值取向的人都会有不同的定义。韩庆祥教授从哲学与人学角度对能力理解分为8个方面：（1）能力是人的综合素质在行为中外化的表现；（2）人的体力、智力、道德力、审美力和实践操作能力；（3）人驾驭活动本领的大小和熟练程度；（4）受道德和理性的引导而正确驾驭活动的本领；（5）人的实际工作表现及其所达到的实际成效；（6）人在某种实际活动或现实行动中表现出来的可以实际观察和确证的实际能量等；（7）实现人的价值的一种有效方式；（8）左右社会发展和人生命运的一种积极力量。我认为能力就是一个人能将别人说不清楚的能准确地说清楚、将别人解决不了的难题能正确解决的智慧技能的外显。故对不同专业或职业、不同岗位的能力是有不同的要求的。对科技期刊办刊人而言，对正副总（主）编、编辑部主

任（社长）、编委、审稿专家、编辑等的能力要求是不同的，不具备相应的能力，是难以胜任其岗位的实际工作的。本章中的科技期刊管理者主要指：正副总（主）编、编辑部正副主任或正副社长。对其的能力要求是指从事科技期刊办刊所需的特殊能力，并不是指每一个劳动者从事劳动的基本能力。所有劳动者共有的能力有：（1）劳动能力；（2）交往能力；（3）合作能力；（4）创造能力；（5）操作能力；（6）应用能力；（7）执业能力；（8）表述能力（含外语）；（9）学习能力；（10）思维能力等。而办科技期刊，特别是管理科技期刊的人，仅具有上述能力是难以胜任的。作为科技期刊的管理者应具备的能力：（1）善学的能力；（2）善记的能力；（3）善问的能力；（5）善识的能力；（6）善察的能力；（6）善鉴的能力；（7）善思的能力；（8）善联的能力；（9）善想的能力；（10）善悟的能力；（11）善决策的能力；（12）善整合的能力；（13）善协调的能力；（14）善组织的能力；（15）善控制的能力；（16）善应急的能力；（17）善创新的能力；（18）善实干的能力；（19）善演说的能力；（20）善写作的能力；（21）善策划的能力；（22）善否定的能力等。科技期刊管理者不具备上述能力，在当今很难办好科技期刊。因科技的快速发展，社会的急遽变化，受众的价值取向多元化，对于各类传媒都是极大的挑战。细察社会人群，大体上有五大类，即追求明白的、追求露脸的、追求生存的、追求未来的、追求享乐的。每一人群各有其阅读特点，传媒如何能抓住每一类人群的阅读特征，开展创新性服务是对办刊人特别是管理者的能力的极大考验。在本章中仅选三个方面的能力进行介绍。

## 第一节 感知受众和社会及科技动向的能力

每一类媒体都是为受众服务的，当前媒体间竞争都是在争夺受众的眼球，离开了受众，大概就没有生存空间了。

**一、管理者应具有感知受众和社会及科技动向的灵慧**

办刊人背离受众就是自掘坟墓，让期刊走向灭亡。

（一）办刊管理者应该读懂每类受众的喜好

传媒都是为受众服务的，而受众会随社会变化而变化。首先是对传媒的形式的要求。形式指对期刊封面、版式、内页形式的要求：追求明白的人喜欢严肃、大方等；而追求享乐的人喜欢刺激、花哨、活泼等。这种追求喜好决定于受众的美学修养、文化修养等多因素，并无高低之别。其次是内容。追求明白的人都是在科技工作上有为之士和资深的科技工作者，喜欢有深度、有宽度、有高度的新思想、新理论、新知识、新技术、新方法、新成果等文章；追求露脸的人，即千方百计争取面对公众大发议论之人，喜欢新概念、新名词及新规新法和方针政策新解的文章，但并不喜欢长篇大论；追求生存的人多为有份工作或为找到一份收入更高的工作的人，很自然喜欢阅看提高素质、提升能力、创新技能和方法类的文章，版面活泼更好；追求未来的人喜欢阅读惩恶扬善、讲究公平、社会文明、生态文明、环境保护、养身健身、营养、宗教文化等的文章；追求享乐的人喜欢阅读谈吃、喝、玩、乐等的文章，有责任的办刊人，应对这类读者加以引导。

办刊的管理者若忽视各类人群的喜好，就不会赢得受众。作为办刊人应具有读懂受众喜好的能力，才能把刊物办好。

（二）办刊管理者应善察社会的变化

社会的变化为思维敏捷、眼光犀利、具有睿智的人提供了大展宏图的机遇。因此，作为办刊的管理者，对社会的变化若不能感知，必然丧失发展机遇。这是因为：（1）社会变化必然导致经济发展变化；（2）社会变化必然导致受众学习、工作、生活、思维方式等的变化；（3）社会变化必然导致制度与法规方面变化；（4）社会变化必然导致致富资源与方式的变化；（5）社会变化必然导致竞争方式的变化；（6）社会变化必然导致人们交往规则的变化等。作为办刊管理者若不能提前感知社会变化动向，就无法比竞争者提前对自己的一切计划进行调整，并做引领时代方向的开创性工作。

（三）办刊管理者应善悟科学技术新动向

科技期刊是传递科学技术方面最新研究成果与信息的。因此，每期刊用的文章的内容是否是最新信息，尤其是否传递了科学技术动向的信息，是反映出一本科技期刊水平的佐证。因此，办刊的管理者如果对科学技术的动向不能感知，就不可能去策划、约请权威专家写这方面的文章。这类文章，对于追求明白的研究工作者、提供服务的科技工作者等都是相当重要的。一些知名的科学家、大师级专家每时每刻都在关注人类科学技术的最新动向，即便是追求露脸的人也愿意掌握这类动向，以便在公开露面时“忽悠”大众，故要求办刊的管理者具有对科学技术动向的感知力，这靠一种悟性。

**二、管理者感知受众和社会及科技动向的技巧**

对科学技术新动向的感知对办刊人而言是十分重要的，而如何才能感知科学技术的新动向则是值得重视的课题。实际上感知力的核心是悟性，而悟性似乎不是每一个人都有的，客观上凡有悟性者其成就都是较突出的，这一点是许多科技人员认同的。当然，“悟性”是可以培养出来的，靠每一个个体自觉培养。

（一）管理者努力培养自己的“悟性”

管理者努力培养自己的“悟性”，此应明白什么是悟性，如何培养悟性。

1、悟性。现代汉语词典将悟性解释为：“人对事物的分析和理解的能力”。而《简明社会科学词典》指出：悟性即知性，即德文中知性，译为悟性。德国古典哲学中指认识的两种能力或阶段。康德说：“我们的一切知识从感官开始，从感官而知性，最后以理性结束。”即由感性、知性、理性构成人的认识能力的三环节。实际上，悟性是人通过观察到的事物、现象等的感知，再通过思索，产生一个新的结果或结论的过程。

当然，这一过程中需要有丰富的想象力、联想力、记忆力、认知力、转换力，以及激活背景知识的能力、分析能力、综合判断能力等。正因为如此，悟性不是人人都有的，但又是可以培养的，这就可以解释，精英只是少数人，多数人上不到精英层次的原因。能否培养悟性，取决于主体的“追求、自信、毅力”的诸方面。

2、悟性的自我检验与培养。自己有无悟性可以进行自我检验，通过检验后，再进行自我培养。尽管有悟性缺乏者，但也不必灰心，只要功夫到位，总是可以培养出来的。

悟性的自我检验方法：（1）每到一个从未到过的地方，有无一种特别新鲜、心胸开阔的感觉。（2）自己从事的工作中，有时会遇到难点解决不了，或者总觉效率不高等的情况下，行家只要稍加指点，自己能否有一通百通之感。这两种方法检验的是自己的观察力，即发现与众不同点的能力和对他人点拨的领悟能力。

悟性的自我培养方法。培养悟性的方法的核心是对宇宙万物的观察力、思考能力，而思考能力的核心是主体的记忆力、想象力、联想力、激活背景知识的能力，而背景知识的核心是主体涉猎知识的能力与面等。由此可知，要培养悟性：（1）每时每刻都要观察社会——人、物、景、标语口号、建筑等——每时每刻的变化并进行思索；（2）对每一观察到的各种特征变化应牢记，留作与各地、各时段、各空间的现象作比较分析；（3）观察各种媒体上的各种现象与表述，除进行纵向对比外，还可作横向对比分析；（4）在观察中应抓住特异现象进行思考；（5）扩展知识面，有利于对社会上发生的特异现象的分析判定；（6）对宇宙的观察和思考没有时间和空间的限制，一些特别的发现或难题的解决多是在散步、与他人争辩或是登高望远等之际，正如阿基米德定律是发明人思考数日无果，进入浴室泡澡，身体入盆而水溢出得到启示而诞生的。

（二）科技动向的感知技巧

科学技术的动向一定需有悟性的人才能感知。有悟性的人一定善于观察、善于思考、善于领悟并得出新结论。

1、从科学技术的新名词或概念去感知。如2000年时，杨振宁教授在世纪大讲堂上作讲座时曾提到纳米技术，没过几年，纳米一词被商家广泛应用。纳米技术对人类来讲，是大受其益的一项技术。再如基因技术也一样。因此，办刊人在听到或看到科学技术新名词或新概念之后，应从中感知其新的科学或技术必将诞生，并知道如何引导科技人员适应与应用。

2、从科学技术的新服务手段去感知。比如机器人引入手术室进行心脏手术，再如机器人代替教授到课堂为学生上课等。办刊人在看到或听到这种全新的服务手段时，就应感知到科技服务手段的创新，应策划相关报道，让科技人员跟上时代，开展科学研究与服务。

3、从公布的科学研究成果中去感知。对一些重大的有突破性成就的成果报道进行想象、联想，从而感知科学技术的新动向。策划相应的报道，引导科技人员及时转变科研思路或方向，提升研究水平和能力等。

当然，感知的方式还很多，如从上市的新仪器、设备，以及其他商品中等去感知科学技术的新动向。

作为传媒管理者若离开对受众需求的把握、离开了对社会和科学技术动向的感知，就不可能办成有品位的期刊，自然也很难在竞争中取胜。

**提示性范例18-1**

首先是时代使然，轰轰烈烈的大革命冲击了人们的思想，自然会有许多新作者和新的作品出现，自然也改变了我这样的编辑者的眼光。另外，《小说日报》的工作是调孚和我共同做的，有好多作品正是调孚在成堆的来稿里发现的。

摘自《现代杂志编辑学》

尽管这个例子说的是文艺作品方面的编辑与作品，但仔细想想，科技期刊的作品与编辑也同样应如此。

**提示性范例18-2**

有些新的作者在来稿中发表的新见解，是对权威的挑战，而且言之成理，敢不敢发，这也是对编辑的考验。数学家华罗庚，当年还在县镇上油盐店当伙计，业余攻读数学，发现一位著名教授的观点值得商榷，写了一篇文章寄给某杂志。编辑觉得文中的见解有道理，便大胆编发。稿件发表后，清华大学数学系主任熊庆来，打听华罗庚是何许人，并邀他到清华工作。

摘自《现代杂志编辑学》

上述例子对今天的编辑部及专家有太多的启示和值得反思的地方，华罗庚的文稿如果是在今天，其结果如何？

**提示性范例18-3**

编辑工作虽然很清苦，但他们像寻宝者那样，以发现新人为乐。“得天下佳作而推荐之”……美国著名的编辑家——麦·帕金斯“无时无刻不在搜索创作天才，外来的稿件稍表现一些微弱的希望，他就要抓住发掘”。正是怀着这样的强烈愿望，他发现了海明威等一批名作家，有人认为如果在另一个编辑手中，沃尔夫杰作《天使望家乡》的杂乱原稿恐怕会遭到被丢入废纸篓的命运。

摘自《现代杂志编辑学》

这一范例对所有办刊人，特别是正副总（主）编、编辑部正副主任或期刊社长有启示作用，不抓编辑综合素质，不重视初筛能行吗？我们有多少科技期刊的编辑有上述精神及其能力？

## 第二节 善于创新与引领时代潮流的能力

科技期刊管理者要想办好科技期刊，其中很重要的是抓住机遇，实施创新，把科技期刊办成引领时代潮流的品牌期刊。要达到这一个目的，作为科技期刊的管理者必须具有创新的能力，把科技期刊办成引领时代潮流的期刊。

**一、科技期刊管理者创新能力的内涵与必要性**

本节重点就科技期刊管理者善于创新的能力的内涵和必要性进行表述，因为这一能力对办好科技期刊极为重要。

（一）科技期刊管理者创新能力的内涵

所谓创新，即“指创造、传播和应用知识并获取新的经济和社会收益的过程”。创新在各行各业都客观存在，但科学技术的创新可加速社会生产力和人类文明的进步，并引起人类生产方式、生活方式、学习方式、思维方式等的变革。科学技术的创新，可以进一步减轻人们的体力消耗，创造更多的财富。不过，创新并不容易，创新者需要冲破暗礁险滩的阻挡，需要开辟新领域的道路，需要弃旧扬新。应当说，创新者需承担巨大压力、冒极大的风险。只有树立了高远目标的追求者才会下决心实施创新。所谓能力，现代汉语词典上定义为“能胜任某项任务的主观条件”。实际上，能力是指一个人顺利完成上级交给的或者是自己本职该做的各种工作的胜任实力。科技期刊管理者的创新能力，指科技期刊管理者在当今知识经济时代，革新传统的旧方式，办成吸引读者、引领时代潮流的品牌期刊的真正实力。实力体现在业绩的大小、量与质、效率、难易度、规范度、大众公认度等。

科技期刊的创新主要是管理者能够转变传统观念、传统思维，从受众出发，结合科学技术发展的特点，服务国家和民族利益。实施科技期刊创新的切入点：

1、栏目设置。为了适应时代和读者的变化，应在每年推出选用新知识、新理论的吸引读者眼球的新栏目。

2、内容策划。应用新理念、眼光，有意策划跨学科、跨专业的论文，以开拓专业人员的视野，提升专业人员的临床思维能力和科学研究的选题、实施能力。

3、策划创新性研究。创新研究方法和思维是产出高水平研究成果与论文的保障。因此，办刊人积极与科研工作者开展研究创新的合作。

（二）实施科技期刊创新的必要性

创新是一个民族的灵魂，同样，创新是一本科技期刊不断向前推进，走向成功的灵魂。

1、通过创新克服人的惰性。在多劳多得的环境中，可以极大调动人的智慧和积极性，而对人的惰性以极大的抑制。通过创新提升期刊在受众中的竞争实力，从而改变期刊的收益，间接让办刊人获益，有利于所有办刊人智慧的发挥。

2、通过创新服务于科技工作者和人类。创新就是要突破传统的，目的是适应于知识经济社会和现代社会的受众的需求。当然，科技期刊创新并不是违背科学、社会的发展规律，而是更好地满足开展创新的科学家、专家、科技工作者的需求，为推动科学、技术发展服务，让人类大受其益。

3、通过创新服务于国家科技方针政策。国家倡导科学家开展原始创新科学研究，而不少科技成果可能属于跨学科研究成果，这些成果的公布应优先刊登，应通过创新策划实现。

4、通过创新迎接地球村落化挑战。发达国家凭借其优势地位要挤进我国传媒市场，我们的科技期刊管理者仍沿用计划经济体制时的模式办刊，是无法应对地球村落化的竞争的，唯有通过创新才能在竞争中取胜。

**二、科技期刊办成引领时代潮流的价值与方法**

办成引领时代潮流的期刊，全靠管理者的观念、思维、眼光、知识面、综合素质等。这么提是否与专家办刊相矛盾呢？实际上这是社会发展、科技进步的必然，看来是矛盾的，实际是统一的。科学技术的快速发展推动社会由工业经济社会向知识经济社会的转换，创造财富的资源由物质资源的消耗转变为非物质资源利用，科学研究和行政决策的思维由线性转为非线性，学科融合、学科交叉的结果加速了学科的高度融合和高度分化。过去学科知识较为单一，故某一专业的前瞻、前沿、现状对于某一专业的专家来讲，很容易把握。而目前则不然，跨学科研究、新兴学科的兴起，导致一个专业或学科中的成就或成果涉及多学科、多专业的理论、知识、技术、方法等。所以，无论论文的审评、还是选题的策划等，只有单一学科知识者往往只能停留在既往的眼光和理念上，难以适应现代社会的需要。故只能是办刊人中的管理者与专家结合，达成共识。近年来倡导编辑是传媒的龙头老大，其正确性日显。上世纪末，英美发达国家的医学期刊的办刊人来华讲学时就已明确指出：对于选用稿件的把握上，资深编辑优于审稿专家。这里不是否定专家的作用，只是指出知识面窄的专家在审评涉猎面广的论文时，如不拓宽视野，很容易将有价值的论文舍弃。

（一）办成引领时代潮流的科技期刊的价值

在科技期刊竞争白热化的今天，办不成引领时代潮流的品牌期刊，就只能论为二流、三流期刊，办这类期刊无论是对人类的贡献，对国家的贡献，或是对办刊人自身的升值而言，都是没有太大价值。

实际上，读者、作者，在他们心目中将科技期刊分为三类：

权威期刊。凭质量选用稿件，办刊人在作者心中有敬重感。

工具期刊。凭关系选用稿件，办刊人在作者、读者心中有利用感。

垃圾期刊。凭金钱选用稿件，办刊人在作者、读者心中有憎恶感。

办成引领时代潮流的科技期刊，实际上也就是办成权威性科技期刊，不仅对推动科学技术发展、培养科技队伍、提升科研水平、提高国家的综合国力和软实力有贡献，而且对繁荣科学技术文化、丰富祖国的文化宝库和对人类的贡献作用是无法估量的。

（二）办成引领时代潮流的科技期刊的方法

当然，作为办刊人都想成为引领时代潮流的科技期刊，但如何才能办成则是另一个极为重要的话题。说其是一个话题，因为所有办刊人都在这么说，但达到目标的极少，究其原因：①要真做，需要极大的付出：时间、精力、心血、智慧、个人社会角色定位等。②要真做，需要有极大的奉献精神：不计较收入的公平度、不计较个人种树何人乘凉。③要真做，需要有高远的目标追求：把办刊事业当做自己的眼睛去爱护，为达一流可以牺牲一切享受。④要真做，需要变成杂家：除努力快速掌握专业的前瞻、前沿、现状外，应抓紧分秒涉猎法律法规、政策、人文科学、社会科学、政治和经济等方面的知识，以及当今全球科学、技术、理论、知识、方法的最新成果等。因为要办成引领时代潮流的科技期刊一是不能吃老本；二是不能克隆；三是仅有学历、学位、外语、旧品牌、旧资历等都不行，要靠智慧、学识、眼光、思维、理念等进行创新和策划。方法是：

1、办成学习型编辑部。通过每日或隔日的半小时学习，提升全体编辑人员的学习能力、吸纳知识的能力，开拓知识面，提升每个人综合素质，让每一个编辑在规定的时间内达到或接近杂家的水平，从而提升每一个编辑独立约稿和策划的能力。

2、站在人类利益高度策划稿件。眼光盯住人类的利益进行约稿，我们的每一位编辑具有提出具体文题和写作切入点的策划能力时，创办引领时代潮流的科技期刊的目标实现就会成为可能。

**提示性范例18-4**

1992年，美国一个科学院院士卡拉汉在生物学年会上提出了一个问题……什么是医学的根本目的……到底是提问者的无知呢，还是别的什么？因为大家根本没有考虑过这一个问题。实际上卡拉汉院士是搞哲学的，他的视野从围城外探视医学围城内的种种现象。比如说传染病……认为传染病已基本得到控制……传染病远没有得到控制……从病因学上来归类的话，50%的病因是我们的行为、生活方式……医学搞得非常深，搞到分子、基因水平，但是对致病因素却被医学教育、科研所忽视……80%的医疗资源是花在临床上，每个人一生中所有的医疗费用的80%是花在最后一个月，甚至最后几天。从此不难理解，卡拉汉教授提出的问题意义何在了……局限在医学科学里面，缺少人文的思考。

摘自《科学与人文对话》

上例对作者、审评专家、正副总（主）编、编辑部主任等很有启迪作用，一些人瞧不起人文，瞧不起哲学，更瞧不起预防及健康教育。写文章、选文章局限在疾病治疗上，相反，《新英格兰医学杂志》办刊人用不同的标准约稿、选稿等，办成了引领时代潮流的期刊。

## 第三节　善于学习与自我超越和驾驭全局的能力

作为科技期刊的管理者如何带领办刊团队把科技期刊办好，不是凭传统办刊知识、理论、方法，靠的是通过学习，吸纳新的知识，实现自我超越，用全球视角及现代人的理念，创办满足受众需求的科技期刊。

**一、准确理解善于学习与自我超越和驾驭全局能力的内涵**

对于善于学习、自我超越、驾驭全局能力内涵的把握，是管理者提升能力的保证。

（一）善于学习。随着知识经济社会的到来，知识老化加速。普鲁士·俾斯麦说：蠢人常说他们是从自己的经验中进行学习，我却认为利用别人的经验更加好些。这就告诉我们向他人学习的重要性。由于当今已进入信息社会、知识社会、智能社会，每天产出的新思想、新理论、新知识、新技术、新方法无法估算，靠传统的学习方法是无法掌握的。因此，必须善于学习。

所谓善于学习，从古汉语讲是“专”于学习，而从现代汉语讲是“长于”学习，即并非单指传统的读书学习，而包含有学习的内容、方法及手段的选择的意思，也即通过学习方法的改进，获取知识途径段的变化，从而保证自己学的东西是核心内容，掌握了这一部分内容，其他相关的可以忽略。这就保证了自己与别人花同样的时间，比别人学得快、掌握得快，使自己与竞争对手在竞争中处于优势地位。

作为科技期刊的管理者，在全球或国内传媒的集团化天天见于报端，兼并、重组更是常事。因此，如何运作自己管理的媒体，应是科技期刊管理者每时每刻都在思考的问题。正如冀东书先生指出的：“与先进地区相比，我们差就差在了观念上”，而“慢一步就会丧失机遇，失去一次机遇就会落后一个时代”。他指出：“靠管作坊的经验管不了现代化企业。”而管媒体的人也一样，靠管家庭作坊的观念、思路、眼光，绝对无法应对当前传媒行业的竞争，因而把学习应放在首位。不学习先进的理念，不学习新的思路，不采用新的思路整合资源，优质资源也将成为垃圾。相反，运用全球眼光，抓住机遇，即便是普通资源，乃至劣质产品或废弃物，通过优化、重组，便可化废为宝。正如“一颗沙子里有一个世界，一朵鲜花里有一个天堂”一样，其中的“世界”和“天堂”不是人人都能发现和挖掘的，是靠少数有智慧、有眼光的人才可以开发，并取得成功。所以，善于学习者才有可能获得化废为宝的睿智、眼光和胆识。

（二）自我超越。目前，由于全球经济一体化和地球村落化，人才竞争，特别是岗位竞争白热化，一个人在自己的工作岗位上要努力实现自我超越。实现自我超越的必要性，纵观社会就可知，一个员工，与上一年比，自我超越得少，则可保住岗位；自我超越十分突出，则可获得提拔；不能实现自我超越者，很可能被淘汰。应当说，实现自我超越不是需不需要的问题，而是时代赋予每一个现代人的使命。这种自我超越，说小是指个体为了生存而竞争，说大则是一个民族、一个国家的竞争。每一个民族，每一个国家的构成都是由每一个个体构成的。个体的每年都比上一年有重大的超越，自然整个民族、整个国家也就会有重大的超越，这种超越，可以加速提升国家的国际地位，加速中华民族的复兴。

科技期刊的管理者，若每年都有自我超越的目标和要求，并能实现，肯定科技期刊可以向前发展，科技人员乃至整个民族都是可以从中受益的。

（三）驾驭全局。所谓“驾驭”，在现代汉语指“使服从自己的意志而行动”，而古代汉语中指“控制”、“驱使”之意。故驾驭全局应是指科技期刊管理者依照全球科技发展动态，统筹规划，站在人类利益的高度，策划科技期刊的信息传递能力。科技期刊管理者与纯行政管理者的驾驭全局的要求是有差异的。这与其管理对象的不同相关。

科技期刊的管理者驾驭全局目标的实现靠其自身的一些基本条件——善于学习的能力、灵感、悟性、眼光、胆识、协调、策划、沟通、自信等，离开了这些基本条件，是不能正确驾驭全局的。

**二、提升善于学习和自我超越与驾驭全局能力的方法**

科学的方法成就了科学家，而科学家又在不断创造新的科学的方法去解决新的科学难题。由此可知，无论学习、自我超越，还是驾驭全局能力的提升，都要因人因时因事而异，当然也存在共同点。

（一）勤

“书山有路勤为径”、“五经勤向窗前读”、“黑发不知勤学早”、“吹尽狂沙始到金”、“莫向光阴惰寸功”，这都是古人对成就事业的忠告，都包含有勤奋、勤劳、勤用功夫。学习、自我超越离不开勤奋、快乐的学习；驾驭全局的能力同样离不开勤奋学习、勤于观察、勤于思考、勤于协调、勤于沟通、勤于策划等。

“勤”指科技期刊管理者要提升三种能力，其涉及的知识面很广，故必须通过勤奋学习，拓宽知识面，掌握全球的科学、技术的发展动向、趋势，及时的策划相应的专题，为科技人员服务。这样，有利于提升科技期刊在国内外的竞争力。

（二）苦

“学海无涯苦作舟”，“旧书不厌百回读”，“读书万卷始通神”，“耐得半宵寒”，“二句三年得”，“十年窗下无人问”，“好事尽从难处得”，“十年辛苦不寻常”，均是古人为了成就目标，一种能吃苦学习与奋斗的精神的反映。

这些科学的大融合和大分化的特征，加上新兴学科的不断增加，知识半衰期进一步缩短，科技期刊传递什么样知识和信息，受众需要什么样的信息、知识、技术、方法，通过什么样的方式或途径获取，这都是科技期刊管理者应当经常关注的问题。否则，就可能被受众抛弃。谁能满足受众的需求，谁就会被受众接纳。

“苦”指科技期刊管理者，要带领科技期刊在新环境中立于不败之地，要有一种吃苦耐劳的精神。万事怕苦不会有得，品味每一位成功人士，没有一个是轻松取得成功的。

（三）识

这里的“识”包括两个方面：一是指科技期刊管理者的学识；二是指科技期刊管理者对人才的识别能力。二者是有关联的，但也有区别。有些很有学识的人，因为某些因素，往往对一些生活在身边的人才却不能发现。在新的形势下，最危及科技期刊生存和发展的莫过于期刊管理者的“识”存在缺陷。古代的名句“不畏浮云遮望眼”，“时人不识凌云木”，前句提示要能识破一切诡计和伪装，发现真正的人才，而后一句则是提示要对潜人才的识别。这两句对科技期刊管理者是十分重要的。

“识”指科技期刊管理者，应运用学识去决定科技期刊的发展方向性问题。要跟上时代，办好科技期刊，人才是核心。因此，对显人才要不畏浮云，大胆启用；而对潜人才，要及早识别，加以培养，加压，促其早日成才，为办好科技期刊献计献策献力。

（四）献

这里的“献”包含两层意思：一层是科技期刊管理者对科技期刊事业要具有奉献精神；二层是科技期刊管理者对办好科技期刊作出最大的贡献。

就上述的科期刊管理者应具有的“献”的两层意思而言，首先是科技期刊管理者必须有“前人栽树，后人乘凉”的奉献精神，历史总是“前人田地后人收”的现实。没有“富贵于我如浮云”的价值取向，没有把科技期刊办好的责任感、使命感，就不可能全身心投入到办刊的事业中，三心二意是办不好科技期刊的。其次是科技期刊管理者要为办好科技期刊做出最大贡献。有了这种追求，才能尊重知识、尊重人才，才能自觉学习，才能团结办刊团队共同奋斗，不断创新和进取。“文章花样关时代，爱古还宜不薄今”，这两句对办刊人而言，结合当今科学技术飞速发展的现实，要及时传递科学技术的最新理论、知识、技术、方法和最新思想及理念。否则，科技期刊就会脱离时代，被受众遗弃。

**提示性范例18-5**

美国人曾经责问蒋介石：“你有飞机，可以坐飞机指挥却为什么总打败仗？而毛泽东没有飞机，靠电报指挥，却总打胜仗？”翻开毛泽东为中央军委起草数以百计的有关作战决策的电报就可以找到明确的答案。毛泽东常常用如下语句与各战区的司令员、政委们商讨战策：“究竟如何？望斟酌电告”、“以上意见妥否望复”……而这些博采众长、善于纳谏的决策方法是以毛泽东为首的老一辈革命家在决策过程中，获得制胜主动权的科学决策方法。

摘自《学习时报》

在当今信息社会中，毛泽东等老一代革命家的决策方法仍值得大家思考和借鉴。尤其对办刊人，是很有启示作用的。

**提示性范例18-06**

1964年，美国“联艺”电影公司拍摄一部名为《最好的男人》影片，片中主角是一名总统。然而当里根报名参加主角试镜时，电影公司的主管却将他淘汰。主管预言说：“里根不具备一名总统应有的相貌。”

摘自《新京报》

这是一个失败的断言，对于办刊人的启示在于：选用论文切勿以貌——职称，头衔等——作为标准，而应以文中的内容价值进行判定。

# 思考讨论题

1、如何理解能力，作为科技期刊办刊的管理者应具有什么样的能力？

2、社会的每一类受众喜好特征是什么，社会变化对社会有何影响？

3、悟性的内涵是什么，有何办法检验及其培养方法是什么？

4、如何感知科技动向？

5、科技期刊管理者创新能力内涵及其创新切入点是什么？

6、科技期刊实施创新的必要性。

7、办成引领时代潮流的科技期刊的价值与方法。

9、提升善于学习，自我超越与驾驭全局能力的具体方法是什么？

10、范例的启示作用何在？

# 第十九章 新世纪科技期刊与新媒体

## 第一节 媒体的概述

### 一、媒体的发展历程

媒介载体形态经过数千年的演化，经历了由简单到复杂，由低级到高级的发展过程。在纸张未被发明前的数千年中，甲骨是被现今我国考古界广泛认可的最早文字记录载体，在殷商时期被广泛应用，随后以四大文明古国为代表的古代文明使用金石、简册、丝帛、泥板、莎草纸、羊皮、贝叶、蜡版等记录、保存信息。随后我国在西汉初期，就开始使用纸张，随后印刷术的发明，对纸质媒介的地位起了强化作用。社会生产力的发展和科技的进步，促成了印刷技术的突飞猛进，机械印刷的出现促使纸质媒介载体在形态上逐渐分离，形成书籍、期刊和报纸三种表现形式。进入现代社会后，电报的发明标志着瞬时远距离通信的开始，电话、广播和电视紧随其后，实现了单向大规模即时传播声音与图像信息。而双向交互即时交流文字、声音和图像则开始于计算机和网络的发明与大规模应用。1945年由美国宾夕法尼亚大学的两位教授莫奇利和埃克特，为了美军制造了全世界上第一部电脑。互联网是在20世纪60年代末开始发展起来的，最初是美国专门用于军事研究的专用计算机网，上世纪90年代中期专用计算机网技术的迅速发展，使它变成了一个普及全球的信息网络。随着媒介形态逐渐步入了电子信息交流的时代，相应的电子出版物应运而生。随着通信技术的不断发展，Manin Cooper于1973年4月开发成功一种功率不超过1瓦、可以带在身上的无线移动电话。现阶段手机已发生了许多的革新：出现了彩屏和多种功能融合，采用了更快的处理器和容量更大的存储器。媒介与媒体从新闻传播的角度来看是有一定的区别的，媒介 更多地侧重于一般意义上的介质与普遍意义上的工具，通常指的是语言、文字、声音、影像等信息内容的传播工具（介质），如报纸、广播、电视、网络等；而媒体侧重的是从事信息的采集、加工制作和传播的社会组织，即传媒机构。媒体通常指的是出版社、报社、杂志社、广播电台、电视台、新闻网站等传播信息内容的组织或机构。也就是说“媒体”一词更微观化和组织化，更倾向于指某种特定的或具体的媒介组织，此外媒体还更强调传播渠道和内容的结合，这也是与媒介强调技术和渠道的重要区别。由于本书的讨论重点不在于媒介和媒体的区别，同时鉴于学术界对于这个词汇的争议，本书在以下部分的论述中，将二者视为同等概念。

**二、什么是新媒体**

现阶段对于媒体的划分主要有第一媒体印刷媒介（Print medium）、第二媒体广播（radio）、第三媒体电视（television），第四媒体因特网（Internet），第五媒体手机等移动终端。新媒体总的来说被认为是一个相对的概念，“新”相对“旧”而言。从媒体发生和发展的过程当中，我们可以看到新媒体是伴随着媒体发生和发展在不断变化。

“新媒体”（New Media）一词最早见于1967年美国CBS（哥伦比亚广播电视网）技术研究所所长、NTSC电视制式的发明者P．Goldmark发表的一份关于开发EVR（电子录像）商品的计划书。随后，1969年美国传播政策总统特别委员会主席E．Rostow在向尼克松总统提交的报告书中也多处提到“新媒体”这一概念。

随着新媒体产业的迅猛发展，越来越多的各个领域的研究人员开始关注新媒体的现状与趋势、发展与创新，整个学术界对于新媒体的探索与争论也在持续升温。新媒体的诸多种定义可以根据不同领域分为两类：从媒介技术的层面上来定义的，从传播学的视角来审视的。主要的代表人物的代表观点如下。

蒋宏和徐剑在《新媒体导论》一书中指出“新媒体的内涵是：20世纪后期，在世界科学技术发生巨大进步的背景下，在社会信息传播领域出现的建立在数字技术基础上的能使传播信息大大扩展、传播速度大大加快、传播方式大大丰富，与传统媒体迥然相异的新型媒体。新媒体的外延是：光缆电信通信网、都市型双向传播有线电视网、图文电视、电子计算机通信网、大型电脑数据库通信系统、通信卫星和卫星直播电视系统、高清晰度电视、互联网—手机短信—多媒体的互动平台、多媒体技术以及利用数字技术播放的广播网等”。

清华大学熊澄宇教授认为：“新媒体通常是指在计算机信息处理技术基础之上出现和影响的媒体形态。这里有两个概念，一个是出现，是指以前没有出现的；一个是影响，所谓影响就是受计算机信息技术影响而产生变化的，这两种媒体形态是我们现在说的新媒体。新媒体是在不断的发展过程中的，新媒体这个概念词儿是不变的，但它的内涵是在不断发生变化的。科学技术，是促使其发展变化中的一个主要因素。”

美国网络新闻学创始人、博客（blog）首创者丹•吉尔默（Dan Gillmor）于2001年9月28日，提出了“新闻媒体3.0”（Journalism 3.0）的概念：1.0是指报纸、杂志、电视、广播等传统媒体或说旧媒体（old media）；2.0就是人们通常所说的以网络为基础的新媒体（new media）或者叫跨媒体，但新闻传播方式并没有实质改变，仍是集中控制式的传播模式。而媒体3.0就是以博客为趋势的个人媒体或者叫自媒体。2004年7月，丹•吉尔默出版了他的第一本著作*We the Media：Grassroots Journalism by the People，for the*

*People*来阐述他的“自媒体”（we media）概念，并以他独特的洞察力和经验的前瞻性给我们描绘了这个由博客带动的参与式新闻业的新时代。

资深出版人凡•克劳思贝（Vin Crosbie），是格林尼治一家数字媒体发行咨询公司的合伙人，同时兼任锡拉丘兹大学新媒体方面的客座教授。他将新媒体称为融合了人际媒体（interpersonal medium）和大众媒体（mass medium ）而成为人类的第三种媒体形态。新媒体既拥有人际媒体和大众媒体的优点：完全个性化的信息可以同时送达几乎无数的人；每个参与者，不论是出版者、传播者还是消费者，对内容拥有对等的和相互的控制。同时又免除了人际媒体和大众媒体的缺点：当传播者想向每个接受者个性化地交流独特的信息时，不再受一次只能针对一人的限制；当传播者想与大众同时交流时，可以针对每个接受者提供个性化内容。同时他指出新媒体完全依赖于技术，不是人类先天自然拥有的技能。没有数字化等技术，新媒体完全不可能。

从以上的“新媒体”主要观点的总结中，不难看出对于新媒体的认识是多角度、多领域且是动态不断发展的，而新媒体的定义的兴起是为了区分传统三大媒体，随着不断涌现出越来越多的媒体形式，新媒体的定义外延不断迁移，原来的新媒体逐步成为旧媒体，本书中采用新媒体定义为即除了传统的三大媒体统称为新媒体。

**三、新媒体的分类**

新媒体的种类很多，目前以网络新媒体、移动新媒体、数字新媒体等为主。融合的宽带信息网络，是各种新媒体形态依托的基础。终端移动性，是新媒体发展的重要趋势。数字技术是各类新媒体产生和发展的原动力。

（1）网络新媒体

网络新媒体主要包括：门户网站，搜索引擎，虚拟社区，RSS，电子邮件/即时通信等。

（2）手机新媒体

手机短信/彩信，手机报纸/出版，手机电视/广播等。

（3）新型电视媒体

数字电视，IPTV，移动电视，楼宇电视等。

（4）其他新媒体

隧道媒体、路边新媒体、信息查询媒体及其他。

在各类新媒体中，网络新媒体和手机新媒体是对我国期刊的发展影响较为深刻的两类媒体，既为我国期刊的发展带来了挑战，又为我国期刊业的产业升级带来了机遇。

# 第二节 新媒体对期刊的挑战

新媒体具备的新特征使得其对期刊在传播的六大环节中，造成了不同程度的冲击。

**一、信息发出者带来的挑战**

新媒体的信息发出者包括通信网络运营商、SP和CP（信息服务商和内容提供商）、信息终端用户三类。其中，信息终端用户主要是信息流的消费者，同时也可以通过发表感想以及在线沟通等形式反馈一定的信息。这与期刊信息主要发出者的机制是有明显差别的。

**二、信息接受者带来的挑战**

第一，潜在数量庞大。新媒体的信息接受者也就是受众，理论上讲，期刊的用户都是新媒体的潜在用户，而从潜在用户数量上看，新媒体远多于期刊。第二，身份多样。无论是什么身份的人都能成为新媒体的受众，都能轻易在新媒体中找到自己的位置，找到自己需要的内容。第三，自由度高。期刊是主导受众型，而新媒体是受众主导型，在新媒体那里，受众有更大的选择权。

**三、信息的载体带来的挑战**

第一，边界开放。相对与期刊，新媒体几乎是没有边界的，不受地域限制的。第二，容量大。印刷媒体版面有限，而新媒体通信网络没有时间和空间的限制。限制新媒体的容量的因素仅仅是计算机的存储空间和网络的带宽，而这两者都很容易扩大。第三，形式丰富。新媒体形式多样，各形式的表现过程比较丰富。新媒体可融文字、广播、画面为一体，通过“超链接”技术，新媒体可以做到即时的、无限地扩展内容，有效地揭示内容之间的联系。第四，存储方便。新媒体可以随时存储内容，查找以前内容和相关内容非常方便。

**四、信息的内容带来的挑战**

第一，多元性。从技术上讲，新媒体可以让人人都充当信息发布者，信息内容因此也是包罗万象。第二，碎片性。有一种说法叫“微内容”，都是指并非整块的内容，而是一片一片的内容零碎地堆砌在一起。碎片化的内容是由于去中心化造成的，这是新媒体对于期刊的所谓“颠覆”。然而由于人类大脑接收信息的需要，单纯的去中心化这个态势是长久不了的。新媒体在具有去中心的特点同时，也出现了重新整合信息的中心化渠道，搜索引擎是极好的例子。第三，形式个性化。期刊的版面形式相对单一，特别是学术期刊的表现形式更是单调，而网络媒体的表现形式非常丰富，且极具个性化，其中Blog形式是最显著的例子。一个提供博客架站程序的Wordpress，由于开放其代码架构，使得网上有成千上万数不清的模板可供使用。于是，每一个Blog都显得与众不同，如果博主自身还有模板开发能力的话，还可以造就全世界只有他独有的模板。第四，专业性程度更高。互联网中存在着各种各样的专业性网页，极大地适应了现代社会专业化分工的需求。医学领域的每个分支学科几乎都能在互联网上找到其对应的网站，甚至是某一类疾病的研究也会找到相应的网站。总之用户有需求就会有相应的网站，不像期刊在办刊定位上大都选择比较泛化的定位，或者是分类体系二、三级的范围定位，这也使期刊在专业性的颗粒度上受到挑战。

**五、信息的反馈带来的挑战**

第一，实时性。新媒体真正具备可以随时发布以及反馈的可能，它没有截稿时间，它所发布的信息是即时的、不受限制的，即“全天候”的发稿方式。而且，由于全球时差的变化，信息发布交叉纵横，几乎没有断面。同理其信息的反馈也同样具备这样的实时性特点。而期刊媒体的滞后性，尤其是学术期刊的滞后性已经成了制约期刊发展的严重障碍。第二，交互性。期刊的交互性弱，相对于受众，媒体地位更强大，它决定着受众“选择什么信息”，受众的反馈往往是弱的、无力的。新媒体交互性强，独特的网络介质使得信息传播者与接受者的关系走向平等，受众可以通过同媒体以及其他受众的互动发出更多的声音，影响信息传播者。

**六、信息的运营带来的挑战**

第一，门槛低。多种因素的影响使得期刊的进入门槛相当高，一份普通报纸的投入动辄就以千万计。而新媒体商业化门槛则相对较低，其巨大的包容性使得几乎任何一个人都有机会成为新媒体的一分子。第二，市场开放。期刊目前是国家垄断性的，要有“准运证”，而新媒体却是没有垄断的，新媒体一产生，它就处在激烈的市场竞争中。第三，动态维护。新媒体技术高，更新快，维护成本较高，需要持续检查更新，以维持其24小时不间断的服务，相对报刊、广播、电视而言，维护的动态性好。第四，管理。期刊发展至今已经有非常清晰的管理机制和结构。而新媒体的管理机制相对模糊，管理机制的成熟程度也直接影响的新媒体的发展。

## 第三节 期刊与新媒体的融合

新媒体的迅猛发展以及在传播的各个环节对期刊造成冲击。世纪之交，杰可布·尼尔森（Jakob Nielsen）曾在《传统媒体的终结》里预言“未来的五到十年间，大多数现行的媒体样式将寿终正寝。它们将被以综合为特征的网络媒体所取代”。那么新媒体是否真的能够替代传统媒体呢？笔者认为新媒体和传统媒体之间存在某种程度的替代性，根据美国一家公司对2000人的抽样调查表明，新媒体出现后，23%的人少看电视了，20%的人少看杂志了，9%的人少听广播了，11%的人少看报纸了。但是新媒体与传统媒体之间绝不是简单的谁替代谁的问题，而是一种“你中有我，我中有你，互相替代，互为补充”的关系。可以说新媒体和传统媒体之间的互补关系远远大于替代关系。在第三十七届世界期刊大会上，梅里迪斯董事局主席威廉·科尔（William Kerr）表示“美国杂志业的表现没有像报纸和广播那么糟”，科尔认为这跟杂志订阅收入占很大比例有关。据他透露，2008年梅里迪斯旗下杂志的订阅量上升了12%，同时，市场营销服务和网络业务更是获得了意料之外的利润。因此期刊要从互联网吸取经验，跟进科技的变化，同时，需要不断适应新媒体的变化。更重要的就是创新，在所有现有媒体中发现新的价值，所有新的科技，都将会为期刊带来新的机遇。

**一、 期刊与新媒体融合的主要方式**

（1）共同满足用户不同的阅读习惯

由于用户不同时间、地点的阅读习惯不同，使得各种媒体有各自的优势，有各自的不可替代性：报纸不要任何电子设备就能阅读；广播，可以边干其他事边接收。同样是读一部《红楼梦》，有的人喜欢上网读e-book或光盘多媒体，有的人喜欢看电视或录像带，有的人则喜欢读绣像本章回小说，甚至有的人觉得只有读竖排大字的线装书才能读出《红楼梦》的原汁原味儿。而期刊与新媒体的融合可以更好地为各种口味的用户进行服务。

（2）传统媒体成为新媒体主要内容

现阶段，新媒体发展的主导内容大都是传统媒体的电子翻版，“1+1”是新媒体和传统媒体之间的主要关系。所谓“1+1”是指新媒体基本上是把传统媒体上的东西照搬到网上，有些是内容丝毫不做变动，有些做些简单的编辑，把传统媒体的稿子、节目重新安排，重新设计版面，搬到新媒体上。新媒体从它诞生的那一刻起，在内容上便实行“拿来主义”。它的内容来源于传统的报纸、杂志和电视以及通讯社等。例如美国在线的新闻就主要靠路透社与美联社这两家通讯社撑腰。可以看出传统媒体是新媒体发展的坚强后盾，新媒体的发展同时也可以促进传统媒体的发展。

（3）新媒体发展出现回归传统媒体趋势

近年来，新媒体有重新回归老媒体的趋势。许多新媒体品牌的触角正在积极地伸进电视和报纸等传统媒体。一个有趣的现象是，一旦一个在线杂志在网上获得成功，网上读者甚至会提出希望看到一本纸质杂志的要求。美国的在线杂志*Nerve*，在发展到了280万订户后，许多在线读者纷纷要求要看到一本线下的*Nerve*杂志。于是纸版的*Nerve*杂志诞生了，创刊号卖掉了5万册。中国移动推出“动感地带”移动媒体品牌后，旋即推出了相应的《动感地带》杂志，效果也很不错。

（4）社会经济文化的互动促进二者融合

传播科技的进步与社会经济文化的互动正在消弭新媒介和传统媒介之间的界限，促进两者的融合。传播媒介由比较单一的媒介结构发展到今天的多种媒介的大联合，各种媒介吸收、借用了其他媒介的优势，不断形成新的媒介。各种媒介各种技术的相互融合与渗透，不断涌现出各种新的媒介形式，媒介环境变得多样化、多媒介化、多频道化。而引起这一系列变革的根本原因是信息科技的进步，同时也有与社会经济文化的互动因素。“三网融合”是传播科技发展的趋势，这对传统媒体意味着多了一个新的、广阔的内容传播渠道。应该看到，在媒体多元化的嬗变中，网络媒体与传统媒体之间的界限将被永久性地打破，技术前进的步伐是谁也挡不住的。在未来，无论是新媒体，还是传统媒体，要活下去，都需要过着双重身份的生活。受众从传统媒体走向新媒体，又从新媒体走向传统媒体，从在线到非在线，从非在线到在线，新旧媒体之间的界限变得越来越模糊。

新媒体和传统媒体的关系，“合则共赢”是一个真理。与其说新媒体对传统媒体构成挑战，不如说是优势互补。对于传统媒体来说，花费人力、资金构筑自己的电子版是一条道路；利用自身资源，与电信部门ISP等有网络资源的单位进行联合，反能实现优势互补，降低成本开支，聚集足够的能量抗衡更强的竞争对手。充分理解市场需求，强强联手，创造新的产业模式，新的产品，这是传播科技对新媒体和传统媒体的发展要求。

**二、期刊与新媒体融合的主要形式**

随着新媒体的出现，期刊在媒介形式上也经历了重大变化。在出版传统印刷物的同时，各种形式的电子期刊纷纷出现。我国科技期刊与新媒体的融合将经历四个阶段：

（1） 电子翻版

在国际互联网络全球普及的初期，电子期刊的内容是纸质期刊的电子化，期刊的网络化形式可以分为两种形式：第一， 加入期刊数据库实现网络传播；第二， 自办网站实现网络传播。网络化可以使一份期刊可以在一夜间不受时间和地域的限制拥有国际读者、具有国际影响。由于创办初期的技术、资金和收益问题，一般来说这种电脑网络版往往只是印刷版的翻版。

（2） 电子变版

在印刷期刊的基础上，适应电脑网络在内容与形式上的需要，出版同印刷版有所不同的网络版。在内容上，网络版可以不受印刷版在版面上的限制，发表详尽的深度报道和背景资料。

（3） 独立电子版

独立电子版指的是发表原创文献、投稿、审稿、编辑和发行都通过计算机网络进行的期刊。其是完全脱离于纸质期刊的电子期刊，只有在读者的需求下才会按需出版纸质期刊。

（4） 多媒体版

完全适应电脑网络和网络用户的需要，出版独立的、完整的多媒体网络期刊，提供集文字、照片、声音、影像、数据于一体的实时性、交互式信息交流服务。当然其特色仍以有深度、有广度的文字报道为主。

**三、期刊与新媒体融合的推动主体**

我国期刊与新媒体的融合起源于20世纪90年代早期，期刊的数字化生产和销售大都是由商业化信息服务商完成的，可以说期刊与图书、报纸，成果、标准以及专利等其他类型文献资源相比，是数字化比例最高，但出版单位却是参与最少的。我国传统期刊的数字化信息服务从一开始就集中在几家大的信息服务商手中，以重庆维普、同方知网、万方数据和龙源为主。四家收录的期刊文献约为6000万篇，扣除重复收录的因素外，所收录的期刊种类大约有9000种，占国内9468种期刊的95%以上，这其中，尤以学术期刊最为完备。在期刊数字化生产的同时，国内商业化科技文献信息商的市场规模也飞速增长，市场覆盖到国内主要信息机构、高等院校、企业、医院等。

## 第四节 期刊与新媒体融合发展的现状分析

### 一、期刊与新媒体融合发展的版权现状

期刊全文电子数据库涉及两类著作权人。首先是期刊文章的作者，其次是期刊的编辑出版者，即期刊杂志社、编辑部。期刊是由杂志社、编辑部精心审阅、选择稿件，经过策划、编排而成的，因此期刊编辑出版者依据著作权法第十四条之规定对期刊享有汇编作品著作权。此外，依据著作权法第三十五条，期刊编辑出版者对其期刊的版式设计也享有著作权。期刊全文电子数据库原版原文的以数字化形式再现传统期刊，必然要触及期刊编辑出版者的著作权。期刊全文电子数据库取得著作权许可的两种方式以及需注意的问题：

（1）需取得期刊文章作者和期刊编辑出版者的许可

既然期刊全文电子数据库涉及期刊文章作者和期刊编辑出版者两类著作权人，因而第一种方式便是分别取得这两类人的著作权许可。

（2）仅需取得期刊编辑出版者的许可

如果期刊文章作者已向期刊编辑出版者转让了著作权，则数据库制作者只需取得期刊编辑出版者的许可。但有两个问题值得注意。

问题一，一般而言，期刊编辑出版者大多是以格式条款（比如投稿须知等）的方式取得期刊文章的专有使用权，其效力如何，值得商榷。《中华人民共和国合同法》第四十条规定：“格式条款具有本法第五十二条和第五十三条规定情形的。或者提供格式条款一方免除其责任、加重对方责任、排除对方主要权利的，该条款无效。”因此期刊编辑出版者需要慎重推敲与作者之间的权利转让合同，以确保合同的合法性。

问题二，期刊编辑出版者合法的取得了作者文章的专有使用权，但其期限较为短暂。而期刊全文电子数据库具有永续性，需要反复长期地使用期刊文章，因此，在期刊编辑出版者的专有使用权超过期限后，数据库制作者仍需取得作者的著作权许可。

### 二、期刊与新媒体融合发展的数字加工流程

（1）期刊纸质版本再加工

国内期刊数字化所采用的数据加工流程主要参考20世纪80年代美国康奈尔大学的"CORE计划"的方法：对纸本资源文献进行扫描，生成图像格式的电子文件，在此基础上，使用OCR（光学字符识别）技术，对文本内容进行识别，建立数据库，提供检索和快速浏览。其基本流程如下：

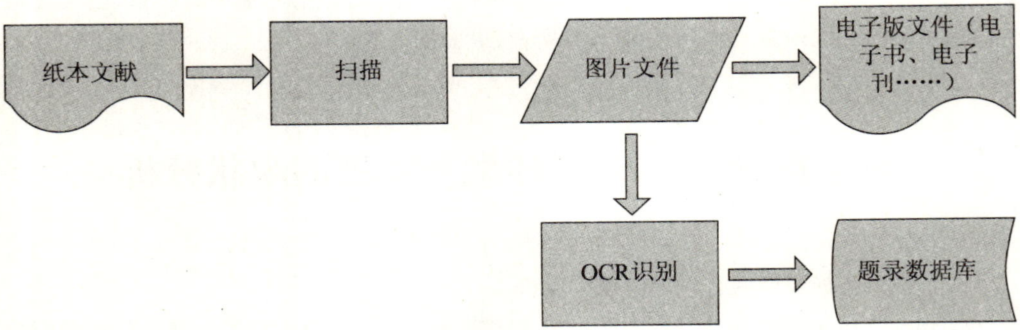


（2）期刊排版数据直接转换

随着20世纪90年代后期计算机的逐步普及，期刊编辑出版单位与排版技术供应商合作利用

排版软件对期刊内容进行排版，因此尝试从排版文件生成电子版格式的数据方式也是期刊数字化网络化的重要方法。按照这一流程加工的数据质量明显高于扫描识别的质量。其基本流程如下：

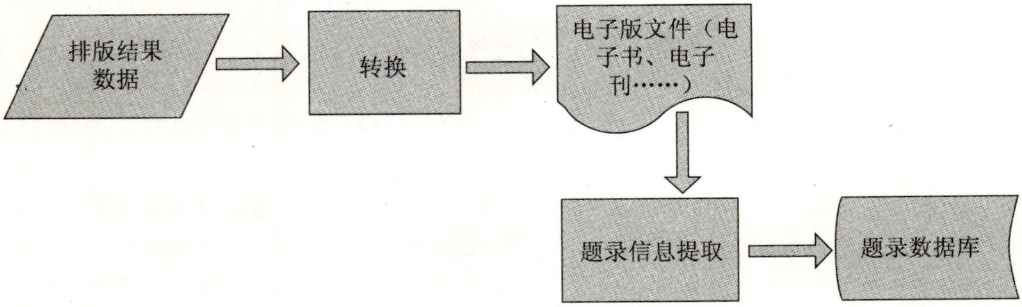


（3）期刊电子版和纸质版同步出版

近几年信息服务领域比较关注的一种模式是纸质出版物、电子出版物同步出版的模式。同步出版实现在多种平台上同步发布相同的内容，根据不同平台的特点采用不同的经营模式。目前国内不少报纸已经尝试此模式，并取得了一定的成果。国外很多期刊出版集团都采用了这种电子版和纸质版同步出版的方式，但是我国科技期刊采用这种模式

的还较少见。

（4）在线创作平台实现先网络出版，再纸质出版

网络出版还有一种模式是利用在线创作和在线阅读平台，先进行网络出版，内容形成影响后再出版纸本期刊，或者按照用户的需求进行纸质期刊的按需出版，不过目前这种模式出版的内容主要为大众休闲类的小说，但是这也将是未来我国科技期刊出版的重要手段。

**三、期刊与新媒体融合发展的技术平台与服务体系**

（1）期刊数字化的核心技术与服务流程

国内期刊与新媒体融合一般以海量数据资源的全文检索技术为核心，提供浏览、检索等文献服务。在此基础上，根据不同类型的资源提供不同的增值信息服务，包括根据期刊的链接关系提供引文链接和引文分析服务，此外近年来一些也有产品提供主题研究趋势跟踪挖掘等有特色的增值服务。期刊提供数字化服务的流程如下：

（2）期刊数字化的服务形式

（一）光盘出版

光盘出版是国内商业化科技文献信息服务早期采用较多的一种形式。数据和检索工具、阅读器等辅助工具一起打包进入光盘中，用户购买了光盘即可自由地查检阅读光盘内的所有内容。光盘出版的优点主要为服务方式简单，售后服务也比较方便。但其缺点也非常明显：首先，光盘出版的数据容量问题，一张CD光盘的容量不足700M，一张DVD也仅为4G，显然无法容纳百万量级的科技文献资源；其次，光盘出版适用于一次性出版，不适合需要持续更新的内容；第三，光盘出版易于复制，无法有效保护著作权；第四，光盘出版不便于图书馆服务中的多人同时利用。正是因为这些特点，商业化科技文献信息服务中越来越少地使用光盘这一形式。

（二）系统镜像

镜像系统这一服务方式是在光盘出版基础上的拓展和延伸。与光盘类似，镜像系统也是将数据和服务系统安装在用户的服务器上。但是镜像系统不依赖于光盘，理论上来说只要增加硬盘镜像系统就没有数据容量的限制；数据的持续更新也可以方便地实现；镜像系统不像光盘那样可以随便复制，往往可以通过序列号等方式控制镜像系统的复制；镜像系统实质上也是安装在一台服务器上的应用系统，可以被多人同时访问，也可以在系统中控制访问范围。

镜像系统的这些特点有效地弥补了光盘出版存在的不足，既满足了图书馆信息机构

服务用户的需求，也满足了图书馆建立资源馆藏的需要，发挥了重要的作用。但是镜像系统模式也存在不少问题。

一是数据更新不及时镜像系统的数据更新一般通过光盘寄送或者服务商上门更新的方式实现，数据从制作完毕到分发至各个镜像站点需要一定的时间，数据的及时性较难得到保障。

二是系统更新维护不便。镜像系统安装在用户单位的服务器上，只能由服务商的技术支持人员提供更新维护功能，由于用户单位分散在全国各地，信息服务机构即使维持一个较大规模的技术支持队伍也很难非常及时的满足所有用户的更新维护要求。

三是数据无法集中。镜像系统中的日志数据收集、整理与分析也是较难处理的问题。这些日志数据对于内容提供商来说可以准确地了解其资源的使用情况，调整其资源创作的策略，对于图书馆等用户单位来说，日志数据能够揭示出其成员的使用行为特点，更好地提供服务。但是镜像系统的日志数据往往无法自动收集整理、人工整理也具有一定滞后性，成本较高。

四是镜像系统的使用范围受限。镜像系统为了有效地保护著作权人的权益，一般通过限定IP地址的方式限制了镜像系统用户的访问范围。这种情况下，在机构局域网络之外，机构成员使用机构所采购的资源较为不便。

（三）在线服务模式

在线服务模式是服务和数据统一安装部署在信息服务机构的中心服务器上，所有用户通过互联网连接到服务商的中心服务器，获得所需的文献资源。这种模式解决了镜像系统数据更新不及时、无法集中有效管理等相关问题，能够有效地为信息用户提供有价值的文献信息资源。

（四）综合模式

目前国内多采取多种服务体系并用的方式，充分发挥光盘出版、镜像服务和在线服务等方式各自的特点，提供综合的科技文献服务。

在线服务在整个服务体系中承担主要的服务职责，为广大通过互联网接入的机构用户和个人提供实时快速的科技文献信息服务；目前国内万方数据、同方知网、重庆维普、方正Apabi和超星等各大科技文献信息服务商都已建立了在线服务站点，通过互联网对外提供服务。镜像系统主要满足部分无法接入互联网的用户的需要，出于安全性目的无法接入互联网用户主要通过镜像系统获取科技文献资源；为满足部分信息机构的馆藏需求，也在其局域网内架设镜像系统。镜像系统的情况在军事院校和医院用户中仍然比较普遍，规模较大的图书馆也多采购镜像系统。光盘出版主要用于具有专题性特点的一次性内容的出版上，包括各类纪念光盘、专题性光盘等形式。

# 第五节 期刊与新媒体融合发展的主要问题

**一、行业规模问题**

我国期刊数字化的主要工作现阶段是由商业化科技信息服务商来承担的，但是商业化信息服务商所在的行业规模尚小，不管从技术上、数量上、质量上都与发达国家存在较大的差距。Outsell 2009年信息产业报告显示，国际STM产业收入接近240亿美元，Elsevier等主要信息服务商年收入达到近100亿美元，而我国三大主要数据库商2008年的总收入不到6亿人民币。而如果期刊数字化的工作由我国的期刊编辑出版单位来承担，从现阶段的发展情况来看其规模将更小，行业规模太小必然造成我国信息服务商很难与国际同行同台竞争。

**二、服务对象类型较窄**

我国商业化科技信息服务对象较窄主要有两方面的原因。

一是信息系统和数据库的建设，更多强调为科研服务，为政府或领导决策服务。在数据库结构上，我国数据库内容结构还不够合理。目前文摘型数据库比例逐步降低，全文型数据库比重加大，但是事实型、数值型等类型数据库还不能够满足市场需求。从而其工作基本模式也主要是面向科研部门和少数部门的数据处理和查询，以至于科技信息系统、经济信息系统和其他职能部门信息系统的数据库功能，只能局限在本系统的开发和应用。现阶段国内商业化信息服务机构主要的客户也大都集中在教育系统，公共图书馆，各级厅、局系统下属情报所，科研院所，医院，政府机构，少数的纯企业和行业型的研究机构。

二是我国企业自身信息需求不强，现阶段市场经济不够成熟，数据库难以生存。商业数据库市场最大量的需求来自市场的信息需要。我国多数企业还处于初级发展的阶段，缺少利用信息工具回避风险的意识，这就使得很多商用数据库难以达到足够营运的用户数目。

**三、信息产品的版权保护问题**

期刊数字化后形成的作为信息汇集体的数据库，其法律保护问题是21世纪知识产权保护的难题之一。目前，世界各国关于数据库法律保护的模式及具体实践存在一定的差异，学术界亦众说纷纭。随着数据库在信息产业地位中的不断提高，世界各国及国际公约都加强对数据库的法律保护，但具体的保护模式不尽相同。总的来说，主要有下列几种保护模式。当然，具体国家可能采取其中的一种或数种保护模式。综观世界各国及国际公约关于数据库的法律保护模式，除了版权保护模式、特殊权利保护模式和反不正当竞争法保护模式外，有些国家还利用其他一些保护模式，如合同法保护模式、商标法保护模式、商业秘密法保护模式等为数据库提供综合的法律保护。我国著作权法及实施条例中均没有对数据库保护问题作出专门规定，这与我国蓬勃发展的数据库业是不相适应的，会导致数据库的开发利用缺乏法律保障。这也将是制约商业数据库进一步发展的重要问题。

**四、信息产品价格体系建立问题**

信息产品的高固定成本、低边际成本的特殊成本结构使信息产品具有巨大的供方规模经济性，而信息产品的网络外部性又使信息产品具有需方规模经济性。信息产品的这些特性给其定价提出了挑战。传统的基于成本的定价方法已经不适用信息产品领域，而现阶段我国商业化数据库受多方面原因的影响价格机制尚未形成，由于信息产品的合理价格难以确定，这就容易造成信息产品价格出现混乱现象，在价格确定上存在着较大的随意性。例如国内期刊全文数据库万方数据、中国知网、维普以及龙源四家公司定价的策略就非常不同，此外同一家公司面对不同的客户价格差距也相当之大，甚至同一家客户不同机构的相似产品报价也有很大出入，这些现象都暴露了我国商业信息服务市场现阶段价格混乱的现状。其次，供求机制不够成熟，社会上70%左右的信息资源在单位或系统内部运转，只有30%左右的信息资源进入市场提供服务，信息市场的供求矛盾较为突出。据调查，仅有10%左右的企业认为通过信息市场可以得到满意的信息，有40%的企业从未向信息服务单位咨询过。这也使得商业信息数据库在不同的领域中面对不同的客户定价策略并不明晰。我国编辑出版单位的信息产品进入信息服务的市场竞争同样也讲面临着合理建立价体系的问题。

**五、技术落后问题**

我国科技文献信息服务目前处于文献整合服务阶段，在文献基础上未能提供有价值的增值服务，因此不同企业的竞争直接体现为价格竞争，而这又进一步导致了国内商业化科技文献信息服务机构重市场轻技术，重资源扩展轻增值服务。这一状况使得我国科技文献信息服务机构未能在技术上向前端资源源头和后端的增值信息服务方面延伸，在数据整合与深层次加工方面也投入不足。期刊编辑出版单位在数据库的生产过程中将会面临比信息服务商更多的技术问题，为其数字化资源产品的生产带来阻碍。

**六、人才问题**

我国科技期刊现在的编辑队伍本身就比较弱小，很多的期刊编辑部的编辑人数尚未达到国家部门的有关规定，且高学历的人才也较少。期刊数字化更需要编辑出版单位有充裕的人才储备，除了传统的编辑人才之外，还需要储备技术人员、产品设计人员、市场营销人员、销售管理人员等一系列与数字化产品生产、销售、服务相关的人员。因此可以说人才的储备是期刊数字化发展公共的关键。

# 第六节 期刊与新媒体融合发展的重要趋势

**一、期刊编辑出版单位与信息服务商的深度合作**

期刊编辑出版单位与信息服务商现阶段为一对多的简单合作模式，大都是期刊出版单位与不同的信息服务商签署合作合同，允许对其出版的内容进行数字化并且上网服务，此种合作模式使得双方在合作的过程中多出现问题，以中华医学会杂志社为主导的与万方数据的深层合作也为期刊数字化发展开了个好头，随着我国新闻出版改革的不断深入，将来出版机构与信息服务商进一步的股权合作也将成为可能，为期刊的进一步发展提供有力的支持。

**二、期刊编辑单位的信息内容产品的数据深加工**

目前我国科技文献信息服务绝大部分处于浅层次原始资源的整合层面，基于对原始科技文献资源深度加工与挖掘形成更有价值的内容也是下一步关注的重点之一。

技术进步将为数据层面的深度加工提供基础保障：出版内容将不再是简单呈现的内容，而是包含大量隐含信息的完整的知识内容体系；在此基础上，信息服务机构利用其掌握的海量的文献资源、加工、抽提和整理出的各类知识库也将为科研工作提供大量的有价值信息。在数据深加工方面，万方数据在医药领域已进行了部分尝试：对期刊论文的作者机构数据进行规范化，在此基础上整合作者、机构的发表论文信息、研究主题信息、合作者信息、合作机构信息等非文献信息、为科研人员提供增值信息服务。

**三、期刊编辑出版单位的标准化工作**

科技文献信息服务行业的标准化既涉及元数据、资源标识的标准化，也涉及内容结构化等深层次的标准化。在过去的发展过程中，国内信息服务商多遵循openURL、CQL等国际性的标准，实现跨平台的检索和整合；近年来，中国科学技术信息研究所与万方数据联合在国内推广DOI标准，目的是在资源的统一标识上建立标准化，保证资源的持久可访问性。而国内内容层面的标准化工作尚未起步，图书、报纸、期刊内容的共享还未能实现，标准化工作任重而道远。

# 第二十章　期刊数字出版管理

## 第一节 数字出版的概念与定义

### 一、数字出版的概念辨析

随着计算机网络技术的不断发展，数字出版逐渐得到广泛的关注，但由于对出版这一概念认识上的差异以及数字技术的不断发展，很难清晰地定义数字出版。本部分将从出版的主要工作及其流程的角度对数字出版的概念进行分析。

（一）出版的定义

对于出版，不同的研究人员在不同的语义环境下进行了不同的定义。在李新祥的《出版定义的类型分析与出版本质的界定》一文中，对各类出版定义进行了分析，并将各类出版的定义概括为“编辑复制”说、“复制发行”说、“编辑复制发行”说、“公之于众”说、“传播”论及其他共六类。在此基础上，作者对出版的性质、对象、手段和结果四要素进行了归纳，指出出版的主要性质是：（1）“公之于众”式的社会传播；（2）对象是“作品”；（3）手段为创作、编辑与复制；（4）结果为接收者接收与接受。

从出版的主要工作环节看，出版活动包括“创作—编辑—复制—传播”四个主要环节。其中创作工作是由作者为出版所进行的创作；编辑是出版单位按照出版的方向和各方面要求对内容、展现方式等进行的加工工作；复制是完成出版物的大量传播的基础；传播是在内容制作与复制的基础上，将出版物传播给公众。出版包括完整的四个环节，缺一不可。例如，组织机构的内部发文要经过创作、编辑和复制等一系列的工作，但是并不向公众传播，就不能认定为是出版行为。

从以上两个方面看，我们可以将出版概念归纳为：人类创作、编辑作品，对作品进行复制并广泛传播的行为。

（二）数字出版的内涵

而数字出版最初并非一个学术上的概念，并且这一概念还在不断地发展中，研究人员对其内涵并没有一致的认识。中国出版科学研究所张立等人分析数字出版概念的时候基于对数字出版的各种形式分析，指出只要是用二进制这种技术手段对出版的任何环节进行的操作，都是数字出版的一部分，它包括：原创作品的数字化、编辑加工的数字化、印刷复制的数字化、发行销售的数字化和阅读消费的数字化。这种对数字出版概念的认识目前得到了较多的认可，本文也认为这一解释能够说明数字出版的含义。

（三）数字出版与网络出版

数字出版与网络出版是当下人们比较关注的两个概念，二者具有一定的关联，容易造成混淆。因此本文将专门进行分析对比。

数字出版是一种新的出版技术手段，强调出版工作流程的数字化，即实现内容创作、编辑、复制和传播工作流程的数字化；而网络是新兴的载体类型和传播途径，关注的是利用互联网络发布传播作品。数字出版关注出版技术，网络出版关注出版物的载体类型。网络出版依赖于数字出版技术，同时网络出版是体现数字出版应用价值的最主要出版形态。

**二、数字出版对出版的影响**

知识载体和书写方式的发展是人类文明发展的指示器，从泥版、莎草纸、羊皮卷、甲骨、青铜器、竹简到纸，再到磁、光、电介质的出现；从刻刀、鹅毛笔、毛笔、钢笔、铅笔到打字机、电脑的出现；从刻版印刷、活字印刷、到激光照排再到数字化的出版流程……每一步都可以看到人类文明发展的清晰足迹。

数字出版技术作为这条道路上的最新成果，把人类的知识创造、书写、复制与传播等多个环节有效的整合起来，大大提高了知识的传播效率。

（一）创作、编辑与复制方式的变革

计算机的出现给人们的内容创作提供的极大的方便，内容编辑、修改与保存都不再是复杂的工作。数字采编平台也极大地提高了投稿、稿件处理、编辑、审稿与校对的工作效率，大大缩短了出版周期。数字出版更体现在排版、印刷的发展上，新的桌面排版工具使得排版工作不再是少数人掌握的核心技术，打印机、复印机和按需印刷设备的发展，也使得出版物的复制变得极为便捷。印刷出版技术不再是垄断因素，每个人都能够方便地复制自己的作品。

（二）出版形态的融合与发展

随着数字出版技术与互联网技术的进一步发展，传统的出版形态之间的差别也逐渐模糊。越来越多的图书开始附光盘，其中包括习题、示例和软件；有声书也屡见不鲜；新的电子期刊也突破文字和图片的限制，将实验过程的视频包含在了期刊内容中；各类电子期刊也包括丰富的文字、图像、音频与视频；电子出版物本身就包括了多种媒体内容；而互联网的出现则彻底的打破了不同出版物之间的界限，各种媒体的内容有效地结合在一次，新的学习方式、交流方式也改变了传统枯燥的获取知识的过程。为了满足人们随时随地获取信息的需求，基于移动终端的内容编辑出版也逐渐在人们的生活中占据一席之地。而数字出版技术将进一步促进这种融合——出版物的内容天然地以结构化方式存在，按照载体的需要生成各种内容形态。

（三）信息交流方式的进步

数字出版技术中的一个重要组成部分是信息交流技术。基于互联网的信息交流模式使得作者与编辑、作者与读者、读者与读者……各主体之间通过作品形成一个完整的信息交流圈；作品推荐、在线评价、网络答疑等多种渠道都使得出版不再简单停留在作品本身的层面上，而作者点击量、阅读次数等较为客观的评价方式也促进了作者与读者、读者与读者之间的互动。

**三、数字出版给期刊出版管理带来的挑战**

（一）宏观层面的挑战

数字出版技术的发展和互联网的迅速普及首先给出版这一概念带来了巨大的挑战：什么是出版？出版的本质是什么？这些问题都是摆在出版管理者、出版行业和出版工作者面前的问题，如何回答这一问题也将影响整个出版管理体制和管理方式。

互联网打破了国界，互联网出版也将逐渐突破国界的限制，国内出版主体将与国际竞争对手在同一个舞台竞争，国家的相关政策如何帮助引导国内出版单位提高竞争力水平也是值得研究的新问题。

（二）产业链格局的变化

数字出版将从技术上使得出版产业链各环节组成了一个有机的整体，也使得过去由于出版形态的区别而人为划定的边界逐步模糊，产业链各主体的竞争将更加激烈，这必将带到整个产业链重组和变革。

同时产业链各主体之间的合作也将进一步深入，产业链的合作竞争将是数字出版产业面对的直接问题，如何在不同主体之间进行数据共享将是值得各主体关注的重要问题。

（三）给出版单位的机遇与挑战

数字出版技术的发展和互联网的发展大大降低了人们向公众传播思想的难度，出版单位已经无法完全掌握话语权，这必然直接影响出版单位的定位和角色。此外数字出版造成的行业竞争也将彻底改变出版单位的工作方式，如何有效地参与市场竞争将是出版单位必须思考的重要问题。作为数字出版技术的直接受益者，出版单位如何充分利用新的生产工具，改善内部工作流程，提高工作效率是每家出版单位必须关注的重要问题。

## 第二节　数字出版的宏观管理制度

数字出版涉及到一系列管理制度，既包括出版管理体系内部的管理制度，也包括相关行政管理部门制定的管理制度。本书将分别就这两方面进行阐述。

**一．互联网出版管理**

数字出版时代新闻出版领域最主要的管理规定是2002年颁布的《互联网出版管理暂行规定》。

（一）《互联网出版管理暂行规定》

2002年，鉴于互联网出版业务的兴起及其良好的发展前景，新闻出版总署和信息产业部联合发布了《互联网出版管理暂行规定》。该规定于2002年8月1日起正式施行。

2000年9月25日，国务院颁布了《互联网信息服务管理办法》（国务院令第292号），该办法规定：从事新闻、出版、教育、医疗保健、药品和医疗器械等互联网信息服务，在申请经营许可或者履行备案手续前，应当依法经有关主管部门审核同意。新闻、出版、教育、卫生、药品监督管理等有关主管部门，根据国务院法规的要求，在各自职责范围内依法对互联网信息内容实施监督管理。

根据《出版管理条例》和《互联网信息服务管理办法》，作为国务院归口管理互联网出版的行政管理部门的新闻出版总署与互联网信息服务的行政管理部门工业信息化部联合颁布了《互联网出版管理暂行规定》。

《互联网出版管理暂行规定》指出，申请从事互联网出版业务，除符合《出版管理条例》和《互联网信息服务管理办法》规定的条件外，还应当具备《互联网出版管理暂行规定》中规定的条件，即有确定的出版业务范围，有符合法律、法规规定的章程，有必要的编辑出版机构和编辑、技术专业人员以及有适应业务需要的资金、设备和场所。

对于出版内容方面，《互联网出版管理暂行规定》也做了具体规定。首先，互联网出版机构出版涉及国家安全、社会安定等方面的重大选题，应报新闻出版总署备案，未经备案，不得出版；其次，根据国务院《出版管理条例》，规定了互联网出版禁载的10项内容；第三，规定了以未成年人为对象的互联网出版内容，不得含有诱发未成年人模仿违反社会公德的行为和违法犯罪行为的内容，以及恐怖、残酷等妨害未成年人身心健康的内容。

（二）互联网出版单位审批

《互联网出版管理暂行规定》颁布后的2002年至2003年期间，新闻出版总署批准了50家互联网出版试点单位，并颁发了《互联网出版许可证》。该50家互联网出版单位中，除了7家从事互联网游戏和门户网站的企业（新浪、搜狐、网易、金山、九城、盛大、光通）之外，其余各单位均为传统出版单位或者传统出版单位下属子单位。

2007年起，在第一阶段试点的基础上新闻出版总署对扩大了互联网出版单位的审批数量和范围。从目前情况上看，国内获得互联网出版资质的单位包括了图书出版单位、报纸出版单位、各地出版发行集团、数据库服务商、网络游戏企业等多种类型。具体获准的对象既包括出版社、报社这样的传统出版单位；也包括新华书店系统和各地新闻出版集团这样的相关单位。而在新一轮的审批中，不少新兴的信息服务机构例如万方数据、方正Apabi、中文在线等企业也用自身的业绩及其在行业中的影响获得了新闻出版总署的认可，获准从事互联网出版业务。

作为互联网出版管理的第一部规范性文件，《互联网出版管理暂行规定》及时填补了互联网出版方面法律法规的空白，并对互联网出版活动的规范起到了重要作用。同时，基于该规定，新闻出版总署也逐步探索出一套行之有效的互联网出版管理的方式方法，对于未来正式条例的出台打下了坚实的基础。

二. 相关法规与管理

（一）　　相关法规

互联网出版业务的管理部门不仅包括新闻出版行政管理部门，还包括通信、广电、文化、工商、药监、教育等多个部门。各部门针对互联网出版业务制定的相关规章文件如下表所示：

表20-1 各部门互联网管理规章

| 规章文件 | 文件编号 | 管理内容 | 工作或资质 | 颁布部门 |
|---|---|---|---|---|
| 互联网IP地址备案管理办法 | 中华人民共和国信息产业部令第34号 | 对IP地址的分配使用实行备案管理 | IP地址报备 | 信息产业部 |
| 中国互联网络域名管理办法 | 中华人民共和国信息产业部令第24号 | 域名注册服务及相关活动 | 域名注册与报备 | 信息产业部 |
| 互联网信息服务管理办法 | 中华人民共和国国务院令第292号 | 互联网信息服务活动 | ICP证书 | 国务院 |
| 互联网电子公告服务管理规定 | 中华人民共和国信息产业部第3号令 | 互联网电子公告服务 | 专项申请或者专项备案 | 信息产业部 |
| 非经营性互联网信息服务备案管理办法 | 中华人民共和国信息产业部令 第33号 | 非经营性互联网信息服务备案及备案管理 | ICP备案 | 信息产业部 |
| 互联网视听节目服务管理规定 | 国家广播电影电视总局 中华人民共和国信息产业部令第56号 | 互联网视听节目服务秩序 | 信息网络传播视听节目许可证 | 国家广播电影电视总局 中信息产业部 |
| 互联网文化管理暂行规定 | 2003年5月10日文化部令第27号发布，2004年7月1日文化部令第32号修订 | 互联网文化的管理 | 网络文化经营许可证 | 文化部 |
| 互联网新闻信息服务管理规定 | 国务院新闻办公室 信息产业部令第37号 | 互联网新闻信息服务 | 互联网新闻信息服务许可证 | 国务院新闻办公室 信息产业部 |

（续表）

| 规章文件 | 文件编号 | 管理内容 | 工作或资质 | 颁布部门 |
|---|---|---|---|---|
| 互联网药品信息服务管理办法 | 国家食品药品监督管理局令第9号 | 互联网药品信息服务活动 | 互联网药品信息服务资格证书 | 国家食品药品监督管理局 |
| 关于规范利用互联网从事印刷经营活动的通知 | 新出联[2007]8号 | 利用互联网直接从事经营性排版、制版、印刷和装订服务 | 印刷经营许可证 | 新闻出版总署、公安部、国家工商行政管理总局、信息产业部 |
| 关于加强互联网地图和地理信息服务网站监管的意见 | 国测图字〔2008〕1号 | 互联网地图和地理信息服务 | 测绘资质证书、互联网出版许可证 | 国家测绘局、外交部、公安部、信息产业部、工商总局、新闻出版总署、新闻办、保密局 |

以上这些规章文件中，比较重要的文件有：

1）《互联网信息服务管理办法》：该文件于2000年由国务院正式颁布实施，它开启了中国互联网立法的大门，也是中国互联网内容管理的“根本大法”，是国家相关部委制定相关管理规定的重要依据。

2）《互联网文化管理暂行规定》、《互联网药品信息服务管理办法》、《互联网新闻信息服务管理规定》、《互联网视听节目服务管理规定》：这几部文件与《互联网出版管理暂行规定》类似，均是基于《互联网信息服务管理办法》由相关部委制定的管理办法。其中《互联网文化管理暂行规定》用于规定利用互联网传播文化产品的资质要求；《互联网药品信息服务管理办法》用于规范互联网药品（含医疗器械）信息服务行为；《互联网新闻信息服务管理规定》用于规范新闻信息服务行为；《互联网视听节目服务管理规定》用于规范互联网传播视听节目的行为。

3）《关于规范利用互联网从事印刷经营活动的通知》规定了利用互联网从事经营性排版、制版、印刷和装订服务的资质要求；

4）《关于加强互联网地图和地理信息服务网站监管的意见》明确了地图的网络出版问题，为地图的网上提供与出版的管理指明了方向。

总体来说，我国互联网信息服务存在管理规范较多，管理方式较严的情况。由于各部门原先存在着业务交叉，造成了各部门制定的相关规章制度之间也存在重复交叉的问题，这必然会造成同一个信息服务商不得不申请多个资质才能正常开展业务的情况。此外有关各部委虽然进行过联合发文，但是未能形成统一的管理体系，给信息服务机构造成了极大不便。同时，我国期刊出版单位普遍存在规模小，人员少的特点，很难严格按照相关资质要求开展服务。因此，国家相关行政管理部门需要考虑这些小规模信息服务机构的特点，提供相对宽松的管理政策环境，以促进期刊出版单位数字出版业务的发展。

# 第三节 期刊数字出版行业管理

## 一、产业链流程再造与整合

（一）现阶段我国期刊数字出版运营模式

我国期刊数字出版的发展的一个最重要特点是信息服务商而不是期刊出版单位推动了期刊数字出版。而从期刊数字出版的形式上来看，我国期刊数字出版的主要形式还只是广义上的数字出版，是在纸质出版上进行的再出版。从其技术上看，是对纸质媒体进行数字化，再通过光盘或者互联网形式进行传播，是纸质出版基础上的再出版而不是同步出版；从其运营主体看，是服务商推动的、产业链部分环节实现数字化的数字出版，而不是由出版单位主导的从产业链生产、加工到营销全流程的数字化；从其载体形式看，纸质刊物依然占据主导地位，数字刊物依赖于纸质刊物存在；从营销方式上看，出版机构大都缺少期刊的营销环节，而信息服务商大都采用了传统与网络营销相结合的模式。下图为我国期刊数字出版运营模式图。

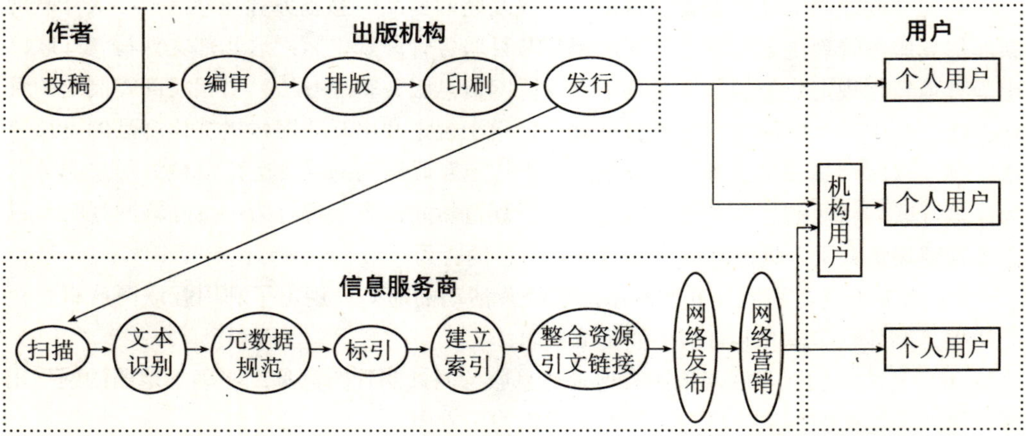


图20-1

该模式的出现具有其历史背景，但是随着技术的发展，该模式也存在不少问题：

1、产业链上的各主体数字技术发展不平衡

大多数科技期刊出版机构由于规模小，力量有限，其采、编、审、校等基本业务流程并没有完全实现数字化。信息服务商掌握的先进数字技术使其迅速占领了互联网络的信息内容服务领域，目前已经完成了大量科技期刊的数字化过程，并针对终端用户的信息需求提供丰富的信息产品。大部分厂商拥有信息检索、文本挖掘等核心支撑技术，并具有成熟的网络运营能力。近几年政府信息化的水平大幅度提高，但是由于缺乏与期刊编辑部的管理沟通平台，期刊出版监管部门无法及时地获取到期刊出版的全部信息，给管理与服务造成了瓶颈。

2、产业链上的各主体之间信息不对称

期刊编辑部的出版发行工作大多数由邮局完成，无法获取读者的个人信息以及用户行为等基本信息，因此很难开展基于市场调研与读者需求的内容策划、发展方向制定等基本的机构经营活动。同时作者也很难获取编辑部的相关内容选题等具有针对性的信息，造成投稿、购刊的困难。而作为用户与编辑部之间桥梁的信息服务商拥有大量的用户与编辑部信息，由于没有建立信息沟通交流的平台与机制，使得产业链条中出现了一个个的信息孤岛。

表20-2

| | 作者 | 期刊编辑部 | 管理部门 | 信息服务商 | 读者 |
|---|---|---|---|---|---|
| 作者情况以及投稿情况 | ● | ○ | ○ | ● | ○ |
| 期刊编辑部基本情况 | ○ | ● | ○ | ● | ○ |
| 读者基本情况与需求 | | ○ | | ● | ● |
| 期刊出版质量情况 | ○ | ● | ○ | ● | ○ |
| 期刊内容规范的实施 | ○ | ○ | ○ | ● | |
| 期刊发行以及销售情况 | | ○ | ○ | ● | |

3、产业链上的各主体角色定位不准确

信息服务商作为产业链上的一个环节，以前只能说是扮演了“信息资源批发商”的角色，服务商与出版商之间是一种网络传播权的转让关系，即出版机构授权同意由这些集成服务商对印本出版物进行数字化。面对着同质化竞争的加剧、版权的纠纷以及出版源头的更高需求，在其经营成本增加、生存空间变小的情况下，服务商的这种定位影响了服务商自身的发展：2005年国内三家最具影响力的期刊数字化服务商每年销售收入总和也达不到5个亿，与国外服务商巨头的近百亿美元的销售（例如，Elsevier 2006年销售额近79亿欧元，约合97亿美元）实在无法相比。另一方面这种定位也使得服务商与出版机构之间没有形成有效的共赢局面，期刊出版机构为谋求新的发展空间，已经开始在研发自主知识产权的信息产品并开拓自身的信息服务能力，然而由于技术、资金、人员和数字出版经验等的约束，出版机构数字化转型的进程缓慢。现有的商务模式已经制约了数字出版的进一步发展。

（二）新的期刊数字出版运营模式

在传统期刊数字出版运营模式基础上，结合国外数字出版的实践，我们提出一种新的期刊出版经营模式，模式图如下：

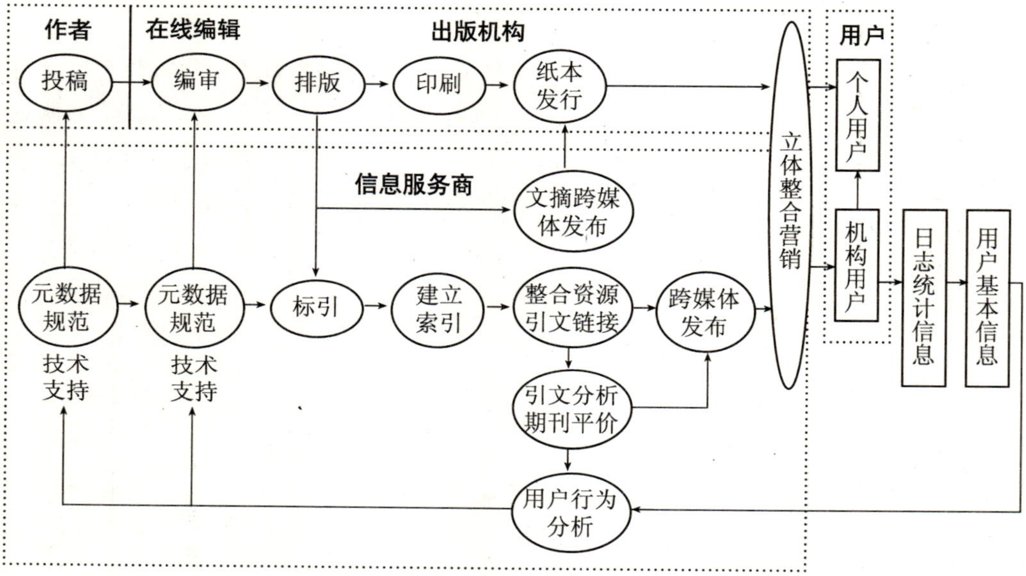


图20-2

1、产业链中各主体角色重新定位

借鉴国外出版机构规模化经营的思路，结合本国的国情，打破目前我国多数期刊出版机构初级的单兵作战状态，构建以经营为纽带的服务平台，实现专业领域的规模化发展雏形。

表20-3

| | 角色定位 | 平台作用 |
|---|---|---|
| 政府管理部门 | 发展监督与平衡者 | 提供给管理部门了解行业发展、监督管理的信息等 |
| 信息服务商 | 技术提供者，平台的经营、服务与维护者 | 信息服务商打通行业中的信息流，为各主体的发展提供信息与服务等 |
| 出版机构 | 内容的出版者 | 了解用户需求，掌握作者动态，沟通权威专家，得到刊物发展需要的信息，拓展经营的渠道等 |
| 作者 | 内容的原创者 | 了解刊物的情况、论文发表情况与读者反馈等 |
| 用户 | 信息的使用者 | 得到更多专业领域相关的高质量信息 |

2、产业链中各主体的合作方式

出版机构与信息服务商合作深入技术层面、资本层面、资源层面，实现内容深度制作，一次制作、根据用户群体选用不同的设备终端多次发布。实现细分内容策划，依托双方资源与品牌效应，为用户提供深入服务。基于对产业链中个主体的定位，信息服务商作为其中的枢纽环节，可以提供如下的合作方式以及资金流向图。

表20-4

| | 信息服务商的合作方式 | 期刊编辑部的合作方式 |
|---|---|---|
| 购买/分成模式 | 获得网络出版权 | 获得转让/分成收益 |
| 代理模式 | 托管全部资源 | 获得收益分成 |
| 双向分成模式 | 资源独立管理，通过开放接口跨系统链接 | 资源各自独立管理，相互分成 |
| 单向分成模式 | 通过DOI链接全文 | 资源独立管理，通过访问全文分成 |
| 资源独立模式 | 通过DOI链接全文 | 资源独立管理 |

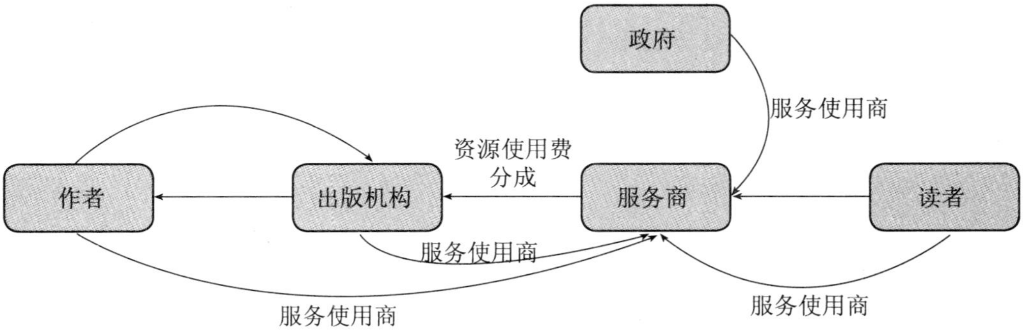


图20-3

3、疏通产业链各种主体之间信息流

信息服务商处在整个产业链的中游，掌握了各个群体的信息，在新的模式下，信息服务商基于构想的服务平台，促使信息在整个产业链中顺畅流动。打通编辑部获取读者信息、用户信息的信息通道，使期刊编辑部全面了解读者需求的变化，实现期刊编辑部的内容策划从“作者→编辑→读者”到“读者→编辑→作者”双向流动模式。通过平台及时获取终端用户行为信息反馈编辑部，提供进行内容建设以及经营的基础数据；打通编辑部与作者、专家之间的信息通道，作者通过投稿平台及时了解论文发表状况，提供给编辑部严格评审论文内容、提高期刊论文质量的途径，缩短期刊出版周期，提高编审的业务水平等；打通政府监管部门与各主体之间的信息流，及时收集行业信息，为行业的发展制定发展的政策。

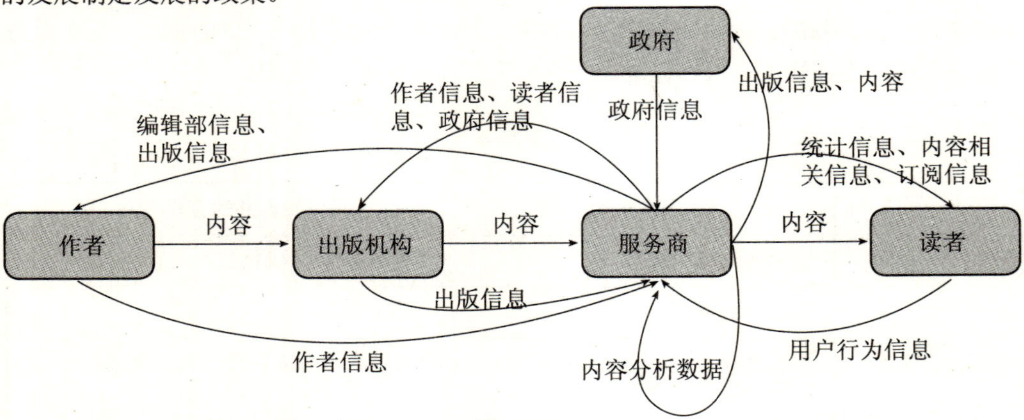


图20-4

4、提升产业链各个主体经营水平

发行是实现学术期刊社会价值和经济价值的最根本环节。现阶段我国期刊的发行方式多采用与邮局分成的模式，营销手段单一，经营方式简单是造成大部分学术期刊出版机构生存艰难的原因。信息服务商在新的网络环境下，商业模式运作的优势和经验可帮助期刊出版机构拓展营销手段，提升经营水平。信息服务商可以为出版机构提供平台，实现纸本与电子期刊的捆绑发行，此方式将极大地扩大学术期刊的发行量和点击率，有效地减少读者的时间、精力以及经济成本，使受众面实现最大化。在期刊经营中，加大期刊编辑部和作者的曝光度，从而提高作者的学术声望，提升期刊的学术影响力。

**二、期刊出版行业标准化**

期刊出版行业的整合除了各主体角色定位的调整外，还必须通过标准化这一强大工具来保证各主体之间的合作能够顺利开展。

（一）数字出版流程

按照内容一次制作、多元发布的基本原则，以国外数字出版流为基础，可将数字出版的过程大体分成内容制作、内容管理与多元发布三个阶段。

1、内容制作

内容制作环节主要负责将稿件输入或转换成结构化文档，本步骤只关注内容的创建及其结构化描述。根据来源不同，具体又可分成以下多种。

原稿。原稿是指手写或打印生成的纸质稿件。对于手写稿件和打印质量较差的稿件，可以采用手工录入的方式；质量较好的打印稿可以通过扫描、OCR并校对的操作流程将其转换成电子版本。

字处理系统数据。对于使用字处理系统（如MS Word，WPS等）生成的电子文档可以直接通过转换、校正的方式转换成结构化文档。

桌面出版系统。桌面出版系统生成的电子文档也可以通过转换、校正的方式转换成结构化文档。

在线编审。在线编审系统将提供编辑、审稿和校稿的功能，对结构化文档进行编辑、加工处理。

内容制作环节将需要调用字库，以满足出版过程中各种情况下对字的需求。内容制作过程中发现的未包括在字库中的字也将需要借助特定的工具进行字的增补并提交到字库的管理机构。

2、内容管理

内容管理模块的核心是对结构和文档、多媒体资源数据库、知识库、元数据以及各种标识的管理，并有效地满足其他模块对这些资源的需求。按照内容数据输入、管理与输出三个阶段可以把内容管理的功能进一步细分。

数据输入。从输入数据的类型看，可以分成结构化文档数据、知识库数据和标识数据三类。结构化文档数据来自于内容制作系统或者校正修正系统；知识库数据一部分从结构化文档中抽取，另一部分来自于独立的知识库；标识数据来自于标识分配和管理机构。

数据管理。数据管理包括对数据本身的管理，还包括访问权限、用户管理。

数据输出。内容管理模块的输出包括两种：一种是输出出版内容，完成内容的多远发布；另一种是输出知识库和元数据，满足知识资源总库、编审操作以及数字图书馆等的需要。

3、多元发布

多元发布是数字出版的最直接要求。将编辑加工后的结构化文档自动转换成各种发布格式，包括印刷格式、网络出版格式、电子书以及其他形式，在生产各类出版物的过程中，数字出版系统还将自动嵌入版权保护的功能。

印刷格式。生成印刷格式首先需要提供样式文档，在此基础上利用组版系统，自动生成符合印刷要求的电子文档，用于直接印刷、按需印刷（POD）或者输出PDF格式在传统印刷设备上使用。

网络格式。网络格式将以HTML为基础，借助样式文档生成HTML文件，以便读者通过浏览器、移动设备进行浏览，或者将生成HTML文件组织整理成光盘，提供给读者阅读。

电子书籍。结构化文档还可以自动转换生成各种格式的电子书，读者往往通过各种电子书阅读器进行阅读。与网络格式不同的是电子书籍可以提前生成并长期使用，网络格式的出版物可以通过动态网页技术即时生成。

其他形式。除了生成直接阅读的纸质或电子读物，还可以将结构化文档转换生成其他形式的出版物，如音频书（Audio Book）、E-learn产品等。

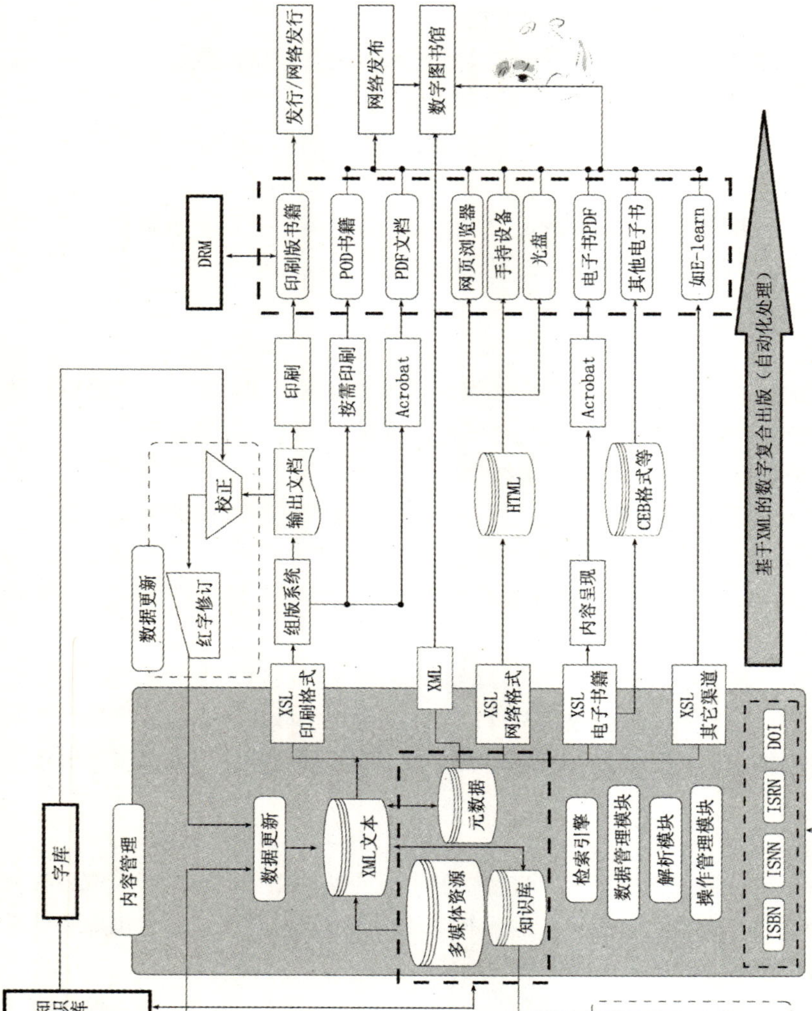
数据输入/内容制作
原稿
字处理系统数据
桌面出版数据
其它数据源
扫描、OCR、校对
文档输入
转换、校正和修正
XML
知识库
字库
内容管理
数据更新
XML文本
元数据
多媒体资源
知识库
检索引擎
数据管理模块
解析模块
操作管理模块
ISBN
ISSN
ISRN
DOI
标识注册与管理
XSL印刷格式
XSL网络格式
XSL电子书籍
XSL其它渠道
数据更新
红字修订
校正
组版系统
输出文档
印刷
按需印刷
Acrobat
HTML
内容呈现
CEB格式等
印刷版书籍
POD书籍
PDF文档
网页浏览器
手持设备
光盘
电子书PDF
其他电子书
如E-learn
DRM
发行/网络发行
网络发布
数字图书馆
基于XML的数字复合出版（自动化处理）
远程编审
互联网
编辑作业
审稿作业
校稿作业

图20-5 数字出版流程

4、发行服务

数字出版除了编辑出版多种文档形式的内容之外，还将为后端的发行、网络发布以及数字图书馆提供各种数据支持。

纸质或网络发行。出版单位编辑出版纸质出版物的同时，也将为发行机构提供发行所需要的各种元数据。

数据访问与互操作。发行端的各类网络发行系统、数字图书馆都需要出版单位提供元数据。

（二）数字出版标准体系

按照标准的作用和性质，我们大体可将数字出版的标准分成以下几类：（1）文档格式。规定数字出版过程中内容描述的格式和数据输入格式。（2）呈现类。在结构化的基础上将内容转换成相应的呈现方式，主要指样式转换语言。（3）字符类。用于描述数字出版过程中的字符。（4）标识类。用于标识数字对象。（5）元数据类。各类元数据用于对各类资源对象进行描述。（6）安全类。用于满足版权保护和系统安全。（7）系统互操作类。用于跨系统的资源集成。

（三）重要标准介绍

1、期刊结构化描述标准

期刊论文的结构化描述是实现数字出版的最重要基础。有了该标准，通过各类字处理软件工具创作的论文才能够转换成结构化文档，并独立于任何软件而存在。在此基础上，通过使用标准的样式转换语言，程序能够自动将结构化文档转换成各类输出格式，包括PDF、网页，也包括纸质出版物所需要的文件类型。

结构化描述规范是深入期刊论文每一部分的描述规范，因此该规范比一般的元数据规范复杂得多。从内容看，结构化描述规范需要描述论文题目、作者、关键词等内容信息，也需要描述章节、段落、句子等结构性信息，还需要描述诸如化学公式、数学公式、表格、图片等内容。结构化描述规范还应该具有很强的弹性：不同的出版单位具有不同的规则，结构化描述规范应能够满足各类单位的不同规则。

目前国际上最流行的文档结构化标准为DocBook，该标准定义了文档格式，并且能通过使用最新版的OpenOffice进行编辑。国际上各大出版商也都有自己定义的文档格式，国内如高等教育出版社也在DocBook和国外的标准基础上制定了自己的期刊结构化描述规范。但是中国国内的期刊结构化描述标准还有待制定中。

2、出版数据交换标准（ONIX）

信息沟通不畅是我国图书发行业目前面临的一个突出问题，由于信息分散、无序、不畅、不对称，造成买书难、卖书难、盲目发货、库存居高不下、退货没商量、市场不规范等一系列问题。其根源在于行业缺乏统一的信息沟通的技术语言——出版物发行基础信息标准。

目前我国出版物发行数据的基本状况是出版发行单位之间、单位内部信息加工规则五花八门，各行其是；多环节重复加工；信息记录不完整；出版物品种记录不全面；上下环节信息记录不一致；信息更新维护不及时；信息零散、分散；中国机读目录格式和图书在版编目数据标准只能满足部分需要。所提供的出版物信息无法充分满足各层面客户和读者的需要；全行业大信息无法互联互通互换和共享；资源重复利用率低；造成大量人力资源的浪费。

国际上解决上述问题的做法是采用ONIX标准进行数据交换。ONIX全称是“Online Information Exchange”（在线信息交换），它是以电子形式获取、传输图书工业产品信息的国际标准，是一种描述、传递和交换丰富元数据的国际标准。它是由图书馆、出版商、批发商、零售商以及在这条供应链上各个环节的经营者团体共同发起建立的，用于图书、连续出版物以及各种媒体电子数的数字内容贸易的基础标准和书目标准。

使用ONIX有利于促进传统观念转变，提高行业对发行信息标准化的认识；有利于实现出版物发行信息资源整合；有利于实现信息资源共享、网络互联互通；有利于优化作业流程，提高信息资源的利用效率；有利于促进流通，增加销售，降低库存，减少浪费；有利于提高行业整体服务能力、质量和水平；有利于为“走出去”战略提供技术基础；有利于出版物发行行业标准化工作与国际接轨；有利于推动行业标准化的基础研究。

3、数字资源唯一标识符（DOI）

随着数字出版技术的飞速发展，网络的应用也越来越普及，出版商在发行纸质文献的同时，往往也会发行相应的电子版本，而且未来的趋势是将只发行电子版本；各个图书馆也在将自己的馆藏资源数字化，或者直接建设本馆的数字资源来丰富数字图书馆的馆藏；其他的如政府、企业、组织和个人也纷纷在互联网上建立自己的数字家园。然而由于使用URL 来标识数字资源，而URL 并不是对数字资源本身的标识，它主要标识资源的物理位置，一旦资源的物理位置发生了改变，原先的URL 将成为“死链”，这就是我们在上网时常常遇到“404 file not found”的错误。此外，由于一个数字对象（我们可以将网络信息资源看成一系列数字对象的结构化集合）可能存放在多个数字资源库中，可能有多个复本和物理位置，可能被修改或重新组合若干次，从而可能有多个版本。因此仅仅用URL 来代表数字对象和链接已不能适应分布式动态环境的要求，因此我们需要一种满足以下要求的标识符：

a. 代表和确认数字对象，且与它的物理位置、复本数量、应用协议、存储和处理要求无关；

b. 确认数字对象的版本变化及版本之间的联系；

c. 提供逻辑的数字对象与数字对象的具体物理位置的连接；

d. 提供数字对象与其元数据的连接。

DOI 就是在这种需求下产生的。DOI全称是“Digital Object Identifier”（数字对象唯一标志符）它是非赢利性组织国际DOI基金会（International DOI Foundation，IDF）在美国国家创新研究组织（The Corporation for National Research Institute，CNRI）的配合下，专门研究设计出来的一种既能保护知识产权又能保障版权所有者商业利益的系统。DOI系统主要由标号体制、元数据、解析系统和政策框架四个部分组成。

DOI具有唯一性、永久性、开放性、动态维护性、多项解析、动态追踪、版权保护等重要特点。 DOI的特点决定了它在数字出版特别是学术出版中的基础地位：作为在源头确定的唯一标志，DOI贯穿于学术交流的整个过程。在学术出版各个环节的应用中，实现了对数字对象的有效整合，促进了数字资源的有效共享。作为数字对象唯一标识，DOI保持了版本内容在不同系统的一致性，通过与元数据的结合，实现了数字版权管理。

目前国际标准化组织ISO正在制定DOI国际标准，目前该标准已经处于发布前的最后阶段。国内相关的标准化工作也正在开展，新闻出版总署等多个部门组织对DOI进行研究，并尝试制定中文的DOI标准。

2007年年初，中国科学技术信息研究所和北京万方数据股份有限公司联合申请并取得了DOI的中文注册与管理权。这样，随着中文DOI的应用，将可以为中文数字资源提供符合国际标准和规范的唯一标识。

## 第四节 期刊出版单位数字出版管理

数字出版是全新的出版生产方式，它的兴起与发展也将彻底改变出版单位的工作方式。为了推动数字出版技术的发展，国家新闻出版总署于2007年启动了“十一五”文化发展纲要中的“国家数字复合出版系统工程”，希望通过该项目推动并引导出版单位的数字化变革，为我国出版业的腾飞奠定基础。期刊出版行业内部整合也在中华医学会独家招标活动中拉开了大幕，出版单位和技术服务单位也在思考着自身的定位与下一步发展方向。而从技术发展来看，国内不少大的出版单位已经开始了数字出版的尝试，并取得了一定的成果。因此从内外部各方面条件看，期刊数字出版已经是万事俱备，只欠出版单位内部改革的东风了。期刊出版单位如何迎接数字出版也是一个全新的问题，本部分内容将从技术管理、内容管理、相关资源管理和日常运营管理等几个方面阐述自己的看法。

### 一、技术管理

（一）技术体系

数字出版是生产方式的变革。因此数字出版涉及一套完整的数字出版技术体系。

从流程上看，数字出版技术包括以下几方面技术：

（1）数据输入/内容制作技术

内容编辑制作是出版工作的基础，这组技术需要实现内容的结构化编辑，或者将非结构内容转换成结构化文档。

（2）远程编审

远程编审解决的主要是流程问题，通过使用该系统，将作者、外审专家、编辑等各类角色在互联网上联系在一起。

（3）内容管理

内容管理技术解决数字内容的管理保存与利用。

（4）内容发布技术

内容发布是在结构化文档的基础上，根据各种渠道需要，输出各类出版物，包括传统纸质出版物、电子书，以及直接在网页发布等形式。

（二）技术方案的选择

1、数据输入/内容转化技术

纵观国内外数据输入与内容转化的技术，目前比较通用的做法是作者按照固定的模板使用Word或者LaTeX进行写作，出版商再将内容转换成结构化文档。

该技术首先在期刊结构化文档标准的基础上，创建Word标准模版或者者LaTeX模板，提供给作者使用；作者按照该模版创作文档之后提交稿件；期刊编辑部再组织人员对基于模版创作的内容进行清理，保证内容符合模版要求；最后使用转换工具进行内容转换。

2、远程编审

远程编审技术的核心是流程管理。从另一个角度看，采用采编系统的过程实际上是期刊出版单位实现信息化的过程。回顾国内企业的信息化进程，我们可以清晰地看到国内出版单位也在重复企业信息化初期的情况：出版单位在使用远程编审系统的过程中过于强调自身的工作流程，要求系统适应自身的工作。好在我国的采编系统的技术供应商们大都规模小，加之采编系统功能尚不甚复杂，进行少量定制所需成本不高。

由于编审系统并不是核心技术的研发，因此选择编审系统主要还是根据自己的业务需求、便捷性和经济因素。目前国内提供远程编审系统的企业中，最有影响力的有玛格泰克、勤云、三才、飞云等几家。这几家中玛格泰克是最早专门从事远程编审系统服务的专业企业，但是随着技术的发展，后进入者往往也在充分的学习前者的基础上提供了更为便捷的功能。

3、内容管理技术

内容管理技术需要满足期刊出版单位各类内容资源的管理需要，目前还没有专门的期刊出版单位的内容管理系统。不过目前大多数远程编审系统中也提供部门内容管理功能。

4、内容发布技术

内容发布技术是实现数字出版的重要的一组技术。目前基于XML样式实现结构化文档的呈现已经有比较成熟的技术，而最新的排版软件包括Adobe Indesign和方正飞腾也都提供基于XML与XML样式的排版。

## 二、内容管理

内容是出版单位最重要的数字资产，期刊出版单位需要管理的内容包括稿件、图片、版式文件、纸质和电子版期刊等多种内容资源。内容管理需要关注以下几个问题：

### （一）内容管理规章制度

内容管理的最重要的工作是制度建设，需要建立数据保存、备份、访问等一系列的制度。

数据保存制度涉及什么人、什么时间、保存什么等一系列问题：期刊出版单位应根据自身的实际情况制定明确的保存规则，原则上讲应由具体负责相关内容管理的人在内容完成之后便完整地保存相关文件。

数据备份重点关注备份周期、备份方式、备份的保存等问题。备份周期与数据创建的周期存在一定的关系，备份方式包括磁盘、光盘和磁带，备份的保存则按照磁盘、光盘和磁带的不同采用不同的保存方式。

数据访问制度关注谁有权限访问，如何访问。

### （二）内容的存储

内容管理的基础是内容的存储。持续不断的积累并对内容进行组织和整理是数据存储的关键。

具体来说，数据存储首先需要明确存储什么数据、什么格式，传统条件下出版单位会保存排版的小样文件、大样文件、版式输出文件、图片文件等多种文件。数字出版时代，需要存储的文件包括结构化文档、样式文件、图片文件以及输出结果文件。其次，存储文件如何组织。使用文件系统进行存储管理只能按照一种途径进行分类组织，而对于内容的深度的组织管理则需要内容管理系统的支撑，实现逻辑上的多维组织。

## 三、专家资源管理

期刊出版单位除了内容资源外，专家资源也是重要的资源。在纸质出版时代，对专家的管理依赖于编辑人员自己的判断，而在数字出版时代则可以借助新的技术进行管理。

### （一）专家的来源

采用数字出版技术之后，所有内容都以数字化的方式保存，期刊编辑部能够很方便地从自己的论文作者库中选择相关的作者纳入到专家库中来。并且利用文章的关键词，通过系统也能够自动计算评价专家的主要领域情况。

此外利用数据库等系统也能够比较方便地查检出相关专家，加入到专家库中来。

### （二）专家审稿

远程审稿系统能够通过在线系统将作者、专家与编辑联系到一起。因此使用数字出版技术后专家审稿变得较为便捷。目前几家远程审稿系统中都提供了专家审稿的功能：

系统会自动按照主题推荐选择出审稿专家，并自动将审稿地址或者稿件及审稿单发送给专家；除此之外系统还会自动催审，通过手机发送审稿通知等多种形式组织审稿工作。

此外各类系统都提供了双盲等功能设置，满足专家审稿的各种功能需要。

（三）专家评价

远程审稿系统能够自动记录专家审稿的情况，包括审稿时间、审稿意见等具体的情况，给审稿专家的评价带来极大的方便。

四、运营等管理

数字出版技术是出版领域的生产技术变革，因此数字出版也将影响到期刊编辑部的内部运营的各个方面。

（一）内部人员管理

在数字出版系统中，内部期刊编辑部内部工作人员的审稿、编辑、校对等相关工作都能够在系统中自动记录与保存，通过与用户使用数据的对接，能够有效地掌握每位编辑人员的工作状况、工作质量和水平等相关情况，进而对内容进行有效管理。

（二）审稿费、版面费和稿费管理

远程审稿系统中结合支付系统能够按照编辑的具体要求对审稿费、版面费和稿费等费用进行管理，实现在线支付，大大减少了编辑部汇款和接受汇款以及登记管理工作，并且所有的账务信息都能够在线记录，在线统计，编辑部的相关账务情况可以一览无余。

（三）广告资源管理

在数字出版过程中，广告资源也能够通过广告系统进行有效的管理，纸本广告和网络广告的广告位都可以进行管理，广告收入的情况也可以清晰地通过系统进行记录统计。

## 第五节 数字出版与数字图书馆

出版与图书馆一直就是相互联系的两个行业，作为内容产业的两个重要环节，出版负责内容的生产，而图书馆承担着内容的保存和服务读者的角色。而随着数字网络技术的发展、出版与图书馆都向数字化发展，数字出版与数字图书馆这对新概念也是值得关注的一对概念，本部分单独加以说明。

**一、数字图书馆及其发展历程**

20世纪90年代以来，互联网的快速普及与信息技术的迅猛发展改变了人们的工作、学习与生活方式，互联网成为人们获取信息的重要渠道。而数字图书馆作为基于网络环境的新的信息资源组织和服务方式，得到了美国、英国、法国等发达国家及一些发展中国家的高度重视，纷纷将其列为国家信息基础设施的重要组成部分和国家级战略研究方向加以研究和开发。经过了十多年的发展，数字图书馆在这些国家已取得了初步成果，并积累了宝贵的经验。

1995年，国家图书馆在其科研处成立专门小组，开始跟踪国际数字图书馆的研发进展，这标志着我国数字图书馆发展的开始。从发展历程上看，我国数字图书馆发展可以分成研究、试验和实践三个阶段。

（一）研究阶段

从20世纪90年代初起，我国图书情报学刊物上开始陆续出现介绍国外数字图书馆的文章。1994年，许中才在《关于“数字图书馆”的对话》一文中，第一次提到了“数字图书馆”这一概念。1996年，第62届国际图联大会在北京召开，数字图书馆成为该会议的一个讨论专题。这次会议极大地促进了业界关于数字图书馆的研究，并引发后来国内大规模的研发工作。此后大量关于数字图书馆的专著也相继问世。

此外有关数字图书馆的有关课题也相继启动，其中既有国家级科研项目，如863计划、973计划、国家社会科学基金、国家自然科学基金的有关项目，也有不少省部级研究项目。同时一些专门的数字图书馆研究机构纷纷成立，开始集中力量对数字图书馆相关问题进行研究，如北京大学数字图书馆研究所、清华大学数字图书馆研究所、东北师范大学数字图书馆研究所、上海图书馆数字图书馆研究所和武汉大学数字图书馆研究所等。

我国数字图书馆研究工作呈现出跨领域合作的显著特点，参与人员不仅包括来自传统文献信息机构的专家，还包括来自计算机技术研究、网络与通信技术研究、标准化工作研究和知识产权研究等领域的专家学者。这些来自各级各类研究项目和研究机构的研究成果，为我国数字图书馆建设奠定了坚实的科学与理论基础。

（二）试验阶段

在对数字图书馆有关关键技术进行研究的同时，一些机构也开始进行数字图书馆建设的有关试验。其中影响较大的试验项目有：“中国试验型数字式图书馆”、“数字图书馆实验演示系统”、“中国数字图书馆示范工程”和“清华大学建筑数字图书馆”等。这些项目从不同的角度对数字图书馆系统进行了有关试验，其成果对于数字图书馆立项建设具有重要的参考价值。

（三）立项建设阶段

在党和国家有关领导人的直接关怀下，发改委等有关部委及地方各级政府、行业主管部门的大力支持下，以及有关商业机构的积极参与下，我国数字图书馆建设呈现成蓬勃发展的喜人景象。

自2001年起，由中央财政陆续投入建设的数字图书馆项目有国家数字图书馆工程、全国文化信息资源共享工程、全国高等教育数字图书馆、国家科学数字图书馆工程、全国党校系统数字图书馆工程等。这些国家级数字图书馆项目是我国数字图书馆建设的核心，为其他数字图书馆系统建设提供支持。其中一些行业特征明显的国家级数字图书馆在推动行业数字图书馆建设，加强行业性数字资源建设与服务方面发挥着重要作用。

在地域层面，许多省市将数字图书馆建设纳入本地区信息化建设的总体规划，开始进行规划或建设。由省市地方财政投资建设的数字图书馆有：广东省数字图书馆建设项目、辽宁省数字图书馆建设项目、上海数字图书馆等。地方性数字图书馆系统对于促进本地区数字图书馆建设、加强地方特色数字资源建设与服务具有重要意义。

十多年来，除了各级政府支持的数字图书馆研究、建设项目外，许多商业机构也纷纷参与数字图书馆建设，他们是数字图书馆产业链中极为活跃的组成部分。这些商业机构中，有的将数字图书馆作为自己的主要经营方向，如中国数字图书馆有限责任公司；有的侧重于文献数字化加工，如北京数字方舟信息技术有限公司；有的侧重于数字内容的提供，包括制作市场需求量较大的各类数据库产品和电子期刊、电子图书等，如北京万方数据股份有限公司、同方知网技术有限公司、重庆维普资讯有限公司、北京时代超星有限责任公司、北京书生科技有限公司、北大方正电子有限公司等；有的企业侧重于数字图书馆相关软件的研发，如微软（中国）、北京中数创新技术有限公司等；还有一些企业侧重于提供数字图书馆整体解决方案和系统集成，如IBM中国有限公司、Sun微系统公司等。

**二、数字出版对于数字图书馆的意义**

从核心内容上看，数字图书馆包括数字资源建设和服务两部分内容，数字资源建设也就是内容提供，包括内容加工、编目、元数据和长期保存；服务则涉及诸多技术环节和软硬件支撑。经过十多年的研究，数字图书馆领域的研究人员在数字图书馆体系结构、信息检索、信息描述、数字对象标识、数字化加工以及数字版权管理等多个方面都取得了很大进展，为各类用户方便地获取数字资源带来了极大的便利，国内数字图书馆建设的成果极为显著。

但是在数字图书馆建设的过程中，人们发现在数字内容方面，数字图书馆只是数字资源的整合者而不是直接生产者。数字图书馆的内容最主要来源之一为各类出版物，但数字图书馆只是从事这类出版物资源的数字化加工。由于我国数字出版技术发展较晚，我国数字图书馆建设过程中的内容加工不仅包括对历史出版物进行数字化加工，对于大量正在出版的期刊也不得不采用这样的加工方式。

而实现数字出版将解决一些单靠数字图书馆无法解决的重要问题。

（1）数字内容生产。数字出版将直接为数字图书馆提供数字内容资源，既包括数字图书馆所需要的元数据，也包括充分结构化的数字内容资源。此外，在内容编辑出版阶段对内容的深度描述，对作者、作者单位的描述等信息也能够按照标准的方式传递给数字图书馆。

（2）数字资源共享和版权保护。数字出版者作为版权所有者将为出版的内容注册DOI，并实现该资源的共享。而数字图书馆则使用出版者提供的元数据，整合出版物资源。同时由于数字内容直接来源于出版者而不是由数字图书馆对纸质出版物的二次加工，所有的数字版权全部由出版者自行管理。

出版单位完成内容的数字出版后，数字图书馆根据其用户的需求，对出版单位提供的数字出版物进行筛选、组织并纳入到数字图书馆系统中，在此基础上基于信息检索，数据挖掘等各种技术，将内容提供给用户使用。出版者和数字图书馆分别承担内容制作和内容传播的角色，二者一起将优秀的内容资源提供给读者使用。

**三、数字图书馆给数字出版的借鉴**

数字图书馆十多年的研究探索了数字内容信息服务的道路，其中有以下一些经验教训值得数字出版领域借鉴。

（一）跟踪国际进展、积极创新理念

我国数字图书馆建设从一开始就紧跟着国际发展的步伐，充分吸取国外成熟的技术，并借鉴其成功经验。自数字图书馆概念传入我国以来，在我国数字图书馆研究的相关论文中，国外数字图书馆建设的介绍与分析文章一直占有较大的比重，国内研究者和实践者从中得到了很多启发。在图书馆领域，不断积极创新观念，将数字图书馆建设与传统图书馆建设相融合，以数字图书馆的理念和技术拓展服务渠道，更新服务手段、组织数字资源，提供信息和知识服务。

数字图书馆研究的这一特点值得我国数字出版研究的特别关注。我国的出版业到目前为止还不是一个完全竞争的行业，由于国家出版管理政策的要求，传统的出版单位直接的竞争较少，新进入者的威胁也很小，这造成了我国出版业主体安于现状的局面，总体来说我国出版的技术水平与国际同行相差较大。因此在发展数字出版的过程中必须积极关注国外同行的发展，并于中国国情相结合，积极进行理论与实践创新。

（二）突破行业界限，拓宽建设渠道

数字图书馆建设是一个包括信息管理、计算机科学、网络通信、法律、经济、人文社会科学等多方面专家学者共同参与的合作项目，这种大规模横向合作为系统建设、资源共建、资源服务、技术环境搭建与标准规范制定等各方面工作带来多种便利和支持，为数字图书馆建设的良性发展起到了极大的推进作用。

对于数字出版而言，仅仅依靠出版单位显然是无法有效实现技术变革的，必须要充分借鉴各个领域的知识共同推动数字出版的发展。

（三）强调整理体规划，注重分工协作

数字图书馆建设过程中，我国在政府层面一直未曾出台过指导意见，更没有统一的整体规划，这使得许多项目之间缺少交流、沟通与合作。在数字资源建设、标准规范研制方面存在重复建设现象，使得有限的数字图书馆建设的投入未能充分发挥其作用。此外各单位之间的协作也未能有效建立，无法形成整体合力。

这两方面经验也非常值得数字出版领域借鉴。从目前看来，新闻出版总署领导下的“国家数字复合出版系统工程”从整体上起着推动和示范作用，体现了整体规划这一点。但是我国出版单位封闭的历史给分工协作造成了障碍，值得相关单位关注。

（四）标准规划先行，强调应用推广

与数字图书馆建设类似，数字出版涉及多个环节和多个主体，而目前国内在数字出版领域的标准规范还比较欠缺。因此在进行数字出版研究的时候必须强调标准规范先行，避免重复建设和不必要的冲突。

此外标准规范的建设过程中必须强调标准规范的应用推广。从数字图书馆建设的实践看，不同单位在数字图书馆建设的过程都制定自己的一套标准规范，并且标准规范的成果也未进行推广。这使得我国数字图书馆领域存在众多差异明显的标准规范，增加了建设成本。对于数字出版领域来说，必须强调标准规范的可用性，使得制定出来的标准规范能够真正用于出版单位，而不是成为停留在纸面的标准体系。

除了以上几点概括性的经验教训之外，数字图书馆建设过程中在元数据标准、信息检索、用户服务等多方面也有了较多的技术积累，值得数字出版领域参考借用，数字出版领域可以按照实际需要借鉴吸收。

# 国家图书馆出版社简介

国家图书馆出版社,原名书目文献出版社,1979 年成立。1996 年更名为北京图书馆出版社,2008 年改为现名。

本社是文化部主管、国家图书馆主办的中央级出版社。2009 年 8 月新闻出版总署首次经营性图书出版单位等级评估定为一级出版社,并授予"全国百佳出版单位"称号。

建社三十年来,依托国家图书馆的丰富馆藏,并与各图书馆密切合作,形成了两大专业出版特色:一是编辑出版图书馆学和信息管理科学著译作,出版各种书目索引等中文工具书。二是整理影印中文古籍等各种稀见历史文献;此外还编辑出版各种文史著作和传统文化普及读物。

国家图书馆出版社设有社长总编办公室、财务部、营销策划部、古籍影印编辑室、图书馆学情报学编辑室、综合编辑室、文史编辑室、中华再造善本编辑室、发行部、储运部等部门。